蒙古字韻集校

沈鍾偉

商務印書館
创于1897 The Commercial Press
2015年・北京

图书在版编目(CIP)数据

《蒙古字韵》集校/沈钟伟集校. —北京:商务印书馆，2015

ISBN 978-7-100-11110-2

Ⅰ.①蒙…　Ⅱ.①沈…　Ⅲ.①蒙古语(中国少数民族语言)—韵书　Ⅳ.①H212.1

中国版本图书馆CIP数据核字(2015)第047056号

《蒙古字韵》集校

沈钟伟

商 务 印 书 馆 出 版

(北京王府井大街36号　邮政编码100710)

商 务 印 书 馆 发 行

北京市艺辉印刷有限公司印刷

ISBN 978-7-100-11110-2

2015年8月第1版　　开本 880×1230　1/16

2015年8月北京第1次印刷　　印张 25 $^{3}/_{4}$

定价：58.00元

目　錄

一　前言

音韻學研究有兩個主要內容，一是音系的類別，一是類別的音值。在漢語歷史材料中,《切韻》是現存的第一個對整個音系音類的記錄,《蒙古字韻》則是現存的第一個對整個音系音值的記錄。將整個音系所有音類都用一個內部非常一致的拼寫系統描寫出來，實為前無先例的首創。古代音系的具體音值可以用構擬方法推理得出，但是無論方法如何慎密細緻，構擬總是構擬，難免有“隔靴搔癢”的感覺。所以近代研究《中原音韻》的學者，多用《蒙古字韻》的拼寫作為音值論斷的根據，可見音值材料的重要價值。《蒙古字韻》記錄的是金末元初時北方的標準音系。這個音系在各種音韻著作中被普遍採用，如《古今韻會舉要》、《禮部韻略七音三十六字母通攷》，及已經亡佚的《七音韻》、《蒙古韻略》。可是《蒙古字韻》的價值一直沒有得到足夠的認識。因為在和時間上稍晚的《中原音韻》對照之下,《蒙古字韻》中採用的標準音系顯示出一些保守的特徵。但是《蒙古字韻》的價值不僅是其音系內容，更是其對於每個音類的音值拼寫。

現存的《蒙古字韻》是元代朱宗文增訂過的，清代鈔寫的，現藏於英國大英圖書館。全名可稱“英藏清鈔朱氏增訂本《蒙古字韻》”。由於在清代八思巴字早已廢棄，當時的鈔者顯然不諳八思巴字，以致現存鈔本中多處字母形體不正，字母相混。韻字也存在不少錯誤。因此，校正現存手鈔本中所有的八思巴字拼寫和韻字是研究《蒙古字韻》的一個先行條件。

本書查校《蒙古字韻》中所有的韻字和八思巴字拼寫，將查校的結果列成字表、韻表和勘誤表。字表中的漢字完全按照《蒙古字韻》的體例排列，標出八思巴字拼寫的國際音標和每个漢字的中古韻類。韻表將所有的漢字按照中古音系統中的地位按韻列出。對每一個同音字組標出根據八思巴字轉寫的國際音標。韻表按照《廣韻》韻目，有開合和等第分別的韻，按開合和等第分別列表。有重紐的韻，也分別列表。一共是 104 張韻表。勘誤表列出本書以及前人的校勘。

將所有漢字列表這樣的窮盡性工作不但有校勘上的重要意義，韻表和字表對《蒙古字韻》的研究來說，也是一種便利的工具。但是工作相當繁多。第一要核對八思巴字拼寫和韻字的正誤。第二要確定每一個韻字的中古聲類和韻類；根據第一和第二兩項工作。第三要檢查八思巴字拼寫和中古音是否對當。有些韻字一字多音，需要分列不同韻類，尚不是難處所在。難的是不同的韻類在《蒙古字韻》已經屬於同音，還需要查對韻書來決定《蒙古字韻》中收的是其中哪一個音，應該填入哪一個韻，還是應該在有關的韻中都填入。第四要查找和輸入所有的冷僻漢字。製表雖經再三校對後完成，但是錯誤遺漏仍恐難免，如有發現，尚祈專家和讀者指正。

以下對《蒙古字韻》和本書的內容，分段作扼要說明。

略說

《蒙古字韻》作於元代初期，其具體年代不可攷證。《蒙古字韻》中的八思巴字是元代國書（元代以後以其創製者，元代國師、藏族高僧八思巴稱之，故為“八思巴字”），創製於至元六年（1269）（“詔以新製蒙古字頒行天下。”《元史・世祖紀》）。《蒙古字韻》在八思巴字創製後不久編成應該沒有問題。至元七年（1270）就“設諸路蒙古字學教授”，“敕宗廟祭祀祝文書以國書。”（《元史・世祖紀》）這些措施規定的實施，作為正字範本的《蒙古字韻》是必不可缺的。

現存的孤本《蒙古字韻》根據的是至大元年（1308）朱宗文所作的增訂本。作為以正字為目的的官方出版物，《蒙古字韻》的原本在當時是可以大量印刷的刻本[①]。朱宗文的修訂主要是添補了兩個內容，“增《蒙古字韻》，正《蒙古字韻》

---

① 清道光年間，羅以智《恬養齋文抄》卷三《跋蒙古字韻》所跋的就是一種元刻本，曰：“是本首尾略闕，餘完善。紙粗墨濁，洵元刻也。不分卷數，其迴避字樣列諧卷首，亦與寫本互異。”（見《八思巴字與元代漢語》2004：121）

誤”。(見“劉更序”)所增的漢字一百有餘，並帶有註文。正誤的“校正字樣”列在正文之前，有“各本通誤字”六條，“各本重入漢字”二條，“湖北本誤”三條，“浙東本誤”三條。《蒙古字韻》的正文將所收錄的九千餘個漢字[①]按照十五個韻(實為韻部)列出。正文前有以下幾項內容：

一、劉更序(二面)，二、朱宗文序(二面)，三、校正字樣(二面)，四、蒙古字韻總括變化之圖(二面，一面空頁)，五、字母(二面)，六、篆字母(二面)，七、總目(二面)。兩面一頁，共七頁。正文從第八頁開始。從內容可以知道第一項至第四項為朱宗文修訂本所加，第五項至第七項為原版《蒙古字韻》所有。有關各項具體內容的討論可以參看拙作(Shen 2008)。

總目列出十五個韻部：

一東 -ŋ	二庚 -ŋ	三陽 -ŋ	四支 -0	五魚 -0	六佳 -j	七眞 -n	八寒 -n
九先 -n	十蕭 -w	十一尤 -w	十二覃 -m	十三侵 -m	十四歌 -0	十五麻 -0	

對韻字作如此編排，也就打破了《切韻》一系韻書的先以聲調分卷，再列韻類的傳統。《蒙古字韻》的韻部根據韻尾安排，井然有條，建立了從音系學上來說更合理的韻部排列次序。《蒙古字韻》刪去了傳統韻書中的註釋和韻藻，只錄漢字，從而在韻書和韻圖之外，開創了一種新的格式。從性質上說，韻書是按照韻類排列的字典，韻圖是一個按聲韻調排列的音節總表，而《蒙古字韻》所創立的格式是按照韻部排列的漢字同音字表。這類同音字表一般也稱之為“韻書”。在元代，《中原音韻》等韻書也是繼承了《蒙古字韻》的格式。通過以《中原音韻》為代表的北音詞曲韻書的廣泛流傳，同音字表類的韻書也從此蔚然成風。

《蒙古字韻》的各個韻部，從主要元音分析，可以按元音的高低分為A類和B類。A類為高元音，B類為非高元音(六佳A類字少，和B類合在一起)。

A類元音	i,y	ɨ,ə	u	B類元音	e,ø	a,ɑ	o

根據A類B類元音可以將十五個韻部按照以下的方式列出，其合理性顯而易見。

① 現存手抄本，不計殘缺部分，共收韻字 9118 個(照那斯圖，楊耐思 1978：2)。

韻尾	-ŋ	-ŋ	-0	-0	-j	-n	-n	-w	-m	-0	-0
A 類	一東	二庚	四支	五魚	六佳	七眞	—	十一尤	十三侵	—	—
B 類	—	三陽	—	—	六佳	八寒	九先	十蕭	十二覃	十四歌	十五麻

同一韻部中有若干韻母相同聲母不同的韻組，同一韻組有若干韻母和聲母都相同的韻類。每個韻類上都標有八思巴字拼寫。八思巴字不作聲調區別，同一韻類中的字用“平、上、去、入”隔開韻字，區分四聲不同。如上卷第十九頁反面第五行（A 19b5）是：

 平尼怩上柅你旎去膩入暱昵㥾匿

當然，一個同音字組不一定都是四聲齊全。

現存孤本是清代乾隆年間敕修《四庫全書》時所鈔。《四庫全書總目》中有《蒙古字韻二卷兩淮鹽政採進本》一條，所記的《蒙古字韻》內容和現存孤本完全一致。鈔本中的“玄”字缺末筆，避康熙名諱“玄燁”，“胤”沿用宋代韻書缺末筆“肻”字，避雍正名諱“胤禛”，“弘”字缺末筆，避乾隆名諱“弘曆”，但是不避嘉慶名諱“顒琰”，可以佐證。

書况①

現藏大英圖書館的《蒙古字韻》全書訂成兩卷，存於書盒內。書盒正面書有“蒙古字韻全集”，書盒背脊印有“DICTIONARY OF RHYMES. CHINESE-MONGOL. BRIT. MUS. ORIENTAL 6972”。上卷背頁內有藏書號“OR. 6972”，以及手寫的和購書有關的記錄兩行英文“Bought of Mrs. Rushell.” 和“Apr. 6, 1909.”。上卷和下卷封面右側書有如下八思巴字和汉字两行。

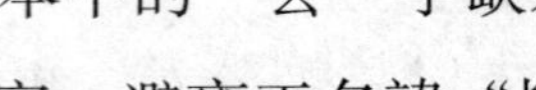 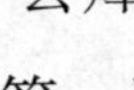

蒙古字韻　　上

① 《蒙古字韻》的細節描寫根據韓國學中央研究院研究（2008）和鄭光（2009）二書的圖版以及 Andrew West（2006）的描寫。

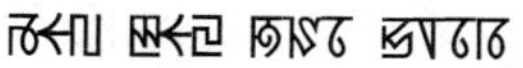　

蒙古字韻　　下

八思巴字  和  左側分別有英文“Vol. 1.”和“Vol. 2.”。不計封面，全書原有 64 頁。上卷和下卷的頁碼前分別冠以“上”和“下”，如“上十四”，“下二十”。下卷頁碼的位置較上卷更低，更靠近書頁下邊。上卷共 33 頁，下卷共 31 頁。原書每頁大約是 22.5 × 28.8 厘米。每一頁的左下角用漢字標出頁碼。原書各頁裱貼在紙質堅硬的白紙上，對折後，在白紙上做裝訂。裝訂成書的尺寸為 24.7 × 17.3 厘米。

現在所見的裝訂本的每一頁正面的右上角都有裝裱後標出的阿拉伯數字頁碼。頁碼包括封面，上卷從“1”至“34”，下卷從“35”至“66 ”。由於將兩頁封面計入在內，這些後加的頁碼和原鈔本的頁碼出現參差。每一頁的反面左上角也都有頁碼，但都已經用斜線劃去。這是由於不了解《蒙古字韻》行款次序，將各卷的末頁當作首頁，而誤標的頁碼。因此上卷第三十三頁反面是“1”，上卷第一頁的反面是“33”；下卷第三十一頁反面是“35”，下卷第一頁反面是“65”（上卷和下卷封面的頁碼應是“34”和“66”）。上卷第十四頁正面第二行  之上註有八思巴字拼寫，下卷第九頁正面第五行  上也註有八思巴字拼寫。此外，下卷第二十三頁反面第七和第八行的兩個字形有誤的八思巴字上標有記號。

上卷和下卷封面的反面都是空白頁，上卷第四頁的反面是空白頁，下卷三十頁反面和三十一頁正面也都是空白頁。三十一頁反面第 1 至第 9 行是“迴避字樣”的部分內容，第 10 行是朱宗文對其所增添韻字的說明“今添諸韻收不盡漢字，韻內細解者並係新添”。

《蒙古字韻》一書的行款是從上至下，從左往右，和回鶻文式蒙文相同。現存本在每一頁的正面左下角標出上下卷以及頁碼。如“上八”表示上卷第八頁。頁碼只標正面，不標反面。頁碼次序是從左至右，和現在漢語書籍相同。日本關西大學本與《續修四庫全書》本按照傳統直行漢文書籍從右至左排列，和原書次序相反。照那斯圖和楊耐思的《蒙古字韻校本》與鄭光的《蒙古字韻研究》按照《蒙古字韻》原有次序，從左至右排列。本書圖版也從左至右排列。

殘損

現存手鈔本的下卷蛀損。從第七頁反面開始到第十八頁正面結束，書頁的中間下部有蛀損。蛀洞至十三頁為最甚。如果有字，蛀洞在正反兩面下部第五行字右側或第六行字左側的位置（第五行或第六行，根據漢字在各頁的具體位置而定）。影響倒數第一、第二和第三,三個字。蛀洞大小不一，影響程度不等。以下列出各頁受損的字。受損的調類字用小號字標出。無損的不列。

B8b6S3	莞（左側）	B9b6S3—4	扁辯（左側）
B10a6Q3—4	楝湅（左側）	B11b5P13—14	壥讉上（右側）
B12b5Q2—3	禱倒（左側）	B14a5R1—2	入（全損）膗壑（大部）
B14b5R3—4	蹻屩（右側）	B15a5S2—4	標嘌（右側）表（中間）
B15b5P13	鐐（右側）	B15b6Q3—4	罯窔（左側）
B16b5Q1	去要（左側）	B18a5S	上（右側）

這些蛀洞在關西大學影印本中可以明顯觀察到。在鄭光的《蒙古字韻研究》的圖版中受蛀洞影響的字基本殘存可見，但是十四頁正面的“入膗壑”三字被完全刪除了。此外，下卷第廿一頁正面右側中部有損。第十行“爣䫜”二字受損。

圖版

這個鈔本所見的印行版本有以下幾種：一、日本關西大學東西研究所昭和三十一年（1956）發行的由壺井義正所編的《影印大英博物館藏舊鈔本〈蒙古字韻〉二卷》。書中印出早在1921年所攝的《蒙古字韻》全書黑白照片。但是上卷和下卷封裹的空頁均不包括。書上各頁上原有的阿拉伯數字頁碼均被故意遮蓋或裁去，不可得見。二、羅常培和蔡美彪根據于道泉20世紀30年代所攝的照片所作的手摹影鈔本，發表在科學出版社出版的《八思巴字和元代漢語》（1959），照片原缺下卷第四頁下和第五頁上。2004年由中國社會科學出版社增訂再版時，根據廣松健二郎所贈照片補全（所補的兩頁是把照片處理成白底黑字，和其他的手摹圖版不同）。書中附有黑白照片四面（上卷第七頁下和第八頁上；下卷第二十五頁上和第二十四頁下）。三、照那斯圖和楊耐思的《蒙古字韻校本》（1978），書中複製了關西大學的照片，圖片清晰度和反差度差之甚遠。四、上海古籍出版社 1995—1999 年出版的《續修〈四庫書〉· 經部 · 小學類》（第 250 卷）中印出的《蒙古字韻》。根據的也是關西大學的照片。但是經過處理，白底黑字，視覺效果大為改善。五、韓國學中央研究院研究處編集 2008 年出版的《蒙古字韻》。書中有全書的黑白照片，圖版非常清晰。六、鄭光《〈蒙古字韻〉研究》

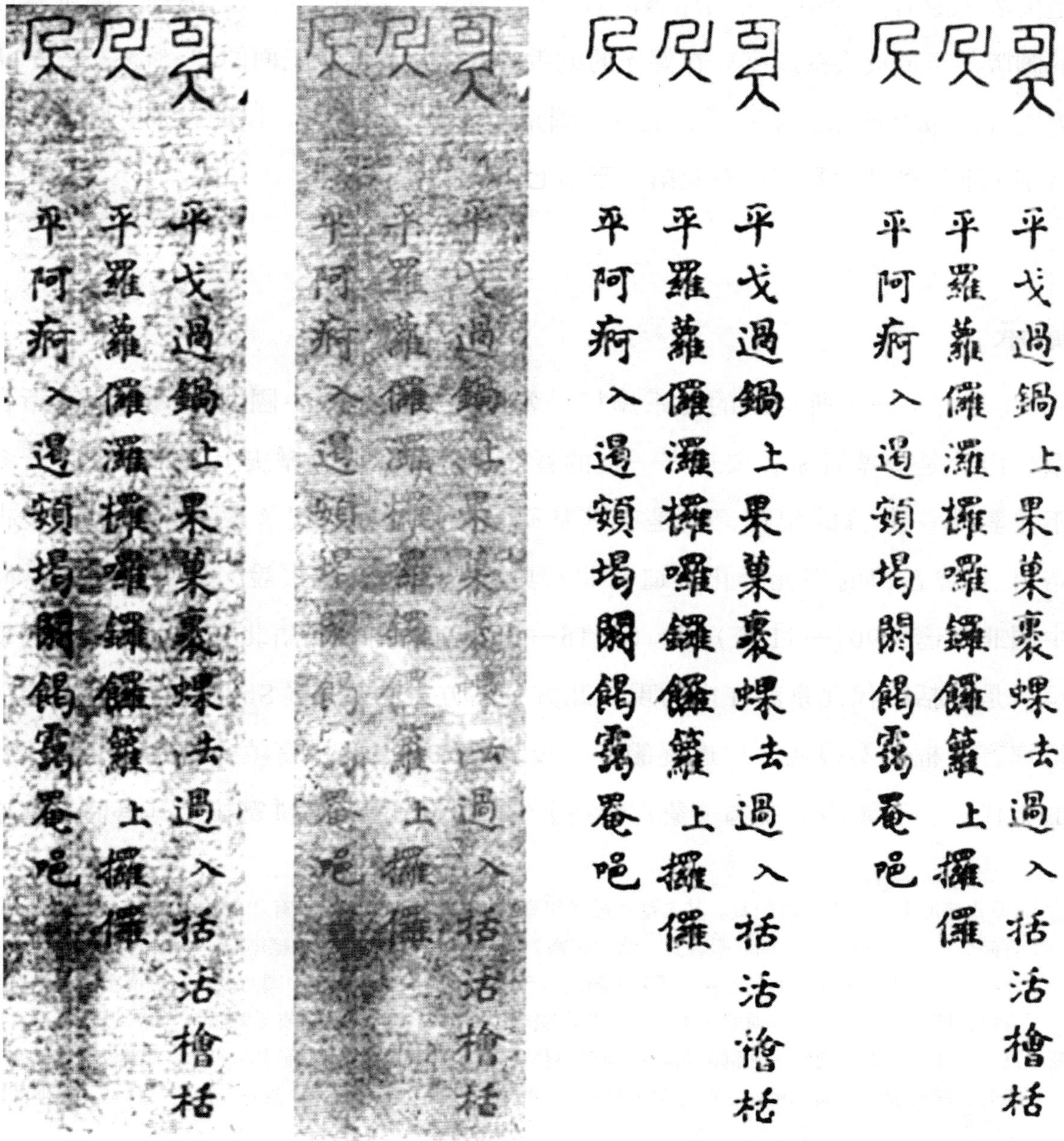

（Chŏng 2009）一書中附有全書照片，圖版也是經過處理，白底黑字，為所見出版物中字跡筆畫最為清晰完整的圖版。經作者同意授權，本書採用鄭光（2009）書中圖版。

諸版本中的圖版也各有優缺。比如：下卷第五頁反面第四行的末字“賈”是朱宗文添加的，以下原有註文“雨也”。但是“雨也”兩字在關西大學本一系的圖版中都幾乎被完全裁去，在羅常培和蔡美彪的手摹影鈔本中也没有摹寫。然而這兩個字在本書採用的圖版中，清晰可見。處理過的白底黑字圖版字跡確實清晰，但是失去了原有照片中體現出原書的真實感。紙質、蛀損等均无法細查。經過處理的圖版甚至造成失落韻字。在鄭光的圖版中，下卷十四頁正面的“入臃壅”三字就因為蛀損嚴重被完全刪除了。上頁插圖是四種版本的比較，以顯差別。圖中的三行字是下卷第廿六頁正面左起第五至第七行。

傳承

《蒙古字韻》所採納的音系結構是當時一個流行於中國北方的標準官話音系。由於是標準音系，要遵守一定的音韻傳統。在漢語歷史上，一個標準音系不是對單一方言的記錄，但是有其基礎方言的根據。從《蒙古字韻》內中古帶 -k 入聲音節的複元音化，這個非常典型的音系特徵來說，這個音系是當時中國北方遼（907—1125）、金（1115—1234）境內的漢語北方官話標準語的繼承，是包括現代北京話在內的現代北方官話方言的祖語（Shen 2011）。以這個標準音系框架為根據，經過逐韻審音後，將八思巴字拼寫填入當時在北方流行的金代《新刊韻略》成為《蒙古韻略》①。而將八思巴字拼寫按照其具體拼寫中

① 《蒙古韻略》一書有明確記載。其名稱見於《韻會》。在支韻“宜”字下有“《蒙古韻略》宜字屬疑母，舊韻屬魚母”。歷史上，朝鮮學者對《蒙古韻略》相當重視，作為正音的標準之一。崔世珍（约 1473—1542）的《四聲通解》中有記載：“《蒙古韻略》元朝所撰也。胡元入主中國乃以國字飜漢字之音，作韻書以教國人者也。”《四聲通解》中時將《蒙古韻略》簡稱為《蒙古韻》或《蒙韻》，將八思巴字拼寫稱為“蒙音”。《四聲通解》凡例第四說：“黃公紹作韻會，字音則亦依《蒙韻》。”所以，《韻會》和《四聲通解》所參攷的是同一種書，即《蒙古韻略》。更早，在崔世珍之前，申叔舟（1417—1475）在他的著作中也已經提及了《蒙古韻》。

字母的內在次序編排後，加上《韻略》中與其相應、不帶註釋的韻字，就成了《蒙古字韻》。

《古今韻會舉要》(以下簡稱《韻會》)中的字母韻[①]及其書前附錄的《禮部韻略七音三十六字母通攷》(以下簡稱《通攷》)的內容，其音節次序明顯受了八思巴字拼寫規則的影響。從性質上說,《蒙古字韻》是一個帶有八思巴字拼寫的漢語同音字表(鄭張尚芳 1998),《通考》則是一個根據《蒙古字韻》製作的漢語音節表(詳見附文)。

需要特別指出的是,《韻會》及其所載的《通攷》根據的是《七音韻》。由於《七音韻》也已經按照八思巴字的拼寫規則編排，也應當是在《蒙古字韻》之後的音韻著作。如果出現在《蒙古字韻》之前,《七音韻》就不應該出現各種由八思巴字造成的各種獨特排列現象。這樣本書將《七音韻》、《新刊韻略》、《蒙古韻略》、《蒙古字韻》、《古今韻會舉要》以及《禮部韻略七音三十六字母通攷》的關係暫擬如下：

一、根據一個現已亡佚的韻圖(不是《七音韻》)的音系的音類決定各個漢字音節的八思巴字拼寫。從《蒙古字韻》的音系可以判斷，但是這個韻圖雖然有眾多創新內容，其基本排列格式仍然按照傳統韻圖。要決定拼寫就要決定這個音系中各個音類的音值，要決定音值則必須根據當時的實際語音。將八思巴字拼寫的音節填入傳統的《韻略》，成為《蒙古韻略》。《蒙古韻略》書名見於《韻會》，也見於《四聲通解》，是帶有八思巴字拼寫的傳統形式的漢語韻書。

二、將八思巴字及其對應的漢字先按照元音字母次序，再按照三十五字母次序排列(字母表列在《蒙古字韻》正文之前)。所有的八思巴字拼寫和相應的漢字分十五個韻部列出，是個帶有八思巴字的漢字同音字表。書稱之為《蒙古字韻》，即以韻安排的蒙古字拼寫。《蒙古字韻》中的韻字基本來自《新刊韻略》。《蒙古字韻》是一種別開生面的韻書，不帶釋義或韻藻。這樣,《蒙古字韻》和《蒙古韻略》

---

① 《韻會》在《禮部韻略》基礎上，以劉淵《平水韻》(與《新刊韻略》同)作韻目，每個小韻都加註“字母韻”，並以三十六聲母排序。其“韻例”說:“舊韻所載，攷之《七音》，有一韻之字而分入數韻者，有數韻之字而並為一韻者。今每韻依《七音》韻各以類聚，註云‘已上案《七音》屬某字母韻’。”東韻的“攏”字下有以下解釋:“且如東韻公東是一音，弓莕是一音，此二韻混為一韻者也；冬韻攻冬與公東同，恭銎與弓莕同，此一韻分為二韻者也。”解釋中所謂的“舊韻”，指傳《禮部韻略》和《平水韻》一類韻書的分類，而“屬某字母韻”，是新添的韻類，和書前所附《通攷》的內容非常相似。

二書絕對不是一種簡單的簡繁關係[①]。

三、將《蒙古字韻》一書的每一個八思巴字拼寫用類似反切的方法表示，一個聲母用一個漢字代表，一個韻母也用一個漢字代表。所有音節用36個聲母字母和217個韻母字母相拼表示。這樣一個不用八思巴字的漢字同音字表即《古今韻會舉要》中提及的《七音韻》。和《蒙古字韻》相比，《七音韻》所作的主要調整是以下幾項：聲母分辨非和敷。韻母減去三個沒有聲母的韻：[illegible]韻“吾、五、误、兀”併入字母韻“孤、古、顧、穀”，[illegible]韻“岏、玩”併入字母韻“官、慣”，[illegible]韻“吪、卧”併入字母韻“歌、箇”。[illegible]韻的上聲和入聲“毀、洫”併入字母韻“癸、橘”。[illegible]韻“怳”併入字母韻“講”；取消了去聲[illegible]“眭”共減少了12個韻。誤增了字母韻“嫌”，和字母韻“杴”對立。而《蒙古字韻》中“嫌”和“杴”二字韻母的八思巴字拼寫都是[illegible]。除上所列，《七音韻》的音系和《蒙古字韻》完全一致，連八思巴字一些特殊拼寫也都完全一致。這樣《七音韻》就必然是按照《蒙古字韻》製作的。《韻會》字母韻根據的是《七音韻》，《通攷》根據的也是《七音韻》。《韻會》和《通考》字母韻中的一些共有錯誤必然來自《七音韻》。《通攷》平聲二冬中的“胷”小韻註的是“敷弓”，“敷”聲母誤，當為“曉”聲母。入聲十藥中的“縛”小韻註的是“匣郭”，“匣”聲母誤，當為“奉”聲母。《韻會》也誤作“羽濁音”（匣母）。熟悉八思巴字母的字形的話，這兩個例子很明顯是把“曉[illegible]”誤讀為“敷[illegible]”，把“奉[illegible]”誤讀成“匣[illegible]”了。聲母字錯誤並不多，這兩個在八思巴字形上造成的錯誤，透露了重要信息。

四、《通攷》很可能就是將《蒙古字韻》或《七音韻》中的韻字，按照《禮部韻略》的傳統韻書格局，重新排列而成的。其韻類內容明顯受到《蒙古字韻》影

① 由於《蒙古韻略》已佚，學者中有誤認為《蒙古韻略》即《蒙古字韻》者（寧1997：5—6）。“《韻會》所說的《蒙古韻》，即《蒙古字韻》，也稱《蒙古韻略》。”但是從崔世珍的《四聲通解》中的一些零星記載，可以清楚得知當時有和《蒙古字韻》完全不同的韻書。《四聲通解》中有如下記載：

烓 《蒙韻》在寘韻。

晦 《蒙韻》雖收有韻而音與姥同。

稟 《蒙韻》及古韻皆收入寢韻。

品 《蒙韻》及古韻皆收入寢韻。

這些小韻明顯是傳統韻書的韻目，和《蒙古字韻》中不列傳統韻目的編排格式毫無關係。《蒙韻》應該就是按照傳統韻書編排的《蒙古韻略》的簡稱（Shen 2008：54—55）。

響。和《韻會》相比,《通攷》中的眾多字母韻韻字缺漏的原因也和《蒙古字韻》密切關連。謹舉以下幾例說明:冬韻缺“淞”,支韻缺“痿”,元韻缺“撣”。這些缺漏的韻字《蒙古字韻》都不收。真A韻“賓”下缺真B韻“彬”,山韻“關”下缺刪韻“鰥”,庚三韻“明”下缺清韻“名”。這些缺漏的字母韻韻字在《蒙古字韻》中,都是與上一個韻的韻字連續排列的,沒有韻目分開。由於在鈔錄中沒有覺察到換韻,就把這些小韻漏鈔了。以下把這些字組加上韻目,把所漏的韻字用黑體列出,缺漏的原因便顯而易見。

[真開A]賔濱鑌[真開B]**彬**斌豳邠瑸
[刪合]關関瘝擐喧[山合]**鰥**綸矜
[庚開三]明盟鶪鳴[清開]**名**洺

以上各項,如果不從《通攷》鈔自《蒙古字韻》或和《蒙古字韻》極其相似的其他韻書來理解,無法得出其他滿意解釋(詳見附文)。由於存在如此的傳承關係,《通攷》正文前特意用陰梓標出“蒙古字韻音同”。

韻字

《蒙古字韻》中的絕大部分韻字是從《平水韻》(也即《新刊韻略》)照錄的(寧忌浮1997:161)①,②。全書九千多字,所差僅數十字而已。《平水韻》今不可見,本書校勘以現存的元刊本《新刊韻略》為根據。以下用《蒙古字韻》一東韻的第一個例子說明《蒙古字韻》及與之相關韻書的關係。

---

① 寧忌浮清楚分辨了《新刊韻略》和《禮部韻略》有不同的傳承關係,並指明《蒙古字韻》中的韻字絕大部分來自《新刊韻略》(寧1997),而不是《禮部韻略》。但是遺憾的是近期著作仍有對這兩類韻略不加分辨的含糊說法(見Coblin 2006:11)。

② 《平水韻》和《新刊韻略》內容相類,幾似一書。錢大昕指出:“(劉)淵所刊者,殆即文郁之本。”(見寧1997:134—158)錢氏嘗見《平水韻》,“予嘗於吳門黃孝廉丕烈齋,見元刊本《平水韻略》。卷首有河間許古序,乃知為平水書籍王文郁所撰。後題‘正大六年己丑季夏中旬’。則金人,非宋人也。”但是《平水韻》已經亡佚,無從攷證,也無法最終斷定《平水韻》和《新刊韻略》就是同一種韻書。正如錢大昕所說:“然某究以未見劉書,不敢決其然否。”

《蒙古字韻》	ꡂꡟꡃ	平公功工攻觥觵肱刂玒上礦鑛去貢贑羾灨虹⿰土貢⿰貢鳥
	[東一]	公功工攻
	[庚合二]	觥觵
	[登合]	肱
	[東一]	刂玒
	[梗合二]	礦鑛
	[送一]	貢贑羾灨虹⿰土貢⿰貢鳥
《新刊韻略》	[東一]	公功工
	[庚合二]	觵觥
	[登合]	肱
	[梗合二]	礦鑛
	[送一]	貢贑［重添］灨虹⿰土貢⿰貢鳥
《禮部韻略》	[東一]	公功工攻刂釭玒
	[庚合二]	觥
	[登合]	肱
	[梗合二]	礦⿰麥黃懭獷
	[送一]	貢贑灨⿷匚贛羾
《廣韻》	[東一]	公功工疘蚣玒釭魟攻刂愩碽篢
	[庚合二]	觵觥侊⿱冖黃宏⿱冖索
	[登合]	肱⿰革厷
	[梗合二]	礦鑛⿰金卝⿰麥黃⿰麥黃獷穬
	[送一]	貢贑⿰氵貢虹羾⿰阝蟲⿱竹夅⿷匚贛⿰木贛⿱艹贛
《集韻》	[東一]	公台工⿰工彡功⿰糸功紅刂攻釭⿰車工玒玜碽篢愩疘蚣⿱艹公⿰公鳥
		⿰魚公魟訌杠⿰口公⿰忄工
	[庚合二]	觵觥侊⿱罒光⿱冖厷⿱冖索⿰月光⿰月黃⿱冖黃⿰亻黃⿺走黃
	[登合]	厷𠃋肱⿰車厷⿰革弘
	[梗合二]	磺礦鑛⿰金卝⿰石卝卝懭穬⿰麥黃⿰麥黃獷⿱大甬
	[送一]	貢贑⿰章貢⿰氵貢灨⿷匚贛⿰木贛⿱艹贛⿱⿰章貢土⿰土貢⿰貢鳥⿱竹夅虹羾愩⿰阝蟲攻⿱贛心⿰女貢⿱艹貢⿸尸⿰羊犀⿰氵虹
《古今韻會舉要》	[東一]	公工功攻刂釭玒
	[庚合二]	觥
	[登合]	肱
	[梗合二]	礦獷懭⿰麥黃
	[送一]	貢贑灨⿷匚贛⿰土貢平水韻增⿰貢鳥平水韻增虹毛氏韻增羾

以上的例子清楚顯示《蒙古字韻》和《新刊韻略》最為接近。除去朱宗文添加的字“玒、玒、玒”（用方框標出），幾乎相同，只少了一個平聲的“攻”字。而且，除了“艭䑶”二字次序顛倒外，其他的字連次序也都完全一致。如果和《禮部韻略》相比，差別就大多了。［東一］多了三個字“玒釭玒”；［庚合二］少了一個字，只有“䑶”；［梗合二］多了兩個字，共有四個字“礦𪍿懭獷”。［送一］有五個字“貢贛灨㔶玒”，與《蒙古字韻》相同的有三個字“貢贛灨”，一個字“㔶”不見於《蒙古字韻》，一個字“玒”是朱宗文添加的。相比之下，《蒙古字韻》和《新刊韻略》在韻字上的相似程度是非常突出的。《韻會》的韻字則以《禮部韻略》為基礎，所增加的韻字都清楚註明。朱宗文增添的字“玒玒玒”，都可以在《韻會》中找到。他在序中推崇《韻會》，他所增補的大部分韻字也是從《韻會》中鈔出的。

在現存《蒙古字韻》正文前有“校正字樣”數例。其中所列“各本通誤字”源自《新刊韻略》。朱宗文不明韻字來源，用《韻會》校之，以為有“誤”，可能並不放心，故言“以俟大方筆削云”。其實有些字音根據《新刊韻略》並不誤。以下是“各本通誤字”中“順”字的例子。

	誤	正	正文拼寫	漢字頁數	註
順	ꡆꡟꡋ dz̨-	ꡮꡟꡋ z̨-	ꡆꡟꡋ dz̨-	B4b1Q2	同誤

查了《新刊韻略》和《古今韻會舉要》，就清楚所謂的“正”和“誤”是和這兩本韻書中不同的反切有關（具體見 Shen 2007：71—74）。用“順”字為例：

	誤	新刊韻略	正	韻會
順	ꡆꡟꡋ dz̨-	食閏切 dz̨- 船母	ꡮꡟꡋ z̨-	殊閏切 z̨- 禪母

“順”字的反切在兩本韻書中不同，《新刊韻略》是船母，而《韻會》是禪母。如同其他五個字，朱宗文的本意是要按照《韻會》的“殊閏切”將“順”字改成禪母，所以列出“ꡆꡟꡋ”為誤，“ꡮꡟꡋ”為正。但是不知什麼原因卻又未在正文中改成禪母 ꡮ。這樣，我們就能理解為何列出“順”字，以及兩種拼寫形式何為“誤”何為“正”的原因了。

朱宗文的勘誤限於聲母，因為聲母數目有限，而且和八思巴字對應簡單，都可以用韻書的反切來查對。但是，由於韻母間的關係，以及和八思巴字母的關係都相當複雜，韻書中的韻類信息就無濟於事了。因此，“校正字樣”中無一例是和韻母有關的。本書將這些新添字都用方框圈出，以示和原本《蒙古字韻》的區別。

朱宗文在《蒙古字韻》中添加韻字，並為其“新添字”加上二到四字的註釋。並在“迴避字樣”後特意加上說明文字“今添諸韻收不盡漢字，韻內細解者並系新添。”有“細解”韻字 108 個（寧忌浮 1997：166），如：刉，刈也。玒，美玉。新添字基本都是冷僻字。這些字都是從《韻會》以及《禮部韻略》（《附釋文互註禮部韻略》）和《紫雲韻》（《增修校正押韻釋疑》別稱）中找出來的（寧忌浮 1997：167）。朱宗文添字，實屬畫蛇添足之舉。完全脫離了《蒙古字韻》只列漢字不附註釋、韻藻的原定版式。

本書在校對中，只刪除誤添字，糾正誤錯字，不增加任何漢字，但是仍然保留前人所增的字。

韻序

《蒙古字韻》的編排次序首先將韻字按漢語傳統音韻學的字母次序列出。《蒙古字韻》中的“字母”表大致表示了各韻中音節的次序。字母表中的聲母雖然按照三十六字母列出，但是對應的八思巴字並不是 36 個，而是 35 個。這個聲母表顯然根據了當時存在的一個聲母系統。在對應的八思巴字母中，“知、徹、澄”三母與“照、穿、床”三母相同，“非、敷、奉”三母對應兩個八思巴字母，然而“影、曉、匣”都一分為二。這樣“減四加三”，便是 35 個八思巴字母。按照《蒙古字韻》中字母表，具體如下：

見ꡂ	溪ꡁ	群ꡀ	疑ꡃ	端ꡊ	透ꡉ	定ꡈ	泥ꡋ	知ꡆ	徹ꡅ	澄ꡄ	娘ꡇ
幫ꡎ	滂ꡍ	並ꡌ	明ꡏ	非ꡤ	敷ꡤ	奉ꡰ	微ꡓ	精ꡒ	清ꡑ	從ꡐ	心ꡛ
邪ꡕ	照ꡆ	穿ꡅ	牀ꡄ	審ꡚ	禪ꡮ	曉ꡜ	匣ꡣꡯ	影ꡖꡝ	喻ꡗꡭ	來ꡙ	日ꡔ

在正文的實際拼寫中漢語的“非、敷”二母字不作區別，完全合併。這和字母表

中對應的八思巴字母就有了矛盾。因為在字母表中是“非ꡤ=奉ꡤ≠敷ꡰ”，但是在正文中卻是“非ꡤ=敷ꡤ≠奉ꡰ”。

由於韻母安排根據的是八思巴字的設置和拼寫規則，出現了不合傳統音韻學的排列次序。同一個韻中，非韻尾的部分是由八思巴元音字母的次序決定的。其次序是（不計麻韻）：

A 類韻母：	ꡞ	ꡟ				
B 類韻母：	ꡖ	ꡠ	ꡡ	ꡦ	ꡧ	ꡖ = 零形式 a

這樣的次序和字母表中的七個元音性符號的次序是一致的。

字母次序：	ꡖ	ꡞ	ꡟ	ꡠ	ꡡ	ꡦ	ꡧ	ꡨ
A 類韻母：		ꡞ	ꡟ					
B 類韻母：	ꡖ			ꡠ	ꡡ	ꡦ	ꡧ	ꡨ

二合字母，ꡦꡟ［y］和ꡖꡞ［ɨ］，也有一定次序排列次序。ꡦꡟ［y］和ꡖꡞ［ɨ］分別在ꡟ［u］和ꡞ［i］之後。這樣的次序就和音韻學中等的關係不一致了。比如，ꡟ［u］是一等，ꡦꡟ［y］是三等，一等韻列在三等韻之前。然而，ꡞꡋ［in］是三等，ꡖꡞꡋ［ən］是一等，三等韻就列在一等韻之前了。顯然這不是等韻學中的次序。

八思巴字中的音系分析和傳統的音韻學不同。用來表示知組、照組和日母字的八思巴字輔音ꡄ tʃ，ꡅ $tʃ^h$，ꡆ dʒ，ꡇ ɲ，ꡚ ʃ，ꡛ ʒ，ꡘ r 內含顎介音 -j-，後接韻母中的顎介音就可能不出現。八思巴字中將喻母和影母字韻母中的介音 -j- 當作聲母處理，於是一些三等韻也就和一等韻排在一起了。以陽韻的ꡃ aŋ 韻類為例，知組和照組以及喻母和影母的音節都和一等字列在了一起。

陽韻										
拼寫	ꡀꡃ	ꡁꡃ	ꡃꡃ	ꡈꡃ	ꡉꡃ	ꡊꡃ	ꡋꡃ	ꡄꡃ	ꡅꡃ	ꡆꡃ
	kaŋ	k^hiŋ	ŋaŋ	taŋ	taŋ	daŋ	naŋ	tʃaŋ	$tʃ^h$aŋ	dʒaŋ
等	I	I	I	I	I	I	I	III	III	III
聲母	見	溪	疑	端	透	定	泥	知照	徹穿	澄牀
例字	岡	康	昂	當	湯	唐	囊	張章	倀猖	長—

拼寫	ꡇꡃ	ꡌꡃ	ꡍꡃ	ꡎꡃ	ꡏꡃ	ꡤꡃ	ꡰꡃ	ꡓꡃ	ꡐꡃ	ꡑꡃ
	ɲaŋ	paŋ	pʰaŋ	baŋ	maŋ	faŋ	vaŋ	ʋaŋ	tsaŋ	tsʰaŋ
等	III	I	I	I	I	III	III	III	I	I
聲母	娘	幫	滂	並	明	非敷	奉	微	精	清
例字	娘	幫	滂	傍	茫	方芳	房	亡	臧	倉

拼寫	ꡒꡃ	ꡛꡃ	ꡚꡃ	ꡔꡃ	ꡯꡃ	ꡖꡃ	ꡗꡃ	ꡙꡃ	ꡘꡃ
	dzaŋ	saŋ	ʃaŋ	ʒaŋ	ɦaŋ	0aŋ	jaŋ	laŋ	raŋ
等	I	I	III	III	I	I	III	I	III
聲母	從	心	審	禪	匣	影	喻	來	日
例字	藏	桑	商	常	航	盎	陽	郎	穰

拼寫中知組、照組和日母字都沒有介音。但是這並不表示這些音節顎介音的消失。

由於八思巴字的特殊拼寫規則，更有將一等韻字列入三等的。漢語八思巴字中有一條特殊拼寫規則，即在喉擦音 ꡜ 和 ꡯ 後的元音 ꡖꡞ［ɨ］省略後化符號 ꡖ，ꡜꡞ 和 ꡯꡞ 表示的是［hɨ］和［ɦɨ］。嚴格按照八思巴字元音字母排序，帶有後擦音的一等音節就和三等音節列在一起了。這個特殊拼寫造成的排序可以在以下幾個韻中觀察到。有關的拼寫用粗體。

	庚韻					佳韻			
拼寫	ꡚꡞꡃ	ꡔꡞꡃ	**ꡯꡞꡃ**	ꡖꡞꡃ	ꡗꡞꡃ	ꡂꡨꡗ	ꡁꡨꡗ	**ꡜꡞꡗ**	**ꡯꡞꡗ**
	ʃiŋ	tʃʰiŋ	**ɦiŋ**	iŋ	jiŋ	kjai	kʰjai	**hij**	**ɦij**
等	III	III	**I**	III	III	II	II	**I**	**I**
聲母	審	禪	**匣**	影	影	見	溪	**曉**	**匣**
例字	聲	成	**恆**	霙	甖	佳	揩	**黑**	**劾**

	真韻					尤韻					
拼寫	ꡚꡞꡋ	ꡔꡞꡋ	**ꡯꡞꡋ**	ꡖꡞꡋ	ꡗꡞꡋ	ꡚꡞꡓ	ꡔꡞꡓ	**ꡜꡞꡓ**	**ꡯꡞꡓ**	ꡖꡞꡓ	ꡗꡞꡓ
	ʃin	tʃʰin	**ɦin**	in	jin	ʃiw	tʃʰiw	**hiw**	**ɦiw**	0iw	jiw
等	III	III	**I**	III	III	III	III	**I**	**I**	III	III
聲母	審	禪	**匣**	影	影	審	禪	**曉**	**匣**	影	影
例字	申	辰	**痕**	殷	因	收	讎	**吼**	**侯**	憂	幽

由於帶［ɨ］音節占了帶［i］音節的位置。原來帶［i］音節就只能拼成［ji］，並

和原來帶［ji］音節在拼寫上混合。曾攝三等蒸韻的韻母應該和梗攝三等庚三韻相同，但是喉擦音聲母字“興”卻和梗攝二等庚二韻的“亨”，四等青韻的“馨”等字拼寫相同了，而不拼成 [illegible] hjiŋ。與同韻的塞音見母字相比，就顯示出拼寫上的差異了。

	k-	h-
蒸韻	兢 [illegible] kiŋ	**興 [illegible] hjiŋ**
庚二韻	庚 [illegible] kjiŋ	亨 [illegible] hjiŋ
青韻	經 [illegible] kjiŋ	馨 [illegible] hjiŋ

流攝三等尤韻的“休”等字拼成 [illegible] hjiw，真攝三等殷韻的“欣”等字拼成 [illegible] hjin 也是同樣原因。這完全是拼寫規則造成的，和實際語音無關，但是造成了語音變化的假象。《韻會》和《通考》都據之分韻，是不明緣由的照搬。對這些特殊拼寫規則，在研究《蒙古字韻》及其有關韻書時不可不察。

校勘

校勘工作主要是四類。第一類是八思巴字拼寫校勘。主要有照那斯圖和楊耐思的《〈蒙古字韻〉校本》（1987）。現存《蒙古字韻》手鈔本由於幾經傳鈔，八思巴字錯誤甚多。如 [illegible] 作 [illegible]，[illegible] 作 [illegible]，等等。但是這些錯誤不難校正。只要按照《蒙古字韻》中的“字母”表的字母的次序和漢字的音韻地位查校，錯誤立辨。本書以照那斯圖和楊耐思的勘誤為基礎。凡是照那斯圖和楊耐思的校出的八思巴字拼寫都在字表中用灰底字標示。但在勘誤表中不一一列出。勘誤表中只列本書新校出的八思巴字拼寫錯誤和對前人校勘的不同意見。

第二類是漢字確認。可以說最早進行此類校勘的就是朱宗文的校正了。在他的修訂本正文前列出“校正字樣”，列舉“各本通誤字”，“各本重入漢字”等。近代的主要有羅常培（羅常培和蔡美彪 2004）、照那斯圖和楊耐思（1978）、花登正宏（1989）、寧繼福（1997）等。橋本萬太郎（1978b）在他的韻表中也對一些漢字做了勘正。作為校對根據，羅常培用《廣韻》；照那斯圖和楊耐思用《韻會》，花登正宏襲之；寧忌浮（1997）則用《新刊韻略》。寧氏認為《蒙古字韻》的韻字來自《新刊韻略》，論證確鑿。由此，《蒙古字韻》韻字的來源大明大白，校勘則“勢如破竹”（寧忌浮 1997：168）。當然校勘工作還得逐字逐音進行。寧氏勘誤（寧忌浮 1997：168—184）引用了照那斯圖和楊耐思的 100 條，花登正宏的 60 條。[①]由于寧氏勘誤發表在羅常培的“蒙古字韻校勘記”（羅和蔡 2004）正式發表之前，因而沒有參考和引用羅常培的校勘結果。本書以寧氏勘誤表為基礎，參考各家，重新作全文校勘。此外，本書也參考了中野美代子書中的校註（Nakano 1971）。其書中 119 條校註主要和八思巴字的字形与拼寫有關，不校對漢字。

本書引用寧氏根據《新刊韻略》所補的《蒙古字韻》殘闕部分的韻字，因此對寧氏的補闕部分也作了校勘。糾正了其中的錯誤。如：“曄皣饁爗”等四字寧氏誤作 ŋe。此四字是葉 B 韻，入聲，云母字。平行的鹽 B 韻，平聲，云母字“炎焱”是 ꡗꡦꡏ jem，與鹽 A 韻，平聲，以母字“鹽塩閻檐簷”ꡗꡦꡏ jem 同。因此“曄皣饁爗”四字的拼寫應該是 ꡗꡦ je，與葉 A 韻，入聲，以母字“葉擛”同音。

	舒聲	入聲	
云母	炎 jem	曄 X	
以母	鹽 jem	葉 je	X = je

第三類校勘是漢字和八思巴字拼寫關係的校勘。因為漢字不錯，八思巴字拼寫也不錯，但是漢字的中古音韻地位和八思巴字拼寫不當。如：“轍徹撤澈”，此四字誤列 ꡆꡠ tʃɛ 入聲。《廣韻》和《新刊韻略》這個小韻都是直列切，澄母。應當改為 ꡇꡦ dʒe，並需要增添 ꡇꡦ 韻。

第四類是誤字改正。凡是錯字都作改正。還有大量的異體字和俗字，本書也盡量標明，改用正字。校勘記中不列誤字，只列正字。

校勘表體例。先列出所誤之字的頁面行數字數，再列出勘正後的漢字和簡要解釋。具體校勘次序是：一、先查《新刊韻略》（根據上海圖書館藏清鈔本）和《大宋重修廣韻》（根據周祖謨的《廣韻校本》，此本以“澤存堂本”為底本）。二、再查《禮部韻略》（根據光緒二年姚覲元川東官舍重刊《附釋文互註禮部韻略》楝亭

① 寧氏引用照那斯圖和楊耐思以及花登正宏勘誤並非這兩家勘誤的所有內容。詳見本書勘誤。

本）和《集韻》（根據北京圖書館藏宋刻本）。以下各表中的校正字全部標出。前人校出者用灰底，如 A8a8P9“曈”；本書新校者用灰底粗體，如 A8b7P2“**逢**”；朱宗文所增添的韻字加方框“□”標出，如 A8a3P8“㺗刈也”。在本書的字表和韻表中以上三類韻字也以同樣方式標出，以便查對。偶有无法輸入的錯字用“⊗”替代。本書共集校註 860 條，其中前人校出的 506 條，本書新校的 354 條。前人已經校出的，皆一一註明。

本書只校十五個韻部中的韻字，不校書中其他內容。其他內容的討論可參考 Shen（2008）。

補闕

現存清代手鈔本《蒙古字韻》有缺頁。日本關西大學本影印本（1957）以及羅常培和蔡美彪的印鈔本（1959）所缺相同，應當是清鈔本所缺，也是清鈔本所據的本子中所缺。在“下三十”一頁上的最後一個八思巴字下沒有漢字，清鈔本不缺頁但是缺字，這應該是清鈔本所據的本子中所缺的。學者悉心添補，出於對《蒙古字韻》的認識有別，補出的八思巴字拼寫和漢字，以及頁面數就不同。先後有鄭再發（1965），Nakano（1971），照那斯圖和楊耐思（1978），寧忌浮（1997）諸個方案。鄭再發補出 25 個八思巴字拼寫及其相關韻字，共 3 面；Nakano 補出 35 個八思巴字拼寫，不分頁面；照那斯圖和楊耐思補出 37 個八思巴字拼寫，共 5 面；寧氏補出的完全根據《新刊韻略》，共 34 個八思巴字拼寫，300 個韻字，共 4 面。本書補闕部分引用寧氏方案，因為《蒙古字韻》的漢字確實來自《新刊韻略》。

現存的手鈔本共有八思巴字拼寫 818 個，加上寧氏補闕 34 個，本書共收 842 個。八思巴字拼寫不分聲調，842 個八思巴字拼寫是不計聲調的音節數字。如果包括聲調區別，就共有 2141 個音節，平聲 702 個，上聲 550 個，去聲 602 個，入聲 287 個（不計補闕部分，共有 2068 個音節，平聲 683 個，上聲 540 個，去聲 589 個，入聲 256 個）。現存手鈔本《蒙古字韻》共收漢字 9118 個，加上寧氏補闕 300 個，共 9418 個漢字。

現存的手鈔本最後有一面“迴避字樣”。這項內容對音系研究無關緊要，本書不作補闕。"迴避字樣"全文也可以從《元典章》二十八"禮部"中查到。迴避字樣在元刻本中原不在卷尾。羅以智在《恬養齋文鈔》中清楚指出:(元刻本)"其迴避字樣列詣卷首，亦與寫本互異。"

製表

用製表來攷訂《蒙古字韻》，並同時用以勘正八思巴字字形錯誤，是研究《蒙古字韻》一個常見方式。學者們所製的韻表大致有兩類。第一類是按照《蒙古字韻》次序列表。第二類是按照中古音系統列表。按照《蒙古字韻》格式列表的有 Nakano（Miyoko Nakano 1971）的《八思巴字和〈蒙古字韻〉的語音研究》（A Phonological Study in the 'Phags-pa Script and the Meng-ku Tzu-yün）。書中的表裏列出四項內容：1. 八思巴字音譯，2. 漢語音，3. 聲調分布及其代表漢字，4. 關西大學影印本和羅常培、蔡美彪影鈔本的頁碼（Nakano 1971：104）。橋本萬太郎（Mantaro J. Hashimoto 1978）在"《蒙古字韻》中所見中古韻類（The occurrence of Ancient Chinese rimes in the Meng-gu zi-yun）"列出了字音和漢字的所屬中古音各韻的韻目，不列漢字。照那斯圖和楊耐思的《〈蒙古字韻〉校本》中的表只校拼寫，無字，不列漢字。柯蔚南（W. South Coblin 2006）的書中製作了《蒙古字韻》選字表，列出八思巴字拼寫、國際音標和大部分的漢字。只查拼寫，不校漢字。

按照中古音系統列表的主要代表是橋本萬太郎。他的"八思巴字譯寫的中古音音節（Ancient Chinese in the hP'ags-pa transcription）"製表 102 張，列出八思巴字譯寫的中古音的讀音，完全不列漢字。表中材料用了《蒙古字韻》、《百家姓》和漢語八思巴字碑文。

不論是按照《蒙古字韻》次序列表，還是按照中古音系統列表，各家都没有將所有韻字完全列出的，因而無法得見韻字的全貌。

字表

以前根據《蒙古字韻》所作的字表有三種，第一種是有音無字，列出所有的八思巴字的羅馬字轉寫，但是不列任何韻字（照那斯圖、楊耐思 1978）。第二種是有音有字，先列出各韻類中不同韻母的八思巴字拼寫。每一行列出八思巴字拼寫的羅馬字轉写及其所代表音值，出及平、上、去、入同音字组中的首字。第三種也是有音有字（Coblin 2006），列出所有的八思巴字及其羅馬字轉寫，也列出韻字。但是韻字選列，不收生僻難字（Coblin 2006：122）。不收生僻字似乎是去繁就簡，但是不少生僻難字在音韻系統中有重要意義，代表了中古語音系統中的一個小韻。缺了這些韻字，整個音系便有殘缺。對所列的韻字既沒有攷證，也沒有完全利用學者們已經作出的校正或刪除，依然重複原書中的錯誤。這樣的選列韻字，不作校勘的字表對研究來說，價值尚不及原文。

為了方便讀者掌握韻字的歷史來源和變化，本書在字表中（一）將所有韻字窮盡列出,（二）標明每一個韻字的中古音的韻類,（三）糾正所有錯字和俗字,（四）標明前人的研究成果。

字表以《蒙古字韻》的頁面和行列為基礎。按照八思巴字的書寫格式,《蒙古字韻》是先自上往下，然後自左往右行文，不同於漢語自右往左行文的格式。本書改作先自左往右，然後自上往下的行文格式。《蒙古字韻》原書中的八思巴字原来直書，本書中的八思巴字逆時針左轉 90 度，從左往右連續拼寫，以便連寫。每一行前加上頁數行數等信息。上卷和下卷分別用大寫英文字母“A”和“B”表示。接着是頁數，同一頁有正反兩面，分別用小寫英文字母“a”和“b”表示。最後是行數。這樣，上卷第二十八頁正面的第六行，就用“A28a6”表示；卷下第一行反面第六行，就用“B1b6”表示。八思巴字拼寫後，加上轉寫的國際音標。以下是兩個例子。

A28a6 ꡐꡟ tsu P:［模］租葅 S:［姥］祖珇組 Q:［暮］作 R:［屋一］鏃［沒］卒
B1b6 ꡀꡞꡋ kin P:［眞開 B］巾［殷］斤筋釿 S:［隱］謹槿堇慬卺瑾 Q:［焮］斤靳撞劤

《蒙古字韻》正文中用漢字“平、上、去、入”標出漢字的聲調，現在分別改用字母“P，S，Q，R”替代。各行中承上没有聲調調目的韻字則以“X”標示。每個同音字組前標出中古韻類。不分開合的韻，不標開合；不分等第的韻，也不標等第；以求簡明。重紐 A 類和 B 類只用來標唇音和喉牙音，舌齒音不標重紐 A 類和 B 類。

唇音字開口合口不對立，但是按照韻圖仍有開合之分。表中唇音字的所属之韻仍然標明開合。《蒙古字韻》原書中不同的頁面用空行隔開，以期醒目。

對朱宗文所添加的字，加上方框區别，註釋用小號字。以下是上卷第十九頁反面第六、第七兩行，《蒙古字韻》原文和本書字表的一個對比例子。

原文

ꡌꡞ 平卑椑箄裨鵯崥陛狴錍篦竹器上妣秕比
俾俾去臂痹畀庇閉嬖箅蔽入必畢篳韠

本書字表

A19b6 ꡌꡞ pi P：［支開 A］卑椑箄裨［齊開］鵯崥陛狴錍篦竹器 S：［旨開 A］妣秕比
A19b7 ［紙開 A］俾俾 Q：［寘開 A］臂［至開 A］痹畀庇［霽開］閉嬖箅
［祭開 A］蔽 R：［質 A］必畢篳韠

知組和照組聲母，非（幫）母和敷（滂）母，以及疑母和喻母這三組中古聲母在《蒙古字韻》中可能屬於同一個同音字組。為了明確這些字的聲母不同，在不同聲母的字組間加短横"–"作出區别。具體舉例如下：

A14b3 ꡄꡃ tʃaŋ P：［陽開］張粻–章漳樟璋彰障獐麞 S：［養開］長–掌仉 Q：
A14b4 ［漾開］脹漲張帳–墇嶂瘴障

以上，知母字"張粻，長，脹漲張帳"和照三章母字"章漳樟璋彰障獐麞，掌仉，墇嶂瘴障"之間分别用短横"–"隔開。

A15a3 ꡤꡃ faŋ P：［陽合］汸方坊蚄肪枋–妨芳 S：［養合］昉倣放–仿
A15a4 彷紡髣 Q：［漾合］放舫–訪

以上，非（幫）母字"汸方坊蚄肪枋，昉倣放，放舫"和敷（滂）母字"妨芳，仿彷紡髣，訪"分别用短横"–"隔開。

A25b2 ꡝꡟꡞ 0uj P：［支合］危峗［脂合］帷［支合］爲為［微合］巍–幃韋圍闈違湋
［灰］桅嵬嵔
A25b3 S：［紙合］硊頠–蔿蘤闖蘶［旨合］洧鮪痏［尾合］韙煒暐偉瑋葦

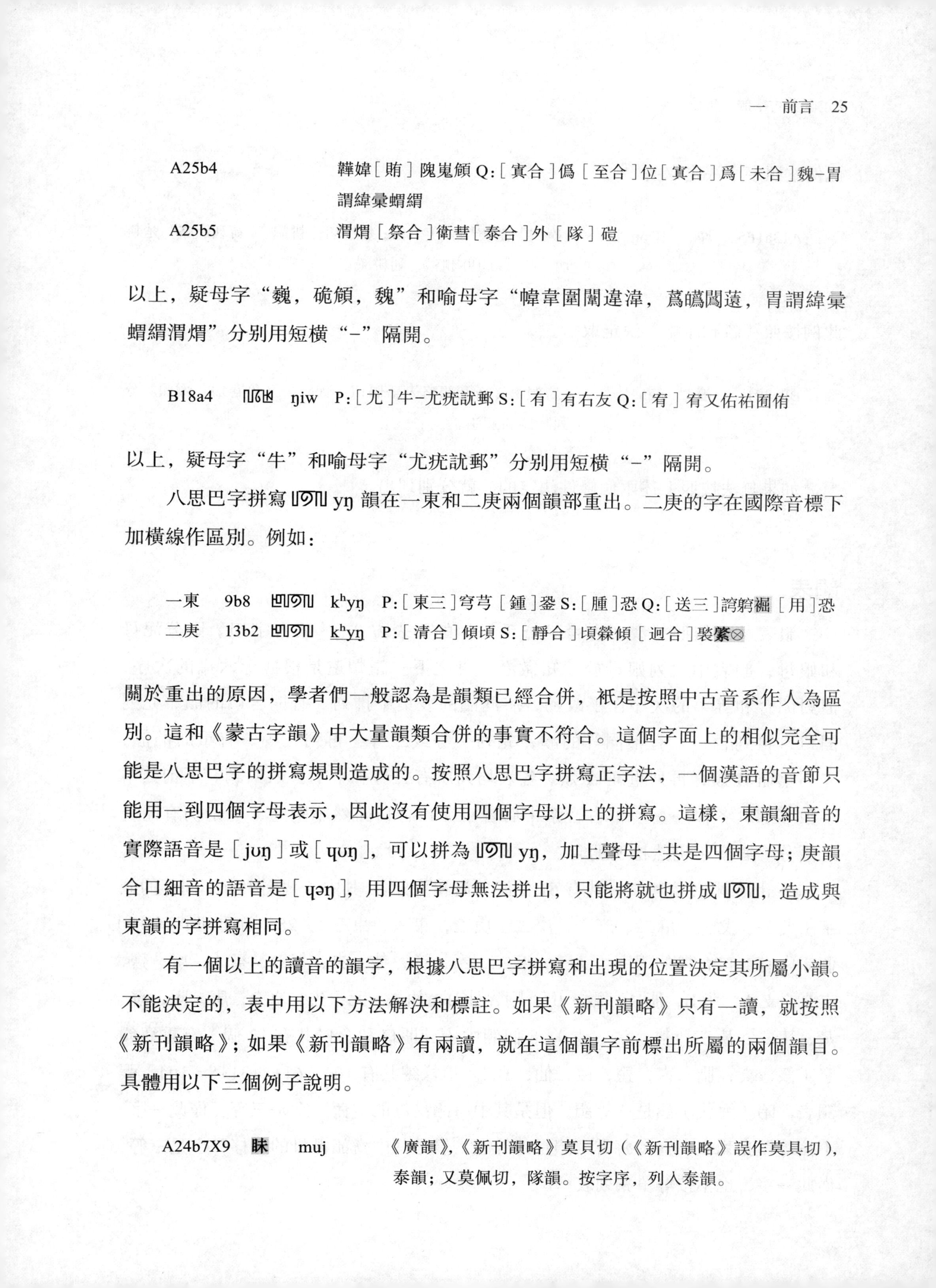

A25b4　　韡媁［賄］隗嵬頠 Q:［寘合］僞［至合］位［寘合］爲［未合］魏–胃謂緯彙蝟緭

A25b5　　渭煟［祭合］衛彗［泰合］外［隊］磑

以上，疑母字“巍，硊頠，魏”和喻母字“幃韋圍闈違湋，蔿噅闖薳，胃謂緯彙蝟緭渭煟”分別用短横“–”隔開。

B18a4　ŋiw　P:［尤］牛–尤疣訧郵 S:［有］有右友 Q:［宥］宥又佑祐囿侑

以上，疑母字“牛”和喻母字“尤疣訧郵”分別用短横“–”隔開。

八思巴字拼寫 yŋ 韻在一東和二庚兩個韻部重出。二庚的字在國際音標下加横線作區別。例如：

一東　9b8　$k^hy\eta$　P:［東三］穹芎［鍾］銎 S:［腫］恐 Q:［送三］誇躬褔［用］恐
二庚　13b2　$\underline{k^hy\eta}$　P:［清合］傾頃 S:［靜合］頃檾傾［迥合］褧縈⊗

關於重出的原因，學者們一般認為是韻類已經合併，衹是按照中古音系作人為區別。這和《蒙古字韻》中大量韻類合併的事實不符合。這個字面上的相似完全可能是八思巴字的拼寫規則造成的。按照八思巴字拼寫正字法，一個漢語的音節只能用一到四個字母表示，因此沒有使用四個字母以上的拼寫。這樣，東韻細音的實際語音是［juŋ］或［ɥuŋ］，可以拼為 yŋ，加上聲母一共是四個字母；庚韻合口細音的語音是［ɥəŋ］，用四個字母無法拼出，只能將就也拼成，造成與東韻的字拼寫相同。

有一個以上的讀音的韻字，根據八思巴字拼寫和出現的位置決定其所屬小韻。不能決定的，表中用以下方法解決和標註。如果《新刊韻略》只有一讀，就按照《新刊韻略》；如果《新刊韻略》有兩讀，就在這個韻字前標出所屬的兩個韻目。具體用以下三個例子説明。

A24b7X9　**昧**　muj　《廣韻》,《新刊韻略》莫貝切（《新刊韻略》誤作莫具切），泰韻；又莫佩切，隊韻。按字序，列入泰韻。

此例按照字序決定取捨。

A13a1P5 琤 $tʃ^hən$ 平 《廣韻》楚庚切，庚二韻；楚耕切，耕韻。《新刊韻略》楚耕切。按《新刊韻略》，列耕韻。

此例按照《新刊韻略》決定取捨。

B9a8S1 巘 ŋen 上 《廣韻》,《新刊韻略》語偃切，阮韻，又魚蹇切，獮韻。分列阮韻和獮韻。

如果無法按照上述兩個條件決定的，就分別列出。

韻表

韻表基本依照《漢語方言調查手冊》的製表方式。《蒙古字韻》區分泥母和娘母，韻表中增列娘母於“知徹澄”母之下。韻類還是根據十六攝的次序，但對開合和等第的次序作了改動，將同韻的表集中排列。有開合口的韻，先列開口，再列合口。有不同等的韻，先列一等或二等，再列三等。有重紐的韻，先列重紐B類，再列重紐A類。各表均列所有聲母和平上去入四調。不拘其中字數多寡，各作一頁。中古音系中唇音字開口合口雖然不對立，但是仍有開合之區分。唇音字仍然標明開合。

不計聲調，《廣韻》一共有61個韻（真和臻分），其中4個韻中有不同等的韻字（戈一、戈三，麻二、麻三，庚二、庚三，東一、東三）。28（計重紐共有31）個韻中有開口合口的韻字（戈三，麻二，泰，皆，佳，夬，祭B，祭A，廢，齊，支B，支A，脂B，脂A，微，山，刪，仙B，仙A，元，先，真B，唐，陽，登，蒸，庚二，庚三，耕，清，青），8個韻中（計開口和合口共有12個）有重紐韻字（祭，支，脂，宵，鹽，侵，仙，真）。這樣總共有104（61+4+31+8= 104）張韻表。咍（海代）韻是一等韻，但是其中海韻昌母的“茝”字是三等，僅此一字，不按等單獨列表。齊（薺霽）韻是四等韻，但是其中齊韻禪母的“栘”字是三等，僅此一字，也不按等單獨列表。

通過這樣的排列，很多中古音類的演變和韻類之間的關係便一目了然。以下是臻攝開口三等唇音重紐 B 類和 A 類的例子。舒聲和入聲的音值 B 類是：pin 和 puj，A 類是：pin 和 pi。有韻尾的舒聲沒有區別，沒有韻尾的入聲有區別。這是音段能否移位造成的結果（Shen 2008：255—257）。

	臻開三：眞質 B			
	平	上	去	入
	眞	軫	震	質
幫	彬斌豳邠瑸 pin			筆 puj
滂				
並	貧 bin			弼 buj
明	旻珉岷緡閩 min	愍慜憫閔敏暋 min		密宓 muj

	臻開三：眞質 A			
	平	上	去	入
	眞	診	震	質
幫	賔濱鑌儐 pin		儐殯鬢擯 pin	必畢篳韠趩蹕 pi
滂	繽闠 p^hin			匹 p^hi
並	頻蘋薲嬪玭蠙 bin	牝臏 bin		邲比苾佖駜飶 bi
明	民 min	泯僶 min		蜜謐醯 mi

從以下中古宕攝開口一等和曾攝開口一等唇音和喉牙音的例子，也便於觀察到帶 -k 入聲音節複元音化後，帶 -w 和帶 -j 的條件。

	宕開一：唐鐸			
	平	上	去	入
	唐	蕩	宕	鐸
幫	幫縍鞤謗 paŋ	榜牓 paŋ	搒謗 paŋ	博搏爆襮鑮鎛 paw
明	茫忙邙蘉 maŋ	莽 maŋ		寞瞙塻莫幕膜 maw
見	岡崗堽剛鋼綱 kaŋ		鋼 kaŋ	各閣 kaw
溪	康穅糠甗 k^haŋ	慷忼 k^haŋ	抗閌炕伉亢 k^haŋ	恪 k^haw
曉				臛壑蘈郝嗃 haw
匣	航行頏杭 ɦaŋ	沆骯 ɦaŋ	吭行笐 ɦaŋ	涸鶴貈貉嚯洛 ɦaw

	登開一：登德			
	平	上	去	入
	登	等	嶝	德

续表

幫 明	崩 pəŋ			北 puj 默纆墨 muj
見 溪	揯絚縆 kəŋ	肯 k^həŋ	亘恒 kəŋ	刻克剋 k^həj
曉 匣	恒 ɦiŋ			黑 həj 劾 ɦəj

中古宕攝的入聲字產生了 -w 韻尾，曾攝字產生了 -j 韻尾。曾攝字唇音是 uj，喉牙音是 əj。顯然這些變化和這些韻的主要元音有密切關係，也和聲母有關係（Shen 2008：279—308）。

受版式限制，韻表中的同音字最多只列六個，多餘的字列在表下，冠之聲母音標。不同聲調的字用斜杠“/”隔開。平聲字前無斜杠，上聲字前用一斜杠“/”，去聲字前用二斜杠“//”，入聲字前用三斜杠“///”。具體如下（例子只是臻合三的韻表下半的一部分）。

見 溪 群 疑	君軍皸 kyn 群裠帬 gyn	麇 k^hyn	攈捃皸 kyn 郡 gyn	厥屈 ky 屈詘 k^hy 倔崛裾掘 gy 崛 0y
曉 匣	薰曛勲勛熏燻 hyn		訓爋 hyn	颮欻 hy
影 云 以	煴氳醖 0win 雲芸蕓紜秐耘 0win	惲藴薀韞醖 0win 䫻韻 0win	醞愠緼蘊煴榅 0win 韻貟輝運暈餫 0win	鬱欝爩菀尉熨 0y

帮：皸不罭 滂：氛 /// 髴踋 並：菜弅蕡濆蕡賁焚墳豶 明：// 抆 晓：纁醺葷焄臐 影：// 醖 / 蔚 0鄆 云：員沄

音譯

在八思巴字中的漢字音譯中，有幾個要點需要說明。

一、在研究八思巴字音譯材料時，要明確區分四種不同的層次：一是語音層次的漢語語音，二是音位層次的漢語語音，三是八思巴字譯寫者所感知的漢語語音，四是文字字面上顯示的漢語語音。由於各家轉譯沒有說明，造成一些不必要的誤解。本書採用的是第三種，即八思巴字譯寫者所感知的漢語語音，是對文字層次上的拼寫的各種分析後得出的。這樣，有些完全屬於文字層次的問題，就不在語音表達上再作糾纏了。比如八思巴字字母選擇上，塞音和塞擦音聲母中有眾所周知的清濁塞互換的奇特現象。這個問題是個文字層次上的問題（Shen 2008：112—116），在轉譯中就排除了。

二、聲母字母一共是 35 個。轉寫的音標是：

ꡀ k　ꡁ kʰ　ꡂ g　ꡃ ŋ　ꡈ t　ꡉ tʰ　ꡊ d　ꡋ n　ꡄ tʃ　ꡅ tʃʰ　ꡆ dʒ　ꡇ ɲ

ꡌ p　ꡍ pʰ　ꡎ b　ꡏ m　ꡤ f　ꡬ v　ꡓ ʋ　ꡐ ts　ꡑ tsʰ　ꡒ dz　ꡛ s　ꡕ z

ꡚ ʃ　ꡔ ʒ　ꡜ h　ꡣ ɦ　ꡫ ɦj　ꡝ 0　ꡗ j　ꡖ 0̲　ꡗ j̲　ꡙ l　ꡘ r

影母 ꡝ 0 与 ꡗ 0j 和喻母 ꡖ 0̲ 與 ꡗ 0j̲ 的對立是清濁對立陰調和陽調的調域對立。對應影母的音節不下加橫線，對應喻母的音節，下加橫線表示調域區別。

表示唇齒擦音的字母 ꡤ f 和 ꡬ v 在字形上分別是由 ꡜ h + ꡧ w 和 和 ꡫ ɦj +ꡧ w 構成的。但是 f 和 v 是獨立的字母，並不是學者們（服部四郎 1946，橋本萬太郎 1978，照那斯圖、楊耐思 1987，柯蔚南 2006）所認為的 hw 和 ɦw。這從《蒙古字韻》的音節次序中可以看出。f 和 v 與 hw 和 ɦjw 的區別在八思巴字璽印的印文中也有明確表現（Shen 2008：92—96）。不過值得注意的是，在《蒙古字韻》的字母表中和正文中，f 和 v 兩個字母確有非常令人費解的字形出現。

在《蒙古字韻》的正文前有一個字母表，是按照漢語傳統音韻學中的三十六字母來設計的。在這個字母表中漢語的"非、敷、奉"三個字母用了兩個八思巴字字母來對應。令人不解的是"非"和"奉"二母用同一個字母表示，用的是表示濁音的字母 ꡬ。因為在元代官話中這三個唇齒音聲母的關係是"非 = 敷 ≠ 奉"。但是在"字母表"中卻是"非 = 奉 ≠ 敷"。這樣，在漢語中應該沒有區別的聲母"非"和"敷"有了字形上的區別，而應該有區別的"非"和"奉"卻沒有區別了。

正文中和唇齒音有關的部分八思巴字譯寫更是令人無所適從。不按照聲母次序判斷，根本無法分辨出是 ꡤ f，ꡬ v，ꡜ h，ꡫ ɦj 中的哪一個。在正文中，中古非敷二母字不作區分同列一个八思巴字拼寫之下，但與奉母字分列，[非母] 分 =[敷母］芬≠［奉母］汾。舉例如下：

	例字	误为		更正	
A15a	祊方	ꡰꡃ	vaŋ	ꡤꡃ	faŋ
	房防	ꡜꡃ	haŋ	ꡰꡃ	vaŋ
A20a	菲飛	ꡜꡞ	hi	ꡤꡞ	fi
	肥腓	ꡯꡞ	ɦi	ꡰꡞ	vi
A27b	跗趺	ꡰꡟ	vu	ꡤꡟ	fu
	扶芙	ꡤꡟ	fu	ꡰꡟ	vu
B3b	分饙	ꡯꡟꡋ	ɦun	ꡤꡟꡋ	fun
	汾氛	ꡜꡟꡋ	hun	ꡰꡟꡋ	vun
B6b	䊩翻	ꡜꡋ	han	ꡤꡋ	fan
	蹯繁	ꡯꡋ	ɦan	ꡰꡋ	van
B19b	缶否	ꡰꡟꡓ	vuw	ꡤꡟꡓ	fuw

在以上這些拼寫中，f 誤作 v（祊方，跗趺），v 誤作 h（房防，汾氛），f 誤作 h（菲飛，䊩翻），v 誤作 ɦ（肥腓，蹯繁），v 誤作 f（扶芙），f 誤作 ɦ（分饙），v 誤作 f（缶否）。綜合起來觀察，f 和 v 可以錯寫成的其他三種有關形式中的任何一種！

f ＞ v，f ＞ h，f ＞ ɦ
v ＞ f，v ＞ h，v ＞ ɦ

在《蒙古字韻》正文中（不包括補闕部分）h 類的字母出現了 55 個，一個不錯。不但不和 f 類的聲母相混，就是清音濁音的區別也是正確無誤。這個情況和 f 類的完全不同。f 類的字母出現了 14 個，錯了 12 個，只對了 2 個。為何 f 類的字母錯成如此，並不是隨機錯誤可以解釋的。

三、元音字母一共是四個，分別是 ꡞ［i］，ꡟ［u］，ꡠ［e］，和 ꡡ［o］。輔音字母不帶元音字母時，帶有原有（default）元音［a］。

四、兩個介音字母，ꡧ［w］和 ꡨ［j］只能用在介音位置上。ꡨ［j］只能出現在無標記的元音 a 之前。

五、兩個元音形容性字母，ꡦ 和 ꡖ。前者表示元音的前化［+前］，後者表示元音的非前化［－前］。[illegible]和[illegible]加在元音字母（包括零形式的 a）之前是二合字母。具体表示：[illegible][ɛ]，[illegible]［y］，[illegible][ø]，[illegible]［ɨ，ə］和[illegible]［ɑ］或［ɒ］。

六、以上已經提到，影母和喻母都有兩個八思巴字母對應，影母[illegible]和[illegible]，喻母[illegible]和[illegible]。[illegible]和[illegible]沒有顎介音，[illegible]和[illegible]有顎介音。但是影母是清音，喻母是濁音，發聲（phonation）方法不同，屬不同調域（tonal registers）。影母字是高調域，喻母字是低調域。轉寫中在表示喻母音節的音標下加橫表示區別。醞[illegible] 0win，韻[illegible] <u>0win</u>；因[illegible] jin，寅[illegible] <u>jin</u>。其他音節中的聲母也有清濁區別，[illegible] paŋ 和[illegible] baŋ 的區別與[illegible] jin 和[illegible] <u>jin</u> 其實同類，也有調域的區別。因為輔音聲母已經有別，不再用下加橫線方式區別，以求簡明。

七、無聲母音節。《蒙古字韻》中有無聲母字音節[illegible]，[illegible]和[illegible]。音標轉寫不用零聲母表示，直接用元音符號寫成 <u>u</u>，<u>on</u> 和 <u>o</u>，下加橫線，因為他們都是來自中古疑母字，都屬於低調域。

八、字母[illegible]在特定的語音條件下出現，是字母[illegible]的變體，不是形訛。在《蒙古字韻》中有二十四個音節的聲母是[illegible]。其中有四個音節中的聲母用[illegible]，分別是[illegible]，[illegible]，[illegible]，和[illegible]（Shen 2008：134—137）。

九、韻母[illegible]在代表喉擦音聲母的字母後，省略[illegible]用[illegible]表示。這在以上已經作了說明，不再重複。

十、八思巴字母舌面音聲母[illegible]和韻母[illegible]拼寫時，都帶內含顎介音 j。但是在字母層次上沒有表現。但是這不是漢語中沒有顎介音的證據，因為這只是八思巴字拼寫規則所表示的現象。在官話歷史上，陽韻的知三和照三組聲母字的顎介音一直保存到明清時代。

對以上各點的詳細討論以及其他轉寫的具體討論，可以參考 Shen（2008）。

鸣谢

本書經韓國鄭光教授授權同意，採用其著作《〈蒙古字韻〉研究》（Chŏng 2009）中的圖版。李軍、曹潔、貢貴訓等諸位教授參加了文稿的校對工作。在此謹向以上各位表示由衷感謝。

参攷文獻

中文

陳　垣 1959/2004。《校勘學釋例》。北京：中華書局。

羅常培、蔡美彪 2004。《八思巴字與元代官話》（增訂本）。北京：中國社會科學出版社。

寧忌浮 1997。《古今韻會舉要及其相關韻書》。北京：中華書局。

王碩荃 2002。《古今韻會舉要辨證》。石家莊：河北教育出版社。

楊耐思 1981。《中原音韻音系》。北京：中國社會科學出版社。

照那斯圖、楊耐思 1978。《〈蒙古字韻〉校本》。北京：民族出版社。

鄭再發 1965。《蒙古字韻跟跟八思巴字有關的韻書》。臺北：臺灣大學。

鄭張尚芳 1998。《〈蒙古字韻〉所代表的音系及八思巴字一些轉寫問題》。《李新魁教授紀念文集》。北京：中華書局。164—181。

《古今韻會舉要》明刊本。寧忌浮整理。北京：中華書局，2000。

《古今韻會舉要》明補元刊本。35mm 微縮胶片。藏臺灣“中央”圖書館。

《新刊韻略》元刊本。35mm 微縮胶片。藏臺灣“中央”圖書館。

《新刊韻略》清鈔本。藏上海圖書館。《續修〈四庫全書〉》經部，小學類，第 250 卷。上海：上海古籍出版社，1995—1999。

《蒙古字韻》清鈔本。《續修〈四庫全書〉》經部，小學類，第 250 卷。上海：上海古籍出版社，1995—1999。

《集韻》。北京：中華書局，1988。

《增修校正押韻釋疑》。文淵閣四庫全書。

《附釋文互註禮部韻略》。光緒二年姚覲元川東官舍重刊楝亭本。

日文

服部四郎 1946。元朝秘史の蒙古語を表はす漢字の研究，東京：文求堂。

《蒙古字韻二卷》影印大英博物館藏舊鈔本。壺井義正編。吹田市：關西大學東西學術研究所，1956。

尾崎雄二郎 1962。大英博物館本蒙古字韻劄記。《人文》8：162—180。東京大學教養部。

花登正宏 1989。《〈蒙古字韻校本校勘記〉補校》。《東北大學文學部研究年報》第 39 號：216—208（逆序）。

韩文

俞昌均 1974。蒙古韻略과四聲通攷의研究，서울特別市：螢雪出版。

韓國學中央研究院 2008。蒙古字韻：影印本（解題：鄭光）。

鄭　光 2009。몽고자운연구：훈민정음과파스파문자어관계 를해명하지위하여。서울시：박문사。

英文

Cheng, Tsai-Fa. 1985. *Ancient Chinese and Early Mandarin. Journal of Chinese Linguistics Monograph Series* Number 2.

Coblin, W. South 2006. A Handbook of' Phags-pa Chinese（ABC Chinese Dictionary Series）. University of Hawaii Press.

Hashimoto, Mantaro J. 1978a. *Phonology of Ancient Chinese*. Institute for the Study of Languages and Cultures of Asian and Africa, Tokyo University of Foreign Studies. Monograph Series No. 10—11. Tokyo.

Hashimoto, Mantaro J.1978b. *hP'ags-pa Chinese. Writing and Language Reference Materials*, 1, National Inter-University Research Institute of Asian and African Language and Culture.Tokyo.

Nakano, Miyoko 1971. *A phonological study in the 'Phags-pa script and the Meng-ku Tzu-yün.* Canberra: Faculty of Asian Studies in association with Australian National University Press.

Pulleyblank. E.G.1970. Notes on the hP'ags-pa Alphabets for Chinese. *W.B. Henning Memorial Volume*, London, 359—375.

Shen, Zhongwei 2008. *Studies on the Menggu Ziyun. Language and Linguistics Monograph Series No. A-16*, Institute of Linguistics, Academia Sinica.

Shen, Zhongwei 2011. The origin of Mandarin. *Journal of Chinese Linguistics*. 39.1: 1—31.

West, Andrew 2006. Phags-pa Script: Menggu Ziyun. http://www.babelstone.co.uk/Phags-pa/MengguZiyun.html.

二　圖版

上卷封面

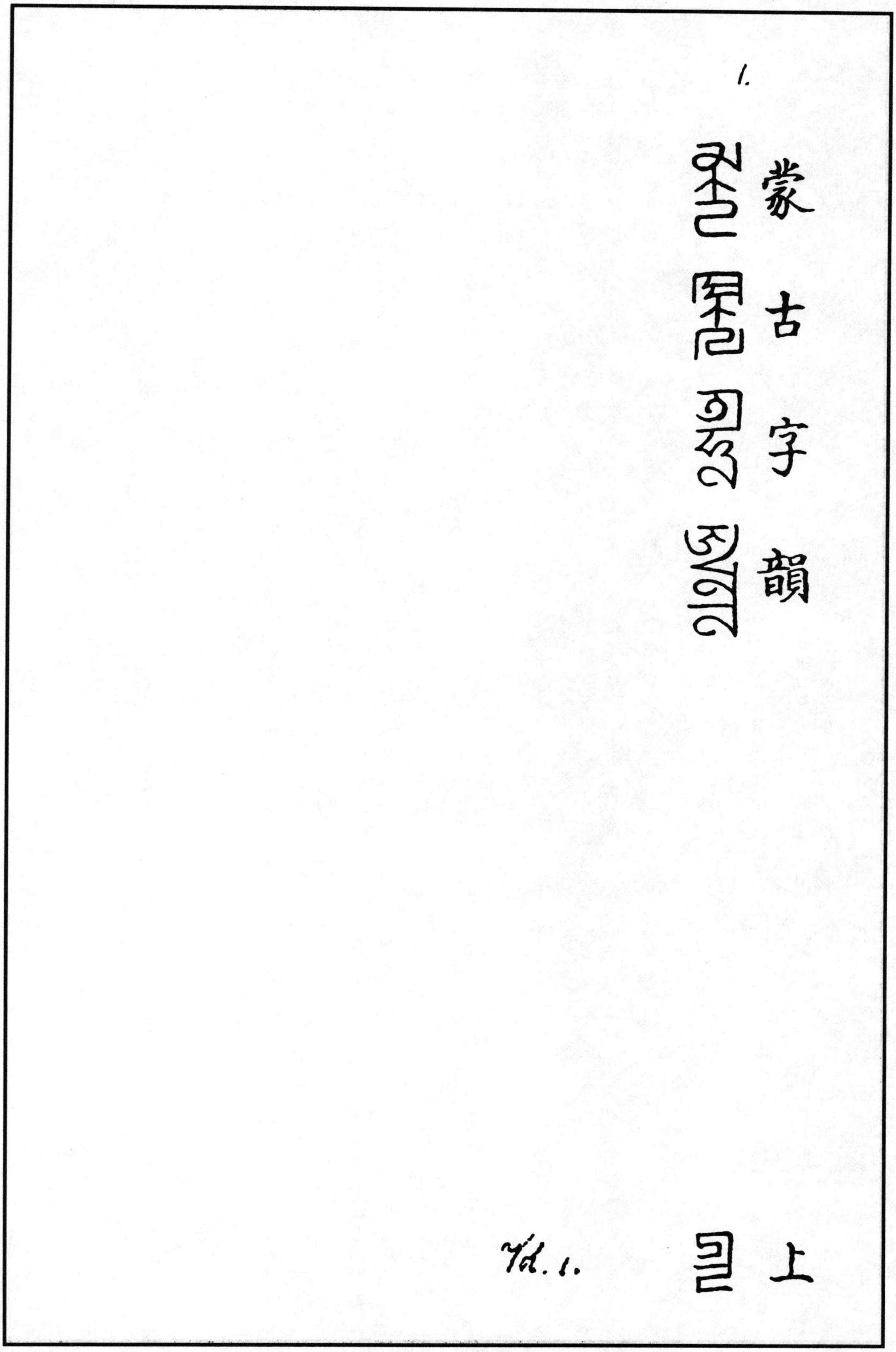
1.

蒙古字韻

上

Vol. 1.

封裏

A1a

2

遠甚此圖為後學指南也必矣
兄以國字寫國語其學識過人
字寫漢文天下之所同也今朱
書之忠臣也然事有至難以國
增蒙古字韻正蒙古韻誤亦此
趙次公為杜詩忠臣今朱伯顔

上一

A1b

33

暮春之望柯山劉更蘭皐謹書

柯也其一朱伯顔也至大戊申

蒙古之學踈敏且才其一葉素

余嘗有二生來從筆硯皆通於

A2a

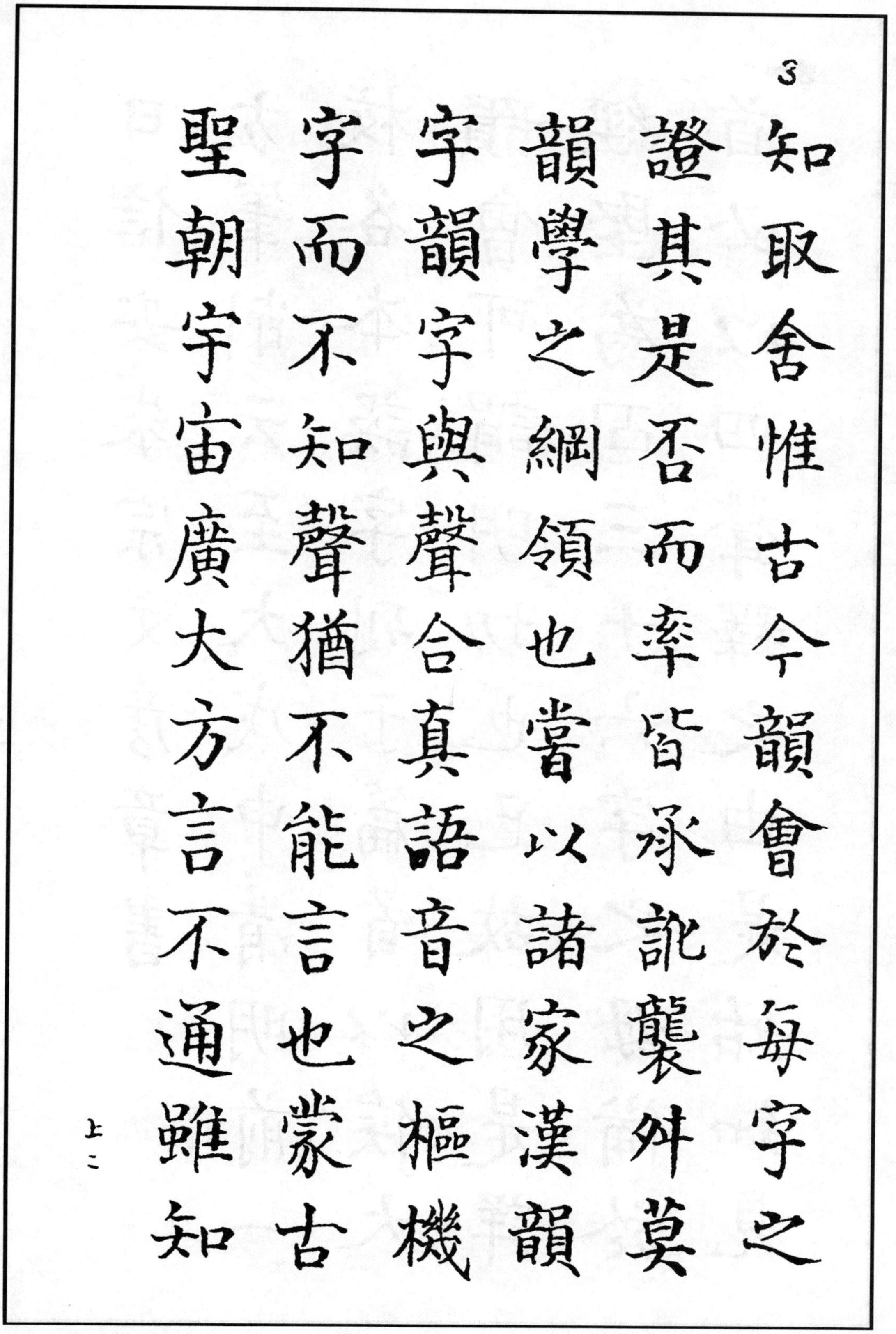

3

知取舍惟古今韻會於每字之
證其是否而率皆承訛襲外莫
韻學之綱領也嘗以諸家漢韻
字韻字與聲合真語音之樞機
字而不知聲猶不能言也蒙古
聖朝宇宙廣大方言不通雖知

上二

A2b

日信安朱宗文彥章書
友筆削云至大戊申清明前一
校各本誤字列于篇首以俟大
韻會可謂明切也已故用是詳
經堅為司三十六字之毋備於
首必以四聲釋之由是始知見

A3a

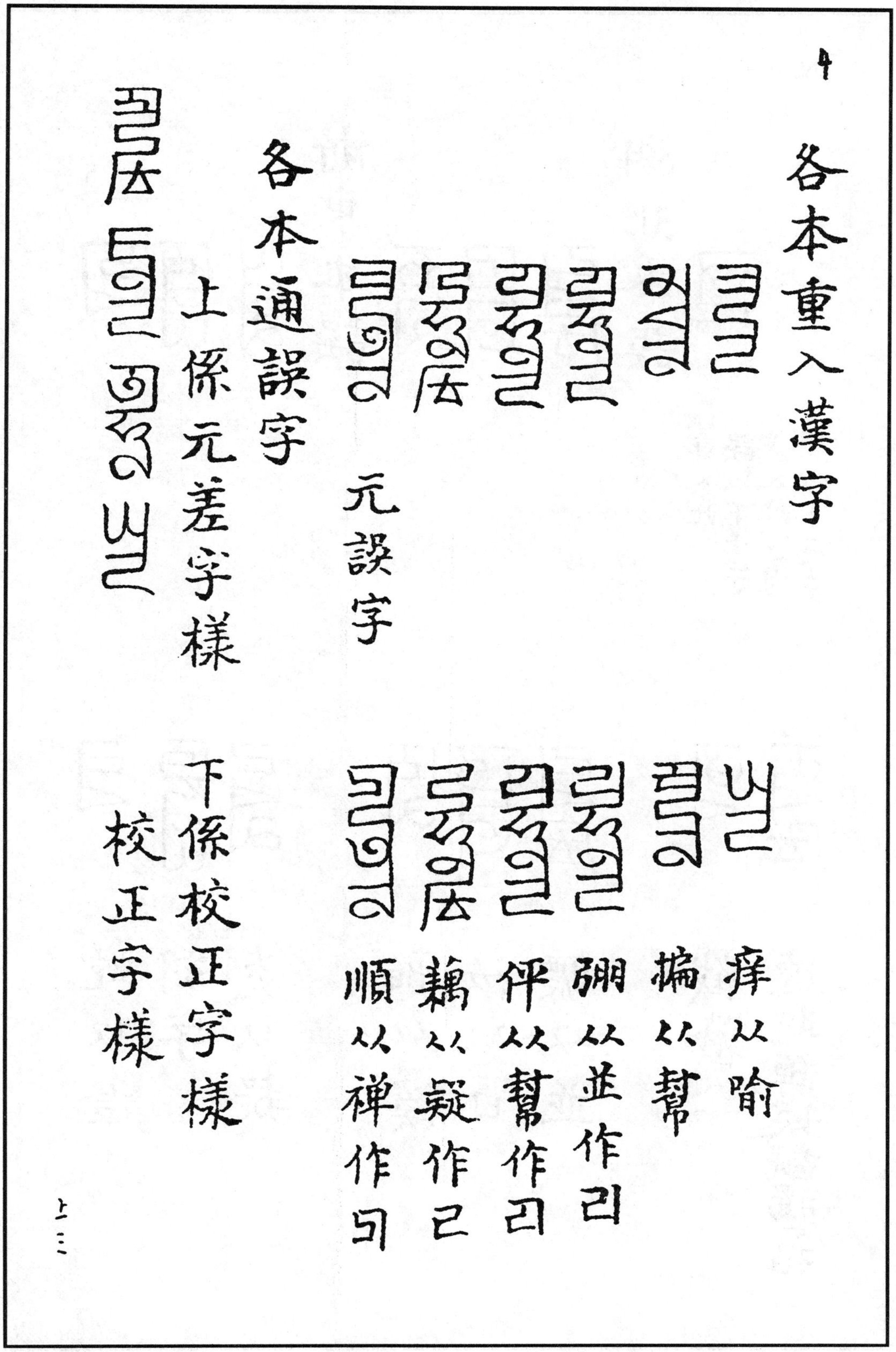
4
各本重入漢字
元誤字
各本通誤字
上係元差字樣
下係校正字樣
校正字樣
痒从喻
揙从幫
弸从並作
伻从幫作
耦从疑作
順从禪作
上三

A3b

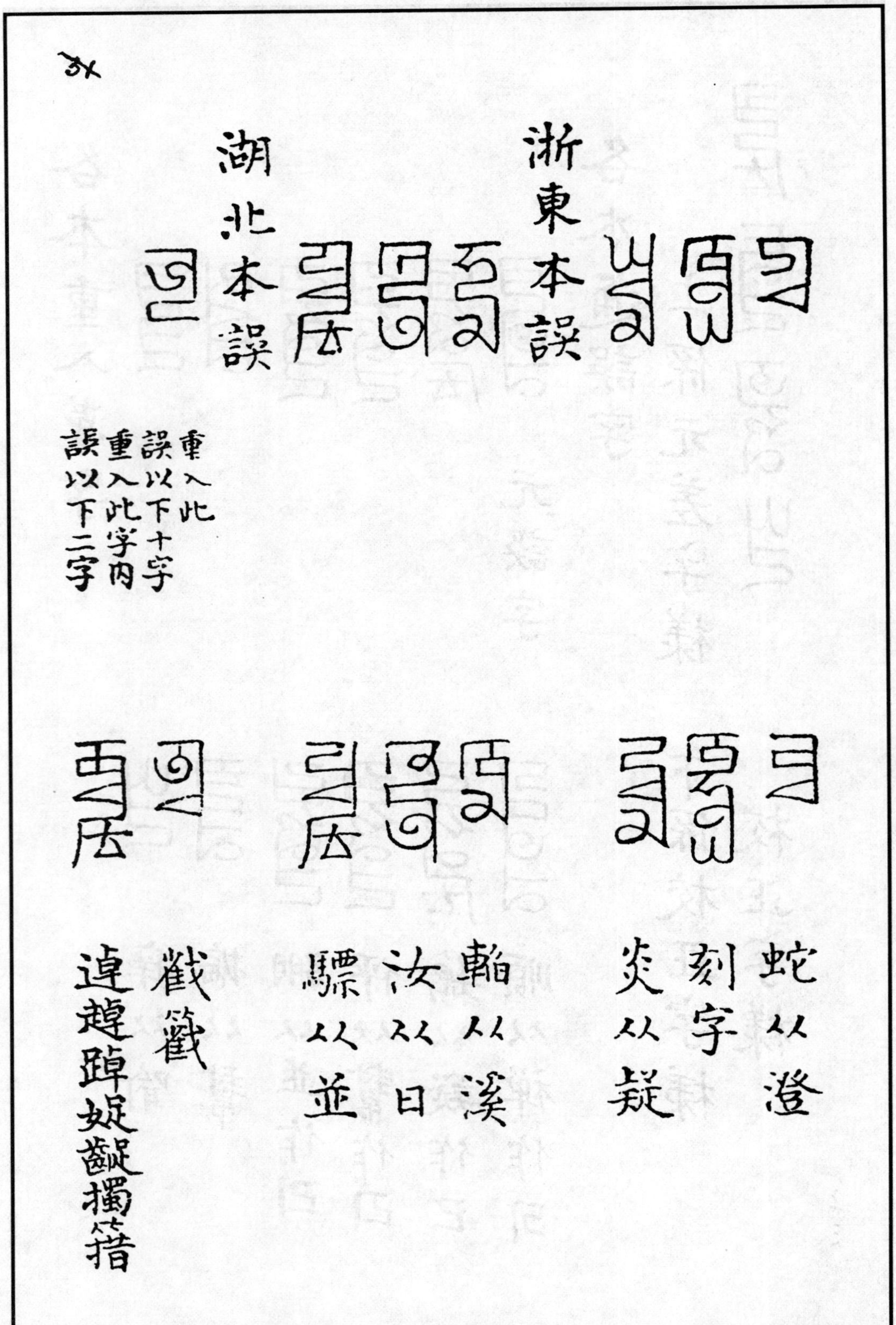
浙東本誤
湖北本誤
重入此
誤以下十字
重入此字內
誤以下二字
蛇从澄
刻字
炎从疑
軸从溪
汝从日
驃从並
戳戳
逴趠踔婥齪擉箬

A4a

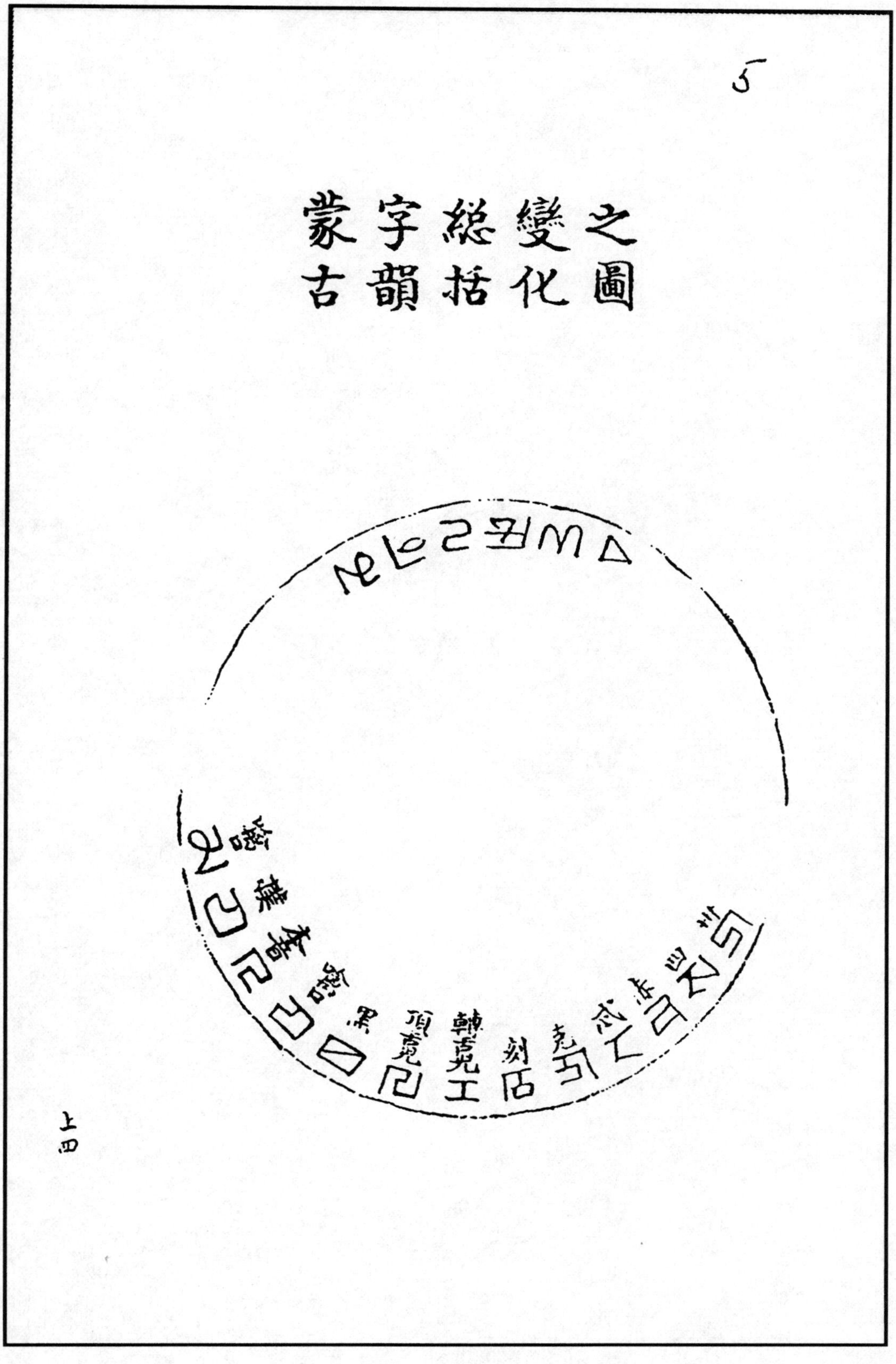

A4b

A5a

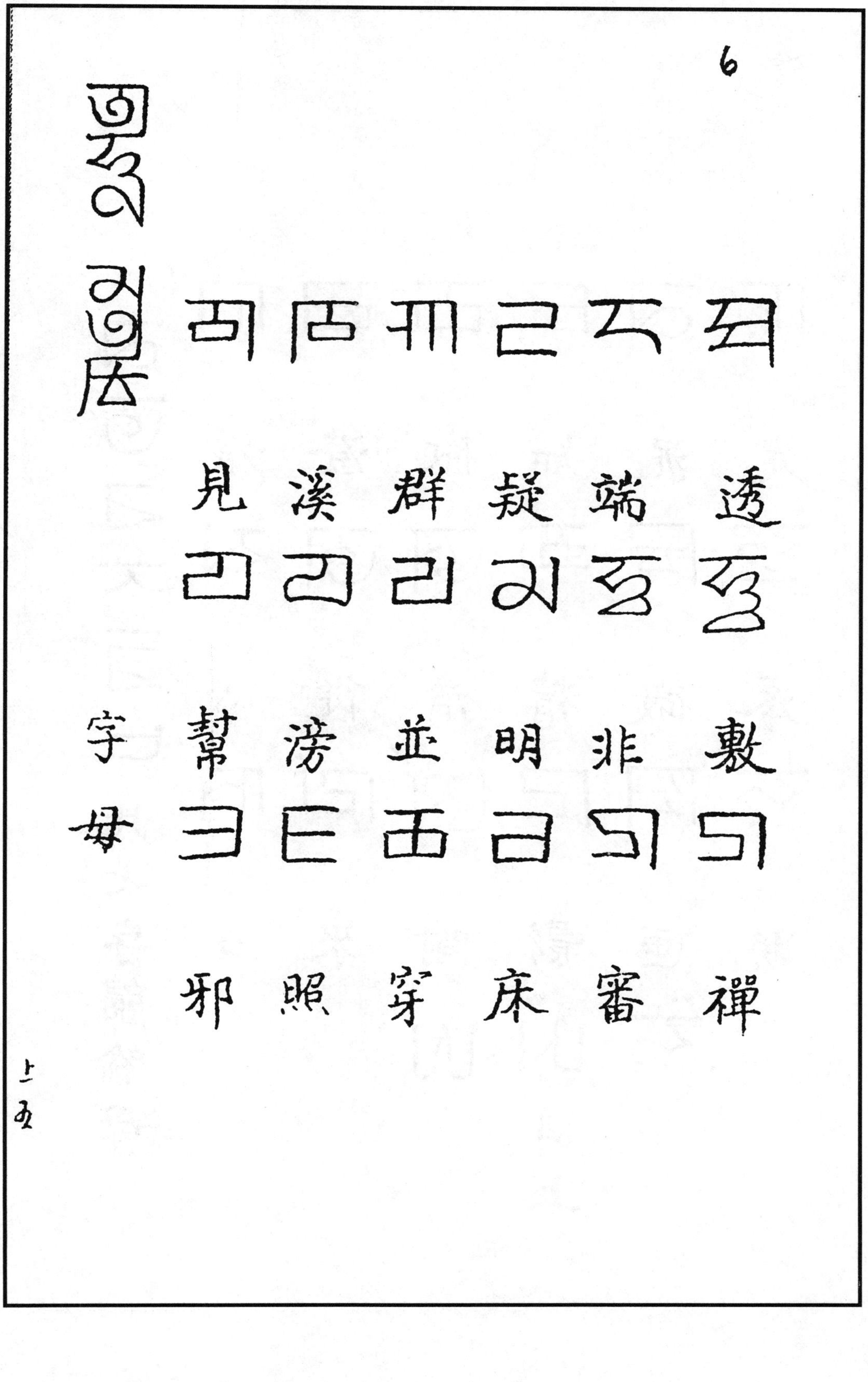
6
字母
見 溪 群 疑 端 透
幫 滂 並 明 非 敷
邪 照 穿 床 審 禪
上五

A5b

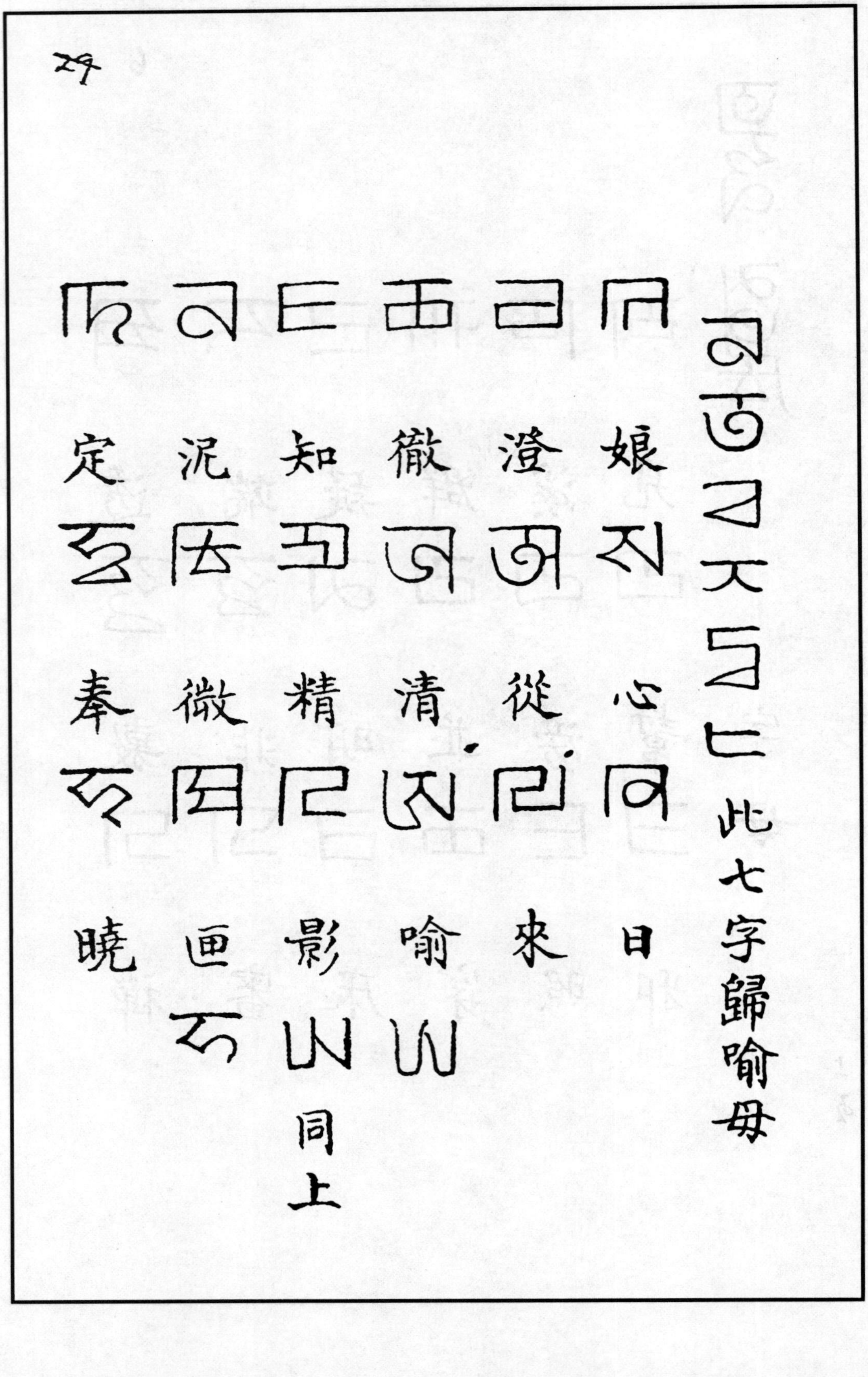

A6a

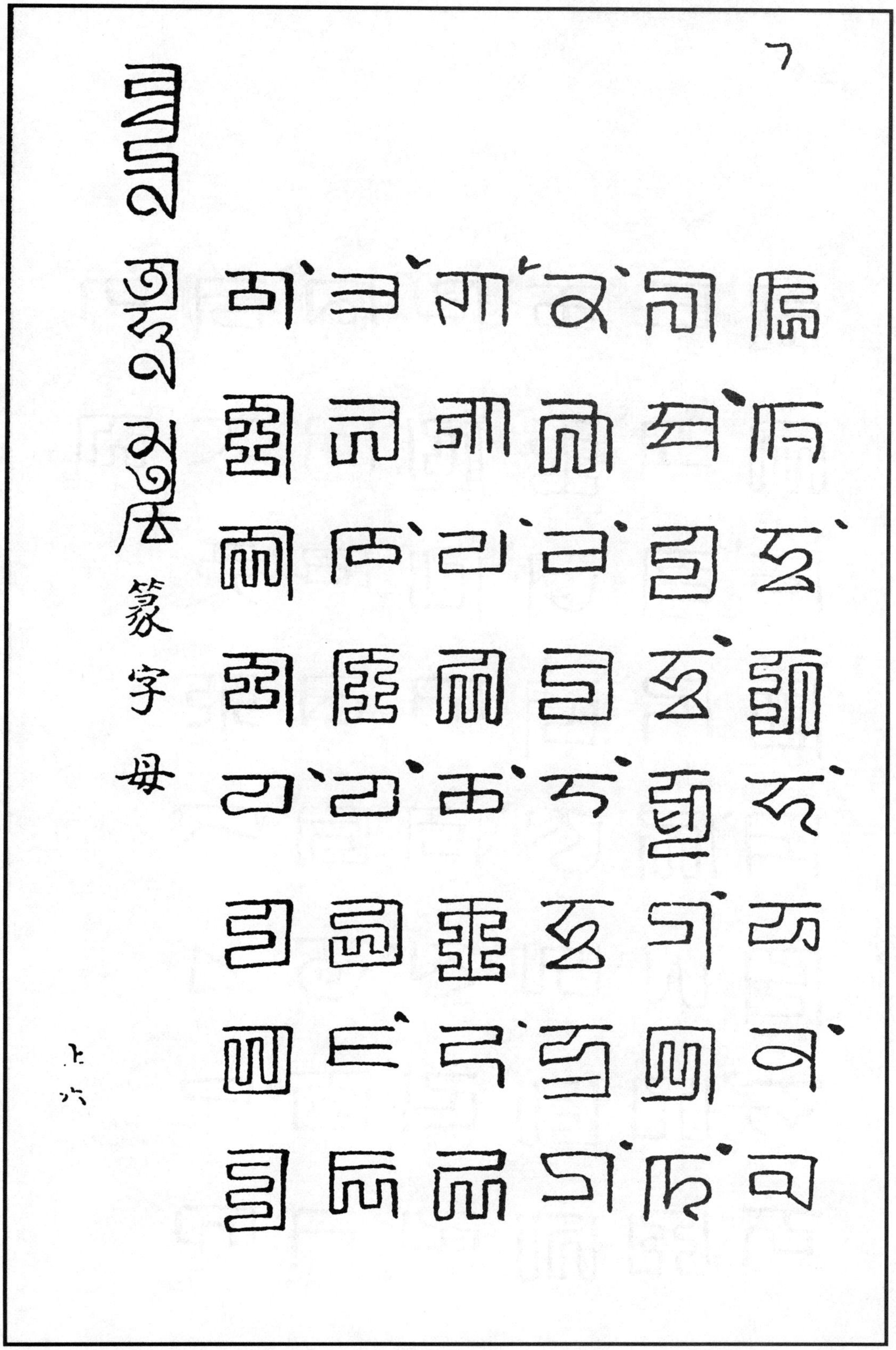

A6b

A7a

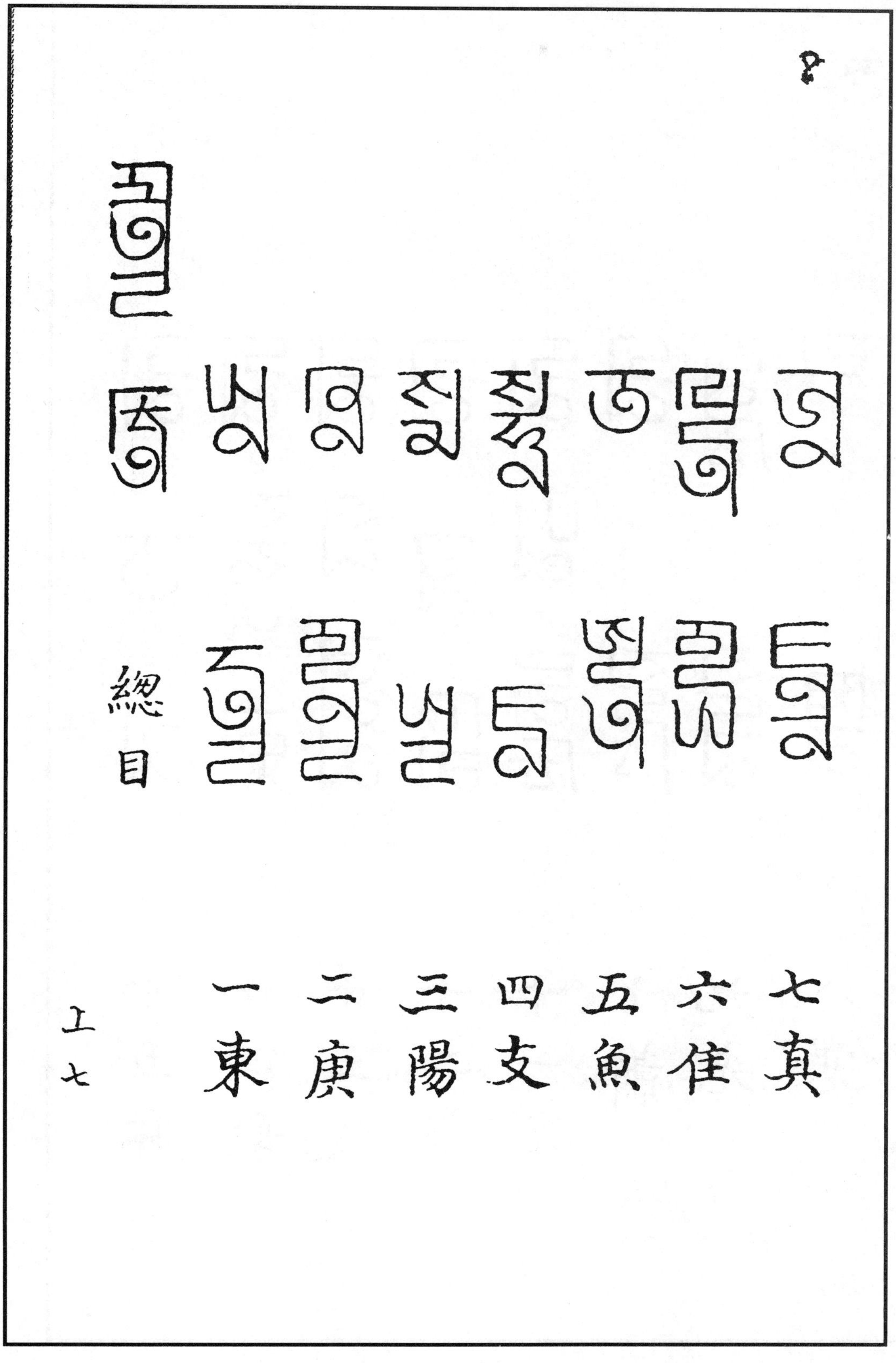
總目

一東 二庚 三陽 四支 五魚 六佳 七真

上七

A7b

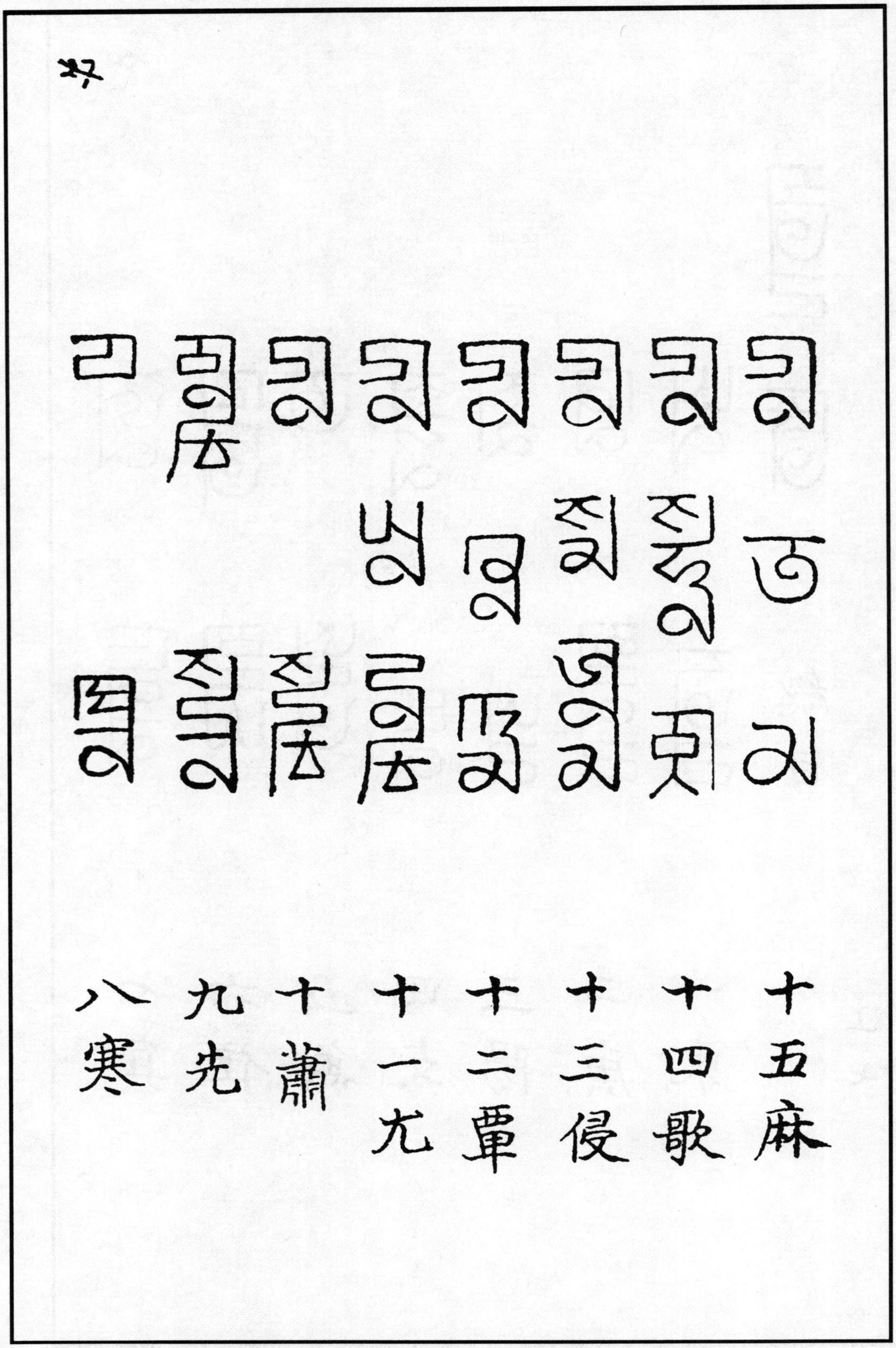

A8a

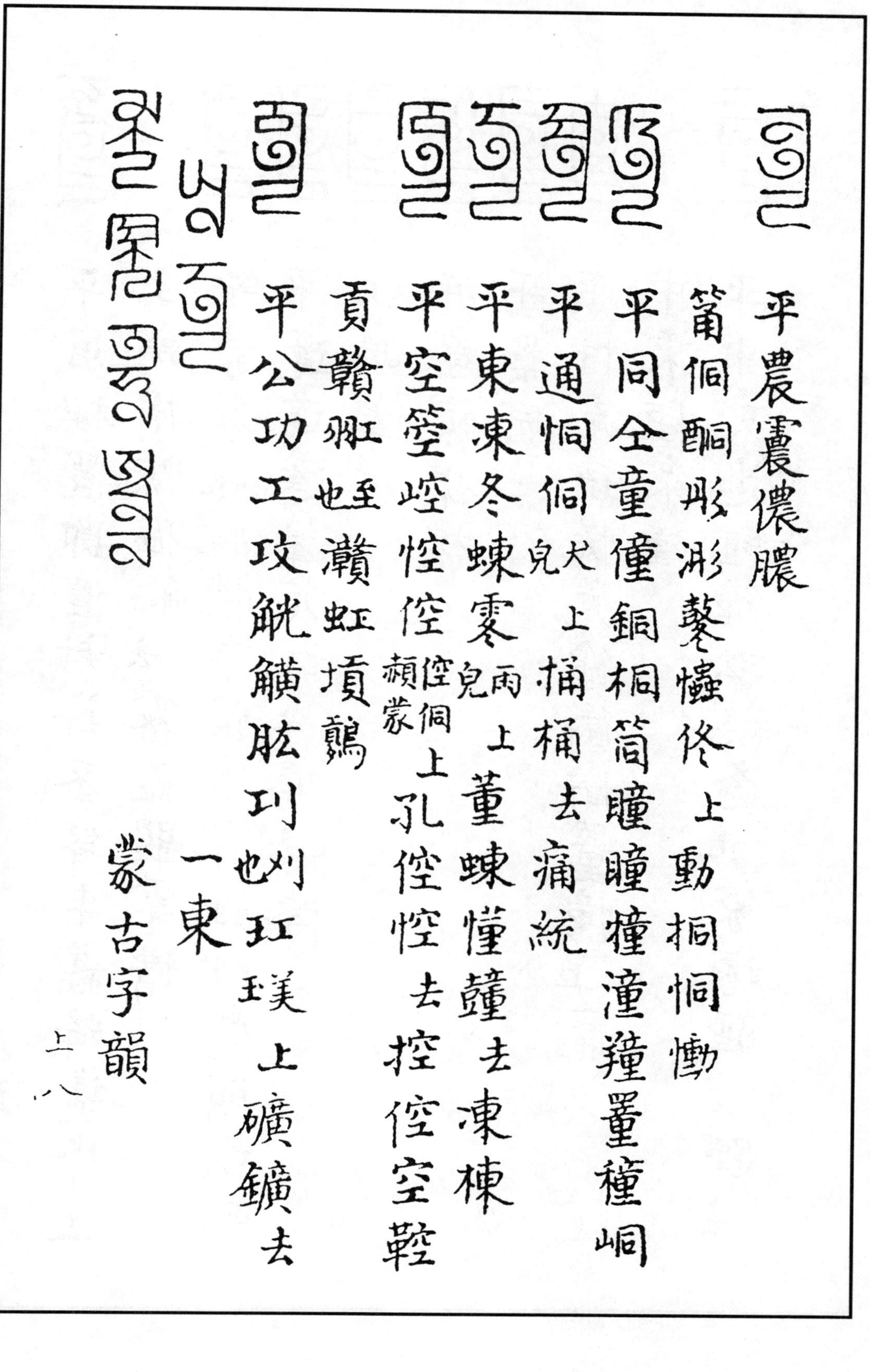

1 2 3 4 5 6 7 8 9 10

平 農 𩅽 儂 膿
筩 侗 酮 彤 浵 鼕 爞 佟 上 動 挏 恫 慟
平 同 仝 童 僮 銅 桐 筒 瞳 曈 橦 潼 獞 罿 穜 峒
平 通 恫 侗 犬兒 上 捅 桶 去 痛 統
平 東 涷 冬 蝀 𩅧 雨兒 上 董 蝀 懂 蕫 去 凍 棟
平 空 箜 崆 悾 倥 倥侗顛蒙 上 孔 倥 悾 去 控 倥 空 鞚
貢 贛 羾 至也 灨 虹 [illegible] [illegible]
平 公 功 工 攻 魟 觵 肱 玒 刈也 玒 玉美 上 礦 鑛 去
一東
蒙古字韻

上 八

A8b

10 平風楓豐酆灃封葑峯鋒丰蠭蜂[illegible]烽上

9 上蠓懵懞猛艋去霿孟盟雺懵

8 平蒙冡濛朦矇罞幪雺盲蝱鄳甍萌氓甿

7 平蓬逢蓬髼芃韸上唪去唪

6 上琫菶

5 平醲濃儂襛

4 平崇崈

3 平忡充珫㤝茺傭衝衝罿憧上寵

2 中東種衆橦

1 平中衷忠鍾鐘蚣終螽上冢塚腫種踵去

A9a

1　2　3　4　5　6　7　8　9　10

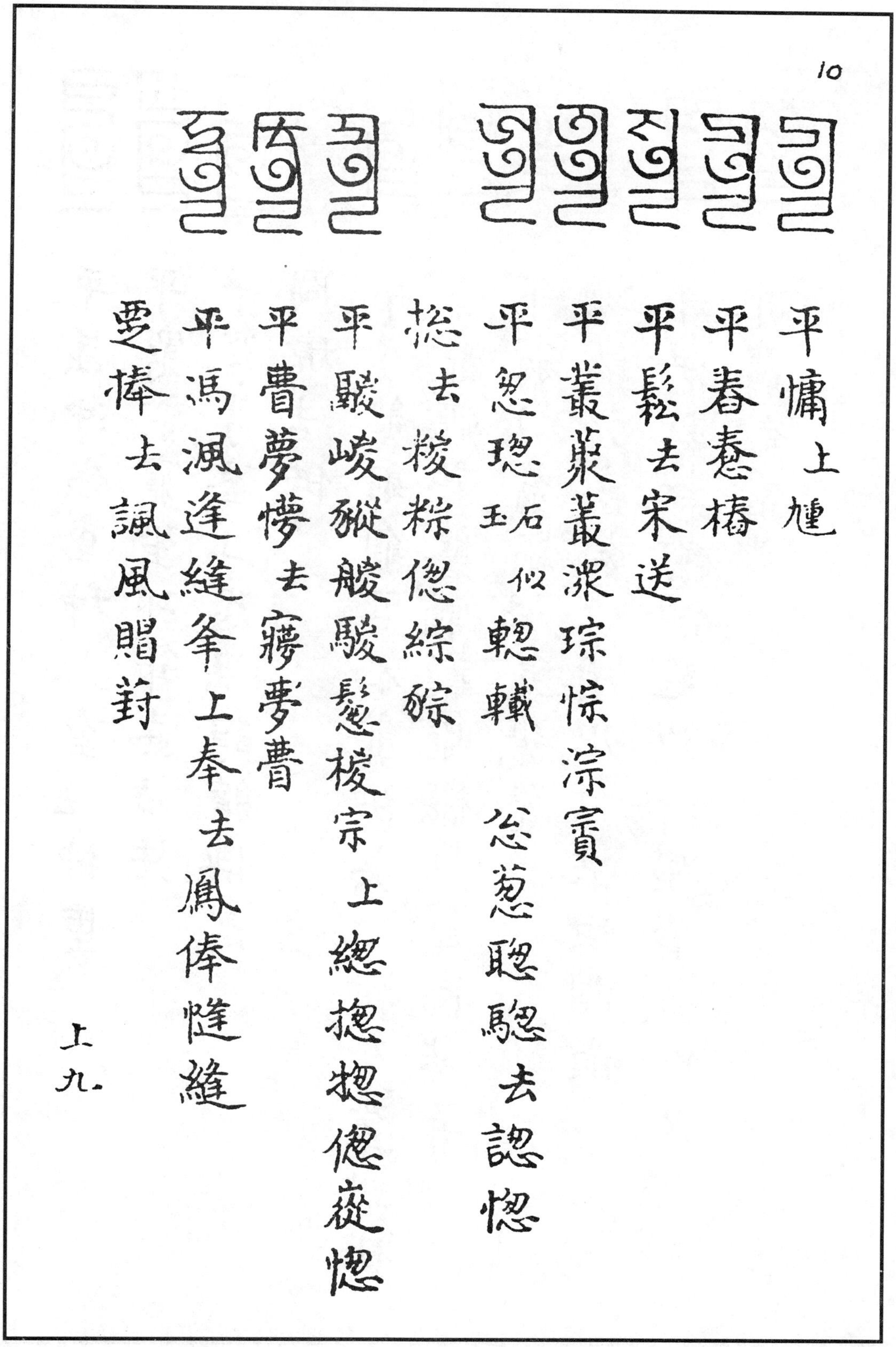
10

平慵上尰

平舂惷椿

平鬆去宋送

平叢藂叢潨琮悰淙賨

平悤璁石似玉䡯𨎮怱蔥聰驄去謥憁

摠去糉粽傯綜猔

平騣嵕豵艐騣鬉椶宗上總捴揔傯𢈲憁

平瞢夢懜去㝱夣瞢

平馮渢逢縫夆上奉去鳳俸[亻逢]縫

覂捧去諷風賵葑

上九

A9b

10 平蟲沖盅重种 上重 去仲重

9 平窮藭竆蛩邛笻蛬 去共

8 平穹芎銎 上恐 去⿰言穹⿰身穹⿰亻典恐

7 冏璟 去供

6 平弓躳躬匔宮恭龔供共 上拱䂬鞏珙栱

5 平籠朧聾礱嚨瓏曨櫳 上籠櫳 去弄

4 平翁 上蓊滃 去瓮甕罋

3 翃鈜弘鞃閎 上澒丱 去哄烘閧横

2 平洪訌紅虹鴻葒烘洚横黌鐄喤宏紘嶸

1 平轟鍧諻薨

A10a

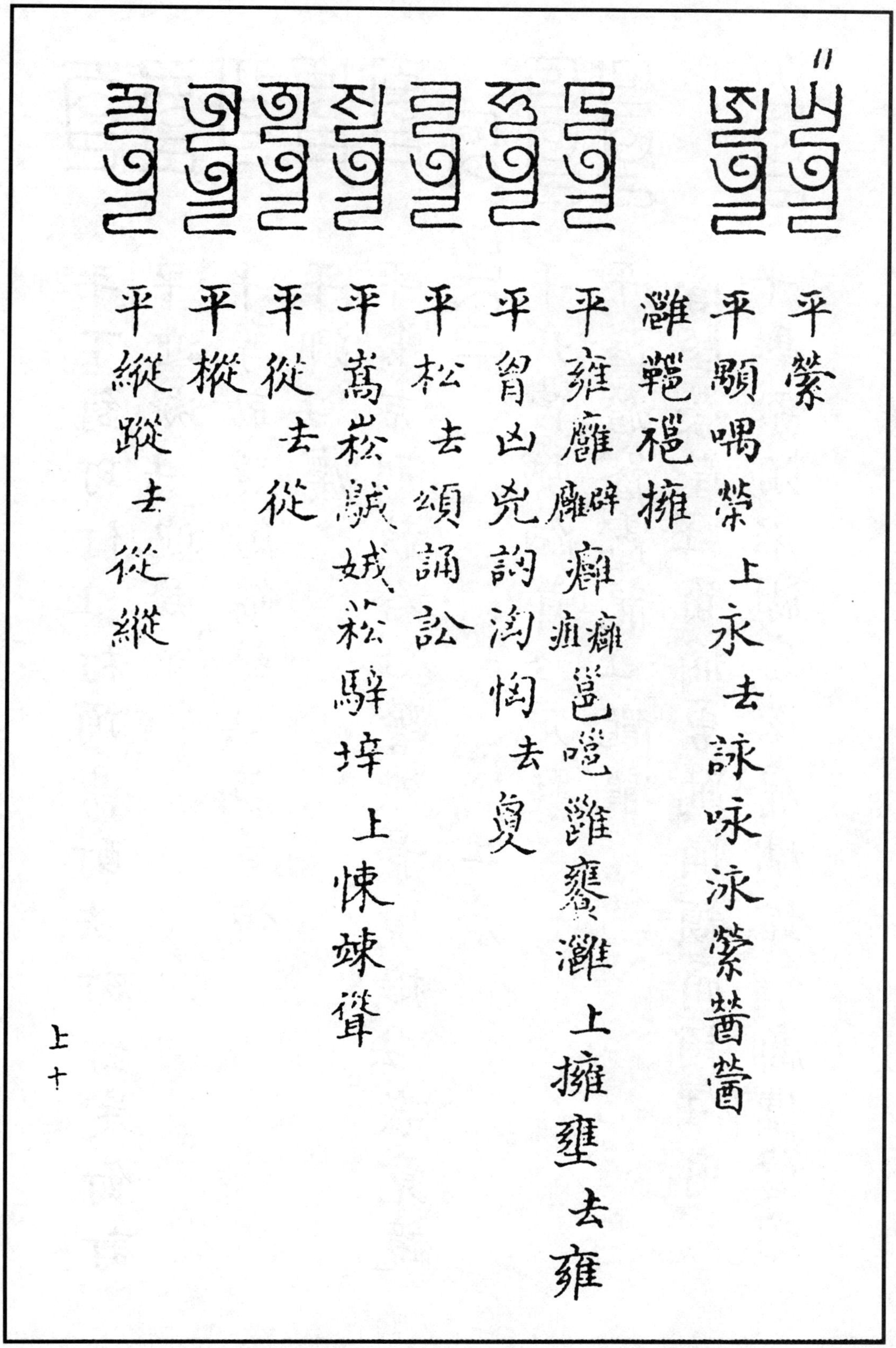
1　2　3　4　5　6　7　8　9　10
平縈
平顒喁榮　上　永　去　詠咏泳縈醟醟
灉[illegible][illegible]擁
平雍廱廱辟癰灉邕噰雝饔灉　上　擁壅　去　雍
平胷凶兇訩洶恟　去　齅
平松　去　頌誦訟
平嵩菘駥娀菘騂崪　上　悚竦聳
平從　去　從
平樅
平縱蹤　去　從縱
上十

A10b

10 平丁釘玎仃上朾頂鼎酊去矴釘定飣訂

9 平迎凝去迎凝

8 平擎勍黥䲔鯨檠去競竸倞

7 平卿去慶

6 平驚京荊兢矜上警儆景境撽去敬竟鏡

5 二庚

4 平戎茙駥絨茸上冗氄

3 平隆癃窿霳龍上隴壠

2 營塋縈瑩上甬涌勇踊悀頴俑穎去用

1 平融融烿肜瀜容溶庸墉鎔鏞鄘傭蓉瑢

A11a

1　2　3　4　5　6　7　8　9　10

12

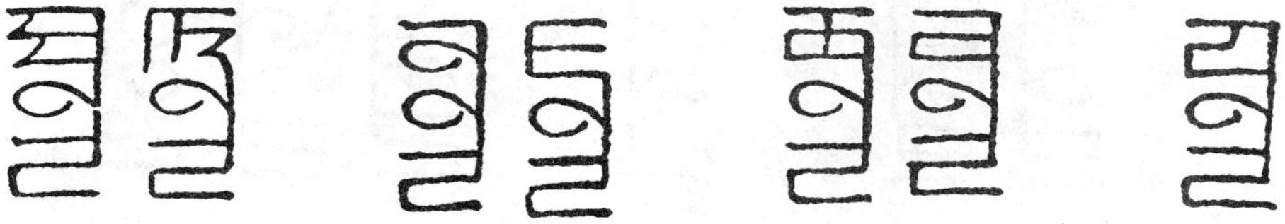

10　平兵幷冰掤上丙昞邴炳怲秉餅鉼屏𠏡

9　剩賸縢甸嵊

8　平呈程酲程澂澄憕懲繩乗澠去鄭瞪乗

7　平檉赬僜稱偁上逞騁去逈偵稱秤

6　證拯[illegible]去政正証證

5　平貞楨禎征鯖鉦正徵蒸烝蒸脀上整整

4　平寧上[illegible]濘去甯佞濘

3　訂去定廷錠

2　平庭停莛筳亭霆渟綎娗蜓廷上挺艇鋌

1　平汀聽廳鞓上珽侹頲去聽

上　十二

A11b

1 2 3 4 5 6 7 8 9 10

請

平情晴腈繒鄫嶒 上靜靖穽阱 去淨穽靚

平鯖魚名清青 上請 去倩清靘情

平蜻蜻蛚精菁鶄晶睛旌旍 上井 去甑

上皿茗酩 去命暝

平覭眉目間明盟鵬鳴名洺冥銘溟螟蓂暝

去病 平評凭

平平評苹枰瓶缾屏萍蓱凭馮憑 上竝並

平俜砯 去聘娉

鞞 去柄怲摒栟并

A12a

1　2　3　4　5　6　7　8　9　10

13

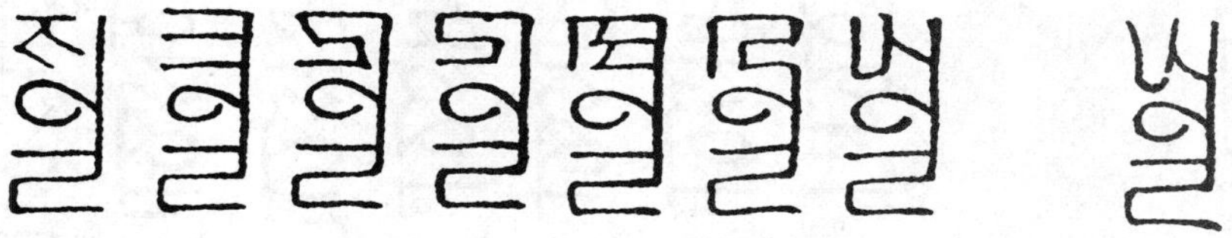

10 去鞕硬孕

9 平嬴 也好 攍 也擔 盈贏籯瀛羸楹蠅 去 郢梬浧

8 瑩瀅

7 平甖罌鶯嚶櫻鸚鸎攖瓔嬰纓 上 癭 去 鎣

6 平霙譻英瑛膺應鷹⿰虫應譍 上 影 去 映應

5 平恒

4 平成城誠筬盛郕承丞 去 盛晟娍

3 平聲升昇陞勝 去 聖勝塍

2 平錫

1 平星腥醒惺鮏 臭魚 上 醒省惺 去 醒姓性

上十三

A12b

10 平丁争箏上朾去偵諍幀

9 平獰儜能

8 平騰滕縢螣幐謄藤⿸广滕去鄧蹬

7 平登燈簦⿰登瓦⿰登毛上等去嶝鐙蹬磴

6 上肯

5 平⿰木亘緪縆去亘恒

4 平仍陾

3 令

2 聆零翎瓴陵凌淩蔆菱綾上領嶺袊冷去

1 平令靈齡囹鴒蛉鈴醽櫺⿰虫霝苓伶泠笭玲

A13a

1 2 3 4 5 6 7 8 9 10

14

平楞棱稜上冷

平生笙牲鉎甥猩上省眚

平僧鬙

平層曾去贈

平增憎曾矰罾橧

平彭棚朋堋鵬弸上倗去倗

平烹亨抨

平崩閍繃祊絣伻去迸

平棖橙去鋥瞠

平瞠鎗鏜槍琤錚鐺橕

上十三

A13b

10	9	8	7	6	5	4	3	2	1

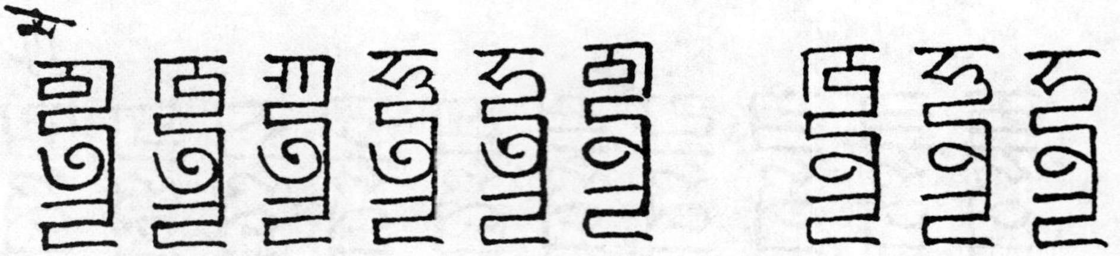

10	9	8	7	6	5	4	3	2	1
平兄	平脝亨馨興去興	平阬坑鏗牼硜誙輕上罄磬謦	耿剄頸去更徑經逕俓勁	平庚鶊更杭粳賡羹耕經涇上梗挭綆鯁	平雄熊榮熒螢上迥炯泂	上詗	平瓊煢睘惸	平傾頃上頃檾傾褧縈瀠	平扃駉坰上熲

A14a

15

平唐煻榶瑭螗螳塘溏糖堂棠上蕩盪簜

平湯鏜上矘儻帑去儻湯盪

平當鐺艡[illegible]簹襠璫上黨党讜去讜當擋

平昂卬駠[illegible][illegible][illegible]去駠

平康穅糠[illegible]上慷忼去抗閌炕伉亢

平岡崗堽剛鋼綱[illegible]堈亢去鋼

三陽

杏莕荇幸倖婞脛去行脛

平行衡珩蘅莖[illegible]陘形刑邢鉶侀硎型上

平泓

上十四

A14b

1 2 3 4 5 6 7 8 9 10

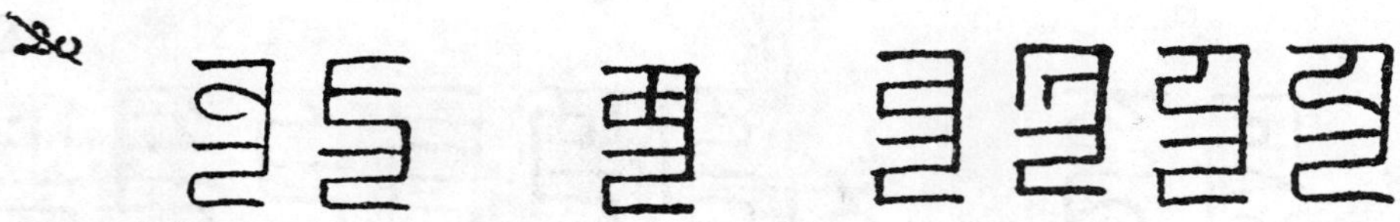

平滂鎊霶雱雱胮

平幫綁鞤謗邦上榜膀謗

平娘孃去釀

平長萇腸場上丈杖仗去仗長杖

鬯韔瑒唱倡暢

平猖狂猖倀昌倡閶菖上昶氅敞鷩廠去悵

脹漲張帳墇嶂瘴障

平張粻章漳樟璋彰障獐麞上長掌仉去

平囊上曩去儾灢

去宕踼碭逿

A15a

1 2 3 4 5 6 7 8 9 10

16

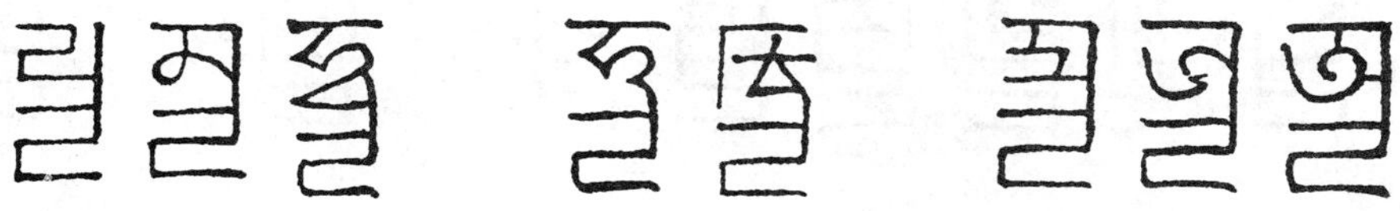

10 平藏 上奘 去藏臓

9 平倉蒼鶬滄 上蒼

8 平臧贓牂牂 上駔髒 去葬

7 妄忘望朢

6 平亡芒莣忘鋩望 上網罔輞魍誷惘枉 去

5 平房防坊魴 去防

4 彷紡髣 去放舫訪

3 平祊祭四方也 方坊蚄肪枋妨芳 上昉倣放仿

2 平茫忙邙蘉尨哤牻 上莽

1 平傍彷䠙房旁龐逢 上棒蚌玤 去傍徬

上十五

A15b

1 2 3 4 5 6 7 8 9 10

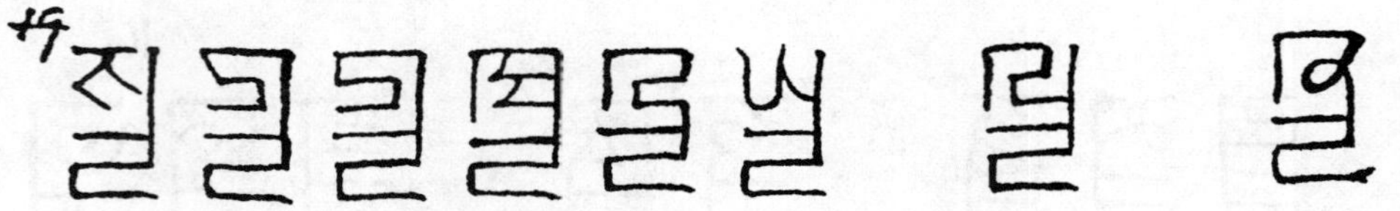

平穰攘儴瀼鬤上壤穰攘去讓

朗去閬浪埌蒗

平筤竹也郎節瑯稂桹廊榔鋃浪蜋琅狼上

上養痒癢瀁去漾恙羕颺煬樣養瀁

平陽暘楊揚颺煬鍚瘍敭鴹羊佯徉洋痒

上坱泱去盎

平航行頏杭上沆骯去吭行笐

平常尚裳甞嘗償鱨上上去尚上

平商賁傷殤觴湯塲暘上賞鄉去餉向

平桑桒喪上嗓搡磉顙去喪

A16a

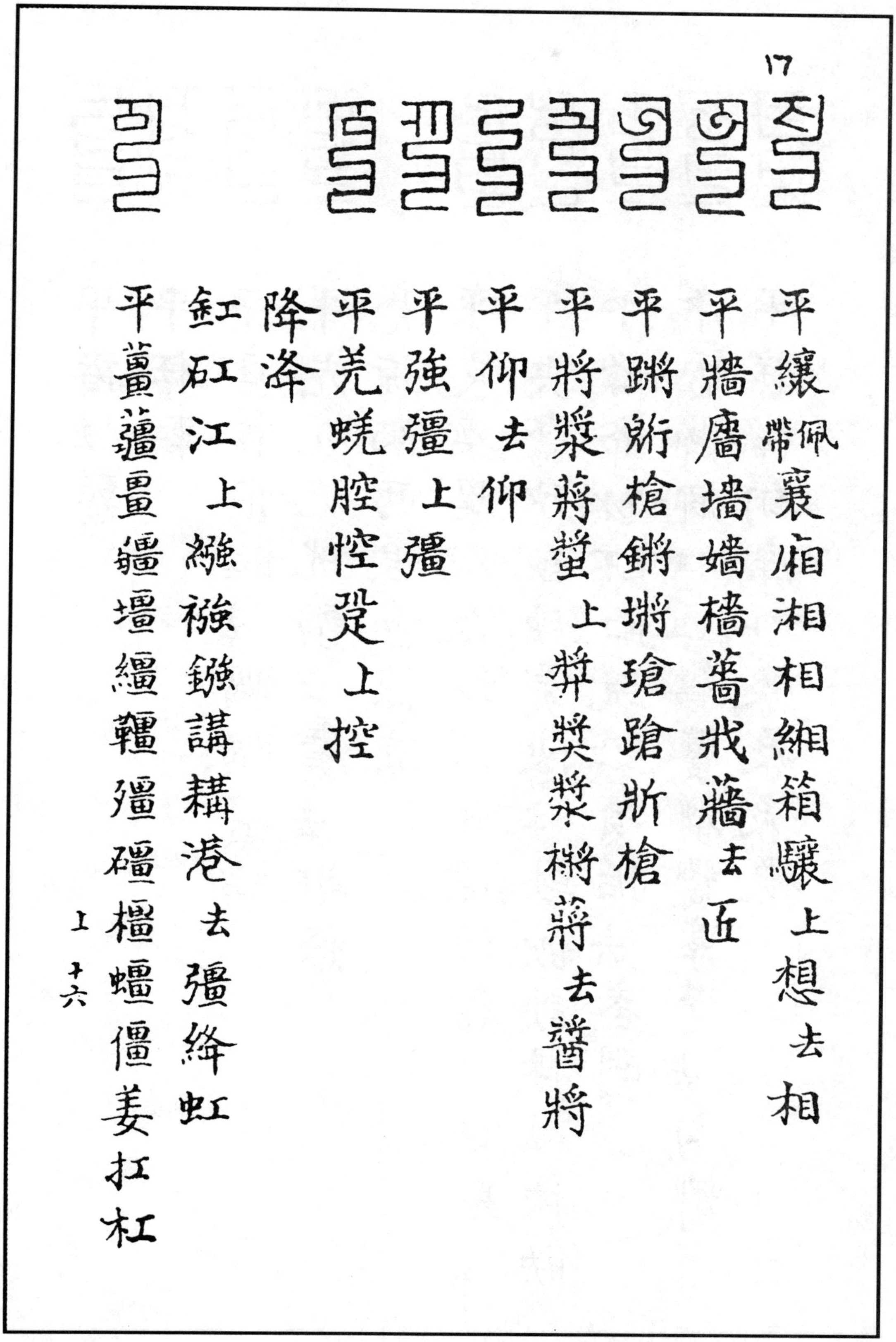

17

10 平纕佩帶襄廂湘相緗箱驤上想去相

9 平牆廧墻嬙檣薔戕蘠去匠

8 平蹡⿰身行槍鏘摪瑲蹌斨槍

7 平將漿蔣螿上奬獎槳⿰木將蔣去醬將

6 平仰去仰

5 平強彊上彊

4 平羌蜣腔悾跫上控

3 降洚

2 釭矼江上繈襁鏹講耩港去彊絳虹

1 平薑[illegible]畺⿰金畺壃繮韁殭礓橿⿰虫畺僵姜扛杠

上十六

A16b

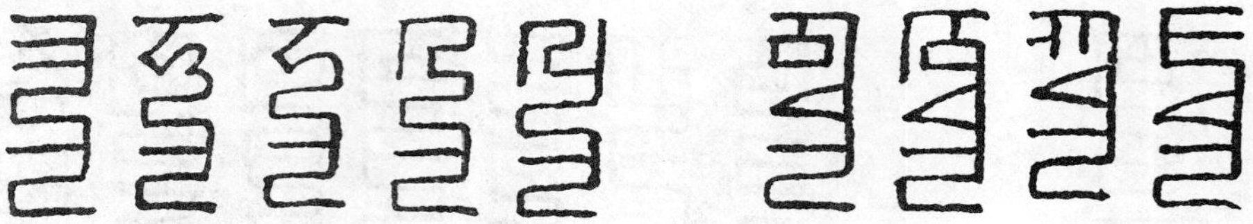

1 平詳祥翔庠上橡象像襐

2 平香薌鄉肛上響饗蠁嚮享溝去向嚮

3 平降洚水不遵道缸瓨上項銗去巷閧

4 平央鴦殃鉠秧雵泱上鞅䬬詇怏去怏䬬

5 平良梁粱䬻粮蜋糧量涼涼輬上兩魎去

6 亮諒緉兩悢量掠涼

7 平光炛洸胱輄上廣去誑㤮

8 平匡筐恇眶去曠嚝壙纊

9 平狂軖

10 平椿去戇

A17a

10 平牀床去狀

9 平創瘡上剙搶去刱創愴滄

8 平莊庄裝粧去壯

7 平瀧

6 平王上徃皇去迋旺王

5 平汪尪上枉去汪

4 平荒肓上慌䐠[illegible]皃覓明

3 平雙[illegible]

2 平幢撞淙去撞

1 平窻牕窓摐

上十七

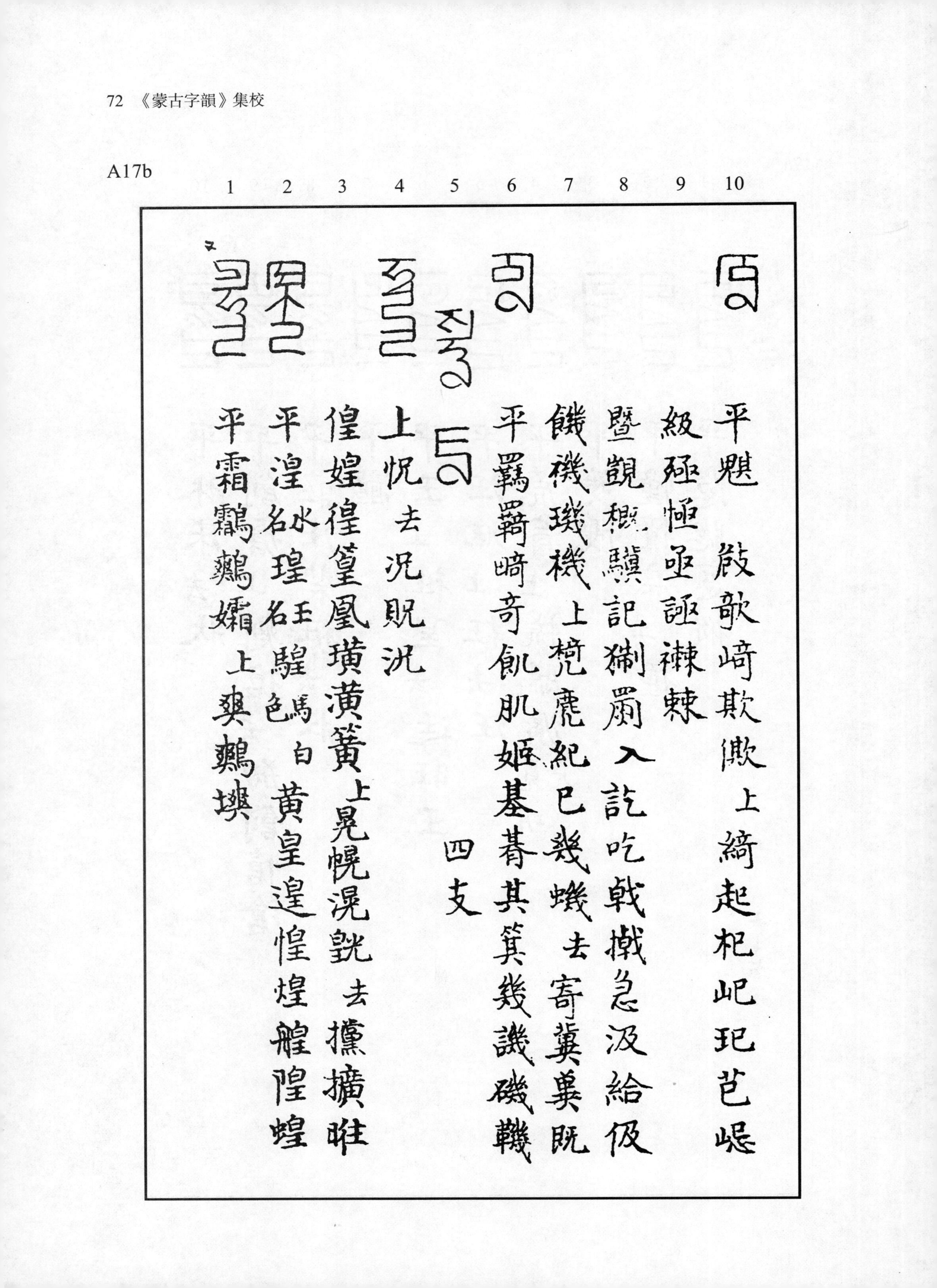

A17b

1 平霜鸘鷞孀 上爽鷞塽

2 平湟水名瑝王名騜馬白色黄皇遑惶煌艎隍蝗

3 偟媓徨篁凰璜潢簧 上晃幌滉皝 去攩擴暀

4 上怳 去況貺況

5 四支

6 平羈羇畸奇飢肌姬基朞其箕幾譏磯鞿

7 饑禨璣機 上[illegible]麂紀己幾蟣 去寄冀兾既

8 曁覬概驥記猘罽 入訖吃戟㦸急汲給伋

9 級殛⿰忄亟亟⿰言亟襋棘

10 平魌攲欹崎欺僛 上綺起杞屺玘芑豈

A18a

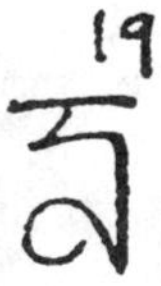

10 平低氐磾羝眂隄堤上邸底詆坻柢抵牴

9 屹仡逆嶷岌

8 擬儗嶷矣顗去議誼義劓毅刈乂艾入疙

7 平宜儀鸃涯疑嶷沂溰上螘蟻蛾錡艤轙

6 及笈姞佶趌極

5 去笈騎臮暨塈洎垍忌惎鵋諅偈入劇屐

4 碁璂祺祈頎蘄畿璣碕圻幾上技妓錡跽

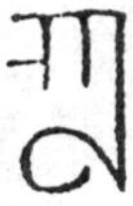

3 平奇琦騎錡其期旗綦萁琪麒箕騏淇棊

2 泣湆吃

1 杞梩豈去器亟氣憩愒揭甈入乞隙郤綌

上十八

A18b

溺愵

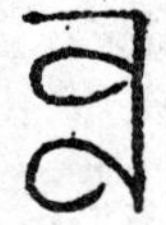

平泥埿臡有骨醢上禰苨濔去泥埿迡入惄

笛籴糴滌踧頔廸

禘棣杕踶題遞逮地遆入狄荻敵籊翟覿

騠上弟娣悌遞去弟第遰提髢締睇悌娣

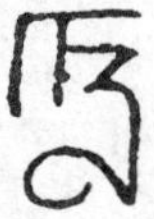

平嗁啼遆蹄折提題媞綈稊醍禔鵜荑緹

趧剔惕踢籊

平梯睇上體軆涕去替剃涕屜入逖逷倜

靮鏑馰滴弔菂芙蕖中子芍蹢樀

觝軧弤氐去帝諦嚔柢蔕螮入的適嫡甋

A19a

1 2 3 4 5 6 7 8 9 10

20

斥
掃掣滞入扶咥敕誡也勑飭鷘叱尺赤蚇
眵蚩陸嬟上恥祉侈齒茝去眙熾饎糦幟
平絺瓻盛酒器刺摛魑魑魅鬼屬彲癡笞鴟
騭劕鑕礩職織樴執汁慹
稙縶卓窒銍秷隻炙摭蹠跖質眰郅桎蛭
躓質寘忮觶鷙至志誌制製晢摯贄入陟
底止時沚趾址芷阯去智知置致懫疐輊
脂之芝上徵紙帋只坻軹咫枳扺砥旨指
平知蜘胝衹砥支卮梔枝肢禔氏汦鳷榰
上十九

A19b

10 入匹僻辟癖霹劈澼

9 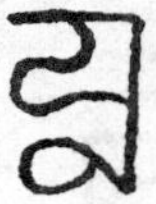
平紕諀磇陛剕批魮上諀庀仳去譬媲渒

8 𧼮𨁈渒渒綼𩜞虙珌辟躄璧鼊檗壁

7 𢓘俾去臂痺畀庇閉嬖箄蔽入必畢篳韠

6 
平卑椑箄裨𨁈悂陛狴鎞笓竹器上妣秕比

5 
平尼怩上柅你旎去膩入暱昵慝匿

4 姪擲擿躑蟄直實射食蝕

3 緻稚穉稺治值植滯彘示謚入秩紩泆帙

2 陊杝廌雉薙峙跱峙痔待庤時踢䑛舐去

1 
平馳池篪踟墀墀坻泜遲遟治持上豸褫

A20a

1　2　3　4　5　6　7　8　9　10

21.

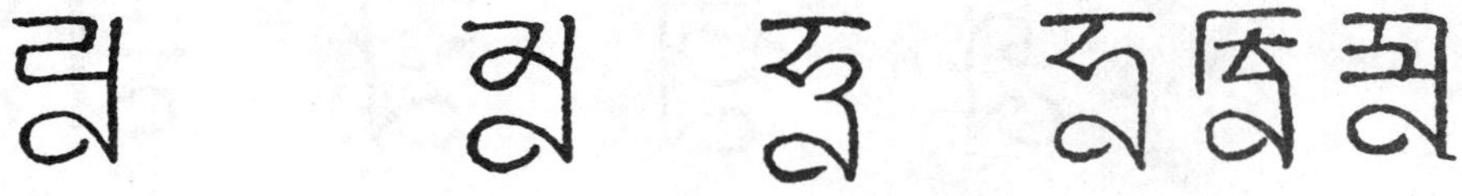

平齎賫韲擠躋隮上濟去霽濟祭際穄入
平微溦薇上尾亹去未味
平肥腓淝去狒屝翡[illegible]蜚吠
榧蜚斐菲朏悱去沸芾誹廢癈費肺
平菲飛扉緋非馡騑誹霏妃騛上匪篚棐
去寐謎袂入蜜謐醯覓幎幦冪羃汨塓慏
平弥彌瀰冞迷麛上渳弭瀰芈敉米眯洣
辟獘斃幣敝入邲比苾佖駜飶擗闢辟甓
肶蚍枇椑上婢痺陛梐髀去鼻比痹枇避
平陴脾埤裨椑鼙魮名魚榌也楣毗比琵貔膍

上二十

A20b

1 2 3 4 5 6 7 8 9 10

平絁施尸鳲屍蓍詩上弛矢豕始去翅施

入席夕穸蓆習襲隰飁霫

膝蟋[illegible]昔腊潟舄錫析裼晳淅息熄惜

平西棲栖犀嘶撕上洗洒去細壻婿入悉

蒺籍藉耤塉瘠寂堲集輯鏶

平齊臍蠐上薺去穧嚌劑眥齌懠入疾嫉

漆桼磧刺戚慼蕺鏚緝葺諿咠慽

平妻萋淒凄悽霋上泚玼去砌切妻入七

湒

堲喞積脊蹐借迹跡踖鯽蹟勣即稷[illegible]績

A21a

1 2 3 4 5 6 7 8 9 10

22

饐意瘞衣 入 乙鳦憶億臆醷薏抑邑悒浥
平漪猗椅禕醫毉噫依衣 上 倚扆偯 去 懿
虩吸噏歙翕潝闟肸迄釳忔汔奭
上 喜蟢豨䊠唏 去 戲熹欷餼䊠愾 入 赩衋
平 犧羲戲巇曦僖熙嬉禧熹希睎稀𧕚俙
鉐鼫寔湜殖植埴禃什拾十
去 豉嗜視醏侍蒔逝噬誓筮澨 入 石碩祏
平 時塒提匙禔移 上 是氏諟市恃視眂眎
軾飾濕嫡螫襫
啻試僿弑世貰貰 入 失室釋適奭識式拭

上二八

A21b

掖⿰衤夜液易蜴埸圛射墿襗熠

鈠黓翌翼繹亦弈奕帟譯懌斁驛醳嶧腋

羿睨蓺鬾蓺入逸佚佾溢軼鎰泆弋翊杙

偒肆隶異异食曳裔勩泄洩枻跇詍⿰氵裔詣

麑⿰糸兒視兕上酏迆匜葹以㠯已苡苢去易

⿰阝夷荑洟飴怡圯貽頤詒台瓵倪霓齯輗⿰衤兒

平移箷椸訑酏匜⿸广多蛇姨彝夷峓恞⿸广夷桋

殪入壹一嗌⿰益卩齸膉揖挹益

平伊咿鷖⿱殹石繄黳黟去縊翳饐医醫繄⿰土壹

飽

A22a

1　2　3　4　5　6　7　8　9　10

23

二貳餌珥咡刵入日馹入
平兒而栭陑胹鴯洏上爾尒迩邇耳駬去
曆瀝鬲靂躒礫皪瓅櫟櫪
漂篥搮力劣泐立䇐粒笠苙靂酈癧轢歷
儷盭唳𢘱悷荔例厲礪勵癘入栗慄颲鷅
礼蠡澧醴鱧去詈離利莅涖吏麗戾栵隸
剺也劙盠上邐峛里履裏鯉悝李理娌俚禮
黎黧藜瓈犂𪏭貍氂嫠罹驪狸麗鸝蠡蠡
平離籬醨璃离䍦漓灕縭蘺褵棃梨棃犁
艗鵹鸁鵹

工　二十二

A22b

平思司罳絲緦私斯廝虒澌𩅦鷈禠覗偲

漬骴

平慈磁鶿茲茨薋瓷疵眦跐去字牸孳自

平雌上此佌玼泚去刺刾次佽

恣

滋齍仔上紫訿訾呰姊秭子耔梓杍去積

平貲頿訾鄑觜咨資粢齍諮姿盜茲孳孜

平漦上士仕鄃柹𢈈戺俟竢涘去事

平差嵯去廁

平菑甾淄輜錙上滓胏去胾入櫛楖戢濈

A23a

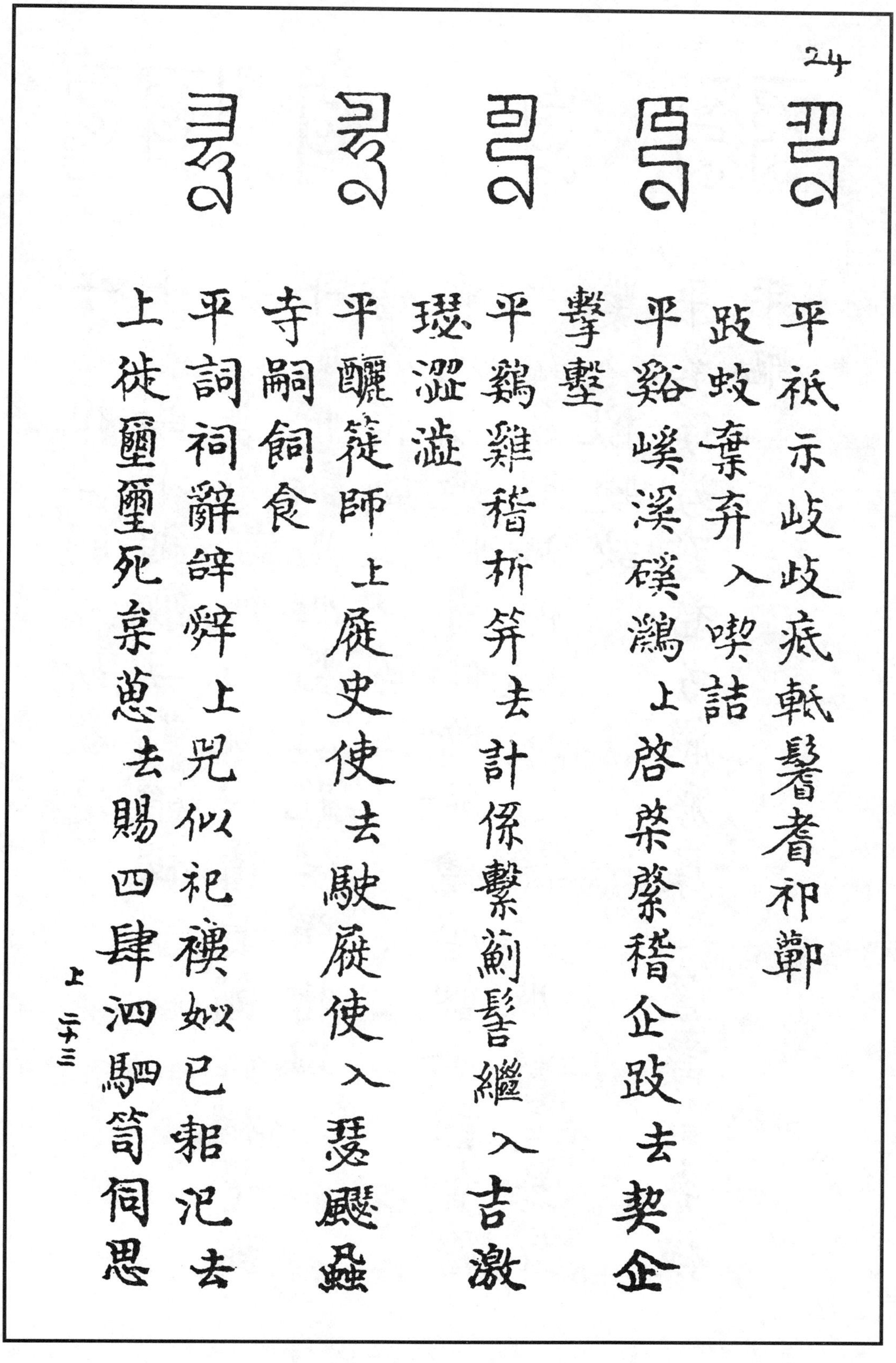
24

平祇示岐歧疷軝鬐耆祁鄿
跂蚑棄弃入喫詰

平谿嵠溪磎鸂上啓棨綮稽企跂去契企
擊墼

平鷄雞稽枅笄去計係繫薊髻繼入吉激
璱澀澁

平釃簁師上屣史使去駛屣使入瑟飋蝨
寺嗣飼食

平詞祠辭辝辤上兕似祀禩姒巳耜汜去
上徙璽壐死枲葸去賜四肆泗駟笥伺思

上 二十三

A23b

10 平蓷推上腿去娧駾退
9 平磓頧堆鎚敦去對碓祋
8 平逵夔戣騤頯上跪去匱蕢饋鐀櫃簣歸
7 平虧恢詼魁悝盔上跪去喟檜塊
6 禬繪憒劌蹶入國
5 匭鬼去媿愧貴儈膾鱠檜澮鄶廥劊會獪
4 平嬀龜歸婦傀瑰瓌上詭垝庋軌簋晷宄
3 緊入檄覡款
2 平奚徯嵠蹊嵇兮鼷豯屎上徯謑去系褉
1 平醯

A24a

1 2 3 4 5 6 7 8 9 10

25

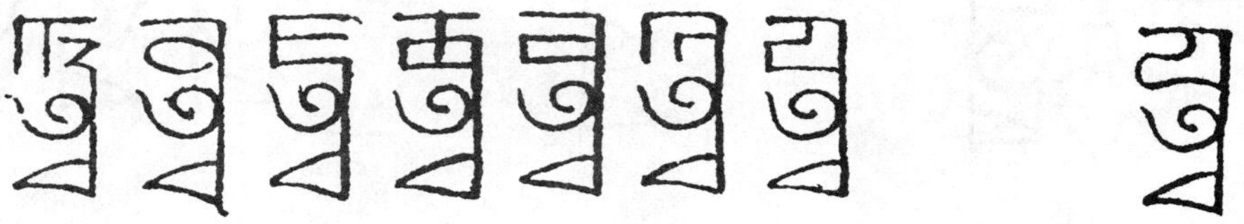

平披鈹邳丕丕秠駓醅肧坏伾上𣧑披髬

偪愊比

彼詖陂祕秘毖閟轡泌費背輩入碧筆逼

平陂詖碑羆悲桮杯盃上彼髀備鄙去賁

去諉

平鬌錘鎚椎去錘膇墜縋

平吹炊推去吹出毳毳

平追錐隹騅鵻上捶箠去惴綴醊贅

平桵上餧餒去內

平頹穨隤𩪘𢋴僓去兑鞔隊憝鐓錞譈

上 二十四

A24b

1 2 3 4 5 6 7 8 9 10

平摧崔 上 辠罪 去 萃顇悴瘁冣

平崔催縗陮 上 皠漼璀 去 翠毳脃悅倅淬

平劑 上 觜 去 醉晬綷最

媚魅妹昧沫毎痗瑁眛 入 宻宓默纆墨

玫煤脢禖罺莓鋂醂 上 靡敉美媺浼每 去

平酶酒母縻糜靡醾眉嵋湄楣郿麋枚梅媒

復稪菔蔔匐踣樊

被鞁備俻奰佩珮坯偝誖悖背輩旆 入 紼

平皮疲罷邳裴徘培陪 上 被否圮琲 去 髲

秠 去 帔濞配妃 入 堛愊福副

A25a

1 2 3 4 5 6 7 8 9 10

26

嵬瑰 去 尉慰畏罻蔚穢濊獩薈 入 域罭棫
平 逶萎委威葳蝛隈煨椳偎椳 上 委骪磈
繢闠迴 入 或惑蜮
平 迴回洄槐徊瑰茴 上 瘣廆匯 去 會襘潰
平 灰 上 賄脢悔 去 譿噦劌誨悔晦
平 垂陲誰倕 上 菙 去 睡瑞
上 水 去 税說蜕帨
平 隨隋 去 遂彗隧襚璲檖燧旞鐩穟篲彗
晬歲[illegible]繐碎誶
平 眭綏雖睢桵[illegible]毸 上 髓滫 去 邃誶粹祟

上 二十五

A25b

1 2 3 4 5 6 7 8 9 10

平規雉圭珪邽閨袿窐上癸去季桂入橘

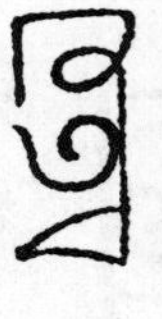

平蕤甤緌上蘂蕊去芮汭蜹枘

檑

酹檑罍雷羸上絫累樏纍壘畾誄磊蕾儡

平纍虆纝纝縲瓃去類淚纍累纇禷耒擂

渭煟衛彗外磑

韡媁隗嵬頠去僞位爲魏胃謂緯彙蝟緭

上硊頠蔿䳏闖薳洧鮪痏韙煒暐偉瑋韑

平危峗帷爲為巍幃韋圍闈違湋桅嵬峞

緎淢

A26a

1 2 3 4 5 6 7 8 9 10

27

平惟維遺濰唯上唯蹝去遺鋭叡睿入聿

去恚

虫卉去諱卉喙入洫侐閾

平麾撝揮煇輝暉暈徽禕上毀燬譭烜虺

入獝

平隳墮攜擕蠵鑴觽畦黊去憓慧惠蕙譓

去嘒暳入赦閴狘

平癸上揆去悸

平闚窺睽奎刲刲上跬珪頍入闃

鵙繘

A26b

1 2 3 4 5 6 7 8 9 10

上土吐稌去菟兎吐鵵入禿鵚突

平都闍上覩賭堵去妬蠹斁入篤督咄

礐窟矻

平侉怯也枯刳上苦筈去袴庫胯入哭酷顝

牿告骨滑汩愲

雇故酤痼固錮鯝涸入穀縠轂谷㱿觳梏

鼓鼔瞽股罟蠱估盬牯鈷羖賈詁去顧頋

平孤苽菰姑辜酤鴣蛄呱觚沽柧罛上古

五魚

鶻遹鷸矞役疫

A27a

1　2　3　4　5　6　7　8　9　10

28

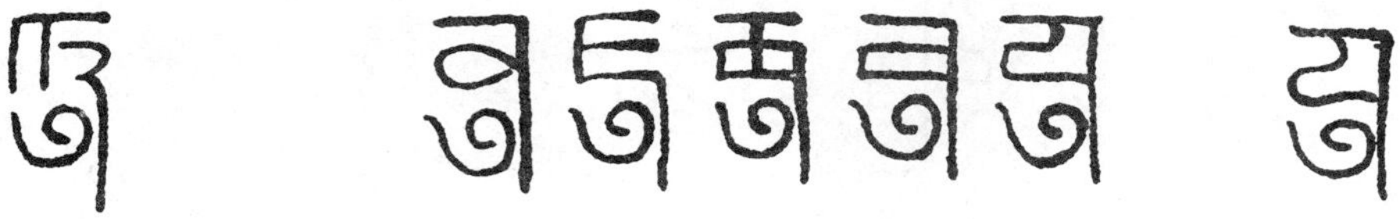

平鋪痡上普溥浦去怖鋪入扑醭撲䀖䪁

樸襆不

平逋餔晡誧上補譜圃去布圃佈入卜濮

平鉏鋤雛鶵上齟去助

平初芻上楚礎椘入矗閦

平菹上阻俎去詛阻

平奴笯也鴑砮帑孥上怒弩努去怒入訥

犢匵毒蝳突揬纛腯堗鈯

渡斁鍍度入獨讀黷讟髑殰櫝牘韣瓄瀆

平徒屠瘏塗途酴駼荼圖莬上杜肚土去

上二十七

A27b

1 2 3 4 5 6 7 8 9 10

平扶芙符鳧夫泭上父輔腐滏㕮鬴釜去

紱韍綒紼芾黻不翇沷

輻幅蝠蝮福副覆拂茀祓艴刜髻髴跸弗

父撫弣柎去付賦傅赴訃仆入福腹複葍

稃莩桴痡上甫脯斧頫俯府䀲簠黼莆俌

平附跗膚鈇玞夫扶敷麩尃孚郛鄜俘罦

㦟入木沐毣鶩霂楘沒殁

平模橅謨摸上姥莽䥈姆師女去暮慕募墓

暴曝瀑僕渤勃馞悖桲孛浡埻

平酺匍菩蒲蒱上簿部去捕哺步𩢰荹入

A28a

1 2 3 4 5 6 7 8 9 10

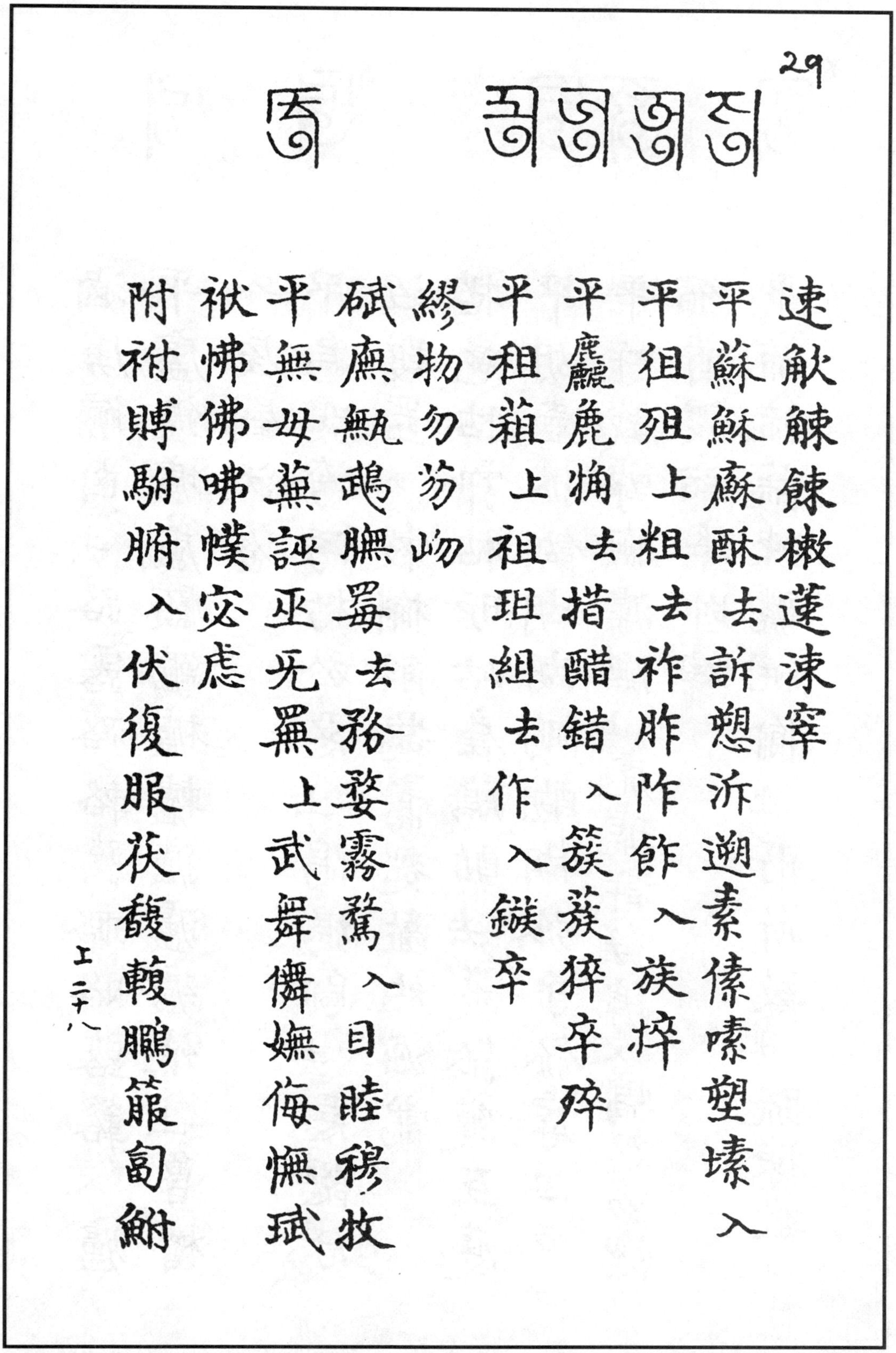

29

速欶觫餗樕遬涑窣
平蘇穌蘇酥去訴愬泝遡素傃嗉塑塐入
平徂殂上粗去祚胙阼飵入族椊
平麤麁觕去措醋錯入簇蔟猝卒[illegible]
平租蒩上祖珇組去作入鏃卒
繆物勿芴岉
碔廡𦦨鵡膴罞去務婺霧鶩入目睦穆牧
平無毋蕪誣巫无罒上武舞儛嫵侮憮珷
袱佛佛咈懞宓虙
附祔賻駙腑入伏復服茯馥輹鵩箙匐鮒

上二十八

A28b

滷虜艣鹵 去 路露潞輅鷺璐賂蕗簵 入 盧
平 盧鑪壚蘆顱鱸櫨轤獹瀘纑旅 上 魯櫓
入 屋剭沃鋈
平 烏嗚洿汚杇於惡 上 隖塢鄔 去 惡⿰言惡汙
⿺辶亞韄⿱罒亞 入 縠槲斛鵠翯㲉齕紇泒鶻
⿰扌苦扈怙鄠祜昈岵雇鳸酤 去 護瓠頀互濩
平 胡壺狐餬瑚湖鶘醐糊弧乎瓠虖 上 戶
平 呼戲嘑膴滹憮 上 虎琥滸 去 謼 入 熇忽笏惚
縮莤謖蹜率帥蟀
平 疏梳蔬踈釃毹愉 上 𠩄所數 去 疏捒數 入

A29a

1　2　3　4　5　6　7　8　9　10

30.

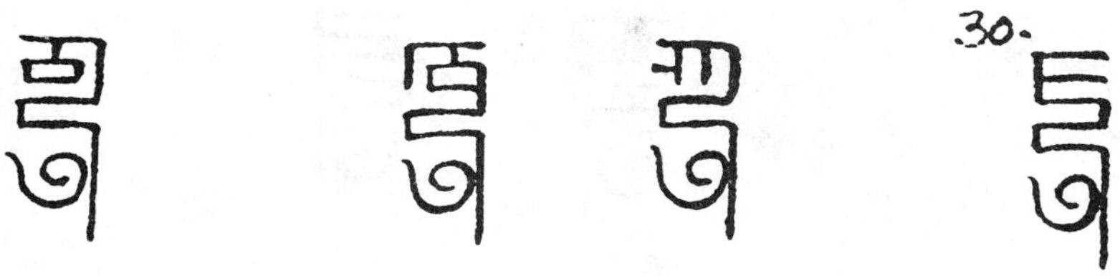

平[illegible]猪潴諸誅株邾朱珠絑蛛上貯楮煮

去遽勮詎懼具入鞠局跼倔崛橛掘

鸜劬軥鴝絇腒上巨鉅拒秬距炬詎虡窶

平渠磲蕖璩蘧籧竹席衢瞿灈醵合錢飲酒鐻矅

環屬去驅入麴曲苖屈詘

平墟祛椐胠嘘區驅敺軀嶇上去齲踽去

菊鞠掬鵴鞫匊輂挶厥屈

筥弆藏也拒小柳去據鋸倨踞鐻屨句絇瞿入

平居裾据琚鶋車拘駒斞捄俱上舉莒矩

禄鹿漉轆琭簏䍡麓盝碌騼籙濼

上二十九

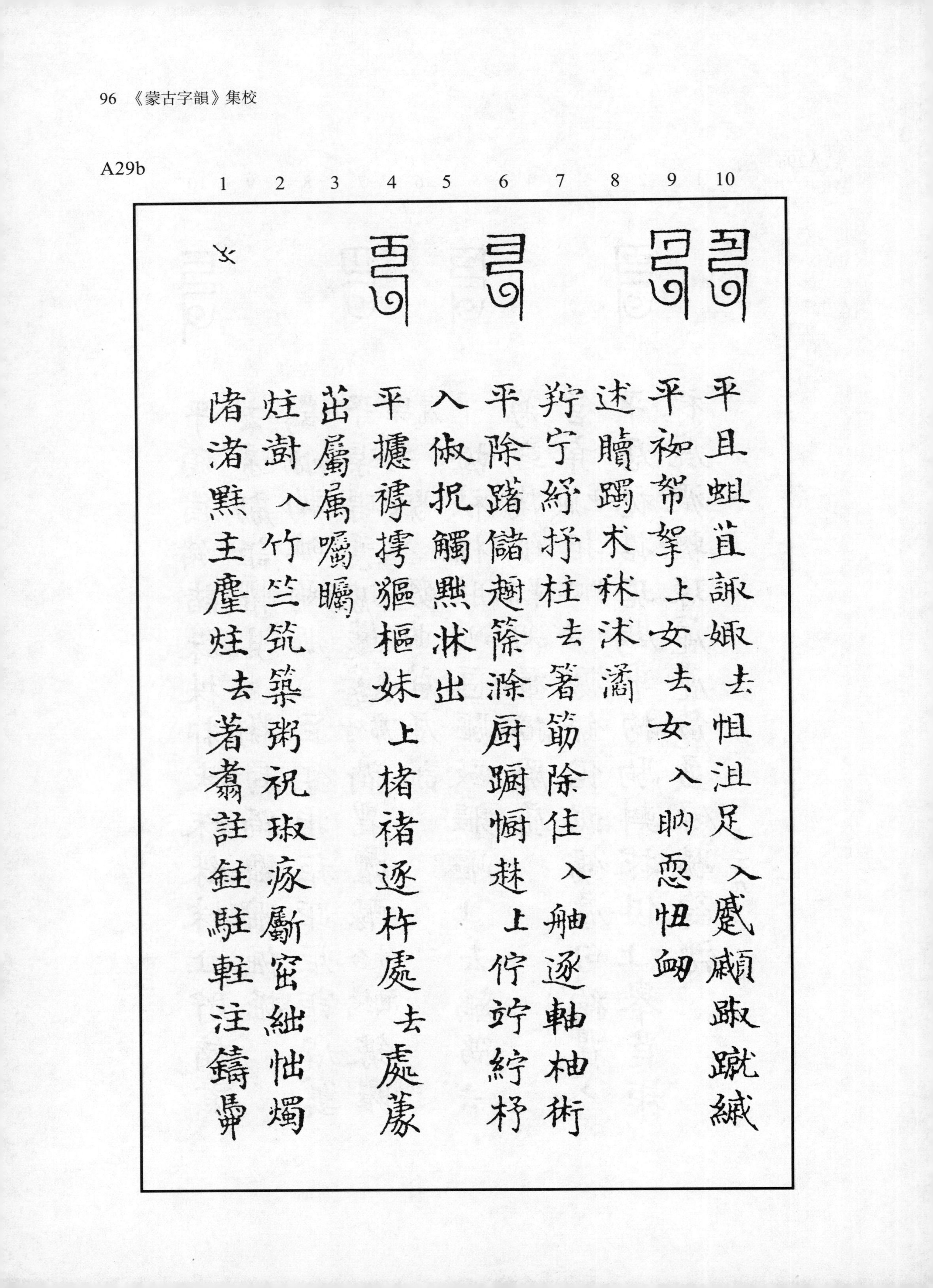

A29b

1 2 3 4 5 6 7 8 9 10

平且蛆苴諏娵 去 怚沮足 入 蹙顣踧蹴緎

平袽帤挐 上 女 去 女 入 朒恧忸衄

述䐢躅朮秫沭潏

羜宁紵杼柱 去 著筯除住 入 舳逐軸柚術

平除躇儲趎篨滁廚蹰幮䞿 上 佇竚紵杼

入 俶柷觸黜絀出

平 攄樗摴貙樞姝 上 楮褚逐杵處 去 處藘

茁屬屬囑矚

炷尌 入 竹竺筑築粥祝琡瘃斸窋絀怞燭

陼渚䵭主麈炷 去 著翥註鉒駐軴注鑄鼄

A30a

1 2 3 4 5 6 7 8 9 10

31

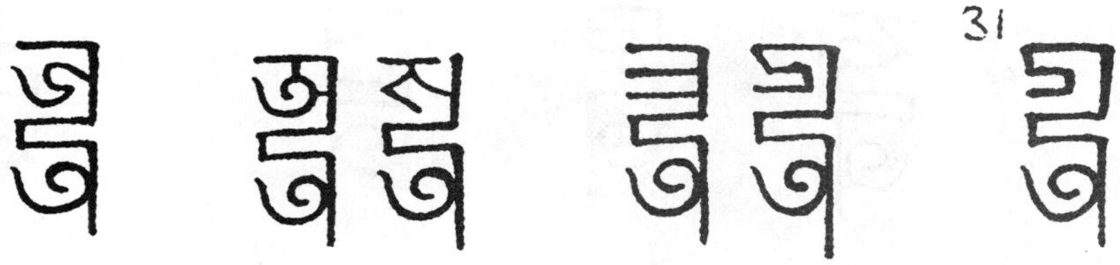

平蜍殊銖洙茱殳上墅豎竪樹裋去署曙

叔倏尗菽束

平書舒紓絵輸上暑鼠黍癙去恕庶戍入

平徐上敘緒䋚序嶼䣿入續俗藚

宿蓿夙䎘鱐卹恤戌訹珬䘏粟㓘涑

平胥須鬚繻𦈡需上諝胥醑湑去絮入肅

上咀沮跙聚去聚入崒踤

趣入促

平疽岨砠趄苴沮徂雎趨趍上取去覰娶

蹴卒猝足

上三十

A30b

窬臾楰腴覦俞榆瘉褕瑜㥚揄萸渝諛 上

平余餘畬輿璵旟歟與譽舁妤伃予逾踰

御馭語遇寓芋雨羽 入 王獄崛圄颶飀汩

語籞圉敔圄齬禦麌俁羽禹雨宇寓瑀 去

平魚漁[魚欠]虞愚娛堣嵎隅盂迂盂雩等 上

燠薁墺澳隩棫鬱欝爩菀尉熨蔚

平於扵淤紆迂 上 傴 去 飫淤嫗饇 入 郁彧

酗呴煦 入 蓄畜慉旭頊勖颸欻

平虛歔噓訏吁欨 上 許詡喣栩珝煦 去 眗

4 樹澍 入 熟孰淑塾璹婌蜀韣屬属獨

A31a

1　2　3　4　5　6　7　8　9　10

32

忤迕晤悟梧晤　入　兀杌扤屼矹飢刖

平吾鼯吳珸鋘梧　上　五伍午仵　去　誤悟寤

乳　去　洳茹獳　入　肉辱蓐褥鄏縟溽

平　如茹儒濡襦懦嚅醹　上　女汝也尓籹[illegible]茹

膟嵂率録淥綠醁籙碌騄逯娽

侶縷僂褸　去　慮屢　入　六陸戮稑蓼蛙律繂

平　臚閭廬驢蘆櫚蔞膢　上　呂旅膂[illegible]祣穭

慾谷峪

澦裕諭喻籲　入　育毓鬻賣煜昱蜟欲浴鵒

與予庾㥚窳愈瘉斞　去　豫預譽與藇與蕷

上　三十一

A31b

1 2 3 4 5 6 7 8 9 10

平齋去債瘵祭入責嘖幘簀咋迮窄舴諎

平能上乃廼鼐𦞤嬭妳去柰奈耐鼐入搦

待去大汏代岱黛袋逮隶靆黱瑇

平臺薹籉擡儓苔菭駘上殆怠迨紿詒〓

平胎台邰去泰忲太貸態

上〓歹去帶〓戴

平皚敳去艾礙

平開上愷凱塏鎧闓去磕愒慨愾欬鎧嘅

平該垓荄陔峐晐祴上改去蓋匃漑槩摡

六佳

A32a

1 2 3 4 5 6 7 8 9 10

38

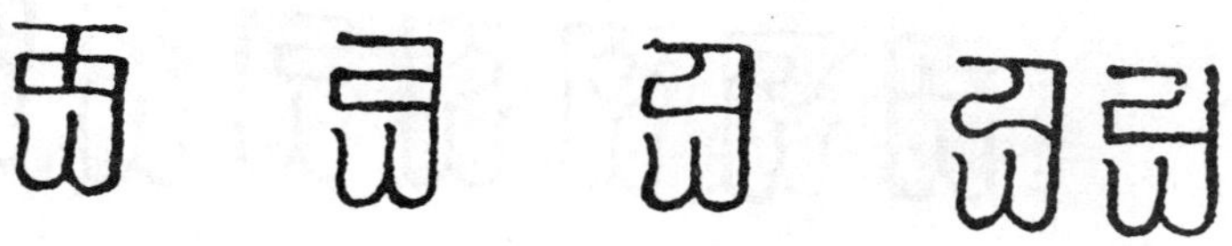

敗入白帛舶鮊

平牌排俳上罷倍去粺稗豨[illegible][illegible]憊韛[illegible]

去派湃霈沛入拍珀魄

[illegible]檗擘迫

上擺捭去拜扒敗貝沛狽茷入伯百柏栢

澤翟

平柴祡豺儕上廌豸去眦寨入賾齚宅擇

踖坼

平釵叉差搋上茝去差瘥蠆入冊柵策筴

摘謫讁磔笮

上 三十二

A32b

1 2 3 4 5 6 7 8 9 10

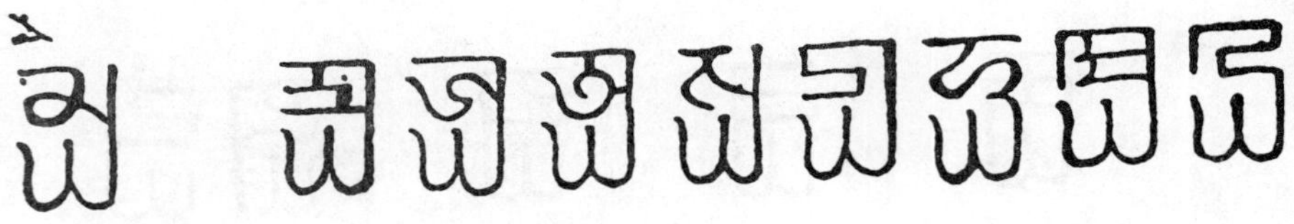

平哀埃欸 去藹葢馤靄[illegible]愛僾靉曖

平孩頦 上亥 去害瀣劾

平咍 上海醢

上灑躧 去曬洒殺 入索栜溹摵愬

平䚡顋 去賽簺塞

平裁纔財才材 上在 去載在酨栽

平猜偲 上采採綵寀彩 去蔡菜埰

平裁灾災栽哉菑酨 上宰䏁縡載 去再縡

戴䳚貊麥衇脈霢眽

平埋薶霾 上買 去賣邁勱韎眛沬 入陌貉

A33a

1　2　3　4　5　6　7　8　9　10

入砉湱
平衰榱去帥率入摵
平衰上揣去嘬
去快噲駃蒯蕢喟
夬獪犗入虢敋蟈馘幗摑
平乖媧緺蝸騧去怪恠硁壞卦挂掛詿罣
平來萊騋棶去賴籟癩瀨賚徠
平崖涯厓上騃入額頟詻
[illegible]卮厄搤扼軛阨
平娃洼哇上矮去隘阨呃噫餲喝嗄入啞

上三十三

A33b

1 2 3 4 5 6 7 8 9 10

械薤䪥瀣 入 輅輅覈翮核紘

平 睽鞵鞋諧骸 上 蟹解獬澥嶰駭 去 邂解

去 譮恷 入 赫爀嚇

平 揩 上 楷鍇 去 劾揩 入 客愘

悈恝犗 入 格狢骼隔鬲鎘革茖

去 懈解繲廨誡戒界介疥玠芥魪价芥屆

平 佳街皆偕堦稭喈階湝薢荄颽楷 上 解

去 瞶

平 蛙鼃 入 擭

平 懷櫰槐淮褱瀤 去 畫壞話 入 獲畫劃嫿

OR. 6972.

Bought of Mrs. Bushell.

Apr. 6, 1909.

40BC

下卷封面

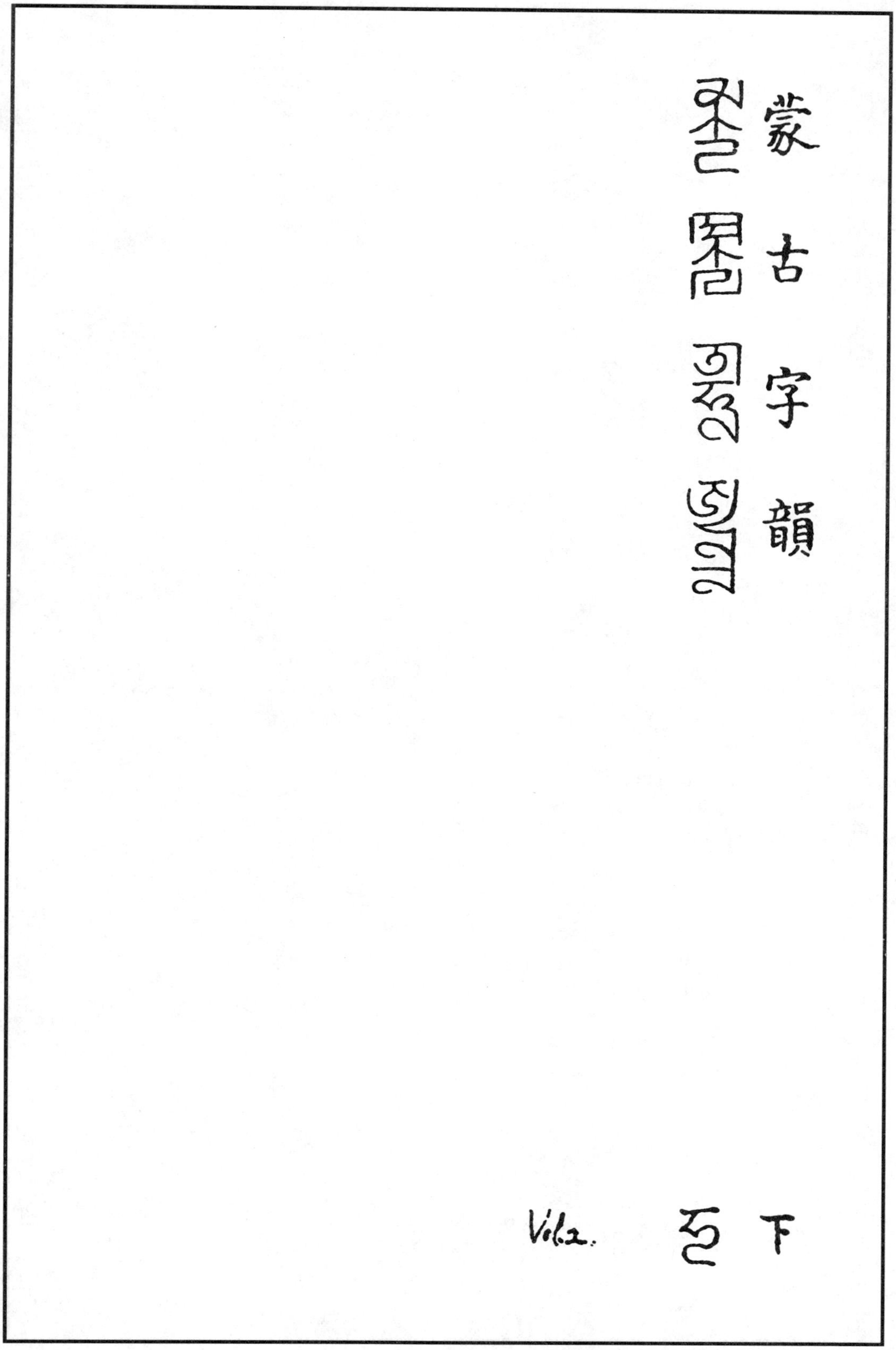
蒙古字韻

Vol.2. 下

封裏

B1a

36

1. 入 刻 克 剋
2. 入 德 得
3. 入 忒 慝 貣
4. 入 特 螣
5. 入 昃 仄 側
6. 入 測 惻 畟
7. 入 崱
8. 入 則
9. 入 賊 蠈
10. 入 塞

下一

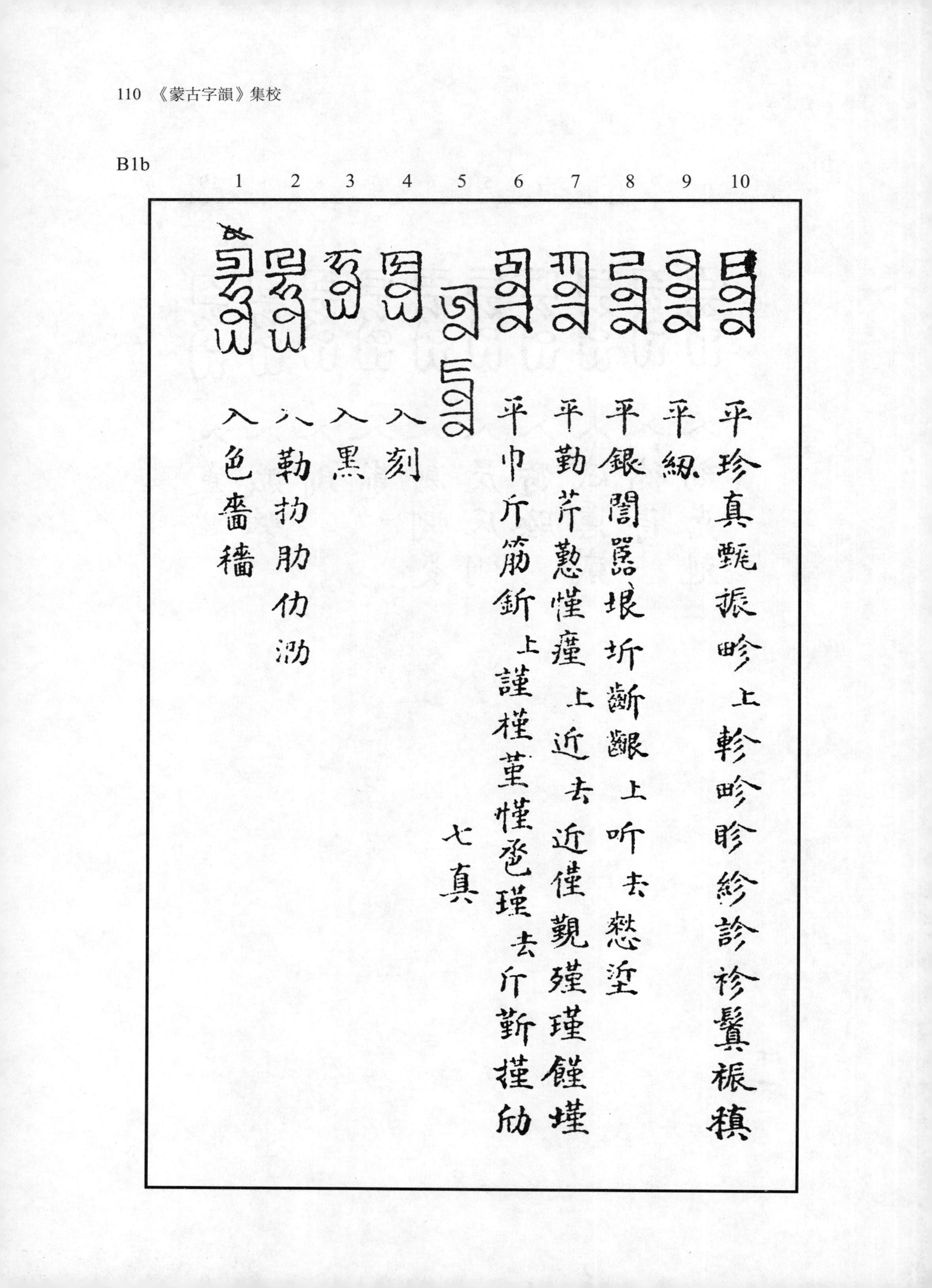

B1b

10 平珍真甄振畛上軫畛眕紾診袗鬒裖稹

9 平紉

8 平銀誾嚚垠圻齗齦上听去憖垽

7 平勤芹懃慬瘽上近去近僅覲殣瑾饉墐

6 平巾斤筋釿上謹槿堇慬巹瑾去斤靳墐劤

5 七真

4 入刻

3 入黑

2 入勒扐肋仂泐

1 入色嗇穡

B2a

10 9 8 7 6 5 4 3 2 1

37

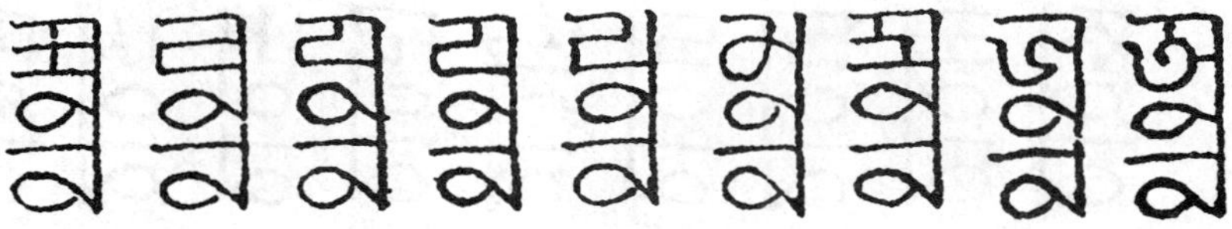

平秦螓　上盡

平親　去親

平津璡　上盡　去晉搢縉進璡

平旻珉岷緡閩民　上愍慜憫閔敏暋泯僶

平頻蘋薲嬪玭蠙顰嚬貧　上牝臏

平繽⿵門賓 爭也

平賓濱鑌彬斌豳邠⿰王扁儐 恭也　去儐殯鬢擯

平神陳塵　上紖朕　去陳陣

平瞋嗔謓　上辴　去疢趁

去震振賑鎮填瑱 玉充耳

下二

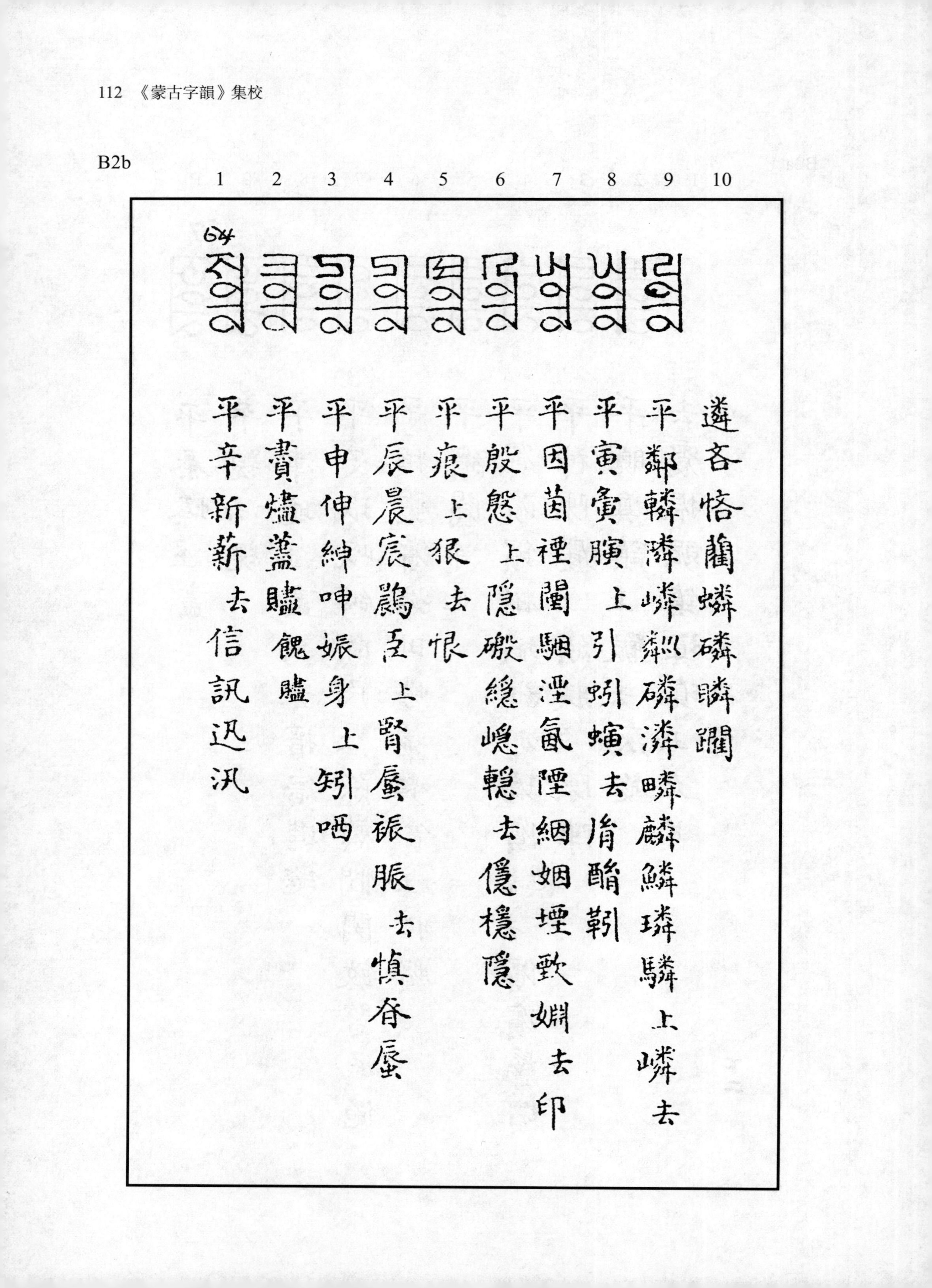

B2b

10 遴吝悋藺⿰虫粦磷瞵躙

9 平鄰轔隣嶙粼磷潾疄麟鱗璘驎 上 嶙 去

8 平寅夤⿰月寅 上 引蚓螾 去 胤酳靷

7 平因茵裀闉駰湮氤陻細姻堙⿰垔攵婣 去 印

6 平殷慇 上 隱磤⿰糸㥯⿰山㥯⿰車㥯 去 ⿰亻㥯檼⿰阝㥯

5 平痕 上 很 去 恨

4 平辰晨宸鷐臣 上 腎蜃祳脤 去 慎眘蜃

3 平申伸紳呻娠身 上 矧哂

2 平賮燼藎贐⿰食盡⿰月盡

1 平辛新薪 去 信訊迅汛

B3a

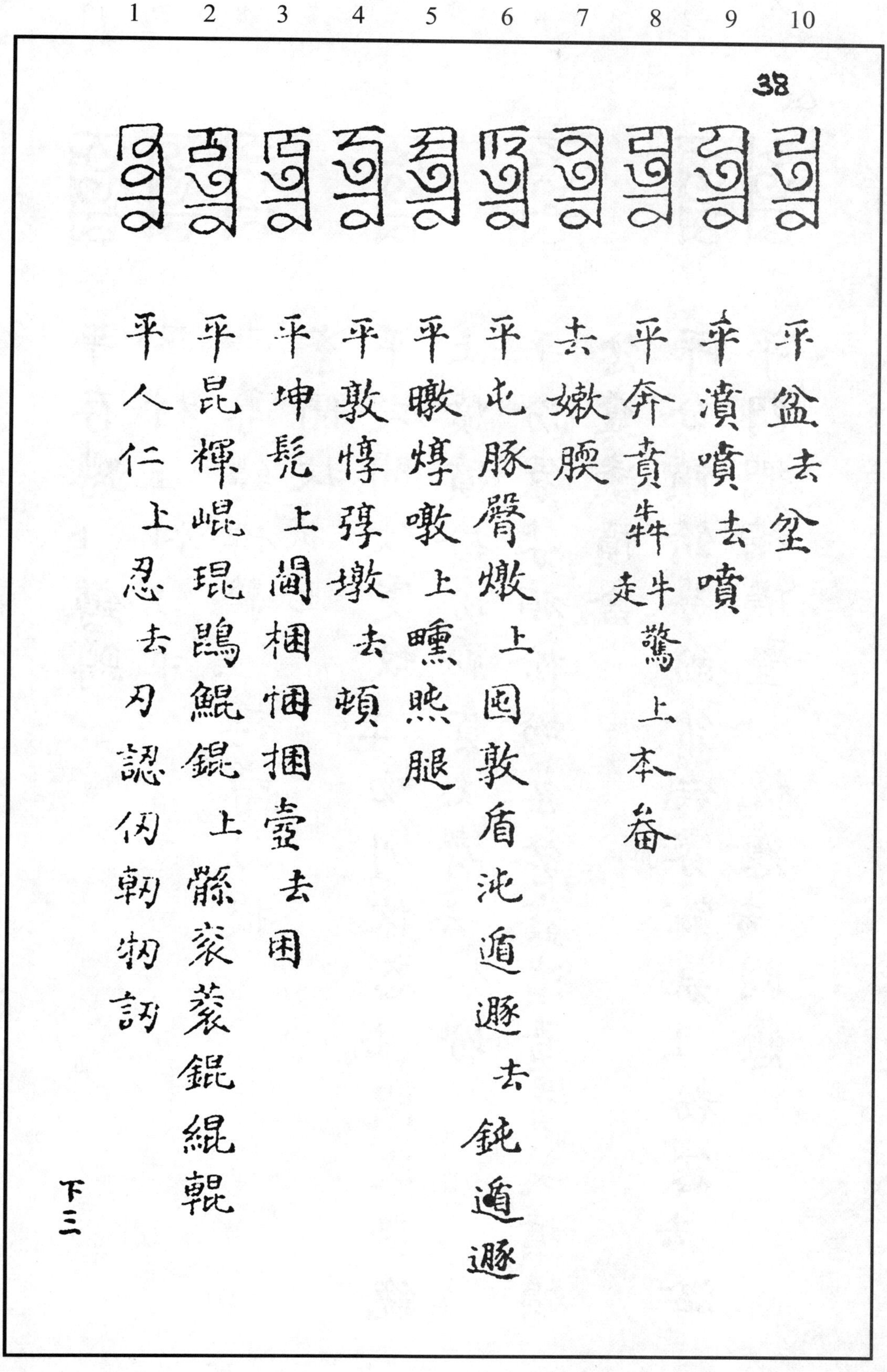

1 2 3 4 5 6 7 8 9 10
38
平盆去坌
平濆噴去噴
平奔賁犇𧺆驚上本畚
去嫩腝
平屯豚臀燉上囤敦盾沌遁遯去鈍遁遯
平暾焞噋上曛[illegible]腿
平敦惇弴墩去頓
平坤髡上閫梱悃捆壼去困
平昆褌崐琨鵾鯤錕上鯀袞蔉錕緄輥
平人仁上忍去刃認仞軔牣訒
下三

B3b

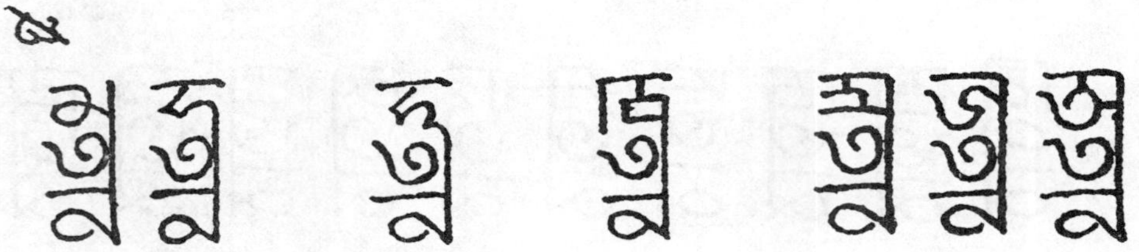

10 平存蹲 上鐏鱒

9 平村 上忖 去寸

8 平尊鐏樽鷷 上樽噂 去捘

7 紊聞抆 拭也

6 平文聞紋雯蚊 上吻刎抆忞 去問汶璺絻

5 上憤墳扮坋鼢賁 怒聲 去分坋

4 平汾氛棼頒枌蚡棻弅鼖濆蕡賁焚墳豶

3 忿糞瀵憤奮

2 平分饙餴芬紛帉⿰分毛雰翂氛 上粉忿 去湓

1 平門捫⿰扌㒼璊亹 上悗懣 去悶懣

B4a

1　2　3　4　5　6　7　8　9　10

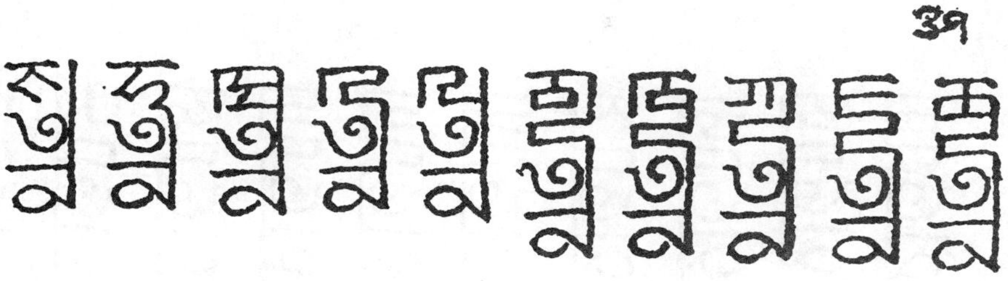

10 平春椿輴杶櫄上蠢踳膥

9 平屯窀迍諄上準准埻純去稕

8 平群裠帬上窘僒箘菌去郡

7 平囷箘

6 平君軍皸均鈞袀麏麇麕去攈捃皸

5 平論崘棆去論

4 平溫上穩

3 平魂渾上混渾緷焜去慁溷

2 平昏惛婚閽

1 平孫蓀猻飧上損去巽潠遜愻

下四

B4b

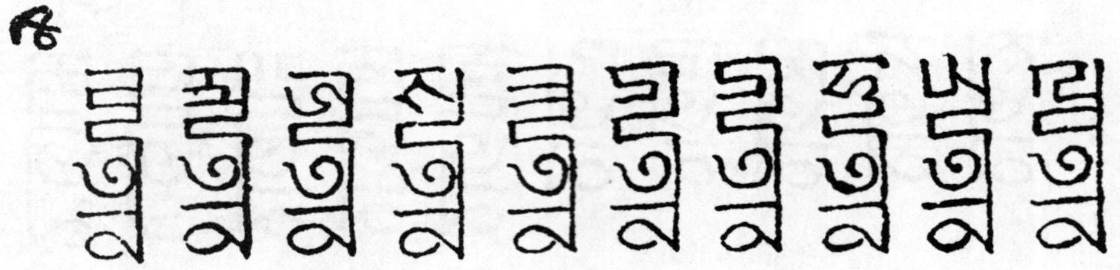

10 平淪輪倫綸掄

9 平勻昀 上 尹允狁

8 平薰曛勳勛熏燻纁醺葷焄臐 去 訓爋

7 平醇純蓴鶉錞淳

6 去舜蕣瞬

5 平旬巡馴紃循洵楯揗 去 徇殉侚

4 平荀郇詢峋珣恂 上 笋筍隼簨 去 峻濬浚

3 平逡皴鵔

2 平遵僎 去 儁俊餕畯睃駿鵔

1 平脣漘 上 盾揗楯 去 順揗

B5a

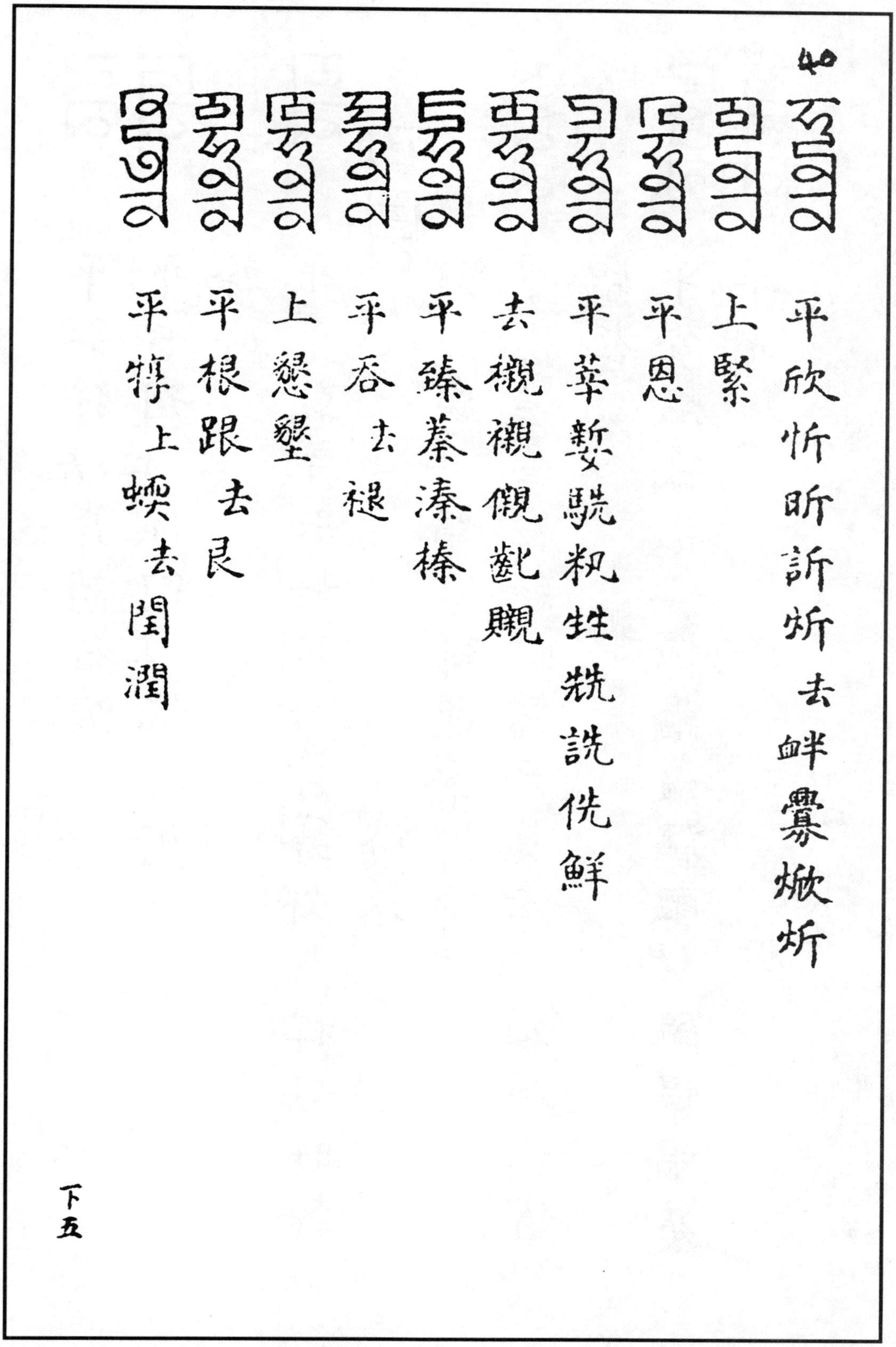

1　2　3　4　5　6　7　8　9　10

40

平欣忻昕訢炘去衅釁焮炘

上緊

平恩

平莘㜪駪籸甡兟詵侁鮮

去櫬襯儭齔䞋

平臻蓁溱榛

平吞去褪

上懇墾

平根跟去艮

平犉上蝡去閏潤

下五

B5b

1 2 3 4 5 6 7 8 9 10

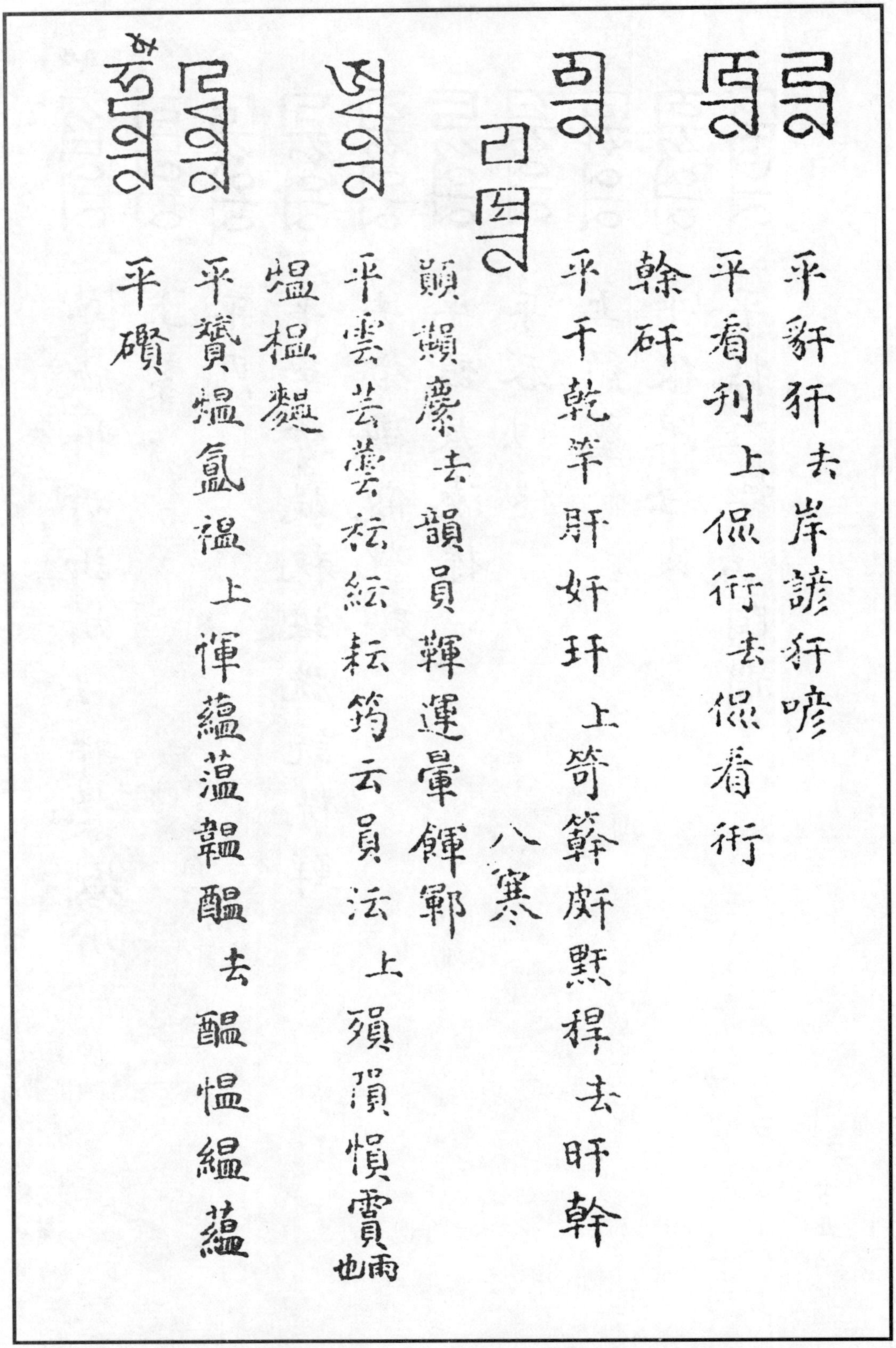

平豻犴去岸諺犴喭

平看刊上侃衎去侃看衎

[illegible]矸

平干乾竿肝奸玕上笴簳皯䵟稈去旰幹

八寒

顛顯麇去韻員韗運暈餫鄆

平雲芸蕓秐紜耘筠云員沄上殞隕愪霣雨也

煴榅[illegible]

平贇煴氳褞上惲縕薀韞醞去醞愠緼蘊

平[illegible]

B6a

1 2 3 4 5 6 7 8 9 10

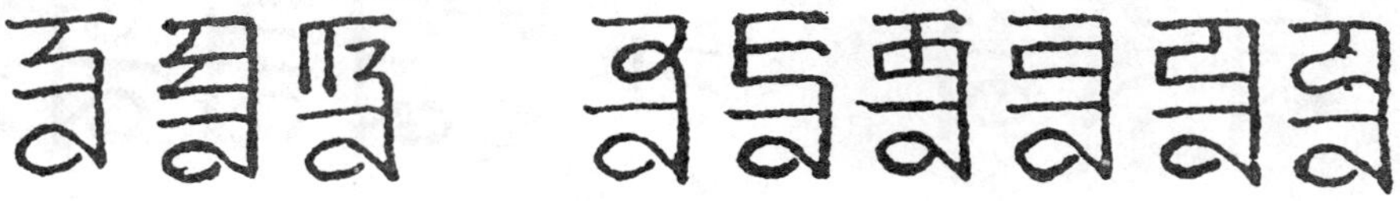

平攀扳販 去 攀盼眅

平班頒鴘朌斑般媥虨扳 上 版板鈑蝂

平潺孱僝 上 棧轏僝 去 棧輚卧車綻組

上剗鏟 去 鏟

上[illegible]醆琖盞

平難 上 赧戁 去 難

憚燀

平壇檀撣彈驒驙 上 但袒誕 去 彈但僤灘

平灘嘽嘆攤 上 坦 去 炭歎嘆

平單鄲丹殫簞 上 亶癉澶 去 旦悬

下六

B6b

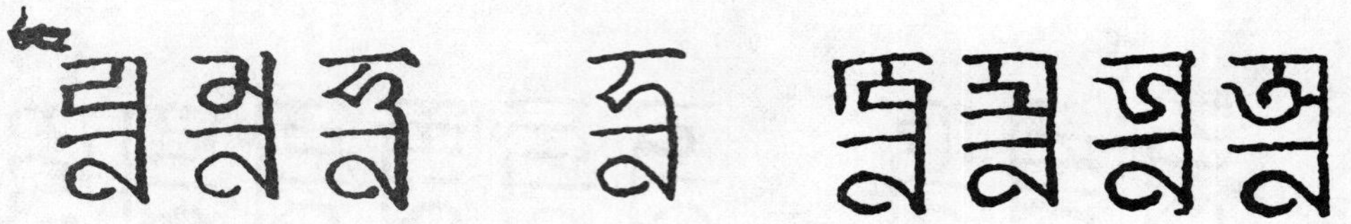

10 平殘戔上瓚

9 平餐湌去粲燦璨

8 去賛讚酇

7 上晚娩挽輓去萬万蔓曼

6 飯去飯飰

5 平蹯緐蘩薠樊礬蠜煩燔蕃膰璠笲袢上

4 返去販畈

3 平飜翻旛番幡蕃藩轓繙反上反䡊阪坂

2 平蠻鸞去慢嫚謾縵

1 去辦辧辨

B7a

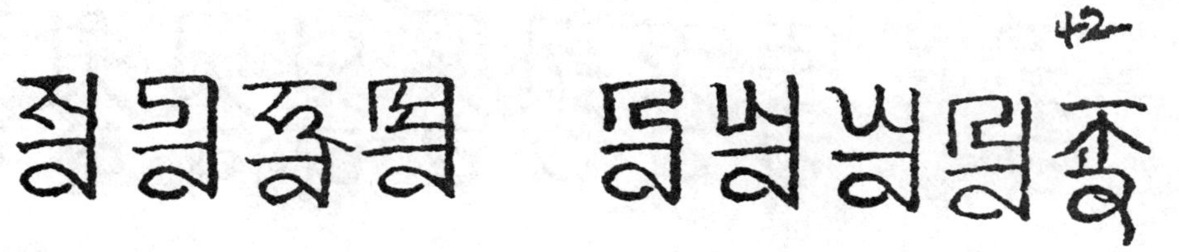

10 平岏刓忨蚖抏豲 去 玩妧翫

9 平灡蘭瀾闌欄攔讕㦨 上 嬾懶 去 爛讕

8 平顔 上 眼 去 鴈贗

7 平殷 去 晏鷃

6 平安鞌 去 按案

5 閑駻

4 平寒韓翰邯汗 上 旱 去 翰捍垾釬汗悍瀚

3 上 罕暵熯 去 漢暵熯

2 平删訕潸山 上 潸産簅滻 去 訕汕

1 平跚珊姍 上 散糤繖傘 去 散

下七

B7b

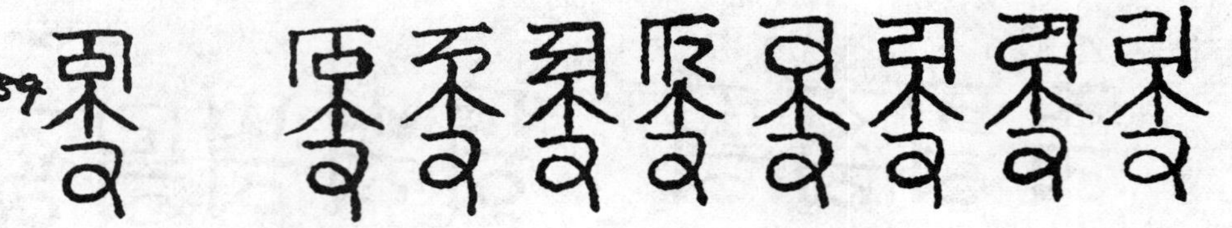

39

1 平官莞觀冠倌棺 上 管筦輨盥悺琯痯 去

2 貫祼館錧瓘灌鸛爟冠盥觀

3 平寬髖 上 款款梡

4 平端 上 短 去 鍛斷斷

5 平湍 上 疃 去 彖褖

6 平團慱敦漙 上 斷 去 段

7 上 暖煗煖餪 去 愞

8 平[illegible]般 去 半絆

9 平潘拌 去 判泮沜

10 平槃盤柈瘢磻幋縏䰉胖般鞶繁蟠弁 上

B8a

1 2 3 4 5 6 7 8 9 10

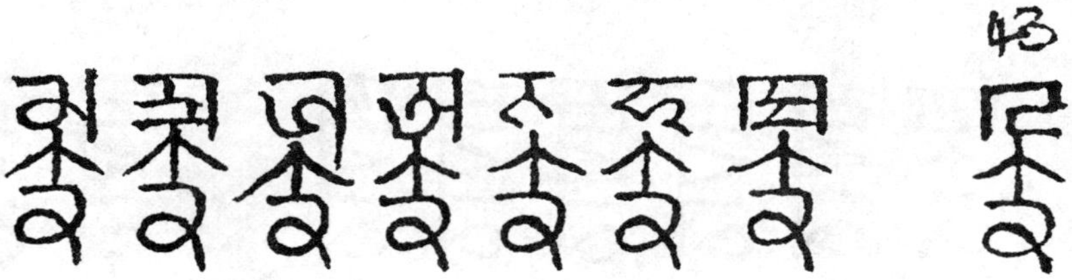

平剜豌蜿上盌小盂椀去惋腕

去換逭

平桓完丸瓛紈汍芄萑綄貆絙上緩澣浣

平歡貛酄懽驩讙獾去喚煥奐渙

平酸狻上算篹去筭蒜笇

平攢巑菆穳去攢

去竄爨

平鑽上纂纘穳鋋也纘儹鄼去鑽

平瞞謾饅鏝曼上滿懣去縵幔漫墁謾

伴去叛畔伴

B8b

10 平閒艱囏簡覵姦菅上簡柬揀去襇間覵

9 平頑

8 平彎灣上綰

7 擐宦轘豢幻

6 平還環鬟寰鍰圜鐶轘湲上脘睅莞去患

5 上撰饌譔僎去饌

4 去篡

3 平跧

2 平關閞癏擐[illegible]鰥綸矜去慣丱摜串

1 平鑾鸞巒欒灤圞上卵去亂乱

B9a

1 2 3 4 5 6 7 8 9 10

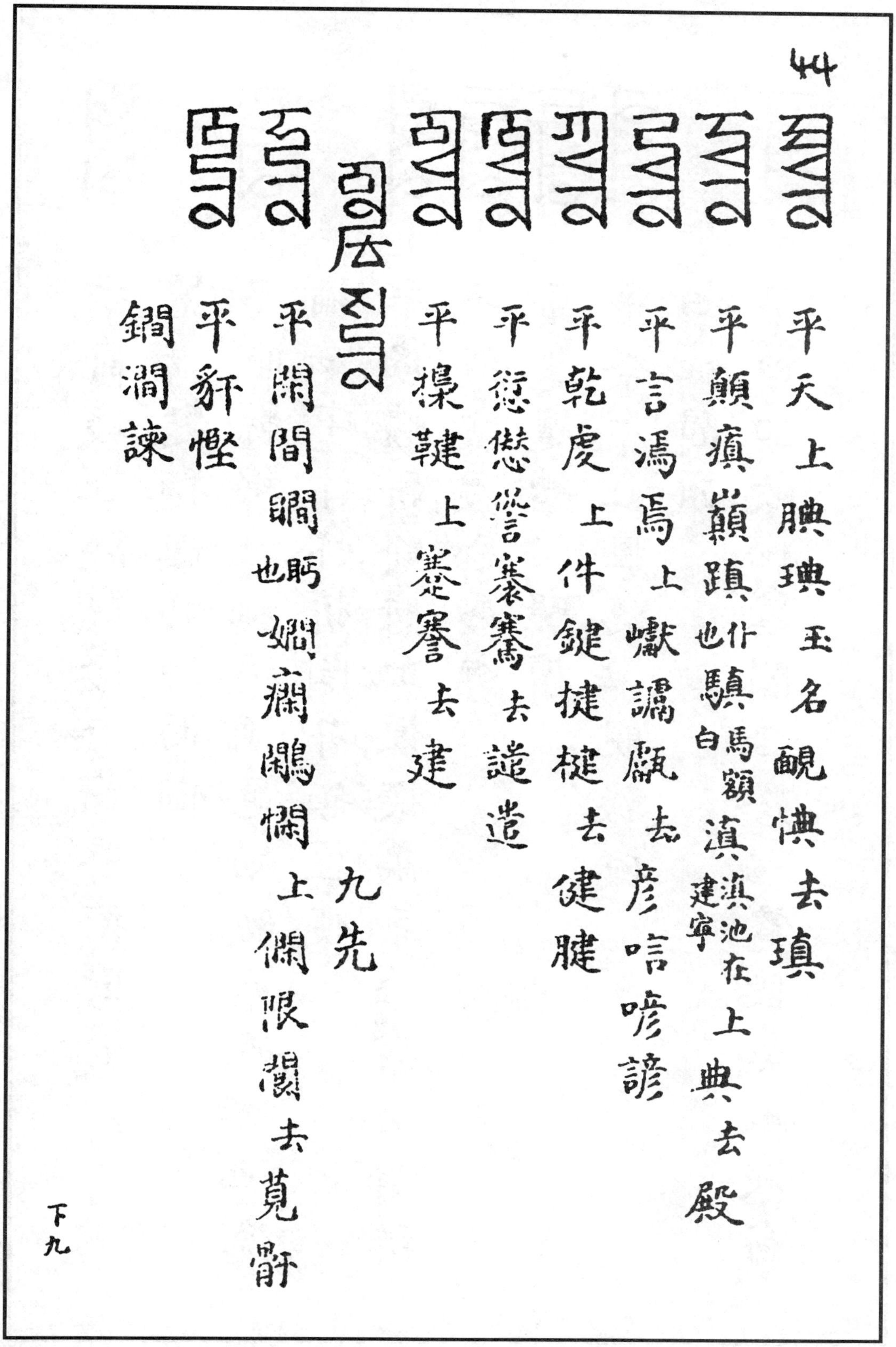

平天上腆琠玉名覥倎去瑱

平顛瘨巔蹎仆也驙馬額白滇滇池在建寧上典去殿

平言漹焉上巘讞甗去彥唁喭諺

平乾虔上件鍵揵楗去健腱

平𢔼愆諐褰騫去譴遣

平𢷖鞬上搴謇去建

九先

平閑閒瞯睨也嫺癇鷳憪上僩限𨵗去莧骭

平豻慳

鐗澗諫

下九

B9b

1 2 3 4 5 6 7 8 9 10

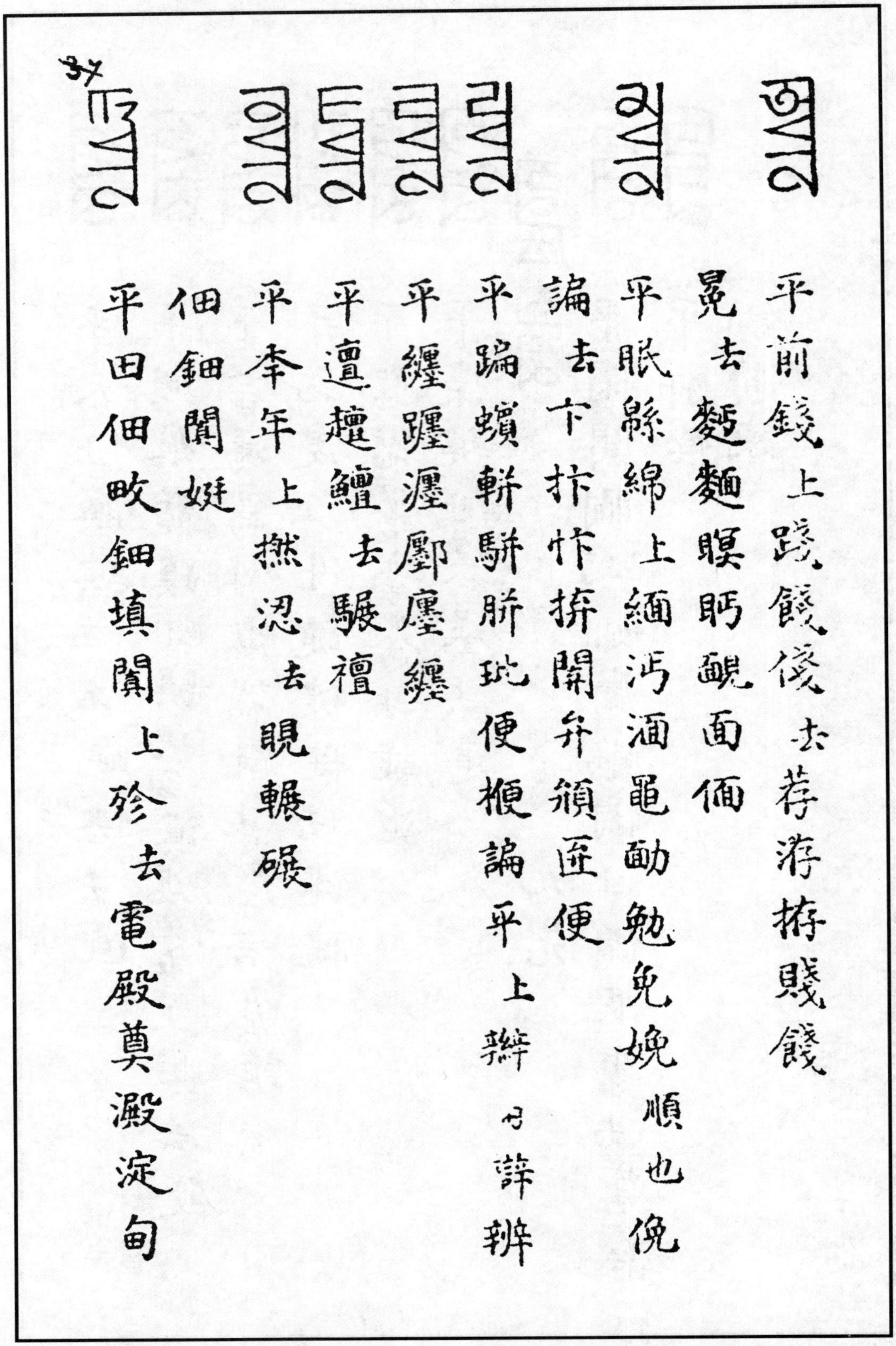

1 平田佃畋鈿填闐 上殄 去電殿奠澱淀甸

2 佃鈿闐娗

3 平秊年 上撚涊 去晛輾碾

4 平邅𧽢鱣 去驏襢

5 平纏躔瀍鄽廛纒

6 平蹁蠙軿駢胼玭便楩諞 平上 辮 弓 辯辨

7 諞 去卞抃忭拚閞弁頒匥便

8 平眠緜綿 上緬沔湎黽勔勉免娩 順也 俛

9 冕 去麪麵瞑眄靦面偭

10 平前錢 上踐餞俴 去荐洊栫賤餞

B10a

45

10 平饘旃旜栴氈鸇上展輾去戰顫

9 平牽汧岍上遣去俔

8 平堅肩豣麐鶼甄枅[illegible]上蠒趼蜆繭去見

7 平然燃上橪

6 平蓮憐怜零連聯上輦璉去練鍊楝湅

5 羨硯

4 平延埏筵綖蜒鋋妍研上演衍戭去衍筵

3 擅膳饍禪單

2 平鋋單蟬禪撣嬋澶上善墠鱓單鄯去繕

1 平次涎去羨

下十

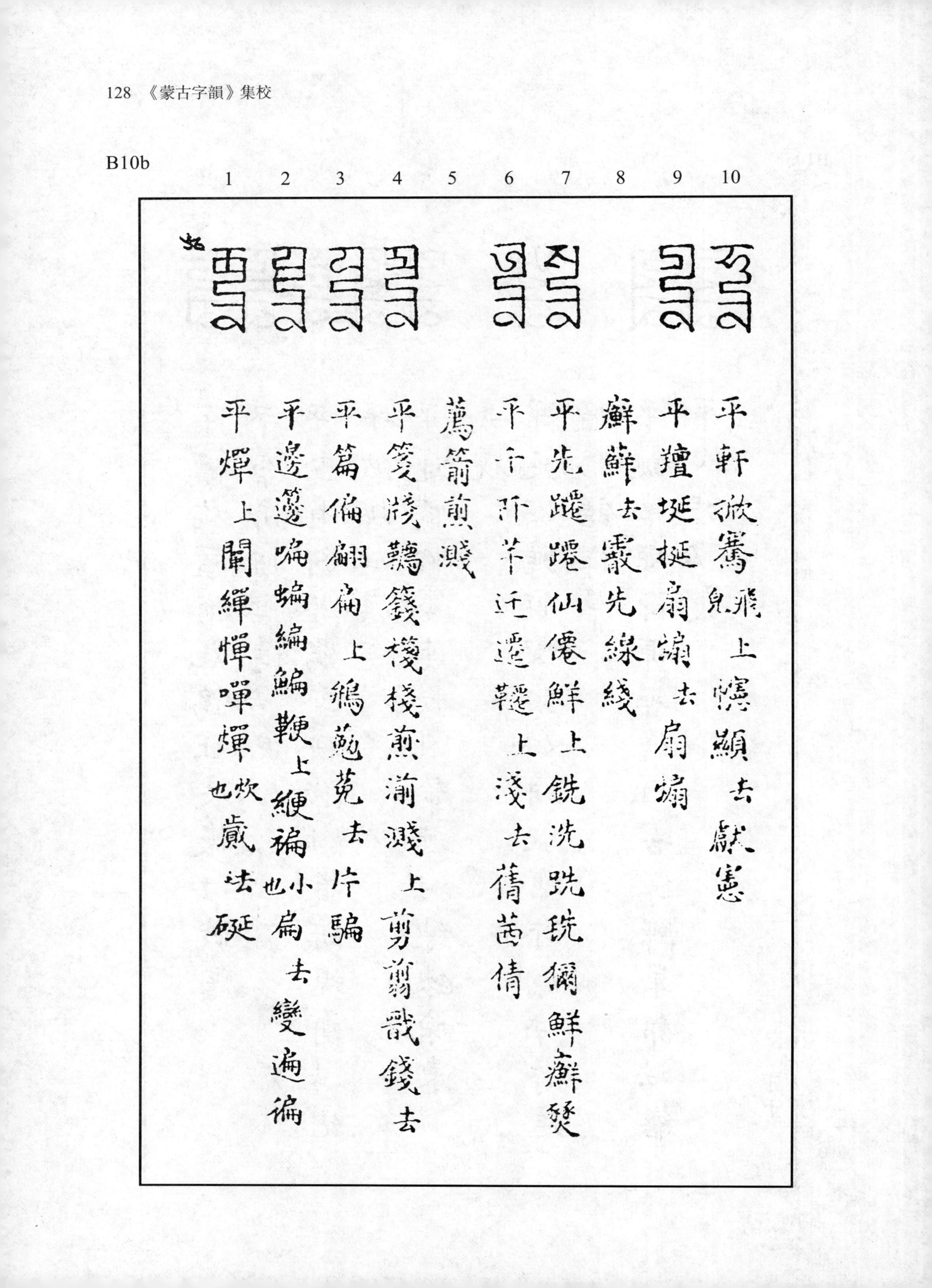

B10b

10 平軒掀騫飛皃上幰顯去獻憲

9 平羶埏梴扇煽去扇煽

8 鱻鮮去霰先線綫

7 平先蹮躚仙僊鮮上銑洗跣珗獮鮮鱻燹

6 平千阡芊迁遷韆上淺去蒨茜倩

5 薦箭煎濺

4 平箋牋[illegible]籛㰉棧煎湔濺上剪翦戩錢去

3 平篇偏翩萹上鶣藊萹去片騙

2 平邊籩甂蝙編鯿鞭上緶褊小也扁去變遍徧

1 平燀上闡繟憚嘽燀炊也蕆去硟

B11a

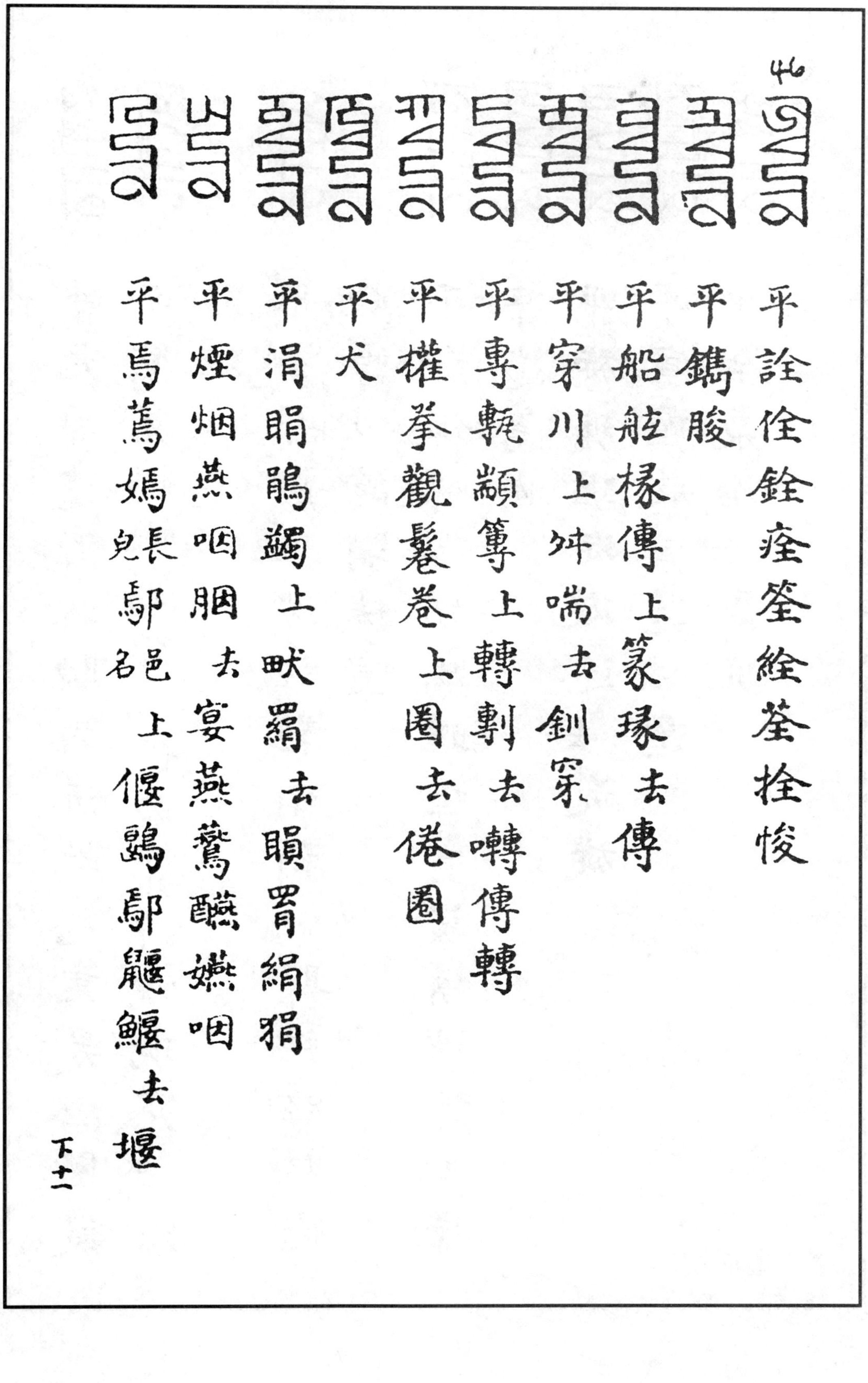

10 平 詮佺銓痊筌絟荃拴悛

9 平 鐫朘

8 平 船舩椽傳 上 篆瑑 去 傳

7 平 穿川 上 舛喘 去 釧穿

6 平 專甎顓篿 上 轉剸 去 囀傳轉

5 平 權拳觀鬈卷 上 圈 去 倦圈

4 平 犬

3 平 涓睊鵑蠲 上 畎羂 去 睊罥絹狷

2 平 煙烟燕咽胭 去 宴燕鷰醼嬿咽

1 平 焉蔫嫣鳥長鄢名邑 上 偃鶠鄢鼴鰋 去 堰

下十一

B11b

1 2 3 4 5 6 7 8 9 10

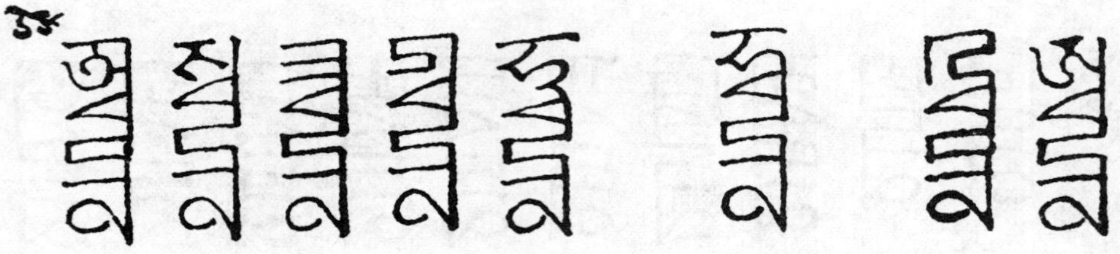

平 元原邍源嫄騵源沅蚖黿袁爰垣圜援

平 鴛冤鵷蜿宛怨 上 婉菀苑蜿畹琬宛 去 怨

眩玹

平 玄懸懸 上 泫鉉鞙琄䩊 去 縣袨眩炫衒

烜咺 去 絢駽楥楦

平 翾儇蠉譞嬛駽暄喧萱諼塤壎諠 上 環

平 遄篅圌

平 旋璿璐漩璇還 去 漩旋

平 宣瑄朘 上 選 去 選

平 全泉牷 上 雋吮

B12a

1 2 3 4 5 6 7 8 9 10

十蕭

平賢弦絃蚿舷上峴俔譬喻也晛日氣去見現

平攣上臠孌去戀

平拳捲上綣去券勸

上卷捲菤去弮眷睠卷

平堧上輭軟蝡愞

平沿沿鈆鉛捐鳶蝝緣上兖沇抗去掾緣

平淵[illegible]蜎娟悁去餇

瑗援媛院

轅媛援猿員圓湲上阮遠去願愿遠謜

B12b

1 2 3 4 5 6 7 8 9 10

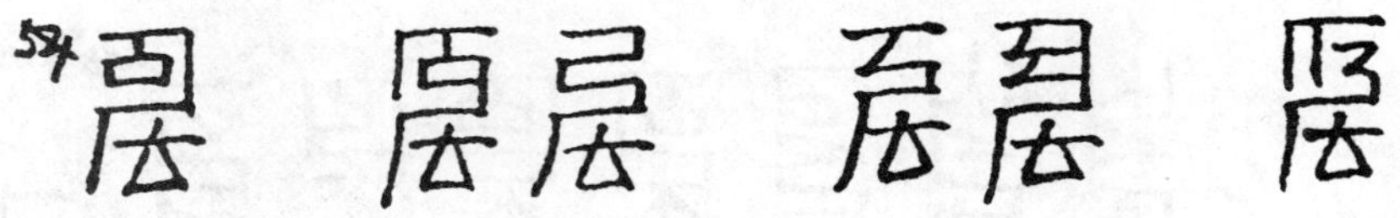

䬞上道稻䆃去導翿纛悼蹈盜燾幬䆃陶

平陶綯逃鼗鞉咷桃鞀掏騊啕萄濤檮翿

託拓橐籜㩧櫜袥蘀飥魄

平饕洮韜謟慆叨絛挑綢弢滔上討稻入

平刀魛忉舠上倒擣島禱去到 于刂

鷔奡入咢愕鄂諤萼鍔鶚鰐噩堮

平敖遨翱鰲鷔熬獒鼇聱螯滶嗷去傲鏊

上考攷栲槁祰熇薧槀去犒犒槀入恪

藁去誥郜告縞膏入各閣

平高膏臯羔餻櫜咎鼛篙槔上暠杲槀縞

B13a

1 2 3 4 5 6 7 8 9 10

48

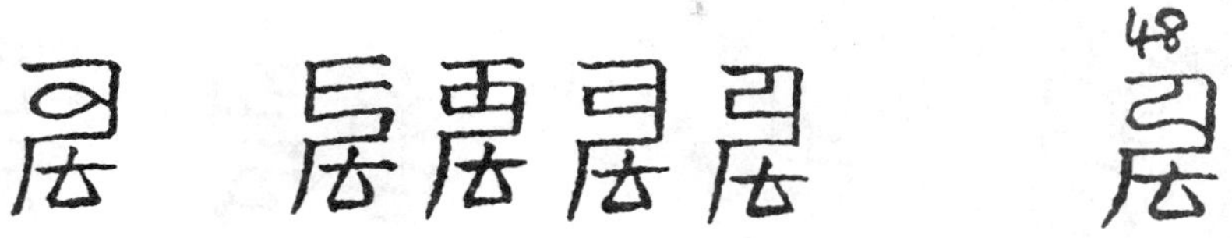

平胞脬抛泡去窌礮砲入濼粕膊朴濮樸璞

搏爆襮鑮鏷簿搏搏餺膊剝駮駁

皃緥小皃衣去報豹瀑爆颮犦牛名入愽

平褒襃包苞上寶保堢堡褓葆鴇𦐇飽緥

平巢去棹櫂進船器

平抄上炒謅去抄鈔

平嘲上爪笊䝤獠璅去罩罺抓

撓去撓淖鬧入諾

平猱獿猫鐃呶譊怓臑[illegible]豕上腦惱碯嫐

入鐸度𢢃

B13b

10 平曹槽嘈螬艚漕上皁造去漕入昨酢怍

9 平操上草懆去操造慥糙入錯縒

8 入作鑿

7 平糟醩遭上早澡藻蚤璪棗鐰繅去竈躁

6 入縛戄

5 漠瘼邈皃

4 眊瑁冒旄毷皃貌入寞瞙塻莫幕膜鏌摸

3 平毛髦芼旄茅蝥貓上卯茆昴去帽耄芼

2 虣曝瀑菢䤖入雹爬撲骲泊亳箔怕薄礴

1 平庖咆匏炮炰跑袍麃上鮑䵄抱去鉋暴

B14a

1 2 3 4 5 6 7 8 9 10

49

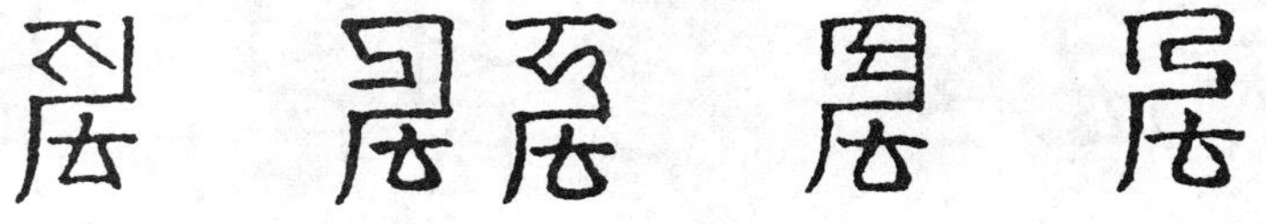

燠澳鐭入惡惡堊堊
平鏖銅篼鏖上襖懊燠媼夭去奧懊隩墺
顥鄗晧滈日出皃蒿莎草去号號入涸鶴貈貉䳽洛
平豪號毫嗥濠壕嚎山名上晧昊暤浩鎬灝
藃郝嗃
平蒿薅休拔寸草撓搙也上好去耗秏好
平稍捎䏨髾旓筲鞘颵蛸去稍
譟噪瘙埽掃燥入索㯉
平騷搔繅繰臊飈艘上嫂燥掃埽慅去喿
鑿鑿柞飵鈼笮

B14b

10 藋銚掉調莜蓧嬥銚烑器

9 平迢條髫齠跳蜩佻苕調箠上窕掉挑去

8 平鴞入雹瘧

7 平喬橋僑蕎去嶠入噱臄醵

6 平趫橇鞽入卻却

5 平驕嬌憍鷮上矯㩊撟蹻入腳脚蹻屩

4 潦勞僗入落絡烙洛珞酪硌駱⿱雨各雒剳樂轢

3 平勞牢窂蹽醪撈䕩上老橑潦栳恅去嫪澇

2 平聱謷上齩去樂磽墝入嶽岳樂鸑

1 平坳上拗柆也去靿袎入渥握偓幄喔箹

B15a

50

10 平蹘䊵歊入謔

9 平韶磬佋軺去紹佋邵召劭入勺杓芍

8 平燒上少去燒少入爍鑠

7 平苗描緢貓猫上眇渺淼杪藐去妙廟廟

6 平瓢剽薸上摽鰾殍莩去驃

5 平鑣臕儦瀌穮藨飆標杓幖上褾杓[illegible][illegible]

4 平鼂鼂朝潮上肇兆趙旐垗去召入著

3 平弨入綽婥

2 斫彴勺酌妁繳焯禚斮

1 平朝昭招釗鉊㬹上沼去照炤詔入著灼

B15b

1 2 3 4 5 6 7 8 9 10

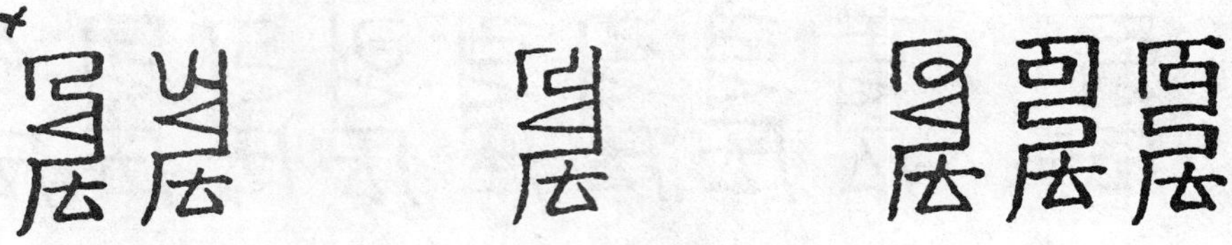

平蹻 去竅

平驍梟澆憿徼 上皎皦璬 去叫徼繳

平饒橈蕘 上擾繞遶 入若弱蒻嬈

撩爒療 入略掠䂮碧

嘹 上了蓼瞭繚䨅燎憭僚 去料鐐 又 又 燎

平聊膋遼憀飂料寥撩橑廖僚寮鐐鷯轂

鑰瀹龠籥

瑶褕 上鷕溔 去突耀鷂燿曜 入藥躍杓𣡂

平堯嶢遥傜繇飖窯銚姚摇謡愮軺陶蘨

平妖祅訞夭 上夭殀䴠[illegible] 入約

函廿八

B16a

1　2　3　4　5　6　7　8　9　10

51

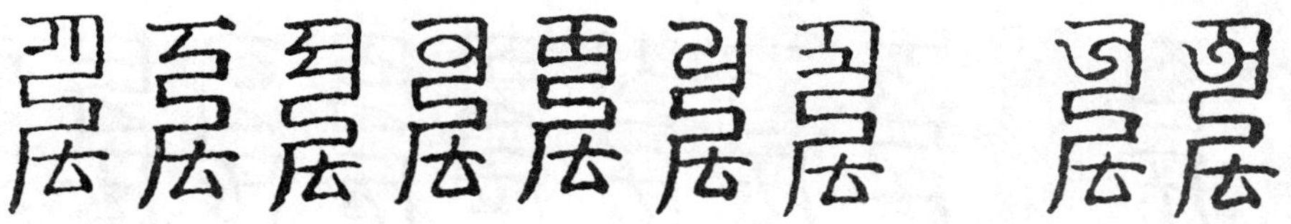

平樵憔顦譙燋灼龜木去誚噍入嚼

平鍫上悄愀去陗俏哨峭入鵲踖碏皵猎

勦去醮僬穛釂皭爝火炬也入爵雀灂

平焦蕉膲鷦椒噍啾鐎○斗温器⿱龜灬灼龜不兆上勦

平漂僄飄慓翲上縹醥膘去剽漂勡

平超怊悵恨也入婥逴㲋似兔青色

上嫋㒡褭嬈

平祧佻挑恌上朓窱去糶粜眺覜趒

平貂刁琱凋鵰雕彫弴上鳥蔦去吊弔釣蔦

平翹荍劭勸勉也

B16b

1 2 3 4 5 6 7 8 9 10

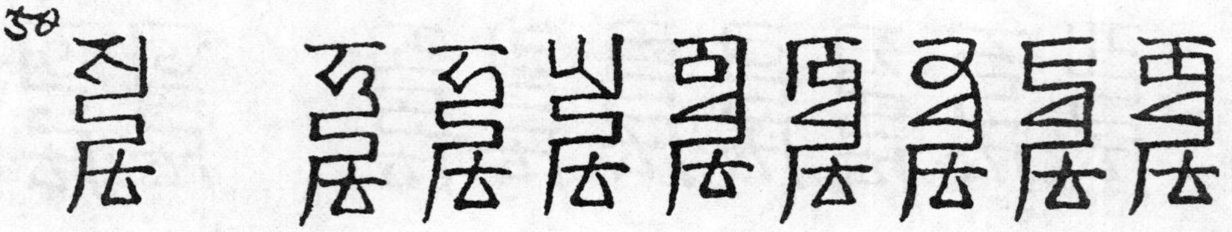

1 平簫蟰瀟[illegible]蕭箾脩霄消宵逍綃硝哨銷

2 蛸痟上篠謏小去笑嘯歗肖鞘韒入削

3 平哓憢上曉

4 上皛

5 平幺怮葽要腰䙅喓邀上杳窅窈去要約信也

6 入郭槨彉

7 入廓鞹漷擴

8 入搦

9 入捉斮斲涿諑㧻琢卓倬啄穛生櫌

10 入逴趠踔娖齪擉籗

B17a

1　2　3　4　5　6　7　8　9　10

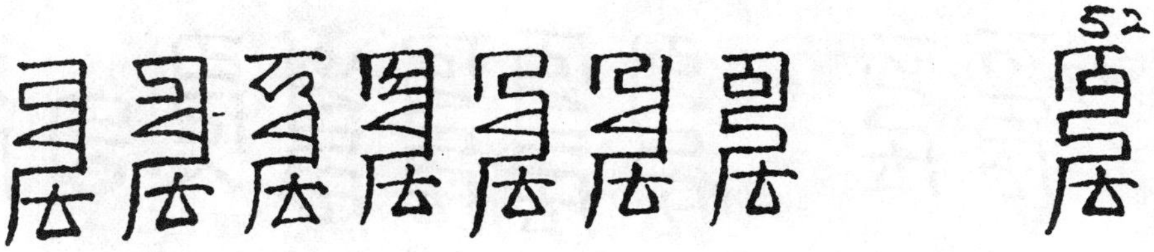

平敲磽墝上巧去礉入㱿㱿愨確嚳埆

榷捔傕搉

攪去教窖校鉸較覺入覺斠角較桷珏㱿

平交蛟咬郊茭鮫教膠嘐上絞狡佼鉸姣

入犖

入艧蠖𩞄矱

入穫鑊濩

入霍藿彍癨攉

入朔嗽矟槊數削

入浞灂鷟濁擢鐲籗[illegible]濯

下十七

B17b

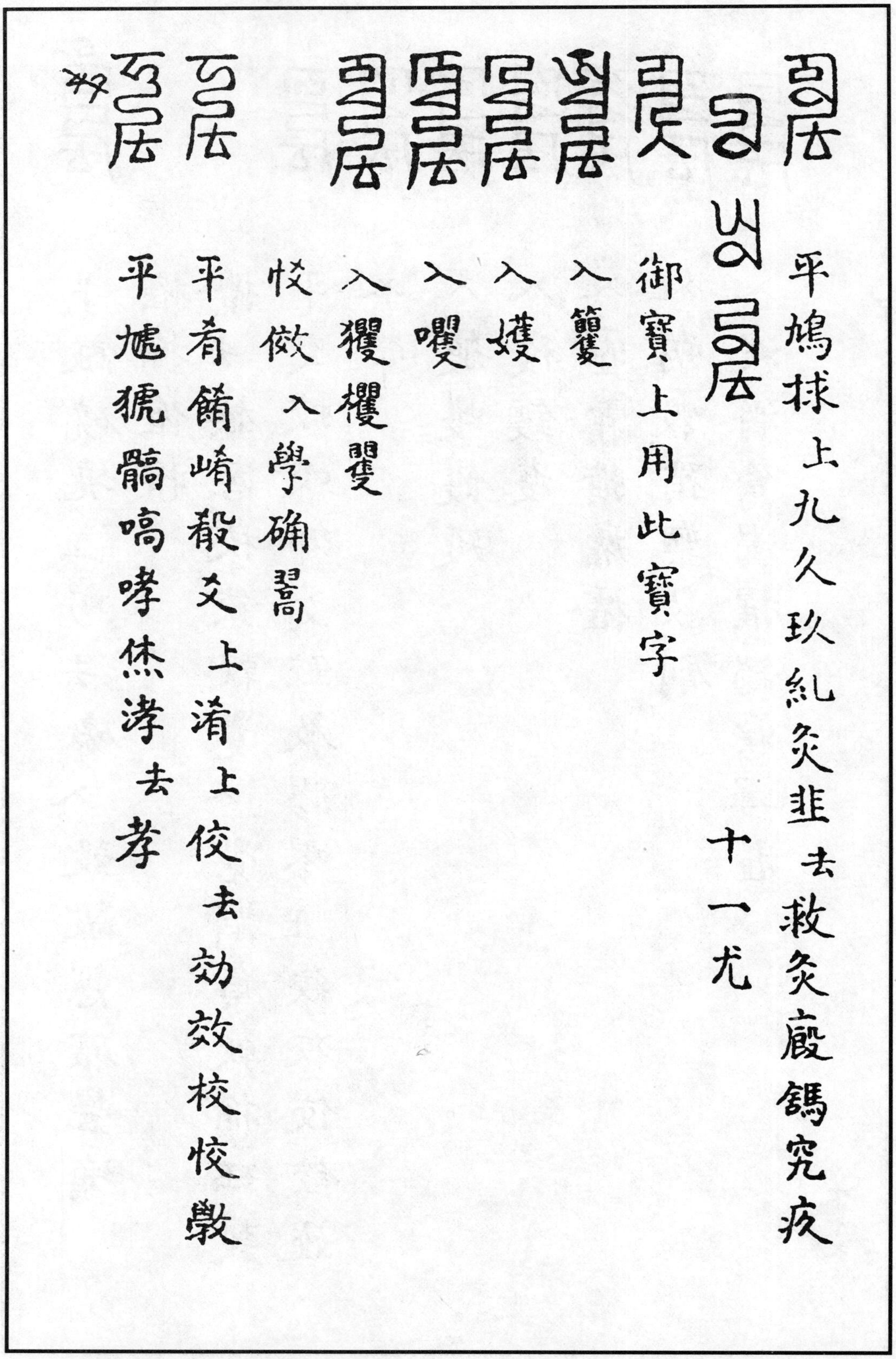

10 平鳩捄上九久玖糺灸韭去救灸廏鎶究疚

9 十一尤

8 御寶上用此寶字

7 入籰

6 入嬳

5 入嚄

4 入玃攫矍

3 恔傚入學确嶨

2 平肴餚崤殽爻上淆上佼去効效校恔斆

1 平虓猇髇嗃哮烋涍去孝

B18a

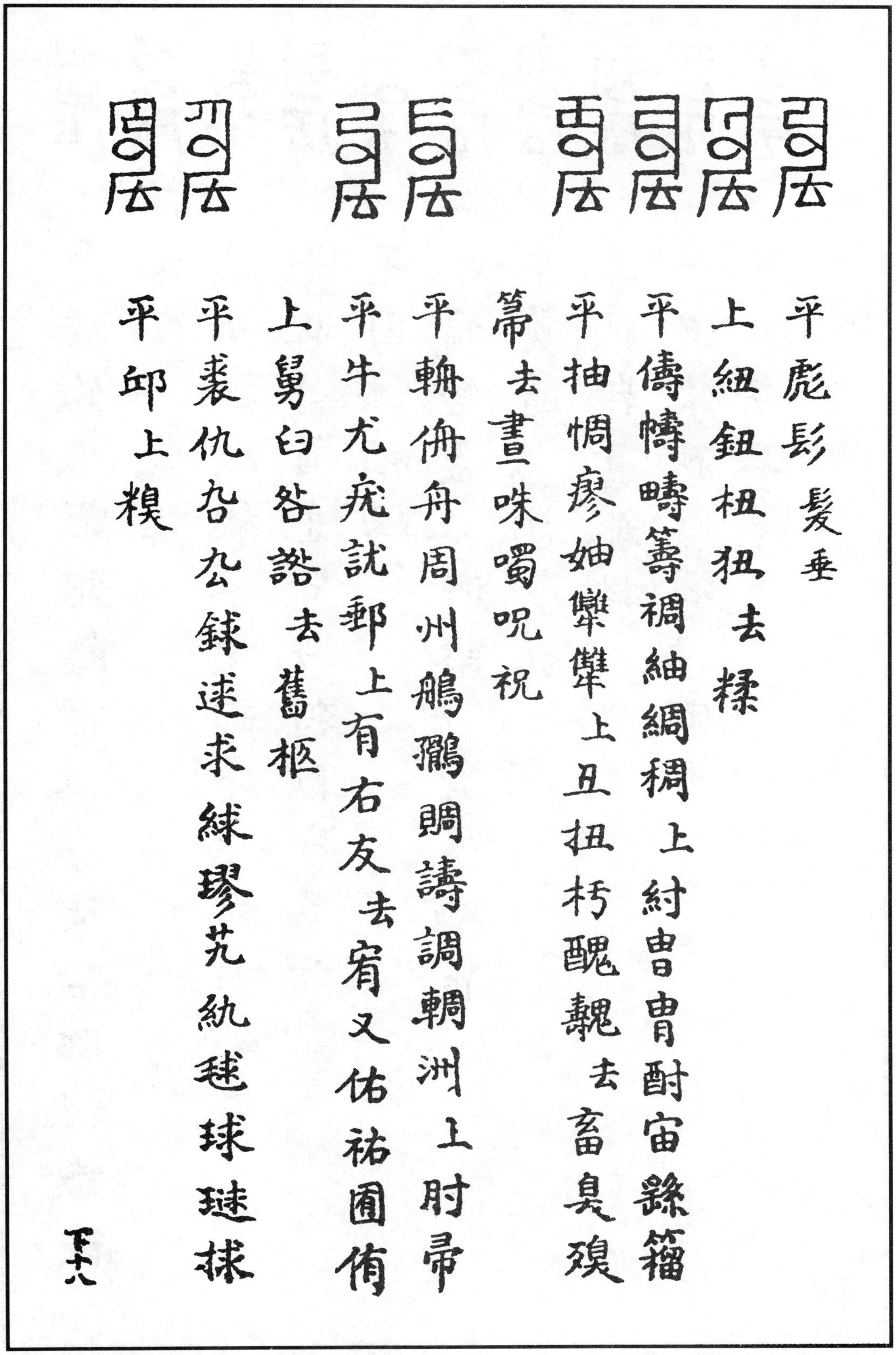

1　2　3　4　5　6　7　8　9　10

平彪髟髮垂

上紐鈕杻狃去糅

平儔幬疇籌裯紬綢稠上紂曺冑酎宙繇籀

平抽惆瘳妯犨犫上丑扭杽醜魗去畜臭殠

篘去晝咮噣呪祝

平輈侜舟周州鵃[illegible]賙譸調輖洲上肘帚

平牛尤疣訧郵上有右友去宥又佑祐囿侑

上舅臼咎諮去舊柩

平裘仇𠮙厹銶逑求絿璆艽紈毬球[illegible]捄

平邱上糗

下十八

B18b

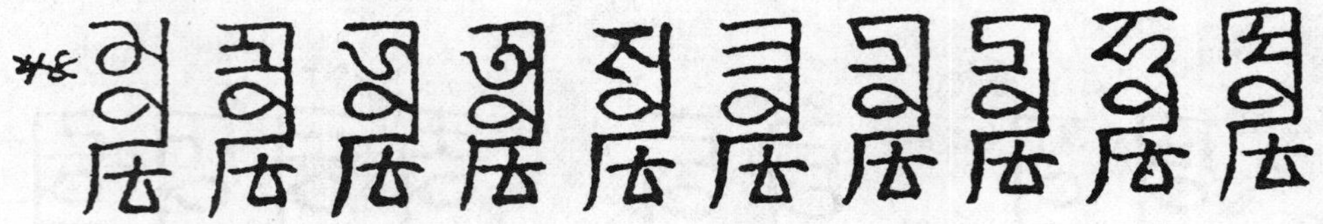

1	2	3	4	5	6	7	8	9	10
平繆去謬繆	平啾揫湫上酒去僦	上秋鞦鶖鰍楸	平酋遒去就鷲㠇	平脩修羞上滫詸去秀琇繡宿	平囚去袖岫	平收上首手守去狩獸守首收	平雠酬醻魗上受壽綬去授壽綬售	上吼去蔻詬	平侯鍭喉猴餱篌帿上厚後后郈去鍭後

B19a

1 2 3 4 5 6 7 8 9 10

10 上剖去仆踣

9 上棓

8 平柔鍒⿰目柔蹂鞣腬揉上蹂楺輮去蹂楺楺

7 上柳罶劉茆飀瀏去溜霤鎦瘤留塯窌勠

6 平劉留騮瑠遛瘤鶹飀流飂旒鏐⿰目翏瀏榴

5 誘牖卣槱莠羑輶去狖貁柚猶鼬蜼褎槱

4 平猷猶悠油攸由蕕蝤蝣斿游遊繇上酉

3 平幽呦上黝怮去幼

2 平憂優麀櫌

1 候堠后逅

下十九

B19b

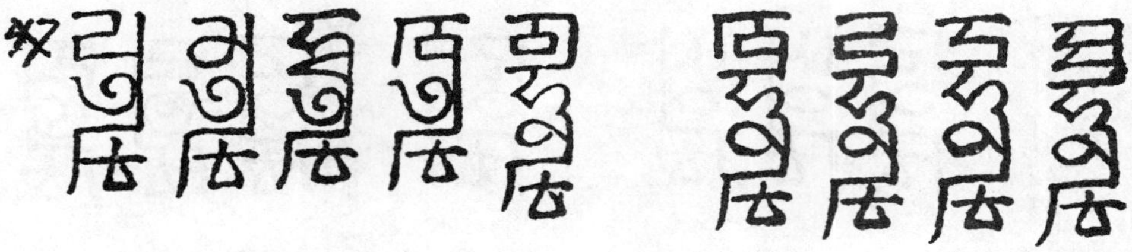

10 平偷鍮媮上黈去透[illegible]

9 平兜上斗㪷枓蚪阧陡去鬪鬭

8 上藕偶耦蕅芙蕖根

7 平彄摳上口扣叩訽釦金飾器去寇扣詬

6 苟枸狗去遘構媾覯姤購雊彀構句

5 平鉤溝韝雊篝抅勾軥褠單衣去苟垢笱

4 平謀眸牟侔矛鍪[illegible]蟊

3 平不紑上缶否不去副仆覆富輻

2 上母牡某拇晦畝[illegible]莽去茂貿楙戊袤懋

1 平裒抔掊上部培蔀[illegible]

B20a

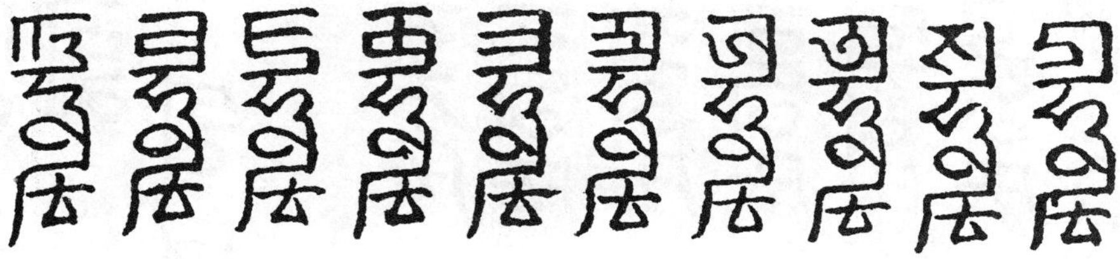

1. 平 頭 投 骰 去 豆 竇 窬 逗 酘 荳 脰 梪
2. 上 㲉 去 耨
3. 平 鄒 鄹 騶 上 掫 去 皺 甃 縐
4. 平 搊 篘 掙 去 簉
5. 平 愁 去 驟 僽
6. 平 緅 陬 棷 掫 上 走 去 奏 走
7. 上 趣 取 去 輳 湊 腠 蔟
8. 平 鯫
9. 平 㩋 鏉 上 叟 瞍 藪 棷 嗾 去 瘶 嗽 漱 欶
10. 平 摻 捜 颼 廋 䐹 蒐 上 滲 去 瘮 瘦

下二十

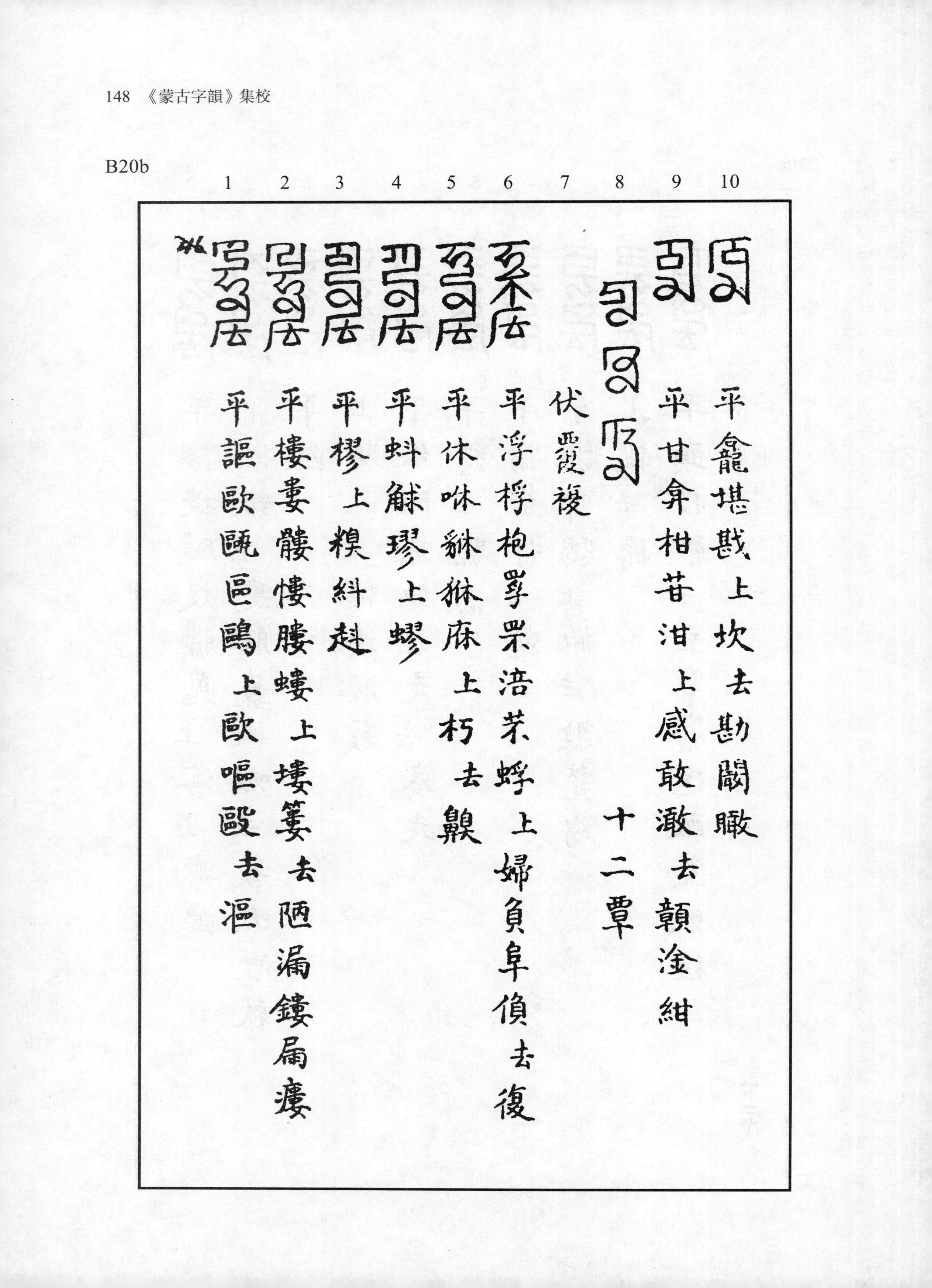

B20b

10 平龕堪戡 上坎 去勘闞瞰

9 平甘弇柑苷泔 上感敢澉 去贛淦紺

8 十二覃

7 伏覆複

6 平浮桴枹罦罘涪芣蜉 上婦負阜偩 去復

5 平休咻貅貅庥 上朽 去齅

4 平蚪觩璆 上蟉

3 平樛 上糗糾赳

2 平樓婁髏慺膢螻 上塿簍 去陋漏鏤屚瘻

1 平謳歐甌區鷗 上歐嘔毆 去漚

B21a

1 2 3 4 5 6 7 8 9 10

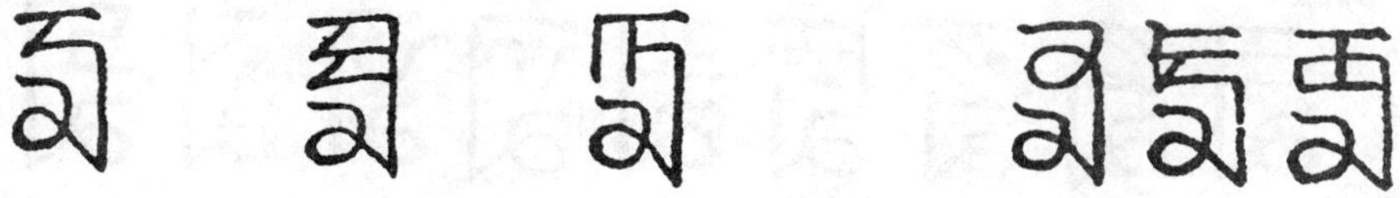

10 平攙 上攙劖 去懺[illegible]

9 上斬 去蘸站

8 平南男枏楠諵喃

7 澹霮[illegible]郯

6 窞髧萏醰嘾噉啖澹淡憺惔 去憺惔淡啗

5 平覃潭曇譚燂談郯惔淡澹餤痰 上橝黮

4 [illegible]睒探

3 平貪探[illegible][illegible] 上撏監嗿菼[illegible]毯 去撢賧[illegible]

2 去擔[illegible]儋 石[illegible]

1 平[illegible]探躭湛[illegible]酖妉擔儋 上黕膽紞 并[illegible]

下廿一

B21b

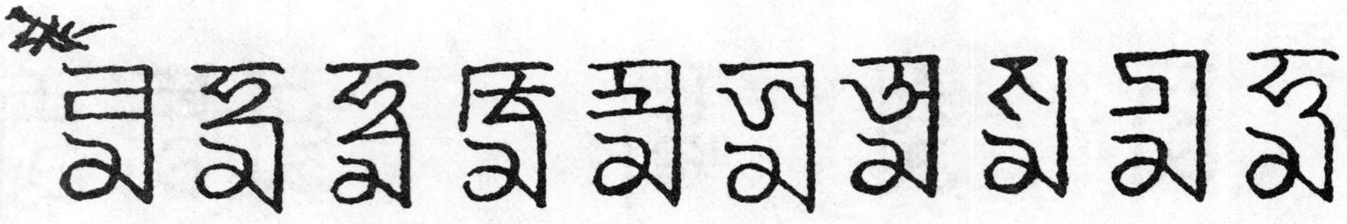

10 平憨 上喊

9 平攕槮杉⿱雨彡杉縿芟 上襂 去釤剡

8 平毿三叄 上糝 去三

7 平蠶撏慙慚鏨 上⿰鏨刂⿰斬欠 去暫蹔鏨

6 平参叅驂 上慘憯賛黲

5 平簪鐕 上昝寁

4 上鏒黲

3 平凡帆⿰土凡杋 上范軓範犯 去梵帆訉⿰馬凡

2 去汎泛氾

1 平讒饞毚巉 上湛 去賺⿰革毚

B22a

1 2 3 4 5 6 7 8 9 10

10 平嚴上儼广去釅驗

9 平箝鉗鉆黔鍼鈐上儉芡

8 去欠

7 上檢去劒

6 懢嚂

5 平婪懍嵐藍籃上壈覽擥攬欖去濫[illegible]纜

4 平嵒喦巖上黯

3 上黤黯

2 平諳鵪庵菴醃喑上晻揞唵埯揜去暗闇

1 平含鋡涵函酣上頷撼菡去憾唅莟[illegible]

下廿二

B22b

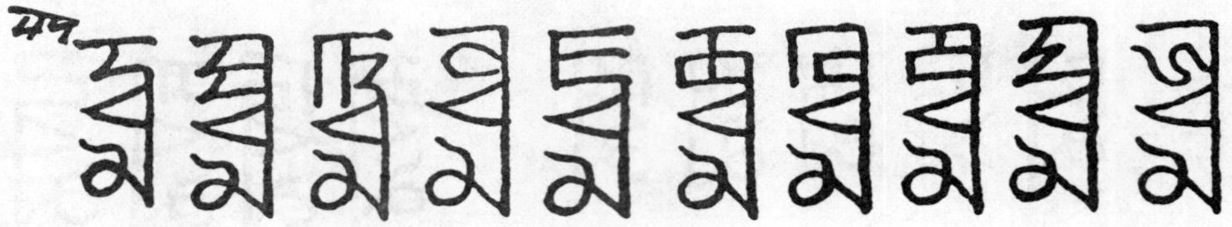

1	2	3	4	5	6	7	8	9	10
上 點 玷 去 店 坫 痁 墊	平 添 上 忝 去 㮇	平 甜 恬 上 簟 橝 去 菾	平 鮎 拈 去 念	平 霑 沾 詹 瞻 占 上 颭 去 占	平 覘 韂 襜 惉 上 諂 覘 去 䠨 韂 韂 襜 覘	平 黏 粘	平 砭 上 貶 去 窆	平 尖 殲 瀸 熸 去 僭	平 僉 籤 上 憸 憯 去 壍 塹 槧

B23a

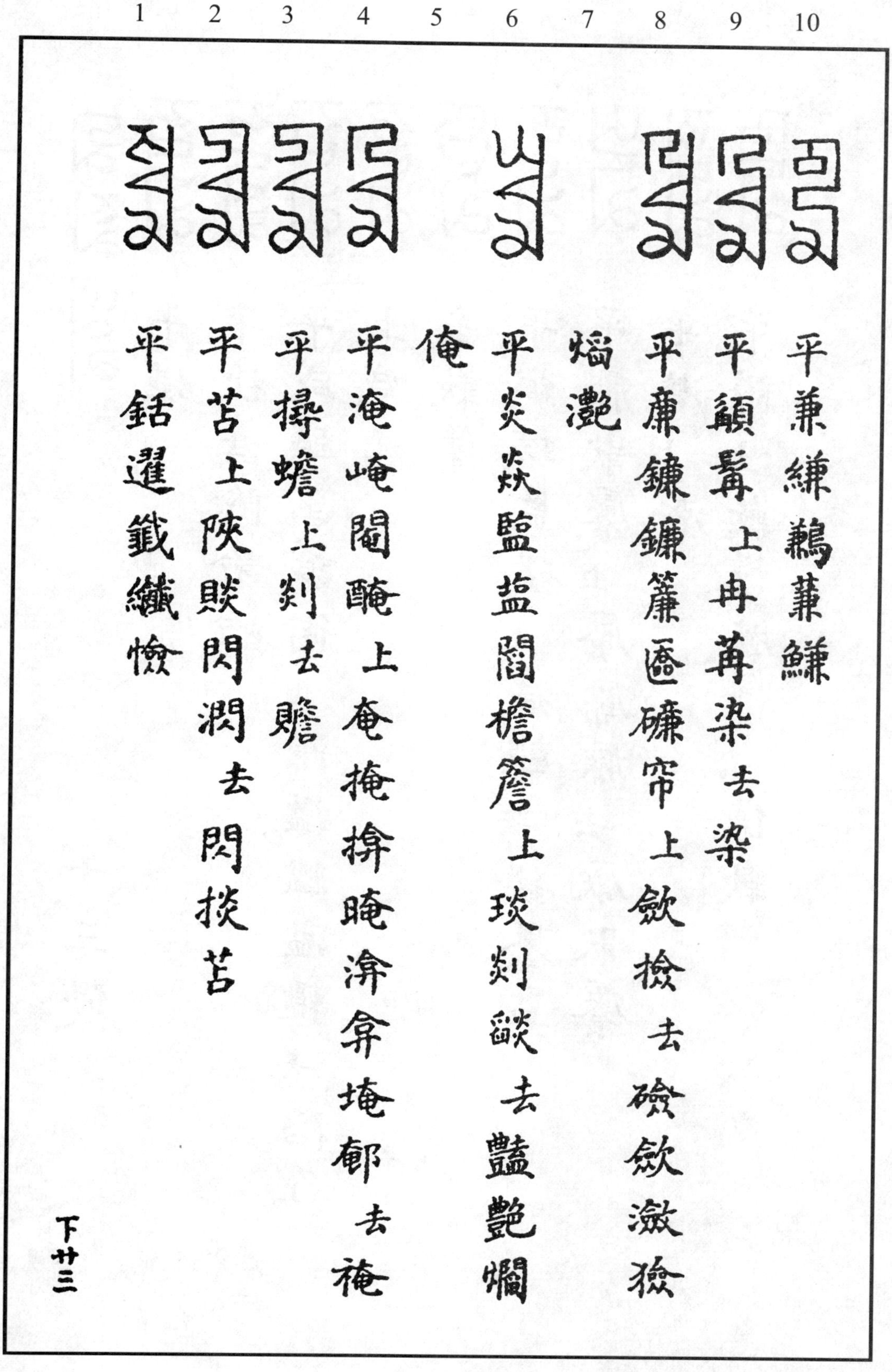

1 2 3 4 5 6 7 8 9 10
平兼縑鶼蒹鰜
平顩髯上冉苒染去染
平廉鐮鎌簾匳磏帘上歛撿去殮歛瀲獫
熖灩
平炎焱監盐閻檐簷上琰剡棪去豔艷爓
俺
平淹崦閹醃上奄掩揜晻渰弇埯郁去裺
平撏蟾上剡去贍
平苫上陝睒閃㶒去閃掞苫
平銛暹韱纖憸
下廿三

B23b

1 2 3 4 5 6 7 8 9 10

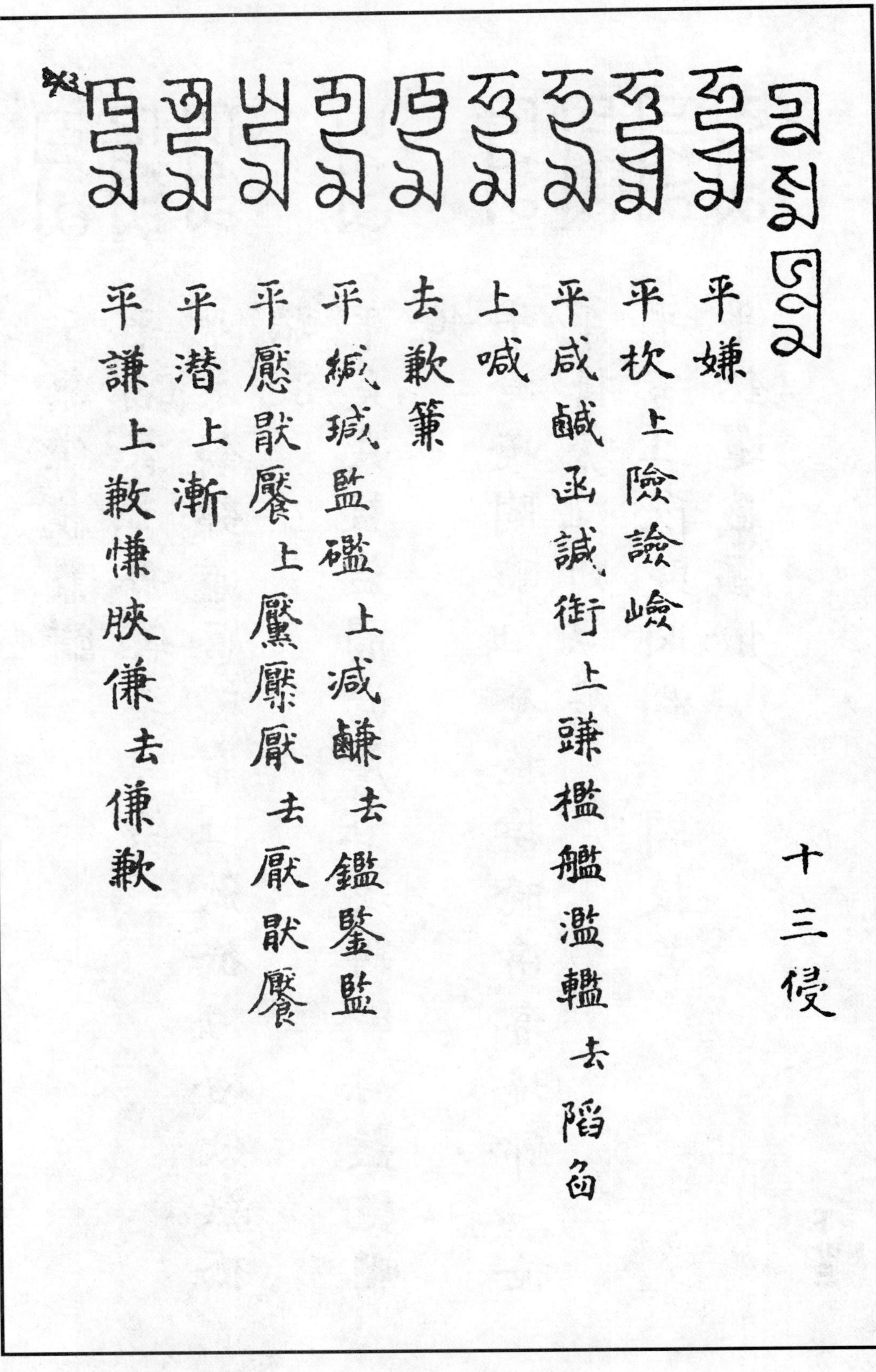

十三侵

平嫌

平杴上險譣嶮

平咸鹹凾諴銜上豏檻艦濫轞去陷臽

上喊

去歉䈴

平緘瑊監礛上減鹻去鑑鑒監

平懕猒饜上黶檿厭去厭猒饜

平潛上漸

平謙上歉慊脥傔去傔歉

B24a

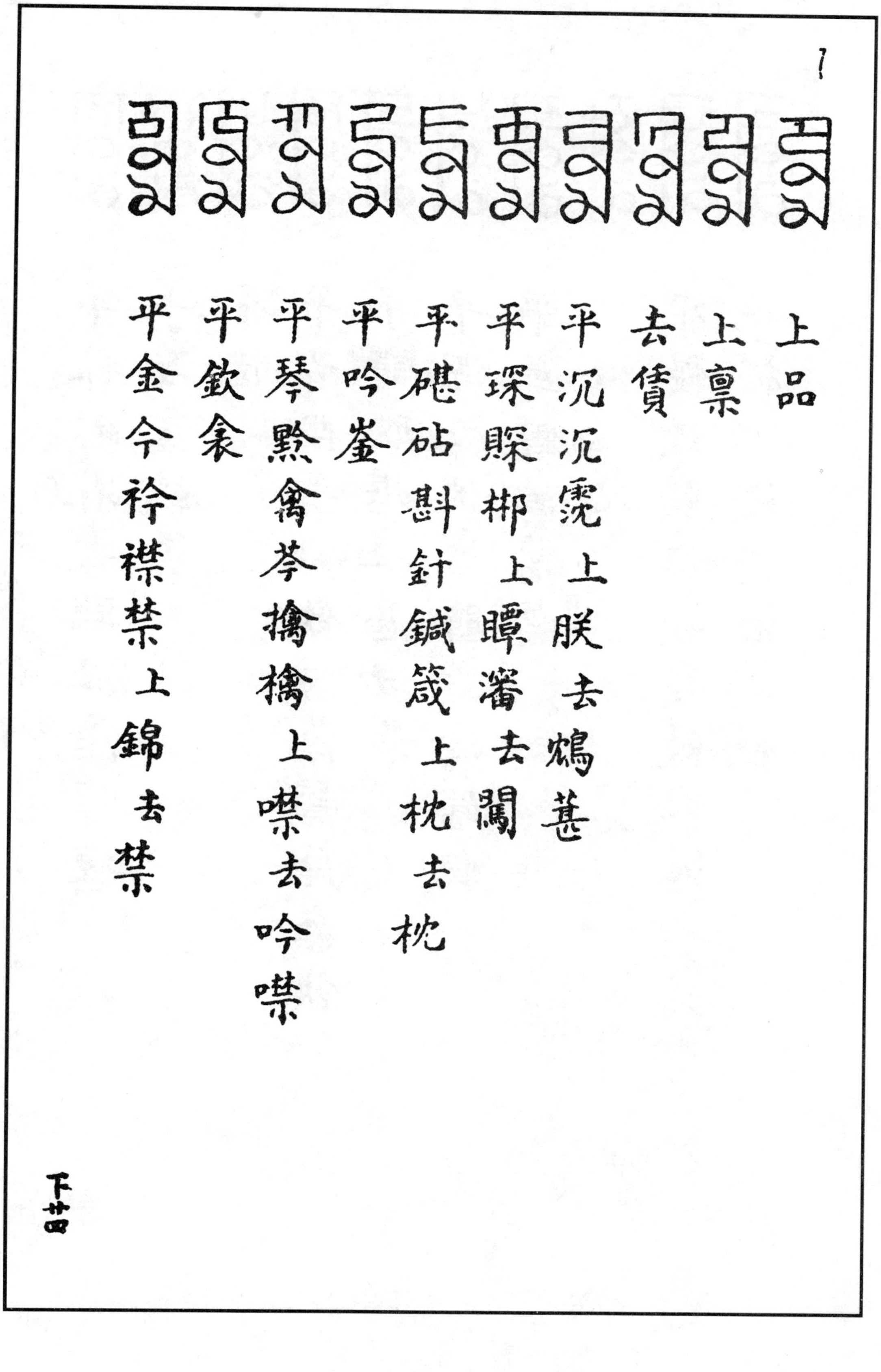

10 上品

9 上禀

8 去賃

7 平沉沉霃上朕去鴆甚

6 平琛賝郴上瞫瀋去闖

5 平碪砧斟針鍼箴上枕去枕

4 平吟崟

3 平琴黔禽芩擒檎上噤去吟噤

2 平欽衾

1 平金今衿襟禁上錦去禁

下廿四

B24b

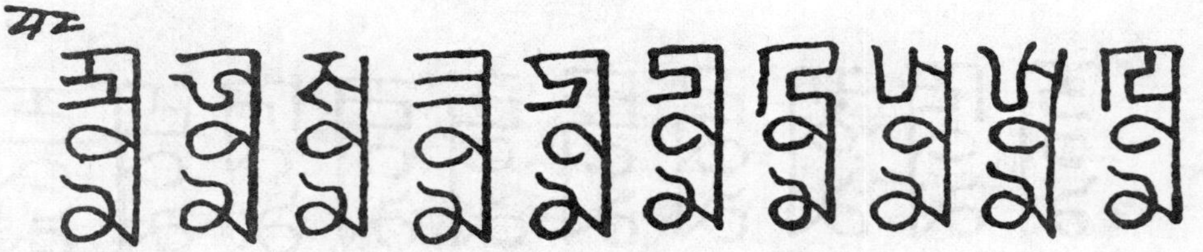

1 平梫 去浸寖𡩕 入祲

2 平侵綅駸 上寑寝鋟 去沁

3 平心 去沁

4 平尋鐔潯蕁灊

5 平深 上沈審瞫諗淰嬸枕

6 平諶忱煁 上甚 去葚

7 平音陰瘖 上飲 去蔭窨廕癊飲

8 平愔

9 平淫霪婬蟫

10 平林琳淋霖臨 上廩懍凜

B25a

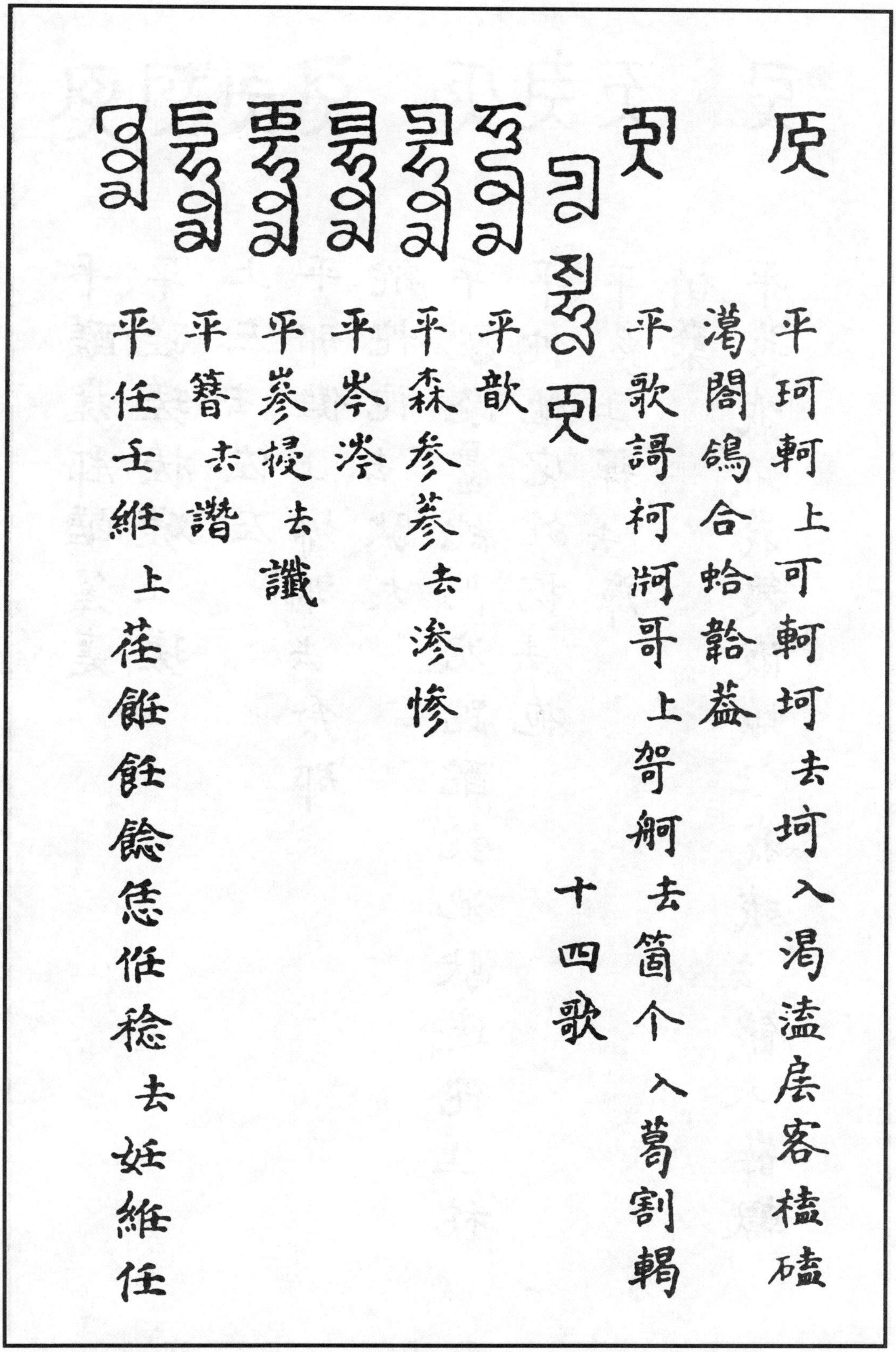

10 平珂軻上可軻坷去坷入渴溘[illegible]客榼磕

9 濭閤鴿合蛤韐葢

8 平歌謌柯牁哥上哿舸去箇个入葛割輵

7 十四歌

6 平歆

5 平森參蔘去滲慘

4 平岑涔

3 平嵾篸槮去讖

2 平簪去譖

1 平任壬紝上荏餁飪䭃恁任稔去妊紝任

B25b

1 平莪哦娥峩鵝俄蛾上我硪去餓入嶭钀

2 枿蘖

3 平多上嚲去癉

4 平佗他它蛇拕去拖

5 平駝駞鼉紽陀沱跎酡鉈池馱迱佗上柁

6 舵柁拕去馱大

7 平那儺上娜那去柰那

8 上左去佐左

9 平蹉瑳搓磋上瑳

10 平醝瘥[illegible]齹[illegible]嵳

B26a

1　2　3　4　5　6　7　8　9　10

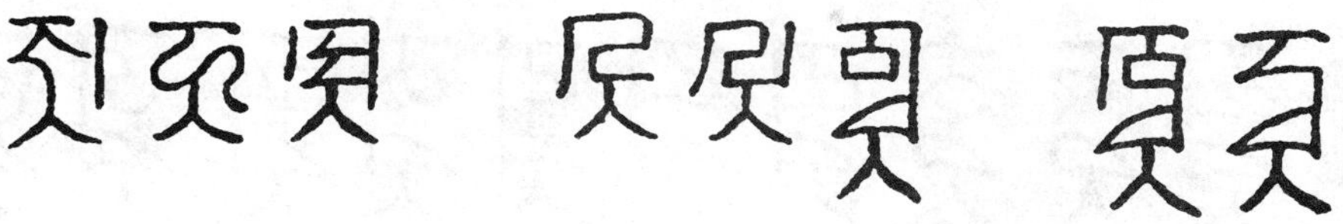

上埵鬌綠朵朶入掇剟咄

平科窠薖蝌上顆去課入闊筈

聒适佸葀

平戈過鍋上果菓裹蜾去過入括活檜栝

平羅蘿儸邏欏囉鑼饠籮上攞儸

平阿痾入遏頞堨閼餲靄罨吧

盍闔嗑合郃迨盒

平何河荷菏苛上荷去賀檟入曷褐毼鶡

平訶呵上歌入喝猲欱

平娑抄桫獻[犭差]鈔去些

下廿六

B26b

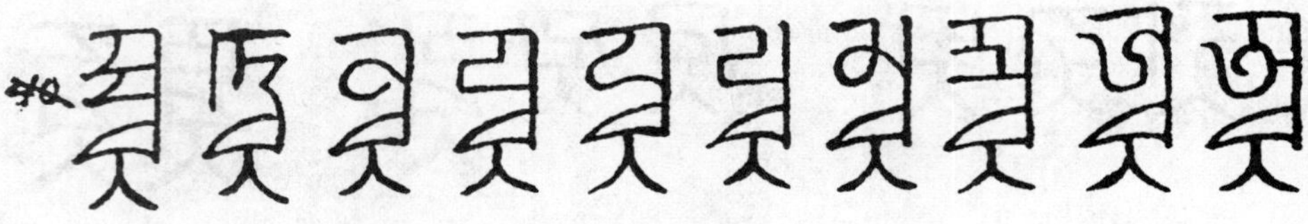

10 平矬痤 上坐 去坐座

9 上脞 去剉莝磋 入撮撮襊

8 去挫夎 入撮攥欑繓

7 平摩麼磨劘 上麼 去磨 入末眛䴲抹秣沫

6 平婆皤膰 入跋胈魃拔軷茇坺鈸

5 平頗坡玻 上叵頗 去破 入鏺潑

4 平波墦番 上跛簸譒 去播簸譒 入茇撥鉢鱍

3 平捼 去愞稬糯懦濡

2 上墮垛棰惰 去墮惰 入奪敓脫

1 平詑 上妥媠鰖橢 去唾涶 入侻梲脫

B27a

1 2 3 4 5 6 7 8 9 10

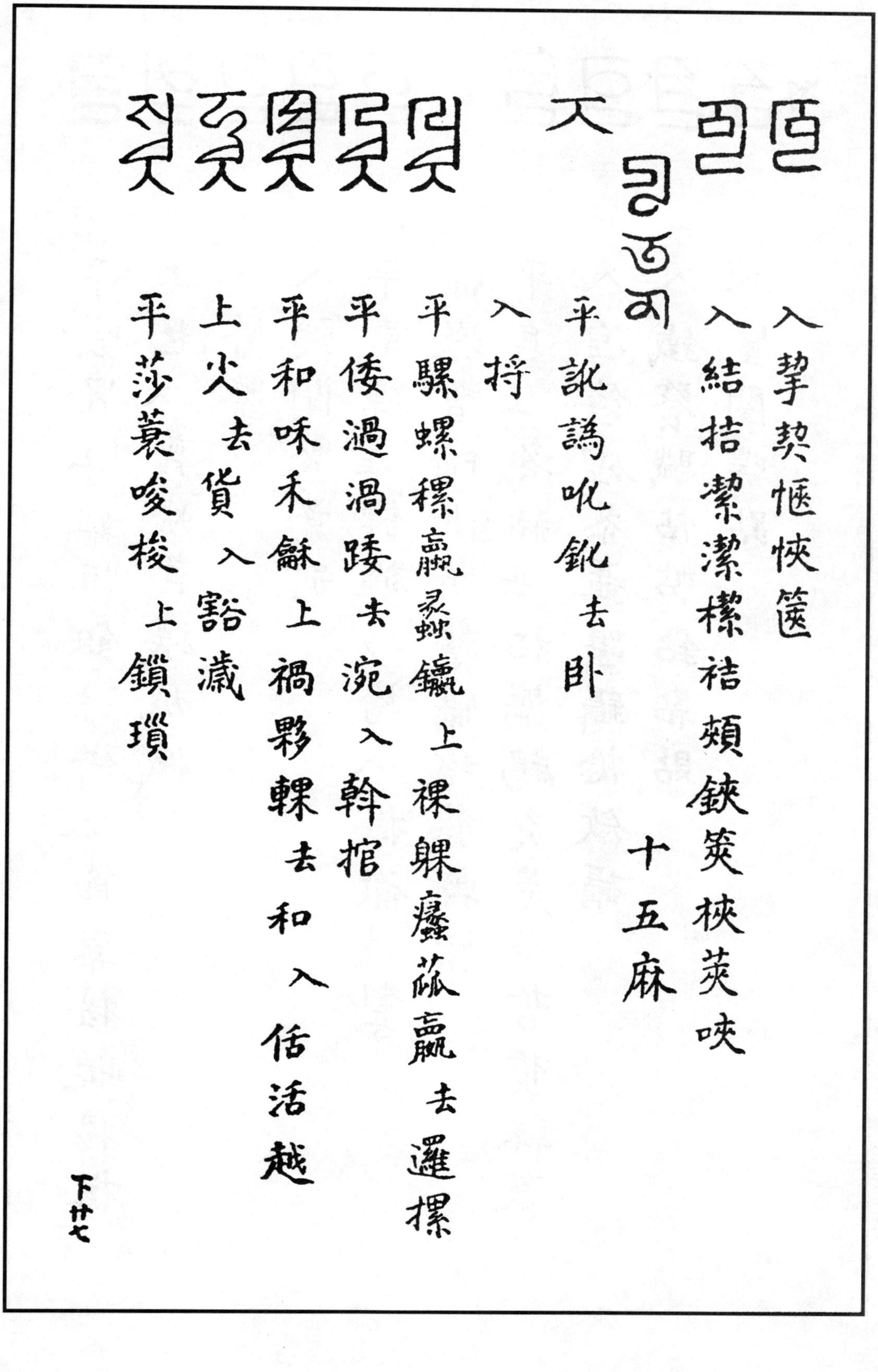

入 挈契愜悏篋

入 結拮潔潔㯤袺頡鋏筴梜莢唊

十五麻

平 訛譌吪鈋 去 臥

入 捋

平 騾螺⿰禾累臝蠡⿰金臝 上 裸躶⿸广蠃蓏臝 去 邏摞

平 倭過渦踒 去 涴 入 斡⿰扌官

平 和咊禾龢 上 禍夥輠 去 和 入 佸活越

上 火 去 貨 入 豁濊

平 莎蓑唆梭 上 鎖瑣

下廿七

B27b

1 2 3 4 5 6 7 8 9 10

平嗟罝 上 姐抯飷 去 借 入 節楶接睫接楫

上乜 入 蔑蠛篾礣滅搣

入瞥撆

入彌閉鷩鼈別

平車硨 上 奲䰩[illegible][illegible] 入 撤徹眣掣

撤澈哲晣浙折讋懾[illegible]慹轍慴

平遮 上 者赭 去 柘樜鷓炙蔗 入 哲蜇輒徹

入涅篞[illegible]苶聶躡鑷捻敜攝

入鐵餮驖怗帖鉆鞊貼

入窒閨喋跕

B28a

10　9　8　7　6　5　4　3　2　1

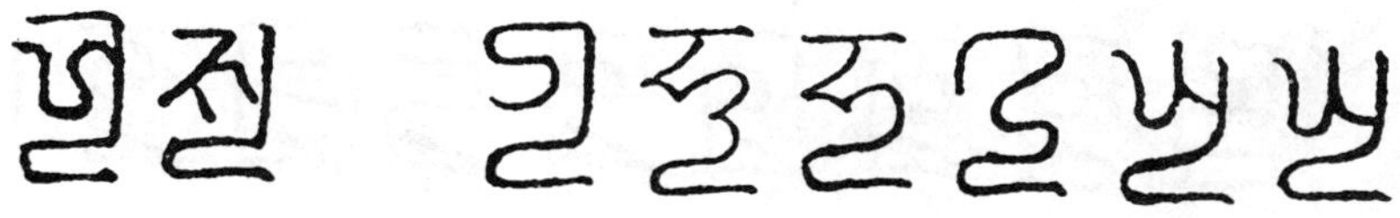

入齧臬嶭臲隉闑槷嵲

入噎咽厭

入謁暍腌裛浥

入纈擷頡奊協叶勰挾俠綊

入脅愶[illegible]嗋熁

平奢賒 上捨舍 去舍赦厙 入攝葉歙弽韘設

褻 媟禼[illegible]燮屧躞

平些 上寫瀉 去卸瀉 入屑楔躠薛僁紲泄

上且 入切竊[illegible]妾緁

櫼婕菨浹

下廿八

B28b

1 2 3 4 5 6 7 8 9 10

入 滑猾磆愲

平 華驊鋘鏵 上 踝 去 摦旲樺檴𦃖嬳華嬅

平 華花譁 去 化

上 葰儍 入 刷

平 檛簻髽 入 茁莝

入 貀

平 誇夸姱侉 上 髁 去 跨胯

平 瓜騧緺蝸媧 上 寡剮 入 刮

上 惹若 入 熱讘囁

入 列迾烈洌冽裂茢颲栵獵鬣躐

B29a

1　2　3　4　5　6　7　8　9　10

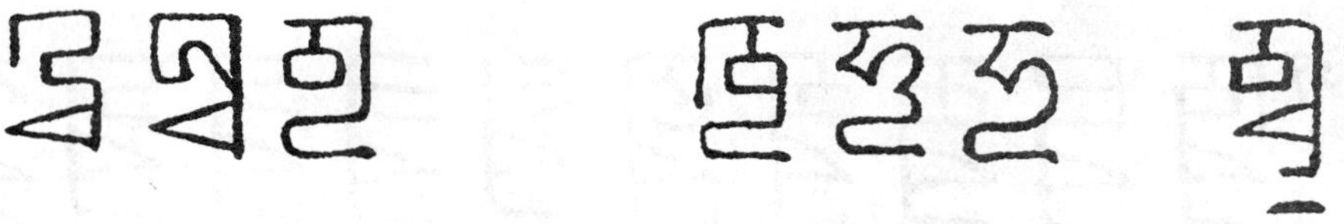

入玦潏譎訣觹鐍駃觖鴂決觼

芐入黠鎋舝轄洽狹浹峽祫狎匣柙硤㡁押

平遐蝦鍜霞瑕騢碬上下夏廈去暇下夏

平鰕呀去嚇鏬謼謑入瞎勂呷

上骼去髂入䈪擖楬恰掐恰劼

頡稭夾郟袷裌甲胛押鉀恝鞈

嘏假賈斝去駕稼嫁架價假賈入戛扴秸

平嘉家加葭笳麚麍豭鴐痂珈枷上檟榎

上厏入削

平窊洼蛙鼃窪哇

下廿九

B29b

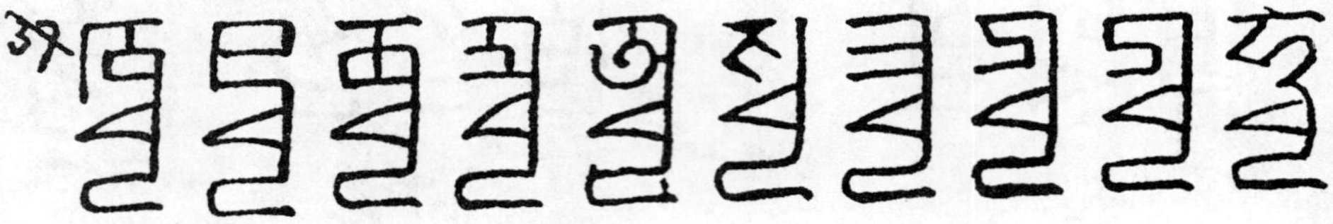

1	2	3	4	5	6	7	8	9	10
入	入	入	入	入	入	入	入	入	入
闋	輟	歠	蕝	絶	雪	蜇	説	啜	血
缺	惙								
	拙								
	棁								

B30a

1 入穴

2 入抉

3 入月刖軏越粤鉞絨樾蚎曰

4 入悦説閲

5 入劣埒鋝

6 入爇蚋焫吶

7 入厥蹶瘚蕨

8 入闕

9 平瘸 入鷢

10 平

下三十

B30b

B31a

B31b

10 今添諸韻收不盡漢字韻内細解者並係新添

9 隨音旁避其餘可以類推

8 前項廻避字樣共一百六十餘字或止避本字或

7 諱恤罪辜愆　土别逝同誓泉陸（土字近用不駁）

6 暗了休罷覆　弔斷收誅厭

5 眇靈幽沉埋　挽非退換移（非字近用不駁）

4 叛散慘恐尅（反逆同）　害戕殘偏枯

3 扳蕩荒古迯　師剥華睽違（尸同）

2 遷塵亢蒙隔　離去辭追考

1 兕狂藏怪漸　愁夢幻獘疾

三　字表

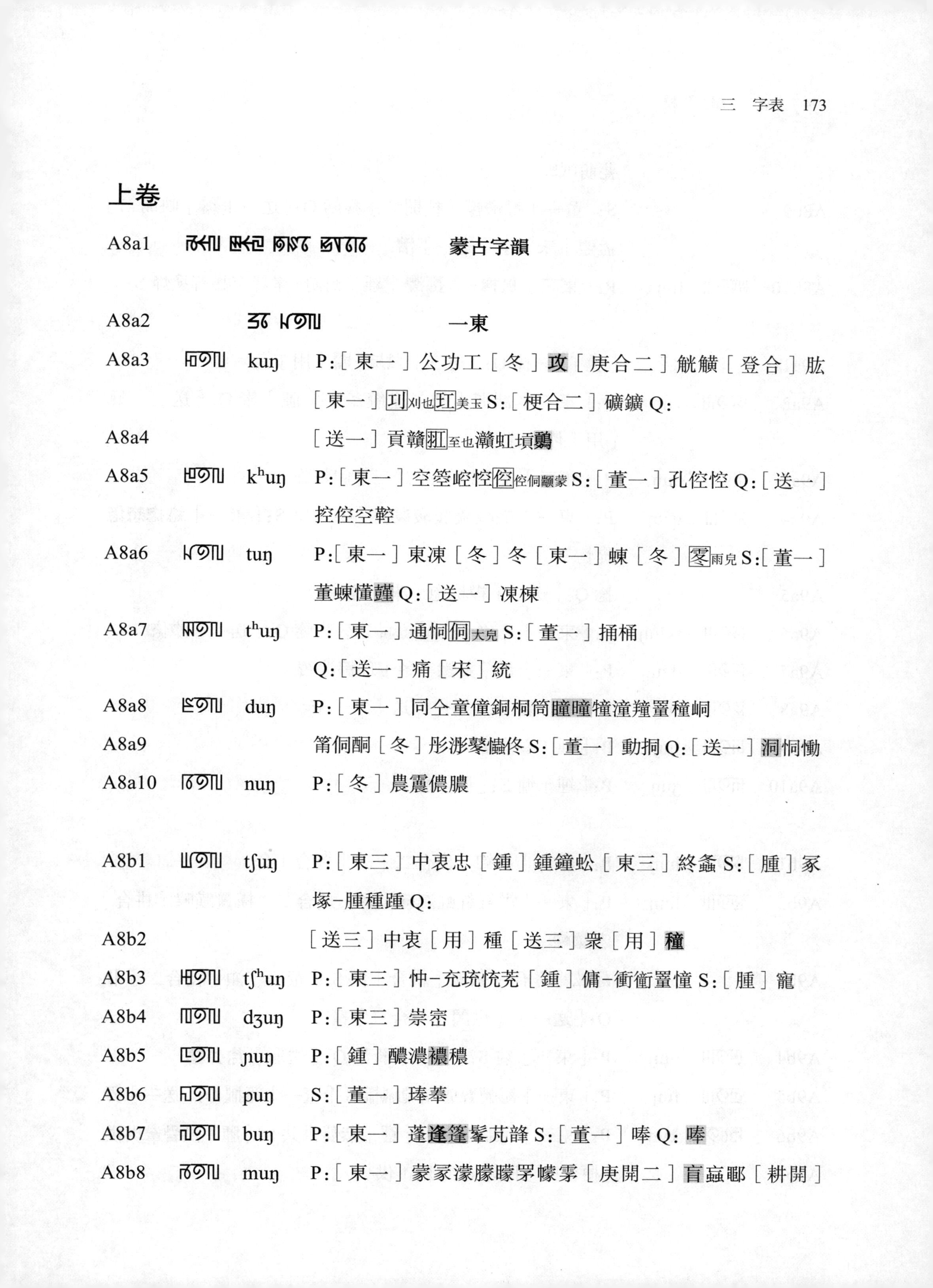

上卷

A8a1　蒙古字韻

A8a2　一東

A8a3　kuŋ　P:［東一］公功工［冬］攻［庚合二］觥觵［登合］肱［東一］玒刈也玒美玉 S:［梗合二］礦鑛 Q:

A8a4　［送一］貢贛玒至也灨虹塨䲨

A8a5　$\mathrm{k^h}$uŋ　P:［東一］空箜崆悾倥倥侗顓蒙 S:［董一］孔倥悾 Q:［送一］控倥空鞚

A8a6　tuŋ　P:［東一］東凍［冬］冬［東一］蝀［冬］雺雨皃 S:［董一］董蝀懂蘳 Q:［送一］凍棟

A8a7　$\mathrm{t^h}$uŋ　P:［東一］通恫侗大皃 S:［董一］捅桶 Q:［送一］痛［宋］統

A8a8　duŋ　P:［東一］同仝童僮銅桐筒瞳曈犝潼撞罿穜峒

A8a9　筩侗酮［冬］彤浵鼕憹佟 S:［董一］動挏 Q:［送一］洞恫慟

A8a10　nuŋ　P:［冬］農癑儂膿

A8b1　tʃuŋ　P:［東三］中衷忠［鍾］鍾鐘蚣［東三］終螽 S:［腫］冢塚-腫種踵 Q:

A8b2　［送三］中衷［用］種［送三］衆［用］種

A8b3　$\mathrm{t∫^h}$uŋ　P:［東三］忡-充琉恍茺［鍾］傭-衝衝罿憧 S:［腫］寵

A8b4　dʒuŋ　P:［東三］崇崈

A8b5　ɲuŋ　P:［鍾］醲濃襛穠

A8b6　puŋ　S:［董一］琫菶

A8b7　buŋ　P:［東一］蓬逢篷髼芃韸 S:［董一］唪 Q:唪

A8b8　muŋ　P:［東一］蒙冡濛朦曚罞幪雺［庚開二］盲蝱甿［耕開］

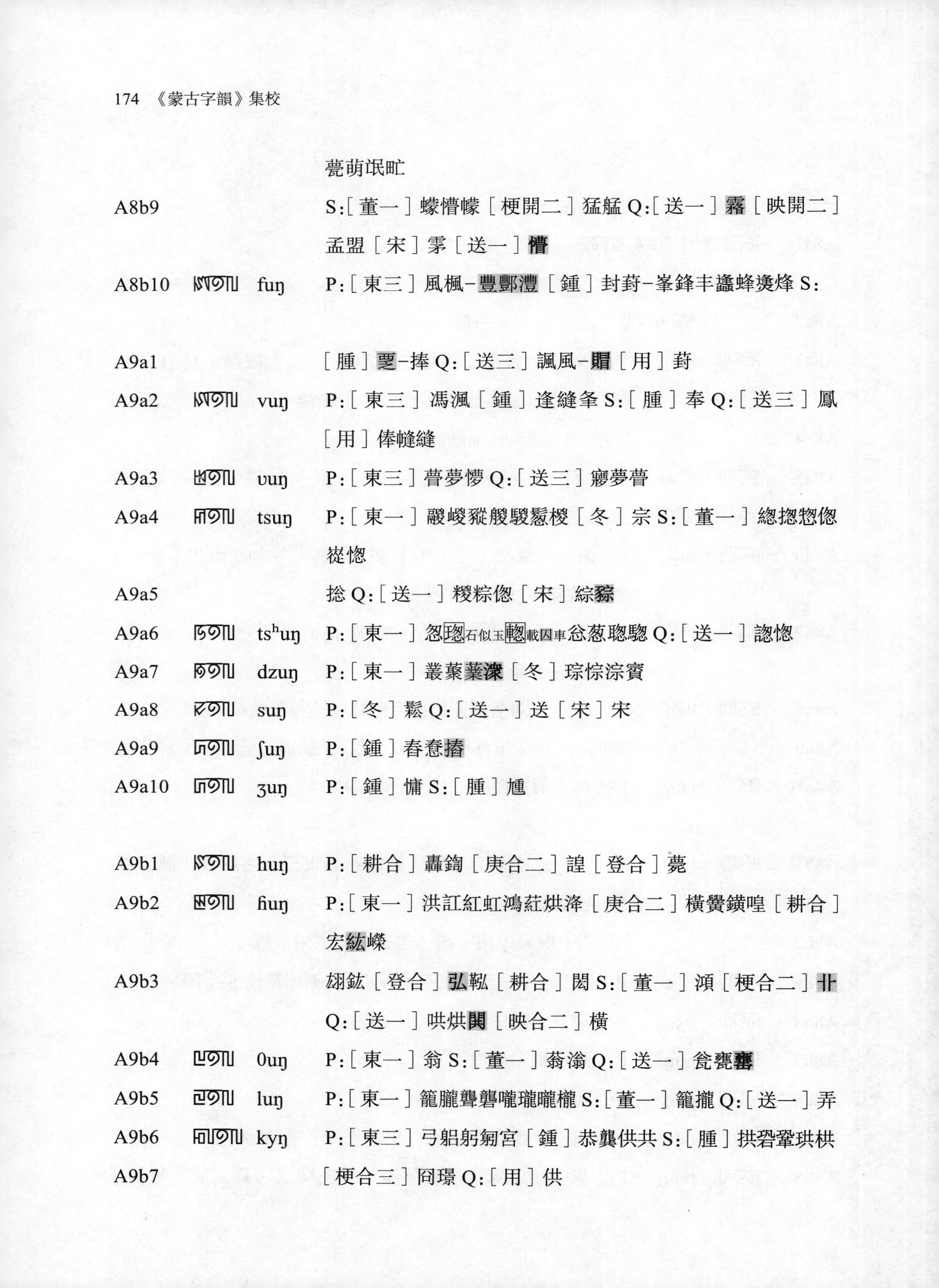

甍萌氓甿

A8b9 S:［董一］蠓懜幪［梗開二］猛艋 Q:［送一］霿［映開二］孟盟［宋］雺［送一］懵

A8b10 fuŋ P:［東三］風楓-豐酆灃［鍾］封葑-峯鋒丰蘴蜂㶻烽 S:

A9a1 ［腫］覂-捧 Q:［送三］諷風-賵［用］葑

A9a2 vuŋ P:［東三］馮渢［鍾］逢縫夆 S:［腫］奉 Q:［送三］鳳［用］俸韼縫

A9a3 ʋuŋ P:［東三］瞢夢懜 Q:［送三］寢夢瞢

A9a4 tsuŋ P:［東一］豵嵕猣艐騣鬉椶［冬］宗 S:［董一］總揔惣偬稯㥖

A9a5 捴 Q:［送一］糉粽偬［宋］綜猔

A9a6 tsʰuŋ P:［東一］怱璁石似玉䡯載囚車悤蔥聰驄 Q:［送一］謥憁

A9a7 dzuŋ P:［東一］叢藂菆潨［冬］琮悰淙賨

A9a8 suŋ P:［冬］鬆 Q:［送一］送［宋］宋

A9a9 ʃuŋ P:［鍾］舂惷摏

A9a10 ʒuŋ P:［鍾］慵 S:［腫］尰

A9b1 huŋ P:［耕合］轟訇［庚合二］諻［登合］薨

A9b2 ɦuŋ P:［東一］洪葒紅虹鴻葓烘洚［庚合二］橫黌鐄喤［耕合］宏紘嶸

A9b3 翃鋐［登合］弘鞃［耕合］閎 S:［董一］澒［梗合二］卝 Q:［送一］哄烘閧［映合二］橫

A9b4 0uŋ P:［東一］翁 S:［董一］蓊滃 Q:［送一］瓮甕罋

A9b5 luŋ P:［東一］籠朧礱礲嚨瓏曨櫳 S:［董一］籠攏 Q:［送一］弄

A9b6 kyŋ P:［東三］弓躬躳匑宮［鍾］恭龔供共 S:［腫］拱碧鞏珙栱

A9b7 ［梗合三］冏璟 Q:［用］供

A9b8 k^{h}yŋ P：［東三］穹芎［鍾］銎 S：［腫］恐 Q：［送三］誇躬㑀［用］恐

A9b9 gyŋ P：［東三］窮藭竆［鍾］蛩邛筇蛬 Q：［用］共

A9b10 dʒyŋ P：［東三］蟲沖盅［鍾］重［東三］种 S：［腫］重 Q：［送三］仲［用］重

A10a1 tsyŋ P：［鍾］縱蹤 Q：［用］縱從

A10a2 ts^{h}yŋ P：［鍾］樅

A10a3 dzyŋ P：［鍾］從 Q：［用］從

A10a4 syŋ P：［東三］嵩崧駥娀菘［清開］騂垶 S：［腫］悚竦聳

A10a5 zyŋ P：［鍾］松 Q：［用］頌誦訟

A10a6 hyŋ P：［鍾］胷凶兇訩洶恟 Q：［勁合］敻

A10a7 0yŋ P：［鍾］雍廱辟廱癰癰疽邕噰雝饔灉 S：［腫］擁壅 Q：［用］雍

A10a8 灉鞰禮壅

A10a9 0yŋ P：［鍾］顒喁［庚合三］榮 S：［梗合三］永 Q：［映合三］詠咏泳禜⊗醟

A10a10 jyŋ P：［清合三］縈

A10b1 jyŋ P：［東三］融融㲝肜瀜［鍾］容溶庸墉鎔鏞鄘傭蓉瑢

A10b2 ［清合］營塋瑩瑩 S：［腫］甬涌勇踊悀［靜合］穎［腫］俑［靜合］穎 Q：［用］用

A10b3 lyŋ P：［東三］隆癃窿霳［鍾］龍 S：［腫］隴壟

A10b4 ryŋ P：［東三］戎茙駥絨［鍾］茸 S：［腫］冗氄

A10b5 二庚

A10b6 kiŋ P：［庚開三］驚京荊［蒸開］兢矜 S：［梗開三］警儆景境橄 Q：［映開三］敬竟鏡

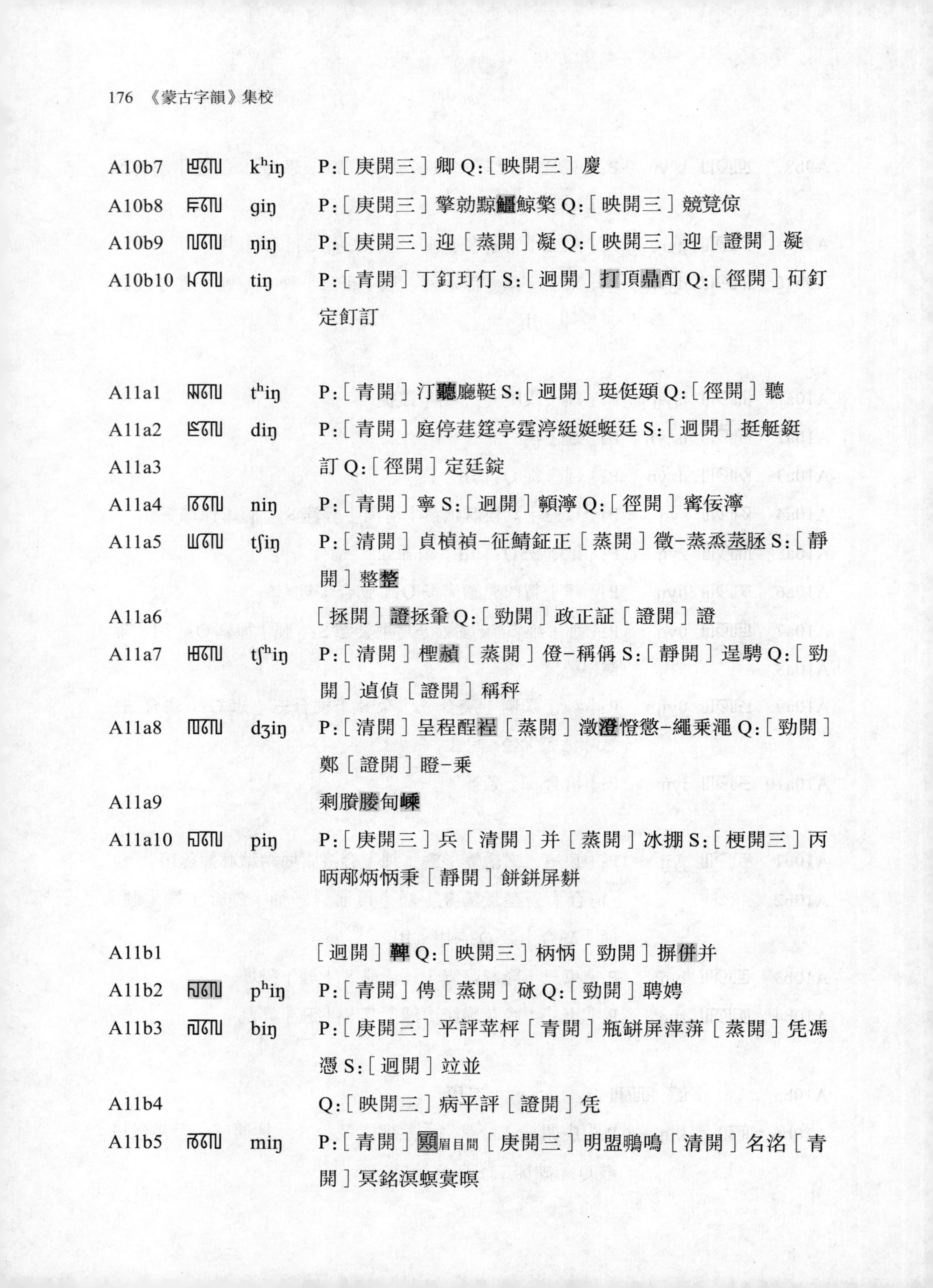

A10b7	k^{h}iŋ	P:［庚開三］卿 Q:［映開三］慶
A10b8	giŋ	P:［庚開三］擎勍黥鱷鯨檠 Q:［映開三］競竸倞
A10b9	ŋiŋ	P:［庚開三］迎［蒸開］凝 Q:［映開三］迎［證開］凝
A10b10	tiŋ	P:［青開］丁釘玎仃 S:［迥開］打頂鼎酊 Q:［徑開］矴釘定飣訂
A11a1	t^{h}iŋ	P:［青開］汀聽廳鞓 S:［迥開］珽侹頲 Q:［徑開］聽
A11a2	diŋ	P:［青開］庭停莛筳亭霆渟綎娗蜓廷 S:［迥開］挺艇鋌
A11a3		訂 Q:［徑開］定廷錠
A11a4	niŋ	P:［青開］寧 S:［迥開］顆濘 Q:［徑開］甯佞濘
A11a5	tʃiŋ	P:［清開］貞楨禎–征鯖鉦正［蒸開］徵–蒸烝菾胚 S:［靜開］整整
A11a6		［拯開］證拯晝 Q:［勁開］政正証［證開］證
A11a7	$t∫^{h}$iŋ	P:［清開］檉赬［蒸開］僜–稱偁 S:［靜開］逞騁 Q:［勁開］遉偵［證開］稱秤
A11a8	dʒiŋ	P:［清開］呈程酲裎［蒸開］澂澄憕懲–繩乘澠 Q:［勁開］鄭［證開］瞪–乘
A11a9		剩賸塍甸嵊
A11a10	piŋ	P:［庚開三］兵［清開］并［蒸開］冰掤 S:［梗開三］丙昞邴炳怲秉［靜開］餅鉼屏鵧
A11b1		［迥開］鞞 Q:［映開三］柄怲［勁開］摒倂并
A11b2	p^{h}iŋ	P:［青開］俜［蒸開］砯 Q:［勁開］聘娉
A11b3	biŋ	P:［庚開三］平評苹枰［青開］瓶鉼屏萍蓱［蒸開］凭馮憑 S:［迥開］竝並
A11b4		Q:［映開三］病平評［證開］凭
A11b5	miŋ	P:［青開］顯眉目間［庚開三］明盟鵬鳴［清開］名洺［青開］冥銘溟螟蓂暝

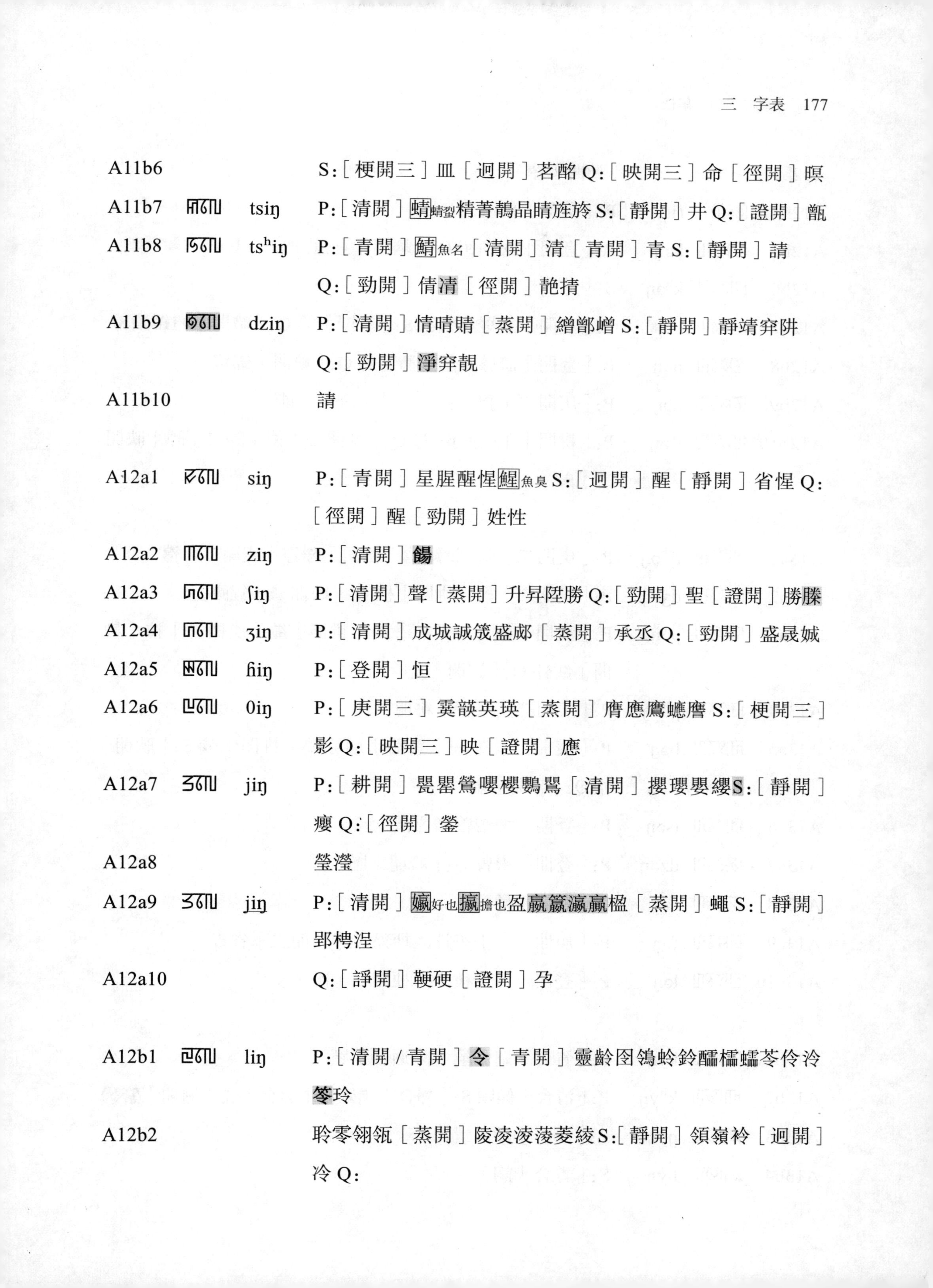

A11b6		S:［梗開三］皿［迥開］茗酩 Q:［映開三］命［徑開］暝
A11b7	tsiŋ	P:［清開］蜻蜻蛪精菁鶄晶睛旌旍 S:［靜開］井 Q:［證開］甑
A11b8	$ts^{h}iŋ$	P:［青開］鯖魚名［清開］清［青開］青 S:［靜開］請 Q:［勁開］倩清［徑開］靘掅
A11b9	dziŋ	P:［清開］情晴睛［蒸開］繒鄫嶒 S:［靜開］靜靖穽阱 Q:［勁開］淨穽靚
A11b10		請
A12a1	siŋ	P:［青開］星腥醒惺鯹魚臭 S:［迥開］醒［靜開］省惺 Q:［徑開］醒［勁開］姓性
A12a2	ziŋ	P:［清開］餳
A12a3	ʃiŋ	P:［清開］聲［蒸開］升昇陞勝 Q:［勁開］聖［證開］勝賸
A12a4	ʒiŋ	P:［清開］成城誠筬盛郕［蒸開］承丞 Q:［勁開］盛晟娍
A12a5	ɦiŋ	P:［登開］恒
A12a6	0iŋ	P:［庚開三］霙韺英瑛［蒸開］膺應鷹蠅譍 S:［梗開三］影 Q:［映開三］映［證開］應
A12a7	jiŋ	P:［耕開］甖罌鶯嚶櫻鸚鷪［清開］攖瓔嬰纓 S:［靜開］癭 Q:［徑開］鎣
A12a8		瑩瀠
A12a9	j̱iŋ	P:［清開］嬴好也攍擔也盈羸籯瀛羸楹［蒸開］蠅 S:［靜開］郢梬浧
A12a10		Q:［諍開］鞕硬［證開］孕
A12b1	liŋ	P:［清開/青開］令［青開］靈齡囹鴒蛉鈴醽櫺蠕苓伶泠笭玲聆零翎瓴［蒸開］陵凌淩蔆菱綾 S:［靜開］領嶺袊［迥開］冷 Q:
A12b2		

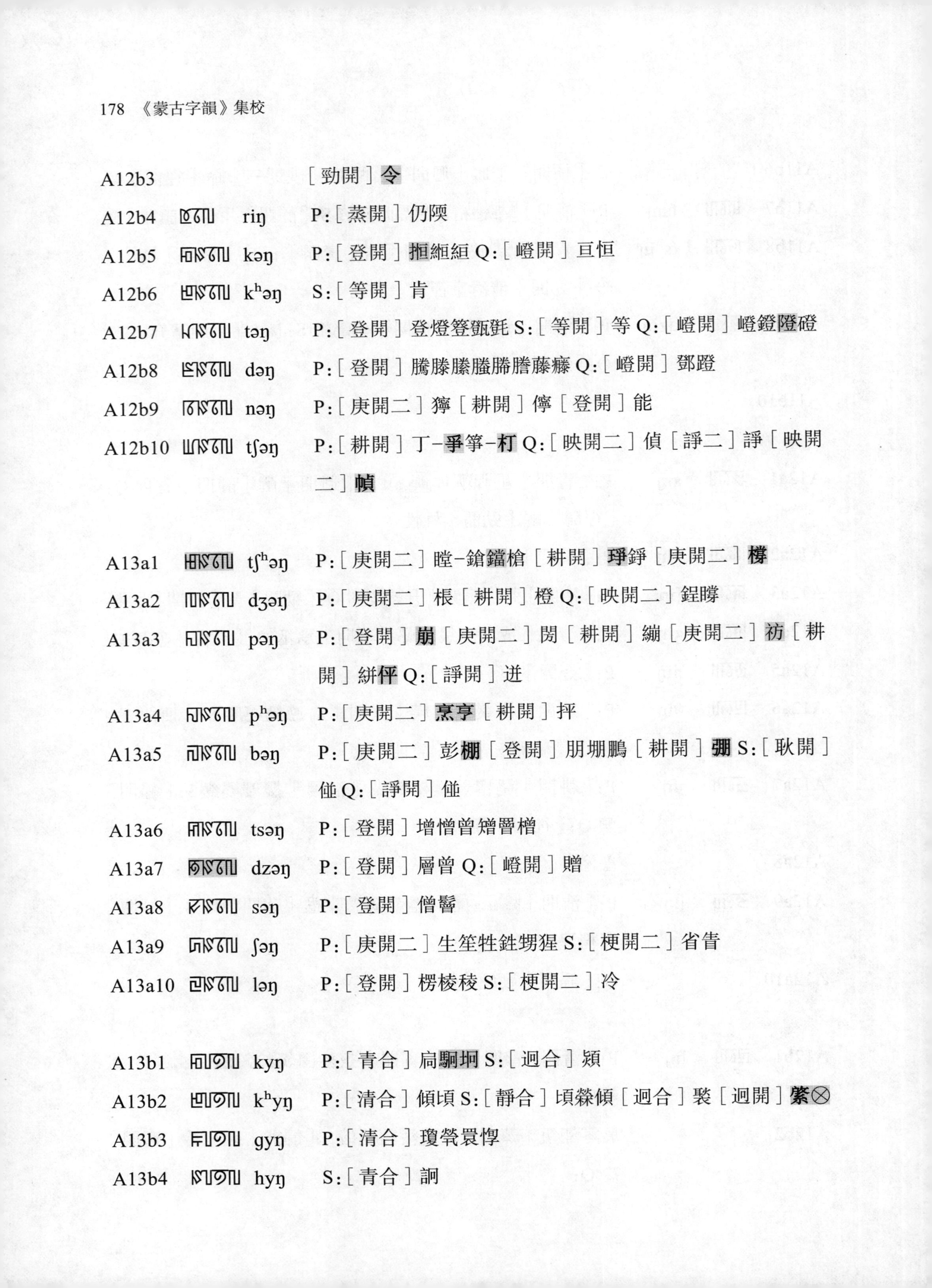

A12b3 ［勁開］令

A12b4 riŋ P:［蒸開］仍陾

A12b5 kəŋ P:［登開］搄絙緪 Q:［嶝開］亘恒

A12b6 kʰəŋ S:［等開］肯

A12b7 təŋ P:［登開］登燈簦甀毲 S:［等開］等 Q:［嶝開］嶝鐙隥磴

A12b8 dəŋ P:［登開］騰滕縢籐螣幐藤癃 Q:［嶝開］鄧蹬

A12b9 nəŋ P:［庚開二］獰［耕開］儜［登開］能

A12b10 tʃəŋ P:［耕開］丁–爭箏–朾 Q:［映開二］偵［諍二］諍［映開二］幀

A13a1 tʃʰəŋ P:［庚開二］瞠–鎗鐺槍［耕開］琤錚［庚開二］橕

A13a2 dʒəŋ P:［庚開二］棖［耕開］橙 Q:［映開二］鋥瞕

A13a3 pəŋ P:［登開］崩［庚開二］閍［耕開］繃［庚開二］祊［耕開］絣伻 Q:［諍開］迸

A13a4 pʰəŋ P:［庚開二］烹亨［耕開］抨

A13a5 bəŋ P:［庚開二］彭棚［登開］朋堋鵬［耕開］弸 S:［耿開］併 Q:［諍開］倂

A13a6 tsəŋ P:［登開］增憎曾矰罾橧

A13a7 dzəŋ P:［登開］層曾 Q:［嶝開］贈

A13a8 səŋ P:［登開］僧鬙

A13a9 ʃəŋ P:［庚開二］生笙牲鉎甥猩 S:［梗開二］省眚

A13a10 ləŋ P:［登開］楞棱稜 S:［梗開二］冷

A13b1 kyŋ P:［青合］扃駉坰 S:［迥合］熲

A13b2 kʰyŋ P:［清合］傾頃 S:［靜合］頃檾傾［迥合］褧［迥開］綮⊗

A13b3 gyŋ P:［清合］瓊煢睘惸

A13b4 hyŋ S:［青合］詗

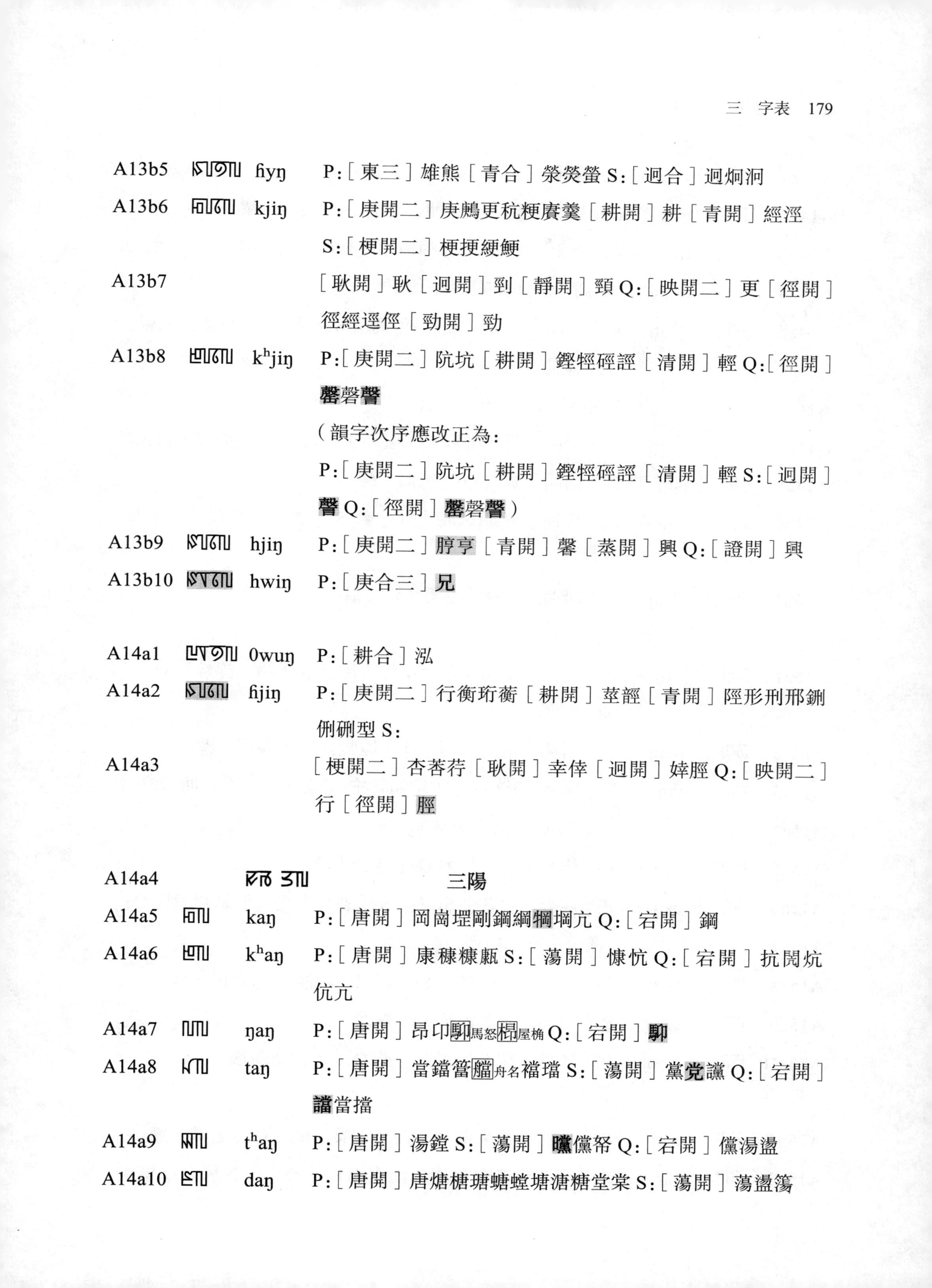

A13b5　ɦyŋ　P:［東三］雄熊［青合］滎熒螢 S:［迥合］迥炯泂

A13b6　kjiŋ　P:［庚開二］庚鶊更秔粳賡羹［耕開］耕［青開］經涇
S:［梗開二］梗挭綆鯁

A13b7　［耿開］耿［迥開］剄［靜開］頸 Q:［映開二］更［徑開］
徑經逕俓［勁開］勁

A13b8　kʰjiŋ　P:［庚開二］阬坑［耕開］鏗硜硻誙［清開］輕 Q:［徑開］
罄磬謦
（韻字次序應改正為：
P:［庚開二］阬坑［耕開］鏗硜硻誙［清開］輕 S:［迥開］
謦 Q:［徑開］罄磬謦）

A13b9　hjiŋ　P:［庚開二］脝亨［青開］馨［蒸開］興 Q:［證開］興

A13b10　hwiŋ　P:［庚合三］兄

A14a1　0wuŋ　P:［耕合］泓

A14a2　ɦjiŋ　P:［庚開二］行衡珩蘅［耕開］莖誙［青開］陘形刑邢鉶
侀硎型 S:

A14a3　［梗開二］杏莕荇［耿開］幸倖［迥開］婞脛 Q:［映開二］
行［徑開］脛

A14a4　三陽

A14a5　kaŋ　P:［唐開］岡崗堽剛鋼綱犅堈亢 Q:［宕開］鋼

A14a6　kʰaŋ　P:［唐開］康穅糠甈 S:［蕩開］慷忼 Q:［宕開］抗閌炕
伉亢

A14a7　ŋaŋ　P:［唐開］昂卬䭰馬怒枊屋桷 Q:［宕開］䭰

A14a8　taŋ　P:［唐開］當鐺簹艡舟名襠璫 S:［蕩開］黨党讜 Q:［宕開］
譡當擋

A14a9　tʰaŋ　P:［唐開］湯鏜 S:［蕩開］曭儻帑 Q:［宕開］儻湯盪

A14a10　daŋ　P:［唐開］唐煻榶瑭螗螳塘溏糖堂棠 S:［蕩開］蕩盪簜

A14b1 Q:［宕開］宕踼碭逿

A14b2 naŋ P:［唐開］囊 S:［蕩開］曩 Q:［宕開］儾灢

A14b3 tʃaŋ P:［陽開］張粻-章漳樟璋彰障獐麞 S:［養開］長-掌仉 Q:

A14b4 ［漾開］脹漲張帳-墇嶂瘴障

A14b5 tʃ^{h}aŋ P:［陽開］猖猖狂-倀-昌倡閶菖 S:［養開］昶-氅敞鷩廠

Q:［漾開］悵

A14b6 鬯韔瑒-唱倡-暢

A14b7 dʒaŋ P:［陽開］長萇腸場 S:［養開］丈杖仗 Q:［漾開］仗長杖

A14b8 ɲaŋ P:［陽開］娘孃 Q:［漾開］釀

A14b9 paŋ P:［唐開］幫綍鞤謗［江］邦 S:［蕩開］榜牓 Q:［宕開］

搒謗

A14b10 p^{h}aŋ P:［唐開］滂鎊霶雱霶［江］胮

A15a1 baŋ P:［唐開］傍彷蹄房旁［江］龐逄 S:［講］棒蚌玤 Q:［宕開］傍徬

A15a2 maŋ P:［唐開］茫忙邙蘉［江］厖哤狵 S:［蕩開］莽

A15a3 faŋ P:［陽合］祊祭四方也方坊蚄肪枋-妨芳 S:［養合］昉倣放-仿

A15a4 彷紡髣 Q:［漾合］放舫-訪

A15a5 vaŋ P:［陽合］房防坊魴 Q:［漾合］防

A15a6 ʋaŋ P:［陽合］亡芒惹忘鋩望 S:［養合］網罔輞魍誷惘枉 Q:

A15a7 ［漾合］妄忘望朢

A15a8 tsaŋ P:［唐開］臧贓牂牂 S:［蕩開］駔髒 Q:［宕開］葬

A15a9 ts^{h}aŋ P:［唐開］倉蒼鶬滄 S:［蕩開］蒼

A15a10 dzaŋ P:［唐開］藏 S:［蕩開］奘 Q:［宕開］藏臟

A15b1 saŋ P:［唐開］桑桒喪 S:［蕩開］嗓搡磉顙 Q:［宕開］喪

A15b2 ʃaŋ P:［陽開］商賨傷殤觴湯塲蔏 S:［養開］賞鬺 Q:［漾開］

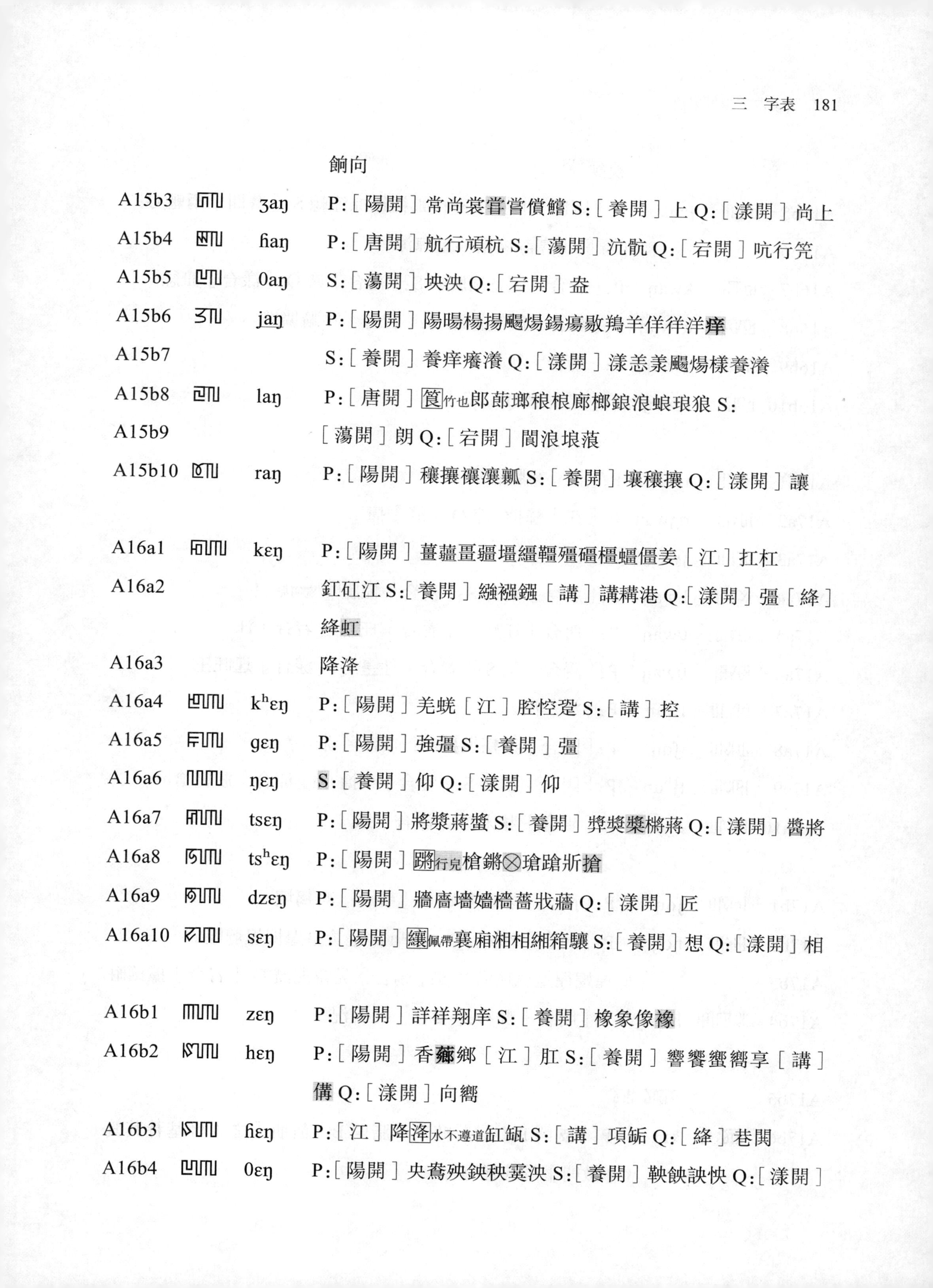

餉向

A15b3　ʒaŋ　P:［陽開］常尚裳甞嘗償鱨 S:［養開］上 Q:［漾開］尚上

A15b4　ɦaŋ　P:［唐開］航行頏杭 S:［蕩開］沆骯 Q:［宕開］吭行笐

A15b5　0aŋ　S:［蕩開］坱泱 Q:［宕開］盎

A15b6　jaŋ　P:［陽開］陽暘楊揚颺煬鍚瘍敭鴹羊佯徉洋痒

A15b7　S:［養開］養痒癢瀁 Q:［漾開］漾恙羕颺煬樣養瀁

A15b8　laŋ　P:［唐開］筤竹也郎蓈瑯稂桹廊榔鋃浪蜋琅狼 S:

A15b9　［蕩開］朗 Q:［宕開］閬浪埌蒗

A15b10　raŋ　P:［陽開］穰攘禳瀼瓤 S:［養開］壤穰攘 Q:［漾開］讓

A16a1　kɛŋ　P:［陽開］薑蘁畺疆壃繮韁殭礓橿蠸僵姜［江］扛杠

A16a2　釭矼江 S:［養開］繈襁鏹［講］講耩港 Q:［漾開］彊［絳］

絳虹

A16a3　降洚

A16a4　k^hɛŋ　P:［陽開］羌蜣［江］腔悾跫 S:［講］控

A16a5　gɛŋ　P:［陽開］強彊 S:［養開］彊

A16a6　ŋɛŋ　S:［養開］仰 Q:［漾開］仰

A16a7　tsɛŋ　P:［陽開］將漿蔣螿 S:［養開］弉獎槳槳蔣 Q:［漾開］醬將

A16a8　ts^hɛŋ　P:［陽開］蹡行皃槍鏘⊗瑲蹌斨搶

A16a9　dzɛŋ　P:［陽開］牆廧墻嬙檣薔戕蘠 Q:［漾開］匠

A16a10　sɛŋ　P:［陽開］纕佩帶襄廂湘相緗箱驤 S:［養開］想 Q:［漾開］相

A16b1　zɛŋ　P:［陽開］詳祥翔庠 S:［養開］橡象像襐

A16b2　hɛŋ　P:［陽開］香蘮鄉［江］肛 S:［養開］響饗蠁嚮享［講］

傋 Q:［漾開］向嚮

A16b3　ɦɛŋ　P:［江］降洚水不遵道舡瓨 S:［講］項缿 Q:［絳］巷閧

A16b4　0ɛŋ　P:［陽開］央鴦殃鉠秧霙泱 S:［養開］鞅鞅詇怏 Q:［漾開］

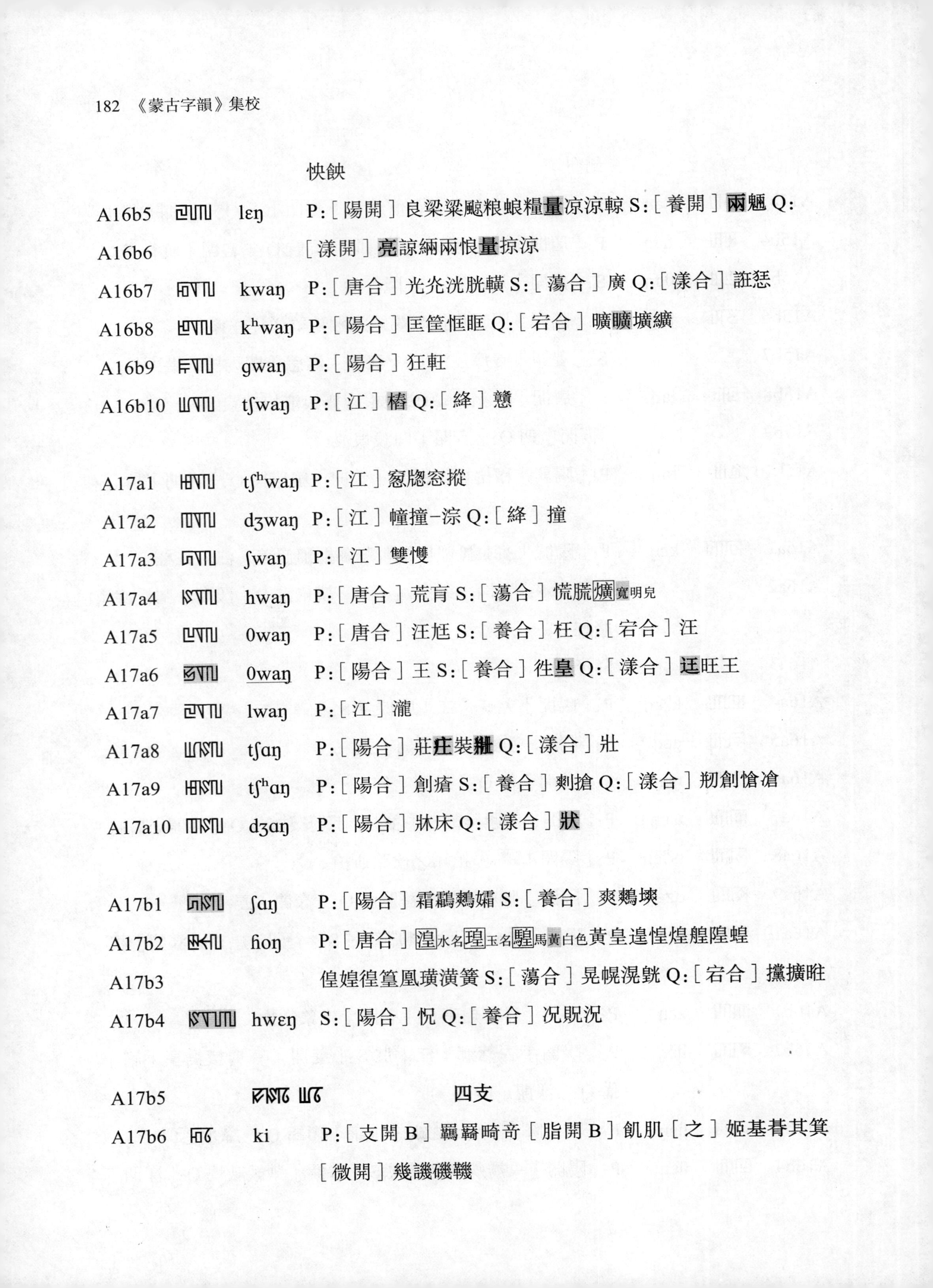

快鉠

A16b5 lɛŋ P:［陽開］良梁粱颸粮蜋糧量涼涼輬 S:［養開］兩魎 Q:

A16b6 ［漾開］亮諒緉兩悢量掠涼

A16b7 kwaŋ P:［唐合］光洸洸胱輄 S:［蕩合］廣 Q:［漾合］誑逛

A16b8 k^{h}waŋ P:［陽合］匡筐恇眶 Q:［宕合］曠曠壙纊

A16b9 gwaŋ P:［陽合］狂軖

A16b10 tʃwaŋ P:［江］椿 Q:［絳］戇

A17a1 tʃ^{h}waŋ P:［江］窻牕窓摐

A17a2 dʒwaŋ P:［江］幢撞-淙 Q:［絳］撞

A17a3 ʃwaŋ P:［江］雙艭

A17a4 hwaŋ P:［唐合］荒肓 S:［蕩合］慌朚爌寬明皃

A17a5 0waŋ P:［唐合］汪尪 S:［養合］枉 Q:［宕合］汪

A17a6 0waŋ P:［陽合］王 S:［養合］往皇 Q:［漾合］迋旺王

A17a7 lwaŋ P:［江］瀧

A17a8 tʃɑŋ P:［陽合］莊庄裝粧 Q:［漾合］壯

A17a9 tʃ^{h}ɑŋ P:［陽合］創瘡 S:［養合］剙搶 Q:［漾合］刱創愴滄

A17a10 dʒɑŋ P:［陽合］牀床 Q:［漾合］狀

A17b1 ʃɑŋ P:［陽合］霜騻鷞孀 S:［養合］爽鷞塽

A17b2 ɦoŋ P:［唐合］湟水名瑝玉名騜馬黃白色黃皇遑惶煌艎隍蝗

A17b3 偟媓徨篁凰璜潢簧 S:［蕩合］晃幌滉皝 Q:［宕合］攩擴暀

A17b4 hwɛŋ S:［陽合］怳 Q:［養合］況貺況

A17b5 四支

A17b6 ki P:［支開 B］羈羇畸奇［脂開 B］飢肌［之］姬基朞其箕

［微開］幾譏璣機

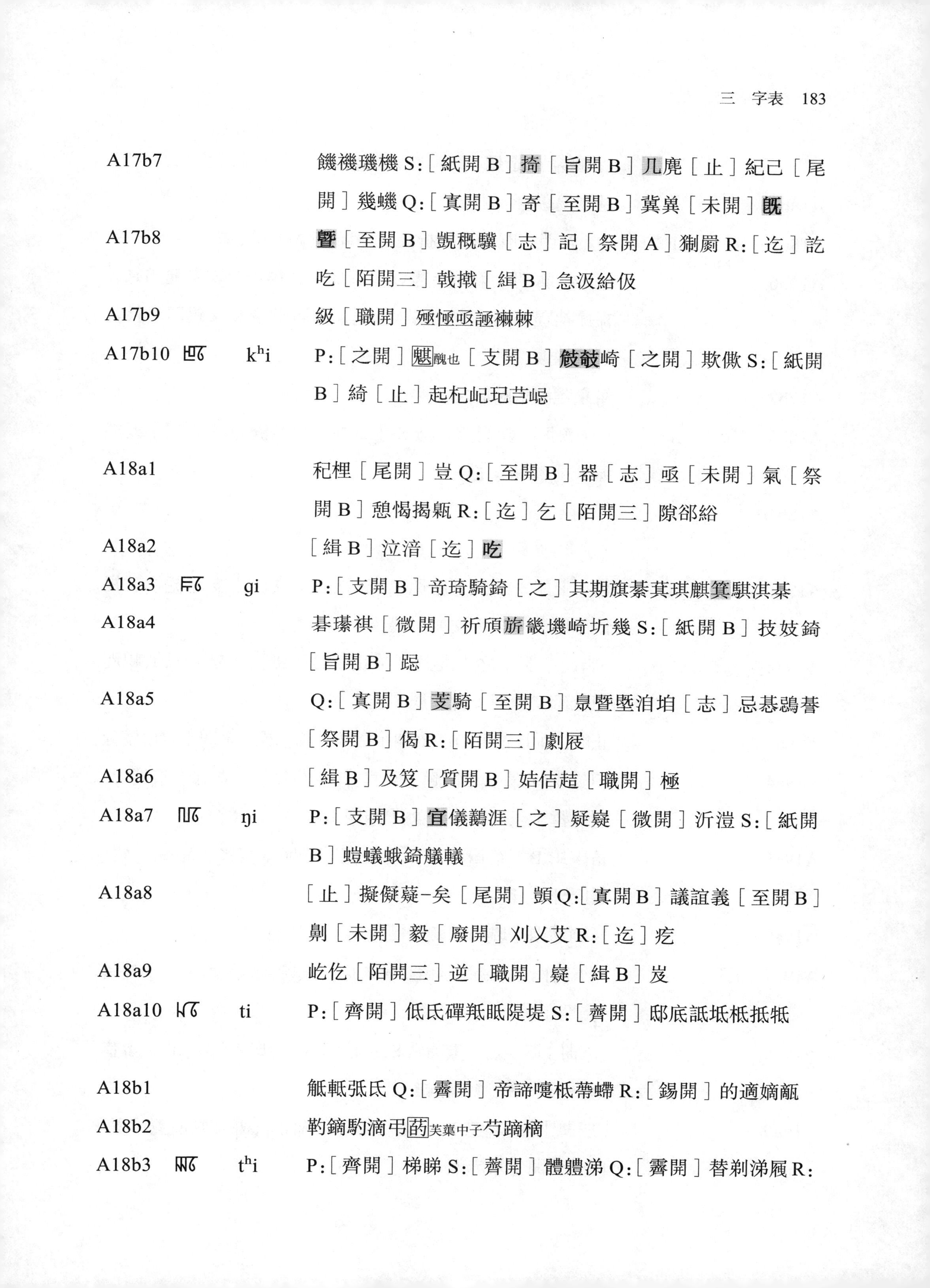

A17b7　饑穖璣機 S:［紙開 B］掎［旨開 B］几麂［止］紀己［尾開］幾蟣 Q:［寘開 B］寄［至開 B］冀兾［未開］旣

A17b8　曁［至開 B］覬穊驥［志］記［祭開 A］猘罽 R:［迄］訖吃［陌開三］戟撠［緝 B］急汲給伋

A17b9　級［職開］殛憾亟諲褲棘

A17b10　k^hi　P:［之開］䰣醜也［支開 B］攲䶩崎［之開］欺僛 S:［紙開 B］綺［止］起杞屺玘芑屺

A18a1　杞梩［尾開］豈 Q:［至開 B］器［志］亟［未開］氣［祭開 B］憩愒揭甈 R:［迄］乞［陌開三］隙郤綌

A18a2　［緝 B］泣湆［迄］吃

A18a3　gi　P:［支開 B］竒琦騎錡［之］其期旗綦萁琪麒簊騏淇棊

A18a4　碁璂祺［微開］祈頎旂畿蟣崎圻幾 S:［紙開 B］技妓錡［旨開 B］跽

A18a5　Q:［寘開 B］芰騎［至開 B］臮曁墍洎垍［志］忌惎鵋諅［祭開 B］偈 R:［陌開三］劇屐

A18a6　［緝 B］及笈［質開 B］姞佶趌［職開］極

A18a7　ŋi　P:［支開 B］宜儀鸃涯［之］疑嶷［微開］沂溰 S:［紙開 B］螘蟻蛾錡艤轙

A18a8　［止］擬儗薿-矣［尾開］顗 Q:［寘開 B］議誼義［至開 B］劓［未開］毅［廢開］刈乂艾 R:［迄］疙

A18a9　屹仡［陌開三］逆［職開］嶷［緝 B］岌

A18a10　ti　P:［齊開］低氐磾羝眡隄堤 S:［薺開］邸底詆坻柢抵牴

A18b1　觝軧弤氐 Q:［霽開］帝諦嚔柢蔕蝃 R:［錫開］的適嫡甋

A18b2　靮鏑駒滴弔菂芙蕖中子芍蹢樀

A18b3　t^hi　P:［齊開］梯睇 S:［薺開］體軆涕 Q:［霽開］替剃涕屜 R:

[錫開] 逖逷倜

A18b4 趯剔惕踢籊

A18b5 ꡊꡞ di P:[齊開] 嗁啼遆蹄折提題媞綈稊醍褆鵜荑緹

A18b6 騠 S:[薺開] 弟娣悌遞 Q:[霽開] 弟第遰提髢締睇悌娣

A18b7 禘棣杕踶題遞逮 [至開 A] 地 [霽開] 逓 R:[錫開] 狄荻

敵籊翟覿

A18b8 笛朵糴滌踧頔迪

A18b9 ꡋꡞ ni P:[齊開] 泥埿䴢有骨醢 S:[薺開] 禰苨瀰 Q:[霽開] 泥埿

泥 R:[錫開] 惄

A18b10 溺愵

A19a1 ꡄꡞ tʃi P:[支開] 知蜘 [脂開] 胝–祗砥 [支開] 支巵梔枝肢禔

氏 [脂開] 泜 [支開] 鳷榰

A19a2 [脂開] 脂 [之] 之芝 S:[止] 徵 [紙開] 紙帋只坻軹抧

枳扺砥 [旨開] 旨指厎 [止]

A19a3 止畤沚趾址芷阯 Q:[寘開] 智知 [志] 置 [至開] 致懫疐輊

A19a4 躓質 [寘開] 寘忮觶 [至開] 鷙至 [志] 志誌 [祭開 B]

制製哲 [至開] 摯贄 R:[職開] 陟

A19a5 稙 [緝 B] 縶馽 [質] 室銍秷 [昔開] 隻炙摭蹠跖 [質]

質晊郅桎蛭

A19a6 騭劕鑕礩 [職開] 職織樴 [緝] 執汁㲀

A19a7 ꡅꡞ tʃʰi P:[脂開] 絺䤲盛酒器郗 [支開] 摛魑䴤魅鬼屬彲 [之] 癡笞

[脂開] 鴟

A19a8 [支開] 眵 [之] 蚩嗤媸 S:[止] 恥祉 [紙開] 侈 [止] 齒茝

Q:[志] 眙–熾饎糦幟

A19a9 [祭開] 𢱢–掣瀱 R:[質] 抶眰 [職開] 敕誡也勅飭鷘 [質]

叱 [昔開] 尺赤蚇

A19a10			斥
A19b1	ꡆꡞ	dʒi	P:［支開］馳池篪踟［脂開］墀墀坻泜遲遟［之］治持 S:［紙開］豸褫
A19b2			陊杝鷈［旨開］雉薙［止］峙跱峙痔徛庤畤［紙開］𧴩貤 舐 Q:
A19b3			［至開］緻稚遲稺治［志］值植［祭開］滯彘［至開］示謚 R:［質］秩紩豑帙
A19b4			姪［昔開］擲擿躑［緝］蟄［職開］直［質］實［昔開］射［職開］食蝕
A19b5	ꡒꡞ	ɲi	P:［脂開］尼怩 S:［旨開］柅［止］你［紙開］旎 Q:［至開］膩 R:［質］暱昵櫁［職開］愝匿
A19b6	ꡎꡞ	pi	P:［支開 A］卑椑箄裨［齊開］䏶幒陛狴鎞篦竹器 S:［旨開 A］匕妣秕比
A19b7			［紙開 A］俾俾 Q:［寘開 A］臂［至開 A］痹畀庇［霽開］閉嬖箅［祭開 A］蔽 R:［質 A］必畢篳韠
A19b8			趩蹕滭潷縪饆鷝珌［昔開］辟躄壁［錫開］鼊檗壁
A19b9	ꡍꡞ	p^hi	P:［脂開 A］紕諀［齊開］磇陛刺批鈚 S:［紙開 A］諀庀仳 Q:［寘開 A］譬［霽開］媲［霽開 / 祭開 A］渒
A19b10			R:［質 A］匹［昔開］僻辟癖［錫開］霹劈澼
A20a1	ꡌꡞ	bi	P:［支開 A］陴脾埤裨［齊開］椑鼙［脂開 A］魮魚名榌相也毗比琵貔膍
A20a2			肶蚍枇［支開 A］榑 S:［紙開 A］婢庳［薺開］陛梐髀 Q:［至開 A］鼻比庳枇［寘開 A］避
A20a3			辟［祭開 A］獘斃幣敝 R:［質 A］邲比苾佖駜飶［昔開］擗闢辟［錫開］甓

A20a4		mi	P:［支開 A］弥彌瀰罙［齊開］迷麛 S:［紙開 A］渳弭瀰芈敉［薺開］米眯洣
A20a5			Q:［至開 A］寐［霽開］謎［祭開 A］袂 R:［質 A］蜜謐醓［錫開］覓幎幦鼏冪汨塓幎
A20a6		fi	P:［微合］菲-飛扉緋非馡騑誹-霏妃-騑 S:［尾合］匪篚棐
A20a7			榧蜚-斐菲朏悱 Q:［未合］沸芾誹［廢合］廢癈［未合］費［廢合］肺
A20a8		vi	P:［微合］肥腓淝 Q:［未合］狒扉翡跸蜚［廢合］吠
A20a9		ʋi	P:［微合］微溦薇 S:［尾合］尾亹 Q:［未合］未味
A20a10		tsi	P:［齊開］齎賷虀擠躋隮 S:［薺開］濟 Q:［霽開］霽濟［祭開］祭際穄 R:
A20b1			［質］堲唧［昔開］積脊踖借迹跡踖鯽蹟［錫開］勣［職開］即稷［緝］喋［錫開］績
A20b2			［緝］湒
A20b3		ts^hi	P:［齊開］妻萋淒凄悽霋 S:［薺開］泚玼 Q:［霽開］砌切妻 R:［質］七
A20b4			漆桼［昔開］磧刺［錫開］戚慼鏚鏚［緝］緝葺咠咠［錫開］慽
A20b5		dzi	P:［齊開］齊臍蠐 S:［薺開］薺 Q:［霽開］穧嚌劑眥齊懠 R:［質］疾嫉
A20b6			蒺［昔開］籍藉耤塉瘠［錫開］寂［職開］堲［緝］集輯鏶
A20b7		si	P:［齊開］西棲栖犀嘶撕 S:［薺開］洗洒 Q:［霽開］細壻婿 R:［質］悉
A20b8			膝蟋蟋［昔開］昔腊潟磶舄［錫開］錫析裼晳淅［職開］息熄［昔開］惜

A20b9	ꡕꡞ	zi	R:［昔開］席夕穸蓆［緝］習襲隰飄霫
A20b10	ꡚꡞ	ʃi	P:［支開］絁施［脂開］尸鳲屍蓍［之］詩 S:［紙開］弛［旨開］矢［紙開］豕［止］始 Q:［寘開］翅施
A21a1			啻［志］試僿弒［祭開］世勢貰 R:［質］失室［昔開］釋適奭［職開］識式拭
A21a2			軾飾［緝］濕［昔開］嫡螫襫
A21a3	ꡔꡞ	ʒi	P:［之］時塒［支開］提匙禔［齊開］栘 S:［紙開］是氏諟［止］市恃［旨開］視眂眎
A21a4			Q:［寘開］豉［至開］嗜視醋［志］侍蒔［祭開］逝噬誓筮澨 R:［昔開］石碩祏
A21a5			鉐鼫［蒸開］寔湜殖植埴［緝］褶什拾十
A21a6	ꡜꡞ	hi	P:［支開B］犧羲戲巇曦［之］僖熙嬉禧熹［微開］希晞稀豨俙
A21a7			S:［止］喜蟢［尾開］豨霼唏 Q:［寘開B］戲［志］憙［未開］欷餼霼愾 R:［職開］赩衋
A21a8			［陌開三］虩［緝B］吸噏歙翕潝闟［质開B］肸［迄］迄釳忔汔［職開］奭
A21a9	ꡖꡞ	0i	P:［支開B］漪猗椅禕［之］醫毉噫［微開］依衣 S:［紙開B］倚［尾開］扆偯 Q:［至開B］懿
A21a10			饐［志］意［祭開B］瘞［未開］衣 R:［質B］乙鳦［職開］憶億臆醷薏抑［緝B］邑悒浥
A21b1			䭲
A21b2	ꡗꡞ	ji	P:［脂開A］伊咿［齊開］鷖翳繄黳黟 Q:［霽開］縊翳曀医瞖繄壹
A21b3			殪 R:［質A］壹一［昔開］嗌𨛬齸膉［緝A］揖挹［昔開］益

A21b4 ꡗꡞ ji P:［支開 A］移箷椸詑酏匜扅蛇［脂開 A］姨彝夷峓侇痍桋

A21b5 陝荑洟［之］飴怡圯貽頤詒台瓵［齊開］倪霓鯢輗猊

A21b6 麑鯢涀兒 S:［紙開 A］酏迆匜阤［止］以目巳苡苢 Q:［寘開 A］易

A21b7 傷［至開 A］肄隶［志］異异食［祭開 A］曳裔勩泄洩枻跇詍漪［霽開］詣

A21b8 羿睨［祭開 A］藝［霽開］瓶［祭開 A］蓺 R:［質 A］逸佚佾溢軼鎰泆［職開］弋翊杙

A21b9 釴黓翌翼［昔開］繹亦弈奕帟譯懌斁驛醳嶧腋

A21b10 掖袚液易蜴埸圛射墿襗［緝 A］熠

A22a1 ［錫開］艗鷁鶂鶃

A22a2 ꡙꡞ li P:［支開］離籬醨璃离羅漓灕縭蘺褵［脂開］棃梨蔾犂

A22a3 ［齊開］黎黧藜瓈䆀［之］釐貍氂嫠［支開］罹驪［之］狸［支開］麗鸝蠡［之］剺剝也

A22a4 ［支開］劙［齊開］盠 S:［紙開］邐峛［止］里［旨開］履［止］裏鯉悝李理娌俚［薺開］禮

A22a5 礼蠡澧醴鱧 Q:［寘開］詈離［至開］利莅涖［志］吏［霽開］麗戾［祭開］栵［霽開］隸

A22a6 儷盭唳沴悷荔［祭開］例厲礪勵癘 R:［質］栗慄颲鷅

A22a7 溧篥搮［職開］力屴朸［緝］立靂粒笠苙［錫開］靂酈瀝轢歷

A22a8 曆瀝鬲壢躒礫皪瓅櫟櫪

A22a9 ꡘꡞ ri P:［支開］兒［之］而栭陑胹鴯洏 S:［紙開］爾尔迩邇［止］耳駬 Q:

A22a10 ［至開］二貳［志］餌珥咡刵 R:［質］日馹［緝］入

A22b1 ꡆꡜꡞ tʃɨ P:［之］菑甾淄輜錙 S:［止］滓胏 Q:［志］胾 R:［櫛］櫛

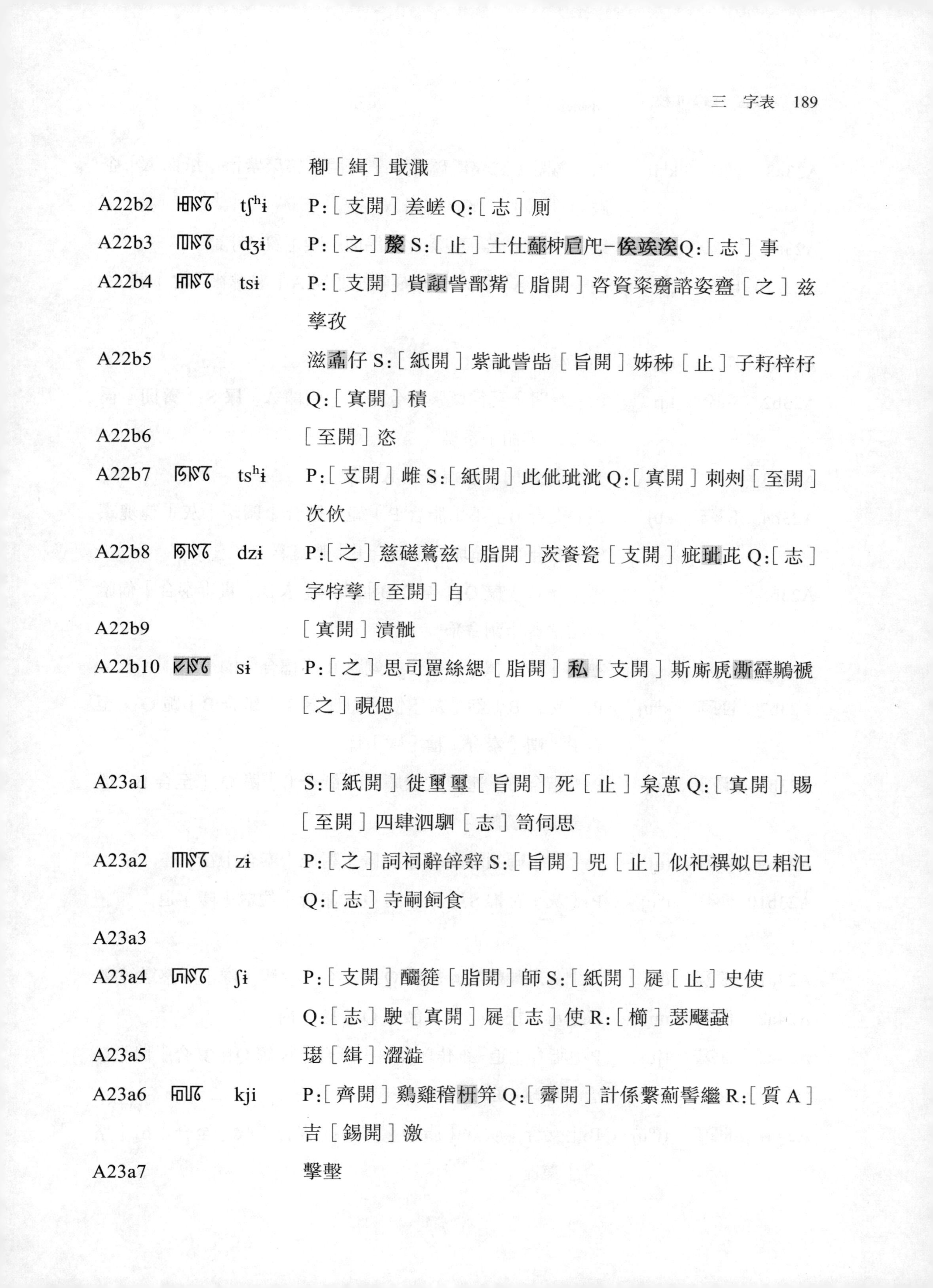

		稝［緝］戢濈
A22b2	tʃʰɨ	P:［支開］差嵯 Q:［志］厠
A22b3	dʒɨ	P:［之］漦 S:［止］士仕蓒柹戺㠯-俟竢涘Q:［志］事
A22b4	tsɨ	P:［支開］貲頿訾鄑觜［脂開］咨資粢齍諮姿齎［之］兹孳孜
A22b5		滋䔝仔 S:［紙開］紫訿呰啙［旨開］姊秭［止］子秄梓杍 Q:［寘開］積
A22b6		［至開］恣
A22b7	tsʰɨ	P:［支開］雌 S:［紙開］此佌玼泚 Q:［寘開］刺莿［至開］次佽
A22b8	dzɨ	P:［之］慈磁鶿兹［脂開］茨餈瓷［支開］疵玼玭 Q:［志］字牸孳［至開］自
A22b9		［寘開］漬骴
A22b10	sɨ	P:［之］思司罳絲緦［脂開］私［支開］斯廝虒澌䔮鷈褫［之］颸偲
A23a1		S:［紙開］徙璽壐［旨開］死［止］枲葸 Q:［寘開］賜［至開］四肆泗駟［志］笥伺思
A23a2	zɨ	P:［之］詞祠辭辞辤 S:［旨開］兕［止］似祀禩姒巳耜汜 Q:［志］寺嗣飼食
A23a3		
A23a4	ʃɨ	P:［支開］釃簁［脂開］師 S:［紙開］屣［止］史使 Q:［志］駛［寘開］屣［志］使 R:［櫛］瑟飋蝨
A23a5		璱［緝］澀澁
A23a6	kji	P:［齊開］鷄雞稽枅笄 Q:［霽開］計係繫薊髻繼 R:［質 A］吉［錫開］激
A23a7		擊墼

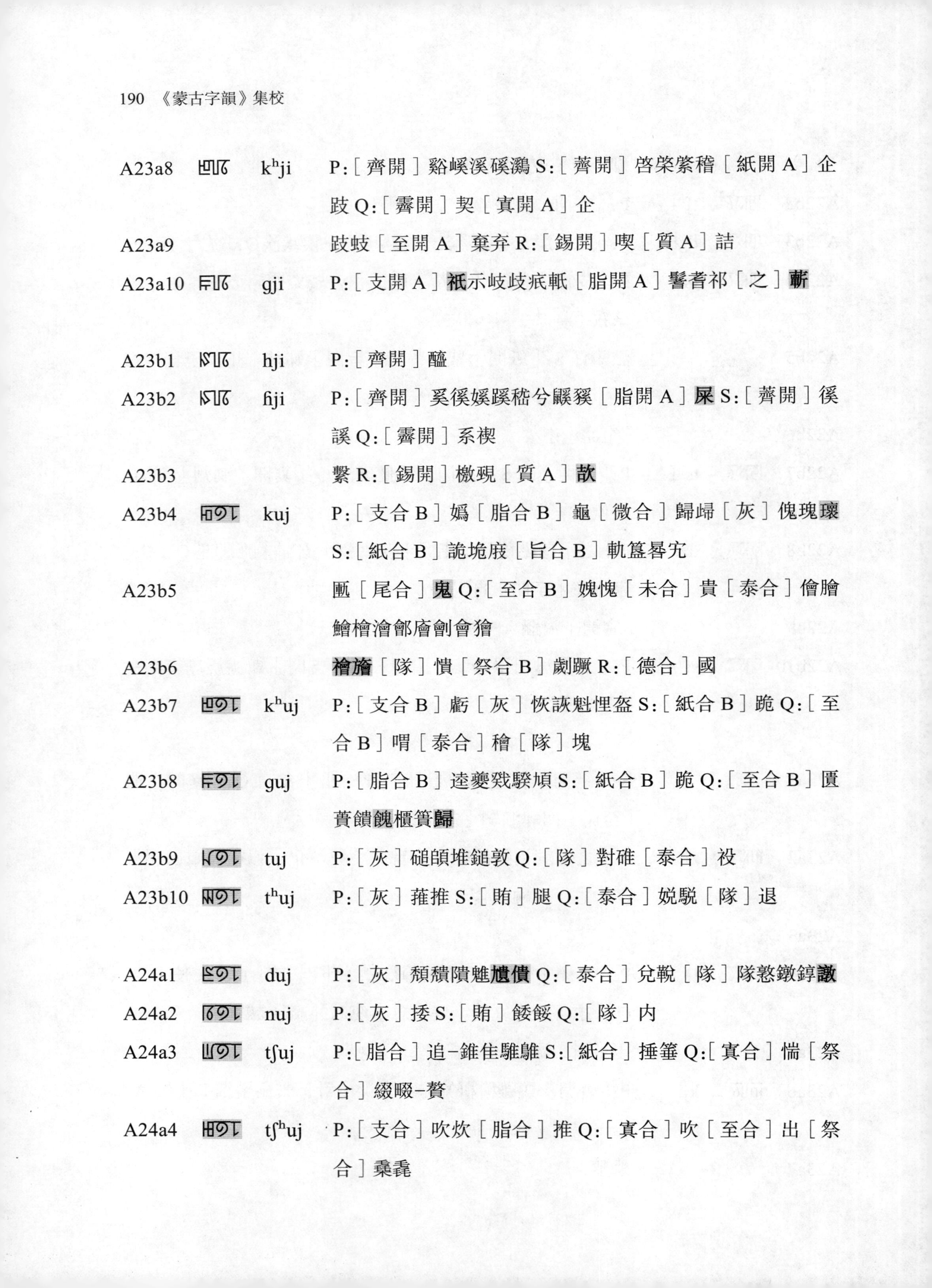

A23a8 k^hji P:［齊開］谿嵠溪磎鸂 S:［薺開］启棨綮稽［紙開 A］企跂 Q:［霽開］契［寘開 A］企

A23a9 跂蚑［至開 A］棄弃 R:［錫開］喫［質 A］詰

A23a10 gji P:［支開 A］祇示岐歧疷軝［脂開 A］鬐耆祁［之］蘄

A23b1 hji P:［齊開］醯

A23b2 ɦji P:［齊開］奚徯嵠蹊嵇兮鼷豯［脂開 A］屎 S:［薺開］徯謑 Q:［霽開］系禊

A23b3 繫 R:［錫開］檄覡［質 A］欯

A23b4 kuj P:［支合 B］嬀［脂合 B］龜［微合］歸帰［灰］傀瑰瓌 S:［紙合 B］詭垝庪［旨合 B］軌簋晷宄

A23b5 匭［尾合］鬼 Q:［至合 B］媿愧［未合］貴［泰合］儈膾鱠檜澮鄶廥劊會獪

A23b6 襘旝［隊］憒［祭合 B］劌蹶 R:［德合］國

A23b7 k^huj P:［支合 B］虧［灰］恢詼魁悝盔 S:［紙合 B］跪 Q:［至合 B］喟［泰合］檜［隊］塊

A23b8 guj P:［脂合 B］逵夔戣騤頄 S:［紙合 B］跪 Q:［至合 B］匱蕢饋餽櫃簣歸

A23b9 tuj P:［灰］磓䭔堆鎚敦 Q:［隊］對碓［泰合］祋

A23b10 t^huj P:［灰］蓷推 S:［賄］腿 Q:［泰合］娧駾［隊］退

A24a1 duj P:［灰］頹穨隤魋尵僓 Q:［泰合］兌駾［隊］隊憝鐓錞譈

A24a2 nuj P:［灰］挼 S:［賄］餧餒 Q:［隊］内

A24a3 tʃuj P:［脂合］追-錐隹騅雛 S:［紙合］捶箠 Q:［寘合］惴［祭合］綴醊-贅

A24a4 $tʃ^huj$ P:［支合］吹炊［脂合］推 Q:［寘合］吹［至合］出［祭合］毳毳

A24a5  dʒuj P:［支合］鬌錘［脂合］鎚椎 Q:［寘合］錘膇［至合］墜［寘合］縋

A24a6 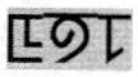 ɲuj Q:［寘合］諉

A24a7  puj P:［支開B］陂詖碑羆［脂開B］悲［灰］桮杯盃 S:［紙開B］彼貏僠［旨開B］鄙 Q:［寘開B］賁

A24a8 佊詖陂［至開B］祕秘毖閟轡泌費［隊］背輩 R:［陌三開］碧［質B］筆［職開］逼

A24a9 偪幅［德開］北

A24a10 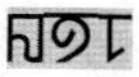 p^huj P:［支開B］披鈹［脂開B］邳丕丕秠駓［灰］醅肧坯［脂開B］伾 S:［紙開B］破披［旨開B］嚭

A24b1 秠 Q:［寘開B］帔［至開B］濞［隊］配妃 R:［職開］堛愊稫副

A24b2  buj P:［支開B］皮疲罷［脂開B］邳［灰］裴徘培陪 S:［紙開B］被［旨開B］否圮［賄］琲 Q:［寘開B］髲

A24b3 被鞁［至開B］備俻奰［隊］佩珮邶偝誖悖背輩犻 R:［質B］弼

A24b4 ［職開］愎馥［德開］菔葡匐踣僰

A24b5  muj P:［灰］酶酒母［支開B］縻糜靡醿［脂開B］眉嵋湄楣郿麋［灰］枚梅媒

A24b6 玫煤脢禖霉莓鋂醂 S:［紙開B］靡骳［旨開B］美媺［賄］浼每 Q:

A24b7 ［至開B］媚魅［隊］妹昧［泰開］沬［隊］每痗瑁眛 R:［質B］密宓［德開］默纆墨

A24b8 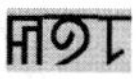 tsuj P:［支合］劑 S:［紙合］觜 Q:［至合］醉［隊］晬綷［泰合］最

A24b9 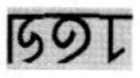 ts^huj P:［灰］崔催縗隆 S:［賄］皠漼璀 Q:［至合］翠［祭合］毳脃帨［隊］倅淬

A24b10 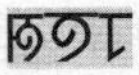 dzuj P:［灰］摧崔 S:［賄］辠罪 Q:［至合］萃顇悴瘁［泰合］蕞

A25a1 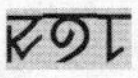 suj P:［支合］眭［脂合］綏雖睢［灰］挼犪毸 S:［紙合］髓瀡 Q:［至合］邃誶粹祟

A25a2 睟［祭合］歲繐繐［隊］碎誶

A25a3  zuj P:［支合］隨隋 Q:［至合］遂彗隧襚璲檖燧穟鐩穗［祭合］篲彗

A25a4 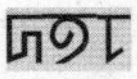 ʃuj S:［旨合］水 Q:［祭合］稅說蛻帨

A25a5 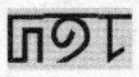 ʒuj P:［支合］垂陲［脂合］誰［支合］倕 S:［紙合］菙 Q:［寘合］睡瑞

A25a6  huj P:［灰］灰 S:［賄］賄晦悔 Q:［泰合］譮噦翽［隊］誨悔晦

A25a7 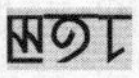 ɦuj P:［灰］迴回洄槐徊瑰茴 S:［賄］瘣廆匯 Q:［泰合］會襘［隊］潰

A25a8 繢闠廻 R:［德合］或惑蜮

A25a9  0uj P:［支合 B］逶萎委［微合］威葳蝛［灰］隈煨椳偎猥 S:［紙合 B］委骫［尾合］磈

A25a10 裛［賄］猥 Q:［未合］尉慰畏罻蔚［廢合］穢濊獩［泰合］薈 R:［職合］域罭棫

A25b1 緎淢

A25b2 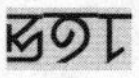 0uj P:［支合］危峗［脂合］帷［支合］爲為［微合］巍-幃韋圍闈違湋［灰］桅嵬峞

A25b3 S:［紙合］硊頠-蔿蘤闖薳［旨合］洧鮪痏［尾合］韙煒暐偉瑋葦

A25b4 韡媁［賄］隗嵬頠 Q:［寘合］僞［至合］位［寘合］爲［未合］魏-胃謂緯彙蝟緭

A25b5 渭煟［祭合 B］衛彗［泰合］外［隊］磑

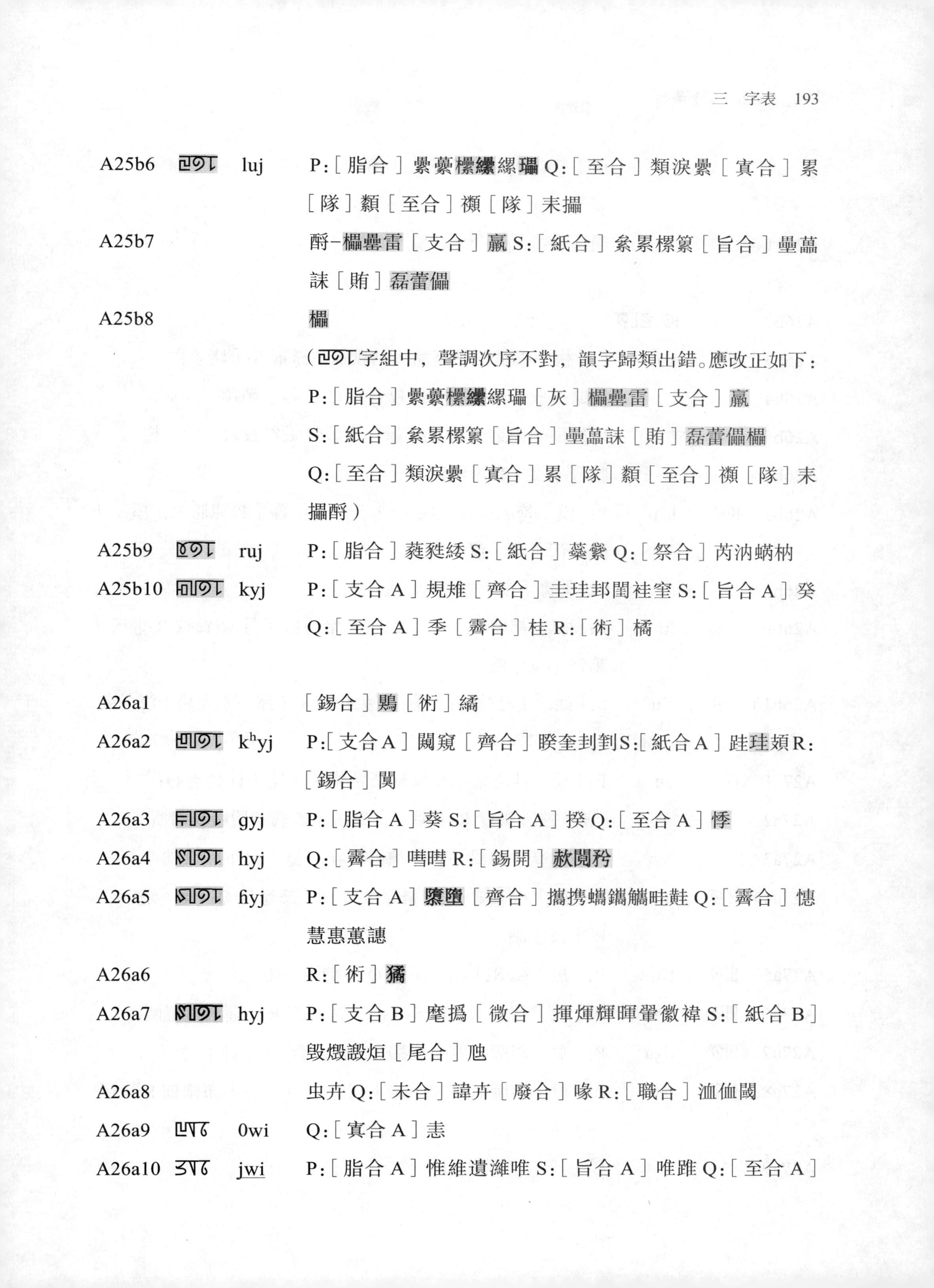

A25b6　luj　P：［脂合］虆虆欙纍縲瓃 Q：［至合］類淚虆［寘合］累［隊］纇［至合］禷［隊］耒擂

A25b7　酹-檑壘雷［支合］羸 S：［紙合］絫累樏篡［旨合］壘藟誄［賄］磊蕾儡

A25b8　檑

（[illegible]字組中，聲調次序不對，韻字歸類出錯。應改正如下：

P：［脂合］虆虆欙纍縲瓃［灰］檑壘雷［支合］羸

S：［紙合］絫累樏篡［旨合］壘藟誄［賄］磊蕾儡檑

Q：［至合］類淚虆［寘合］累［隊］纇［至合］禷［隊］耒擂酹）

A25b9　ruj　P：［脂合］蕤甤緌 S：［紙合］蘂蘂 Q：［祭合］芮汭蜹枘

A25b10　kyj　P：［支合 A］規雉［齊合］圭珪邽閨袿窒 S：［旨合 A］癸 Q：［至合 A］季［霽合］桂 R：［術］橘

A26a1　［錫合］鶪［術］繘

A26a2　k^hyj　P:［支合 A］闚窺［齊合］睽奎刲刲 S:［紙合 A］跬珪頍 R:［錫合］闃

A26a3　gyj　P：［脂合 A］葵 S：［旨合 A］揆 Q：［至合 A］悸

A26a4　hyj　Q：［霽合］嘒嘒 R：［錫開］赦闃矜

A26a5　ɦyj　P：［支合 A］隳隓［齊合］攜携蠵鑴觿畦鼀 Q：［霽合］憓慧惠蕙譓

A26a6　R：［術］獝

A26a7　hyj　P：［支合 B］麾撝［微合］揮煇輝暉翬徽褘 S：［紙合 B］毀燬譭烜［尾合］虺

A26a8　虫卉 Q：［未合］諱卉［廢合］喙 R：［職合］洫侐閾

A26a9　0wi　Q：［寘合 A］恚

A26a10　jwi　P：［脂合 A］惟維遺濰唯 S：［旨合 A］唯踓 Q：［至合 A］

遺［祭合 A］鋭叡睿 R:［術 A］聿

A26b1 䲨遹鷸矞［昔合］役疫

A26b2 ꡟ ꡦꡟ 五魚

A26b3 ꡀꡟ ku P:［模］孤苽菰姑辜酤鴣蛄呱觚沽柧罛 S:［姥］古

A26b4 鼓瞽瞽股罟蠱估鹽牯鈷羖賈詁 Q:［暮］顧頋

A26b5 雇故酤痼固錮鯝涸 R:［屋一］縠穀轂谷瀔糓［沃］梏

A26b6 牿告［沒］骨滑汩愲

A26b7 ꡁꡟ k^hu P:［模］恗怯也枯刳 S:［姥］苦筈 Q:［暮］袴庫胯 R:［屋一］哭［沃］酷［沒］顝

A26b8 ［沃］嚳［沒］窟矻

A26b9 ꡈꡟ tu P:［模］都闍 S:［姥］覩睹賭堵 Q:［暮］妬蠹斁 R:［沃］篤督［沒］咄

A26b10 ꡉꡟ t^hu S:［姥］土吐稌 Q:［暮］菟兔吐鵵 R:［屋一］秃鵚［沒］突

A27a1 ꡊꡟ du P:［模］徒屠瘏塗途酴駼荼圖菟 S:［姥］杜肚土 Q:

A27a2 ［暮］渡斁鍍度 R:［屋一］獨讀黷讟髑殰櫝牘韣瓄瀆

A27a3 犢匵［沃］毒蝳［沒］突揬［沃］纛［沒］腯堗鈯

A27a4 ꡋꡟ nu P:［模］奴笯籠也駑砮帑孥 S:［姥］怒弩努 Q:［暮］怒 R:［沒］訥

A27a5 ꡄꡟ tʃu P:［魚］葅 S:［語］阻俎 Q:［御］詛阻

A27a6 ꡅꡟ $tʃ^hu$ P:［魚］初［虞］芻 S:［語］楚礎憷 R:［屋三］矗閦

A27a7 ꡆꡟ dʒu P:［魚］鉏鋤［虞］雛鶵 S:［語］齟 Q:［御］助

A27a8 ꡎꡟ pu P:［模］逋餔晡誧 S:［姥］補譜圃 Q:［暮］布圃佈 R:［屋一］卜濮

A27a9 樸［沃］襮［沒］不

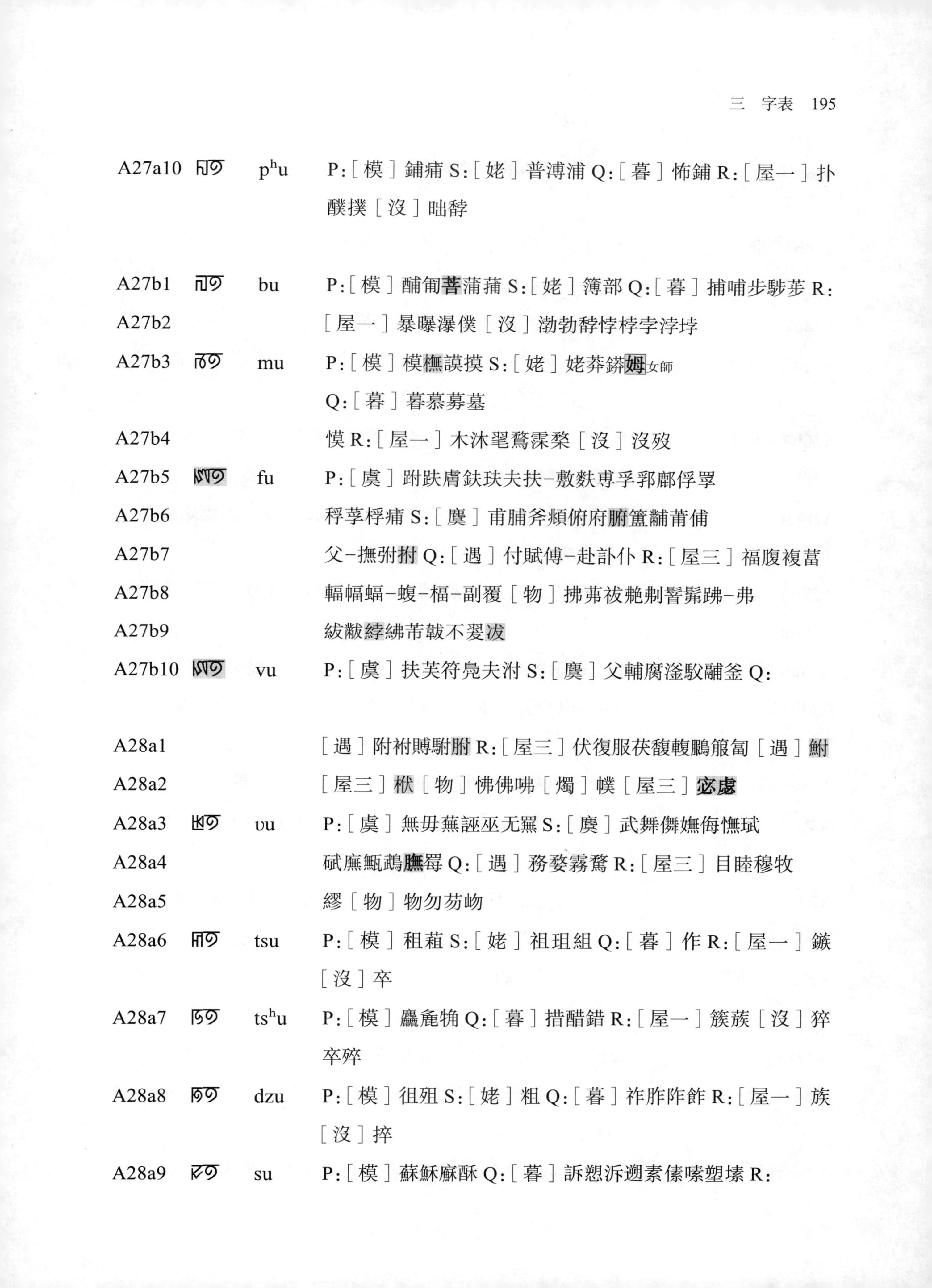

A27a10 p^hu P:［模］鋪痡 S:［姥］普溥浦 Q:［暮］怖鋪 R:［屋一］扑
醭撲［沒］咄誖

A27b1 bu P:［模］酺匍菩蒲蒱 S:［姥］簿部 Q:［暮］捕哺步駁荹 R:
A27b2 ［屋一］暴曝瀑僕［沒］渤勃誖悖桲孛浡埻
A27b3 mu P:［模］模橅謨摸 S:［姥］姥莽蟒姆女師
Q:［暮］暮慕募墓
A27b4 慔 R:［屋一］木沐毣鶩霂㮟［沒］沒歿
A27b5 fu P:［虞］跗趺膚鈇玞夫扶－敷麩尃孚郛鄜俘罦
A27b6 稃莩桴痡 S:［麌］甫脯斧頫俯府腑簠黼莆俌
A27b7 父－撫弣拊 Q:［遇］付賦傅－赴訃仆 R:［屋三］福腹複葍
A27b8 輻幅蝠－蝮－楅－副覆［物］拂茀袚艴刜髾髴踋－弗
A27b9 紱黻綍紼芾韍不翇泼
A27b10 vu P:［虞］扶芙符鳧夫泭 S:［麌］父輔腐滏駁鬴釜 Q:

A28a1 ［遇］附袝賻駙胕 R:［屋三］伏復服茯馥輹鵩箙匐［遇］鮒
A28a2 ［屋三］栿［物］怫佛咈［燭］幞［屋三］宓虙
A28a3 ʋu P:［虞］無毋蕪誣巫无羉 S:［麌］武舞儛嫵侮憮珷
A28a4 碔廡甒鵡膴罦 Q:［遇］務婺霧鶩 R:［屋三］目睦穆牧
A28a5 繆［物］物勿芴岉
A28a6 tsu P:［模］租蒩 S:［姥］祖珇組 Q:［暮］作 R:［屋一］鏃
［沒］卒
A28a7 ts^hu P:［模］麤麁犓 Q:［暮］措醋錯 R:［屋一］簇蔟［沒］猝
卒踤
A28a8 dzu P:［模］徂殂 S:［姥］粗 Q:［暮］祚胙阼飵 R:［屋一］族
［沒］捽
A28a9 su P:［模］蘇穌窣酥 Q:［暮］訴愬泝遡素傃嗉塑㷫 R:

A28a10 ［屋一］速蔌觫餗樕遬涑［沒］窣

A28b1 ʃu P:［魚］蔬梳蔬踈釃［虞］毹毹 S:［語］所所［麌］數

Q:［御］疏［遇］捒數 R:

A28b2 ［屋三］縮莤謖蹜［質合B］率帥蟀

A28b3 hu P:［模］呼戲嘑膴滹幠 S:［姥］虎琥滸 Q:［暮］謼 R:［沃］

熇［沒］忽笏惚

A28b4 ɦu P:［模］胡壺狐餬瑚湖鶘醐糊弧乎瓠虖 S:［姥］戶

A28b5 楛扈怙鄠祜昈岵雇鳸酤 Q:［暮］護瓠頀互濩

A28b6 冱韄罟 R:［屋一］縠槲斛［沃］鵠嚳［沒］麧齕紇淈

［沒］鶻

A28b7 0u P:［模］烏鳴洿污杇於惡 S:［姥］隖塢鄔 Q:［暮］惡諲汙

A28b8 R:［屋一］屋剭［沃］沃鋈

A28b9 lu P:［模］盧鑪壚蘆顱艫櫨轤獹瀘纑旅 S:［姥］魯櫓

A28b10 滷虜艣鹵 Q:［暮］路露潞輅鷺璐賂簬簵 R:［模］爐

A29a1 ［屋一］祿鹿漉轆琭簏麗麓盝碌騼簶［沃］濼

A29a2 ky P:［魚］居裾据琚鶋車［虞］拘駒軥捄俱 S:［語］舉莒

［麌］矩

A29a3 ［魚］筥弆藏也柜小柳 Q:［魚］據鋸倨踞鐻［虞］屨句絇瞿 R:

A29a4 ［屋三］菊鞠掬鵴鞫匊［燭］輂挶［物］厥屈

A29a5 k^hy P:［魚］墟袪椐胠嘘［虞］區驅毆軀嶇 S:［語］去［麌］

齲踽 Q:

A29a6 環屬［魚］去［虞］驅 R:［屋三］麴［燭］曲苗［物］屈詘

A29a7 gy P:［魚］渠磲蕖璩蘧籧竹席［虞］衢瞿癯［魚］醵和錢飲酒鐻

［虞］臞

A29a8 鸜劬軥鴝絇［魚］腒 S:［語］巨鉅拒秬距炬詎虡［虞］窶

A29a9			Q:［御］遽勮詎［遇］懼具 R:［屋三］鞠［燭］局跼［物］倔崛緆掘
A29a10	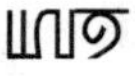	tʃy	P:［魚］豬猪潴-諸［虞］誅株邾-朱珠絑-蛛 S:［語］貯褚-煮
A29b1			陼渚［麌］黈-主麈炷 Q:［御］著-翥［遇］註鉒駐軴-注鑄羿
A29b2			炷澍 R:［屋三］竹竺筑築-粥祝珹［燭］瘃斸［術］窋絀怞［燭］燭
A29b3			［術］茁［燭］屬属囑矚
A29b4	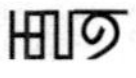	$tʃ^hy$	P:［魚］攄樗摴［虞］貙-樞姝 S:［語］楮褚［屋三］蓫［語］杵處 Q:［御］處虜
A29b5			R:［屋三］俶柷［燭］觸［術］黜怵出
A29b6	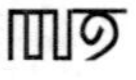	dʒy	P:［魚］除躇儲⊗篨滁［虞］厨蹰幮趎 S:［語］佇竚紵杼
A29b7			羜宁-紓抒［麌］柱 Q:［御］箸筯除［遇］住 R:［屋三］舳逐軸柚［術］術
A29b8			述［燭］贖-躅［術］朮-秫沭潏
A29b9	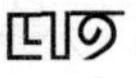	ɲy	P:［魚］袽帤拏 S:女［語］Q:［御］女 R:［屋三］朒恧忸衄
A29b10	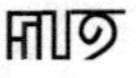	tsy	P:［魚］且蛆苴［虞］諏娵 Q:［御］怚沮［遇］足 R:［屋三］蹙顣踧蹴縬
A30a1			蹴［術］卒殚［燭］足
A30a2	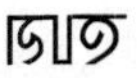	ts^hy	P:［魚］疽岨砠趄苴沮狙雎［虞］趨趍 S:［麌］取 Q:［御］覻［遇］娶
A30a3			趣 R:［燭］促
A30a4	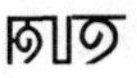	dzy	S:［語］咀沮跙［麌］聚 Q:［遇］聚 R:［術］崒踤

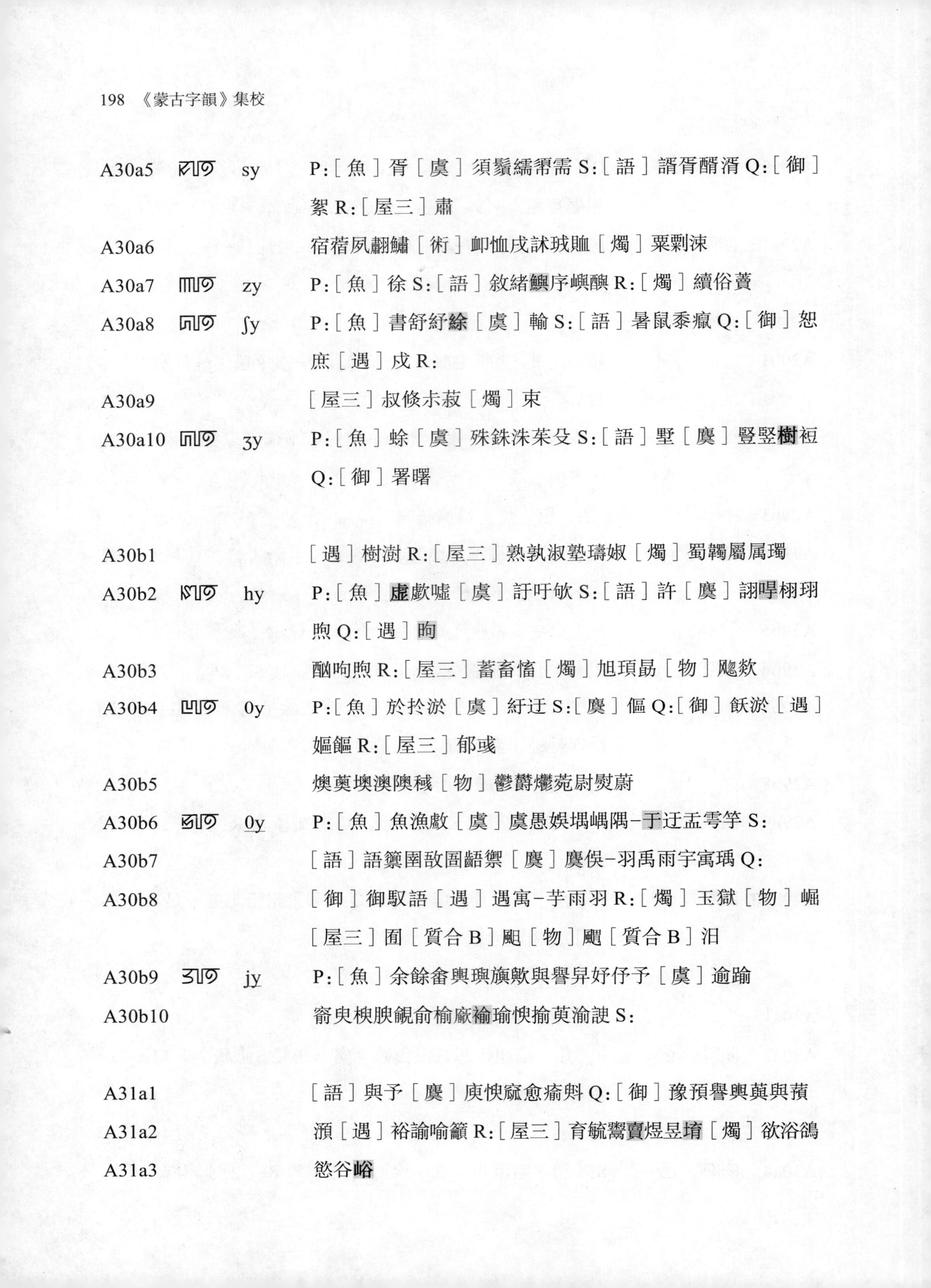

A30a5 sy P:［魚］胥［虞］須鬚繻𦈢需 S:［語］諝胥醑湑 Q:［御］絮 R:［屋三］肅

A30a6 宿蓿夙翻鱐［術］卹恤戌訹珬䘏［燭］粟㓘涑

A30a7 zy P:［魚］徐 S:［語］敘緒鱮序嶼䣁 R:［燭］續俗藚

A30a8 ʃy P:［魚］書舒紓絲［虞］輸 S:［語］暑鼠黍癙 Q:［御］恕庶［遇］戍 R:

A30a9 ［屋三］叔倏朩菽［燭］束

A30a10 ʒy P:［魚］蜍［虞］殊銖洙茱殳 S:［語］墅［麌］豎竪樹裋 Q:［御］署曙

A30b1 ［遇］樹澍 R:［屋三］熟孰淑塾璹埱［燭］蜀韣屬属𤩽

A30b2 hy P:［魚］虛歔嘘［虞］訏吁欨 S:［語］許［麌］詡㖗栩珝煦 Q:［遇］昫

A30b3 酗呴煦 R:［屋三］蓄畜慉［燭］旭頊勖［物］颮欻

A30b4 0y P:［魚］於扵淤［虞］紆迂 S:［麌］傴 Q:［御］飫淤［遇］嫗饇 R:［屋三］郁彧

A30b5 燠薁墺澳隩稶［物］鬱欝爩菀尉熨蔚

A30b6 0y P:［魚］魚漁䱷［虞］虞愚娛堣嵎隅–于迂盂雩竽 S:

A30b7 ［語］語籞圉敔圄齬禦［麌］麌俁–羽禹雨宇寓瑀 Q:

A30b8 ［御］御馭語［遇］遇寓–芋雨羽 R:［燭］玉獄［物］崛［屋三］囿［質合B］颶［物］颾［質合B］汩

A30b9 jy P:［魚］余餘畬輿璵旟歟與譽舁妤伃予［虞］逾踰

A30b10 窬臾楰腴覦俞榆廞褕瑜愉揄萸渝諛 S:

A31a1 ［語］與予［麌］庾愉窳愈瘉斞 Q:［御］豫預譽輿藇與蕷

A31a2 澦［遇］裕諭喻籲 R:［屋三］育毓鬻賣煜昱堉［燭］欲浴鵒

A31a3 慾谷峪

A31a4　ly　P:［魚］臚閭廬驢蘆櫚［虞］蔞膢 S:［語］吕旅膂簏祣穭
A31a5　侣［麌］縷僂褸 Q:［御］慮［遇］屢 R:［屋三］六陸戮
稑蓼蛙［術］律繂
A31a6　膟嵂率［燭］録淥緑醁籙碌騄逯娽
A31a7　ry　P:［魚］如茹［虞］儒濡襦懦嚅醹 S:［語］女汝尔也籹蜜
餌茹
A31a8　［麌］乳 Q:［御］洳茹［遇］孺 R:［屋三］肉［燭］辱蓐
褥鄏縟溽
A31a9　u　P:［模］吾鼯吳珸鋘梧 S:［姥］五伍午仵 Q:［暮］誤悮寤
A31a10　忤迕晤悟捂聕 R:［沒］兀杌扤屼矹朊刖

A31b1　六佳
A31b2　kaj　P:［哈］該垓荄陔峐晐祴 S:［海］改 Q:［泰開］蓋匃［代］
漑槩摡
A31b3　kʰaj　P:［哈］開 S:［海］愷凱塏鎧闓 Q:［泰開］磕愒［代］慨
愾欬鎧嘅
A31b4　ŋaj　P:［哈］皚敳 Q:［泰開］艾［代］礙
A31b5　taj　S:［海］觓歹 Q:［泰開］帶癗［代］戴
A31b6　tʰaj　P:［哈］胎台邰 Q:［泰開］泰忕太［代］貸態
A31b7　daj　P:［哈］臺薹籉擡儓苔菭駘 S:［海］殆怠迨紿詒隷
A31b8　待 Q:［泰開］大汏［代］代岱黛袋逮埭靆曃瑇
A31b9　naj　P:［哈］能 S:［海］乃迺鼐雟［佳開］嬭妳 Q:［泰開］柰
奈［代］耐鼐 R:［陌開二］搦
A31b10　tʃaj　P:［皆開］齋 Q:［卦開］債［怪開］瘵祭 R:［麥開］責嘖
幘簀咋［陌開二］迮窄舴諎

A32a1　［麥開］摘讁謫［陌開二］磔-笮

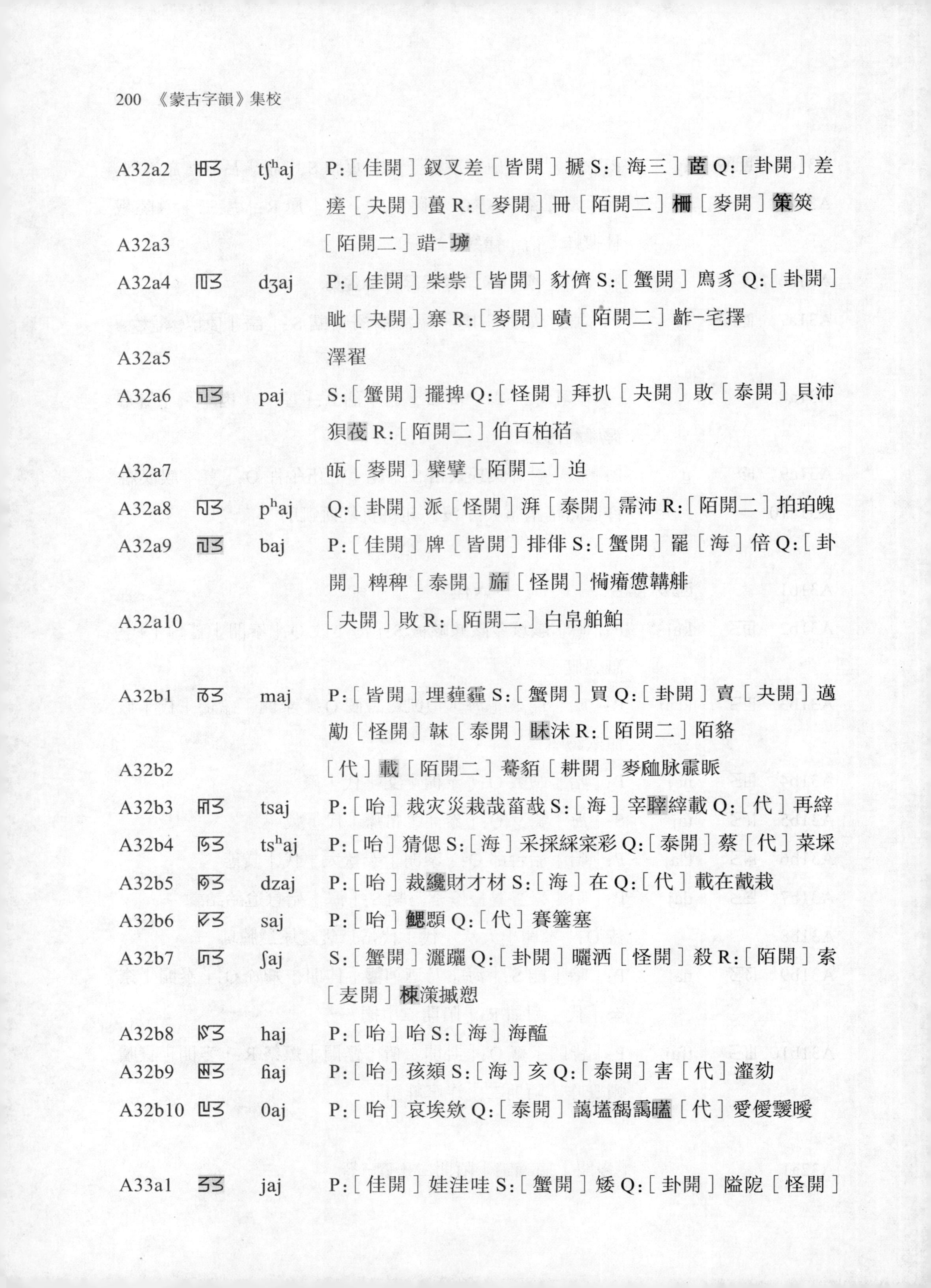

A32a2		tʃ^{h}aj	P:［佳開］釵叉差［皆開］搋 S:［海三］茝 Q:［卦開］差
			瘥［夬開］蠆 R:［麥開］冊［陌開二］柵［麥開］策筴
A32a3			［陌開二］䶪-墌
A32a4		dʒaj	P:［佳開］柴祡［皆開］豺儕 S:［蟹開］廌豸 Q:［卦開］
			眦［夬開］寨 R:［麥開］賾［陌開二］齚-宅擇
A32a5			澤翟
A32a6		paj	S:［蟹開］擺捭 Q:［怪開］拜扒［夬開］敗［泰開］貝沛
			狽茷 R:［陌開二］伯百柏栢
A32a7			瓸［麥開］檗擘［陌開二］迫
A32a8		p^{h}aj	Q:［卦開］派［怪開］湃［泰開］霈沛 R:［陌開二］拍珀魄
A32a9		baj	P:［佳開］牌［皆開］排俳 S:［蟹開］罷［海］倍 Q:［卦
			開］粺稗［泰開］旆［怪開］惫瘏憊韛犕
A32a10			［夬開］敗 R:［陌開二］白帛舶鮊
A32b1		maj	P:［皆開］埋薶霾 S:［蟹開］買 Q:［卦開］賣［夬開］邁
			勱［怪開］韎［泰開］眛沬 R:［陌開二］陌貊
A32b2			［代］載［陌開二］驀貊［耕開］麥衇脉霢脈
A32b3		tsaj	P:［哈］烖灾災栽哉菑載 S:［海］宰縡綷載 Q:［代］再綷
A32b4		ts^{h}aj	P:［哈］猜偲 S:［海］采採綵寀彩 Q:［泰開］蔡［代］菜埰
A32b5		dzaj	P:［哈］裁纔財才材 S:［海］在 Q:［代］載在截栽
A32b6		saj	P:［哈］鰓顋 Q:［代］賽簺塞
A32b7		ʃaj	S:［蟹開］灑躧 Q:［卦開］曬洒［怪開］殺 R:［陌開］索
			［麦開］栜溹摵愬
A32b8		haj	P:［哈］咍 S:［海］海醢
A32b9		ɦaj	P:［哈］孩頦 S:［海］亥 Q:［泰開］害［代］瀣劾
A32b10		0aj	P:［哈］哀埃欸 Q:［泰開］藹壒餲靄噫［代］愛僾靉曖
A33a1		jaj	P:［佳開］娃洼哇 S:［蟹開］矮 Q:［卦開］隘阸［怪開］

呃噫［夬開］餲喝嗄 R:［陌開二］啞

A33a2 餩［麥開］戹厄搤掜軶阸

A33a3 jaj P:［佳開］崖涯厓 S:［駭開］騃 R:［陌開二］額額詻

A33a4 laj P:［咍］來萊騋郲 Q:［泰開］賴籟癩瀨［代］賚徠

A33a5 kwaj P:［皆合］乖［佳合］媧緺蝸騧 Q:［怪合］怪恠硁壞［卦合］卦挂掛詿罣

A33a6 ［夬合］夬獪［怪開］犗 R:［陌合二］虢敋［麥合］蟈馘幗摑

A33a7 k^hwaj Q:［夬合］快噲駃［怪合］蒯蕢喟

A33a8 $tʃ^h$waj P:［支合］衰 S:［紙合］揣 Q:［夬合］嘬

A33a9 ʃwaj P:［脂合］衰榱 Q:［至合］帥率 R:［麥合］摅

A33a10 hwaj R:［陌合二］砉湱

A33b1 ɦwaj P:［皆合］懷櫰槐淮褢瀤 Q:［卦合］畫［怪合］壞［夬合］話 R:［麥合］獲畫劃嚍

A33b2 0waj P:［佳合］蛙鼃 R:［陌合二］擭

A33b3 0waj Q:［怪合］聵

A33b4 kjaj P:［佳開］佳街［皆開］皆偕堦稭喈階湝藍荄飌楷 S:［蟹開］解

A33b5 Q:［卦開］懈解繲廨［怪開］誡戒界介疥玠齐魪价芥届

A33b6 悈犗犗 R:［陌開二］格狢骼［麥開］隔鬲膈革［陌開二］茖

A33b7 k^hjaj P:［皆開］揩 S:［駭開］楷鍇 Q:［怪開］劾揩 R:［陌開二］客揢

A33b8 hjaj Q:［怪開］譮忺 R:［陌開二］赫焃嚇

A33b9 ɦjaj P:［佳開］膎鞵鞋［皆開］諧骸 S:［蟹開］蟹解獬澥嶰［駭開］駭 Q:［卦開］邂解

A33b10 ［怪開］械齂薤瀣 R:［陌開二］輅輅［麥開］覈翮核絯

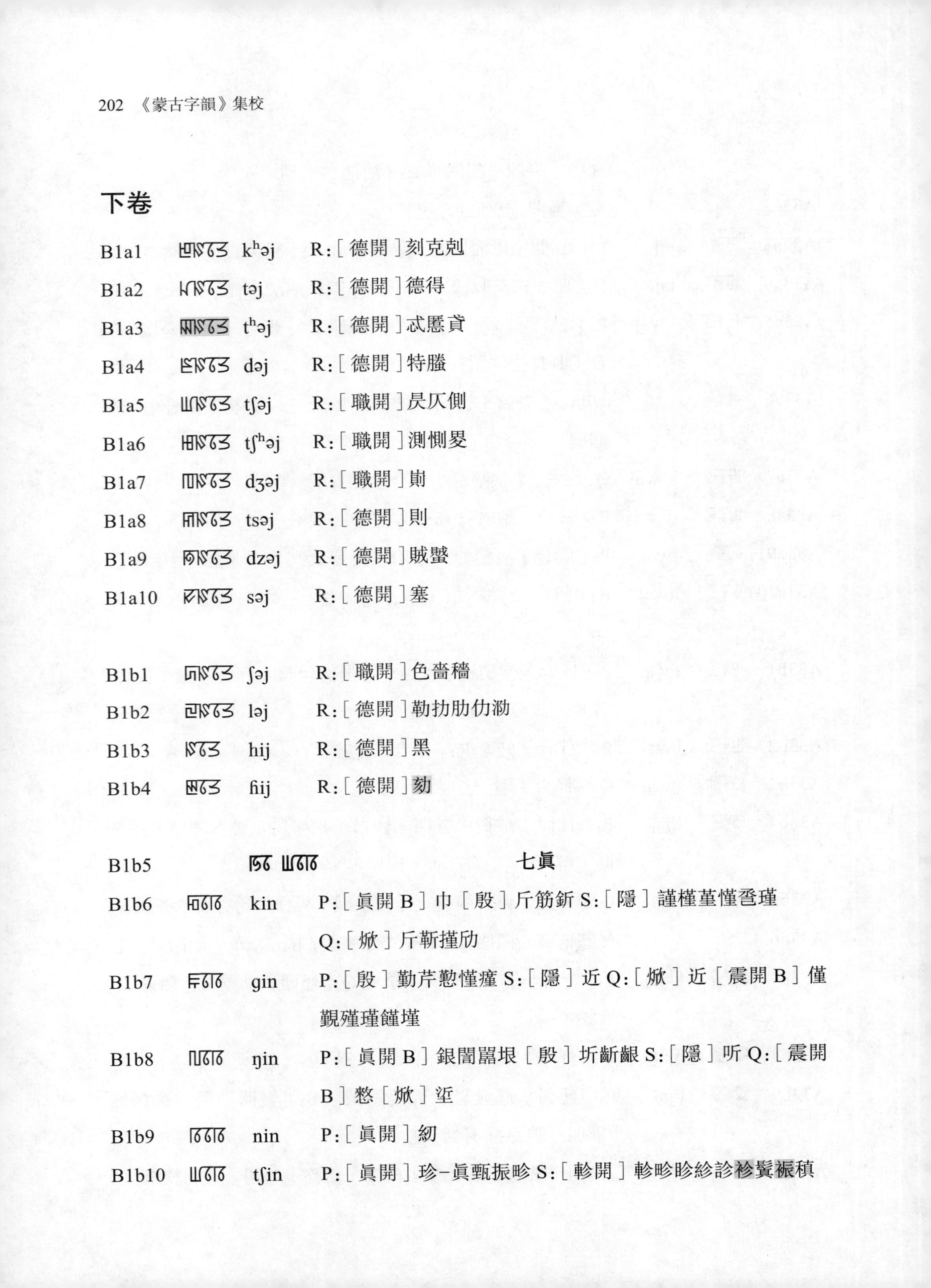

下卷

B1a1 $k^həj$ R:［德開］刻克剋

B1a2 təj R:［德開］德得

B1a3 $t^həj$ R:［德開］忒慝貣

B1a4 dəj R:［德開］特螣

B1a5 tʃəj R:［職開］昃仄側

B1a6 $tʃ^həj$ R:［職開］測惻畟

B1a7 dʒəj R:［職開］崱

B1a8 tsəj R:［德開］則

B1a9 dzəj R:［德開］賊蠈

B1a10 səj R:［德開］塞

B1b1 ʃəj R:［職開］色嗇穡

B1b2 ləj R:［德開］勒扐肋仂泐

B1b3 hij R:［德開］黑

B1b4 ɦij R:［德開］劾

B1b5 七眞

B1b6 kin P:［眞開B］巾［殷］斤筋釿 S:［隱］謹槿堇慬巹瑾 Q:［焮］斤靳墐劤

B1b7 gin P:［殷］勤芹懃慬瘽 S:［隱］近 Q:［焮］近［震開B］僅覲殣瑾饉墐

B1b8 ŋin P:［眞開B］銀誾嚚垠［殷］圻齗齦 S:［隱］听 Q:［震開B］憖［焮］垽

B1b9 nin P:［眞開］紉

B1b10 tʃin P:［眞開］珍–眞甄振眕 S:［軫開］軫畛眕紾診袗鬒裖稹

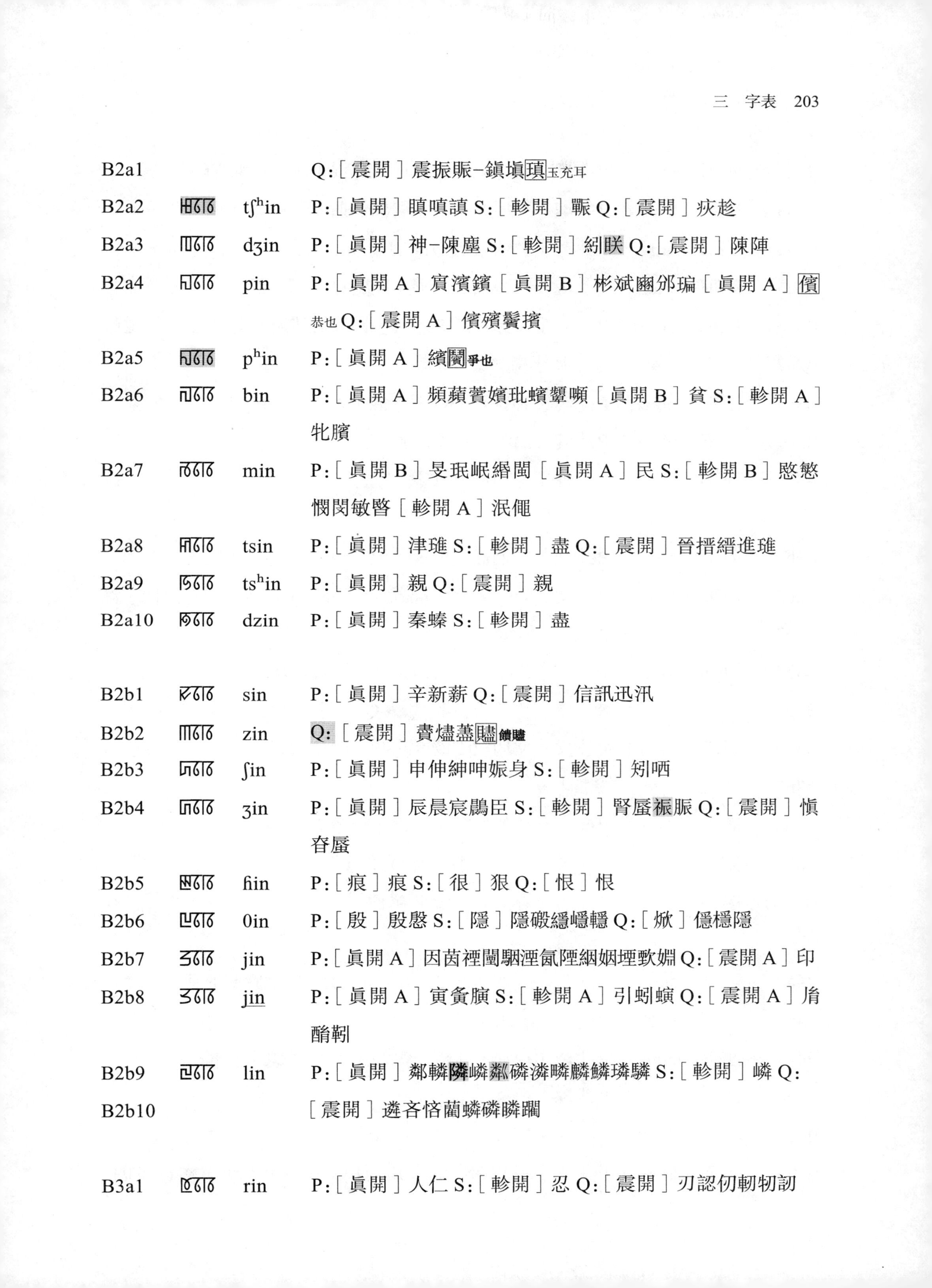

B2a1		Q:［震開］震振賑–鎮塡瑱玉充耳
B2a2	tʃʰin	P:［眞開］瞋嗔謓 S:［軫開］鬒 Q:［震開］疢趁
B2a3	dʒin	P:［眞開］神–陳塵 S:［軫開］紖眣 Q:［震開］陳陣
B2a4	pin	P:［眞開 A］賓濱鑌［眞開 B］彬斌豳邠璸［眞開 A］儐恭也 Q:［震開 A］儐殯鬢擯
B2a5	pʰin	P:［眞開 A］繽⿵門賓爭也
B2a6	bin	P:［眞開 A］頻蘋薲嬪玭蠙顰嚬［眞開 B］貧 S:［軫開 A］牝臏
B2a7	min	P:［眞開 B］旻珉岷緡閩［眞開 A］民 S:［軫開 B］愍憫憫閔敏暋［軫開 A］泯僶
B2a8	tsin	P:［眞開］津璡 S:［軫開］盡 Q:［震開］晉搢縉進璡
B2a9	tsʰin	P:［眞開］親 Q:［震開］親
B2a10	dzin	P:［眞開］秦螓 S:［軫開］盡
B2b1	sin	P:［眞開］辛新薪 Q:［震開］信訊迅汛
B2b2	zin	Q:［震開］賮燼藎贐饋贐
B2b3	ʃin	P:［眞開］申伸紳呻娠身 S:［軫開］矧哂
B2b4	ʒin	P:［眞開］辰晨宸鷐臣 S:［軫開］腎蜃裖脤 Q:［震開］慎昚蜃
B2b5	ɦin	P:［痕］痕 S:［很］狠 Q:［恨］恨
B2b6	0in	P:［殷］殷慇 S:［隱］隱磤縕嶾轞 Q:［焮］傿檼隱
B2b7	jin	P:［眞開 A］因茵禋闉駰湮氤陻絪婣堙歅媢 Q:［震開 A］印
B2b8	jin	P:［眞開 A］寅夤胤 S:［軫開 A］引蚓螾 Q:［震開 A］胤酳靷
B2b9	lin	P:［眞開］鄰轔隣嶙粼磷潾暽麟鱗璘驎 S:［軫開］嶙 Q:
B2b10		［震開］遴吝悋藺蟒磷瞵躪
B3a1	rin	P:［眞開］人仁 S:［軫開］忍 Q:［震開］刃認仞軔牣訒

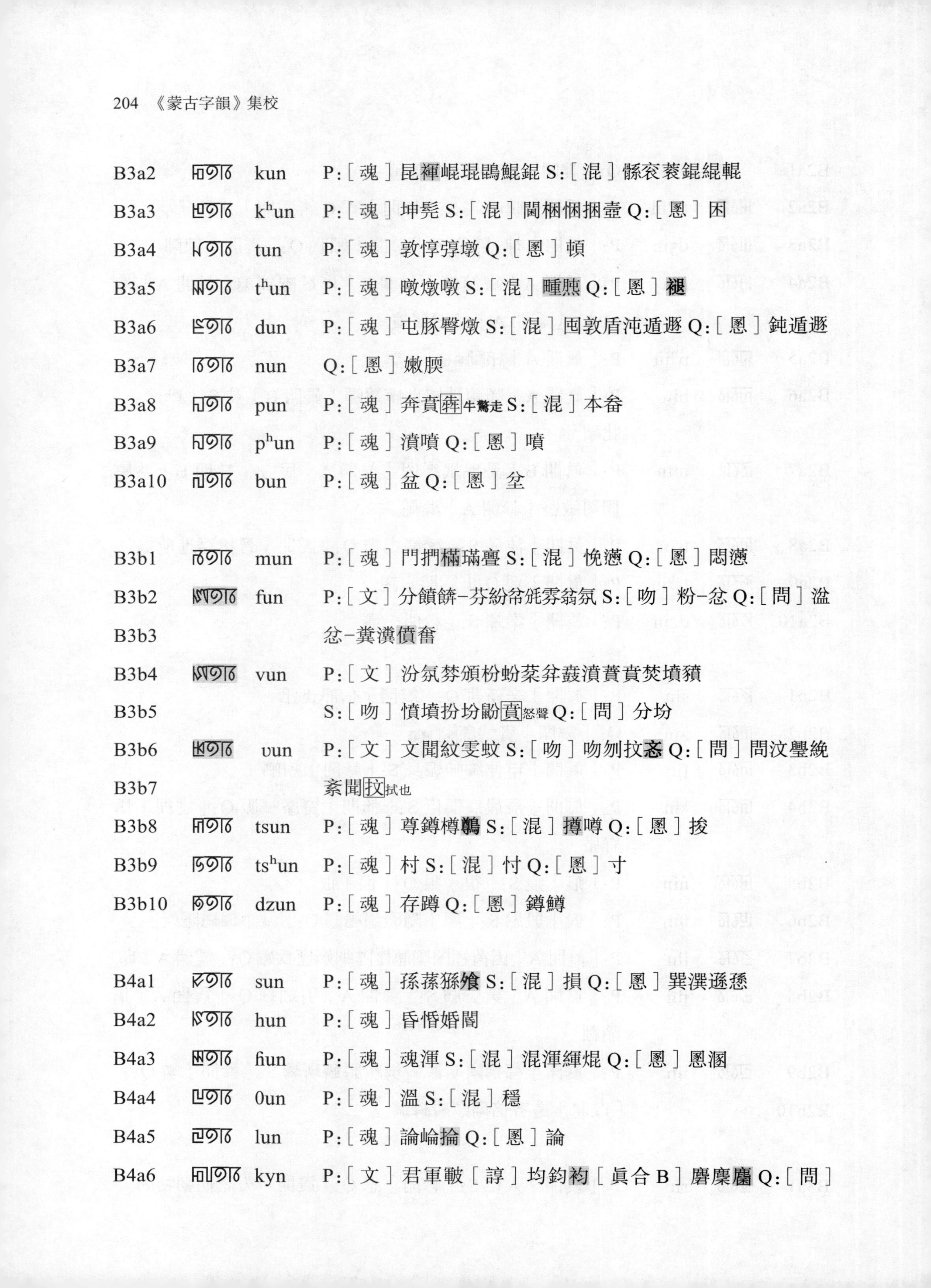

B3a2 kun P:［魂］昆褌崐琨鵾鯤錕 S:［混］鯀衮袞錕緄輥

B3a3 k^{h}un P:［魂］坤髡 S:［混］閫梱悃捆壼 Q:［慁］困

B3a4 tun P:［魂］敦惇弴墩 Q:［慁］頓

B3a5 t^{h}un P:［魂］暾燉噋 S:［混］畽疃 Q:［慁］褪

B3a6 dun P:［魂］屯豚臀燉 S:［混］囤敦盾沌遁遯 Q:［慁］鈍遁遯

B3a7 nun Q:［慁］嫩腝

B3a8 pun P:［魂］奔賁犇牛驚走 S:［混］本畚

B3a9 p^{h}un P:［魂］濆噴 Q:［慁］噴

B3a10 bun P:［魂］盆 Q:［慁］坌

B3b1 mun P:［魂］門捫樠璊亹 S:［混］悗懣 Q:［慁］悶懣

B3b2 fun P:［文］分饙餴-芬紛帉羒雰翁氛 S:［吻］粉-忿 Q:［問］湓

B3b3 忿-糞瀵僨奮

B3b4 vun P:［文］汾氛棼頒枌蚡棻弅蕡濆蕡賁焚墳豶

B3b5 S:［吻］憤墳扮坋鼢賁怒聲 Q:［問］分坋

B3b6 ʋun P:［文］文聞紋雯蚊 S:［吻］吻刎抆忞 Q:［問］問汶璺絻

B3b7 紊聞抆拭也

B3b8 tsun P:［魂］尊罇樽鷷 S:［混］撙噂 Q:［慁］捘

B3b9 ts^{h}un P:［魂］村 S:［混］忖 Q:［慁］寸

B3b10 dzun P:［魂］存蹲 Q:［慁］鐏鱒

B4a1 sun P:［魂］孫蓀猻飧 S:［混］損 Q:［慁］巽潠遜愻

B4a2 hun P:［魂］昏惛婚閽

B4a3 ɦun P:［魂］魂渾 S:［混］混渾緷焜 Q:［慁］慁溷

B4a4 0un P:［魂］溫 S:［混］穩

B4a5 lun P:［魂］論崘掄 Q:［慁］論

B4a6 kyn P:［文］君軍皸［諄］均鈞袀［眞合B］麕麇䴢 Q:［問］

攟捃皸

B4a7	$\mathrm{k^hyn}$	P:［真合 B］困箘
B4a8	gyn	P:［文］群裠帬 S:［軫合 B］窘僒箘菌 Q:［問］郡
B4a9	tʃyn	P:［諄］屯窀迍-諄 S:［準］準准埻純 Q:［稕］稕
B4a10	$\mathrm{tʃ^hun}$	P:［諄］春-椿輴杶橁 S:［準］蠢踳膥
B4b1	dʒyn	P:［諄］脣漘 S:［準］盾揗楯 Q:［稕］順揗
B4b2	tsyn	P:［諄］遵僎 Q:［稕］儁俊餕畯晙駿鵔
B4b3	$\mathrm{ts^hyn}$	P:［諄］逡皴鵔
B4b4	syn	P:［諄］荀郇詢峋珣恂 S:［準］筍笋隼簨 Q:［稕］峻濬浚
B4b5	zyn	P:［諄］旬巡馴紃循洵楯揗 Q:［稕］徇殉侚
B4b6	ʃyn	Q:［稕］舜蕣瞬
B4b7	ʒyn	P:［諄］醇純蓴鶉錞淳
B4b8	hyn	P:［文］薰曛勳勛熏爊纁醺葷焄臐 Q:［問］訓焄
B4b9	jyn	P:［諄］匀昀 S:［準］尹允狁
B4b10	lyn	P:［諄］淪輪倫綸掄
B5a1	ryn	P:［諄］犉 S:［準］蝡 Q:［稕］閏潤
B5a2	kən	P:［痕］根跟 Q:［恨］艮
B5a3	$\mathrm{k^hən}$	S:［很］懇墾
B5a4	$\mathrm{t^hən}$	P:［痕］吞 Q:［恨］褪
B5a5	tʃən	P:［臻］臻蓁溱榛
B5a6	$\mathrm{tʃ^hən}$	Q:［櫬］櫬襯儭齔嚫
B5a7	ʃən	P:［臻］莘詵駪籸甡兟詵侁鋅
B5a8	0ən	P:［痕］恩
B5a9	kjin	S:［軫開 A］緊
B5a10	hjin	P:［殷］欣忻昕訢炘 Q:［震開 B］衅釁［焮］焮炘

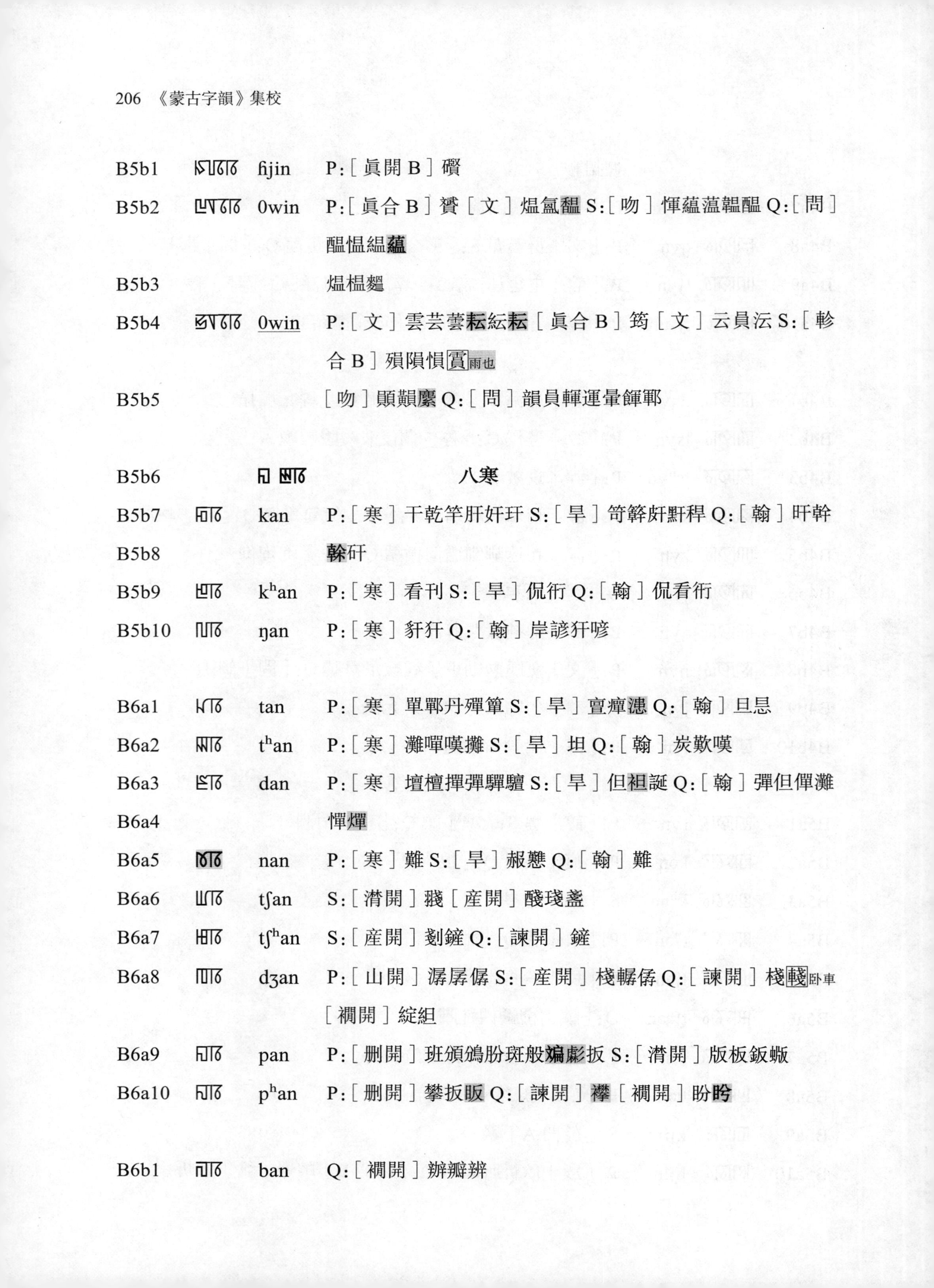

B5b1 ɦjin P:［眞開 B］礥

B5b2 0win P:［眞合 B］贇［文］煴氳馧 S:［吻］惲藴薀韞醞 Q:［問］
醞愠緼蕴

B5b3 煴榲麴

B5b4 0win P:［文］雲芸蕓耘紜秐［眞合 B］筠［文］云員沄 S:［軫
合 B］殞隕愪霣雨也

B5b5 ［吻］顛顛麇 Q:［問］韻員輝運暈餫鄆

B5b6 八寒

B5b7 kan P:［寒］干乾竿肝奸玕 S:［旱］笴簳奸䵟稈 Q:［翰］旰幹
B5b8 榦矸

B5b9 k^han P:［寒］看刊 S:［旱］侃衎 Q:［翰］侃看衎

B5b10 ŋan P:［寒］豻犴 Q:［翰］岸諺犴喭

B6a1 tan P:［寒］單鄲丹殫簞 S:［旱］亶癉澶 Q:［翰］旦晷

B6a2 t^han P:［寒］灘嘽嘆攤 S:［旱］坦 Q:［翰］炭歎嘆

B6a3 dan P:［寒］壇檀撣彈驒驙 S:［旱］但袒誕 Q:［翰］彈但僤灘
B6a4 憚燀

B6a5 nan P:［寒］難 S:［旱］赧戁 Q:［翰］難

B6a6 tʃan S:［潸開］殘［産開］醆琖盞

B6a7 $tʃ^h$an S:［産開］剗鏟 Q:［諫開］鏟

B6a8 dʒan P:［山開］潺孱僝 S:［産開］棧轏僝 Q:［諫開］棧轏卧車
［襉開］綻組

B6a9 pan P:［删開］班頒鳻朌斑般煸彪扳 S:［潸開］版板鈑蝂

B6a10 p^han P:［删開］攀扳眅 Q:［諫開］襻［襉開］盼盻

B6b1 ban Q:［襉開］辧瓣辨

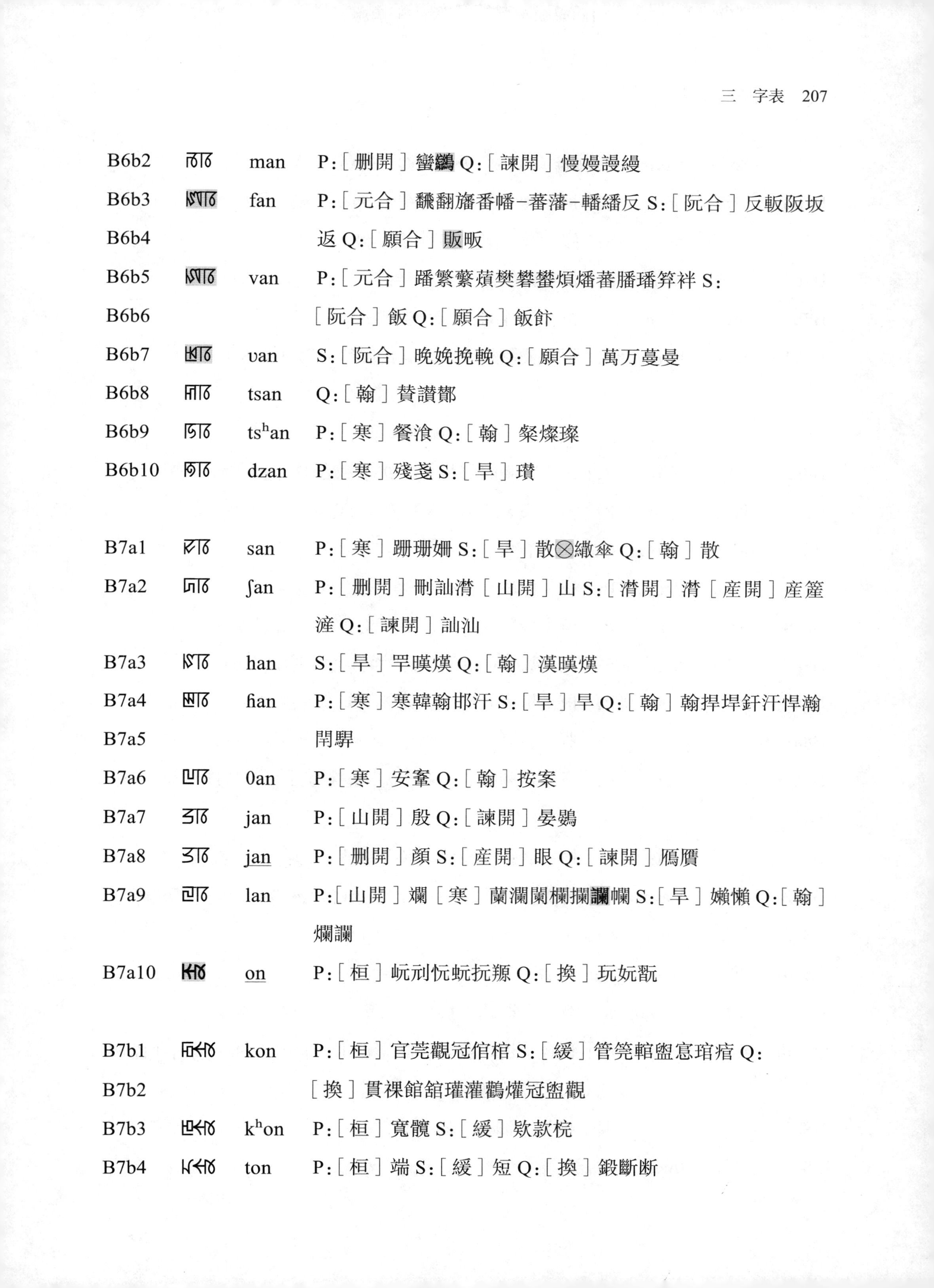

B6b2		man	P：［删開］蠻鸞 Q：［諫開］慢嫚謾縵
B6b3		fan	P：［元合］飜翻旛番幡–蕃藩–轓繙反 S：［阮合］反皈阪坂
B6b4			返 Q：［願合］販畈
B6b5		van	P：［元合］蹯繁蘩薠樊礬蠜煩燔蕃膰璠笲袢 S：
B6b6			［阮合］飯 Q：［願合］飯飰
B6b7		ʋan	S：［阮合］晚娩挽輓 Q：［願合］萬万蔓曼
B6b8		tsan	Q：［翰］贊讚酇
B6b9		tsʰan	P：［寒］餐湌 Q：［翰］粲燦璨
B6b10		dzan	P：［寒］殘戔 S：［旱］瓚
B7a1		san	P：［寒］跚珊姍 S：［旱］散⊗繖傘 Q：［翰］散
B7a2		ʃan	P：［删開］刪訕潸［山開］山 S：［潸開］潸［産開］産簅
			滻 Q：［諫開］訕汕
B7a3		han	S：［旱］罕暵熯 Q：［翰］漢暵熯
B7a4		ɦan	P：［寒］寒韓翰邯汗 S：［旱］旱 Q：［翰］翰捍垾釬汗悍瀚
B7a5			閈駻
B7a6		0an	P：［寒］安鞌 Q：［翰］按案
B7a7		jan	P：［山開］殷 Q：［諫開］晏鷃
B7a8		j̲a̲n̲	P：［删開］顔 S：［産開］眼 Q：［諫開］鴈贋
B7a9		lan	P：［山開］斕［寒］蘭瀾闌欄攔讕幱 S：［旱］嬾懶 Q：［翰］
			爛讕
B7a10		o̲n̲	P：［桓］岏刓忨蚖抏羱 Q：［換］玩妧翫
B7b1		kon	P：［桓］官莞觀冠倌棺 S：［緩］管筦輨盥悹琯痯 Q：
B7b2			［換］貫祼館錧瓘灌鸛爟冠盥觀
B7b3		kʰon	P：［桓］寬髖 S：［緩］欵款梡
B7b4		ton	P：［桓］端 S：［緩］短 Q：［換］鍛斷断

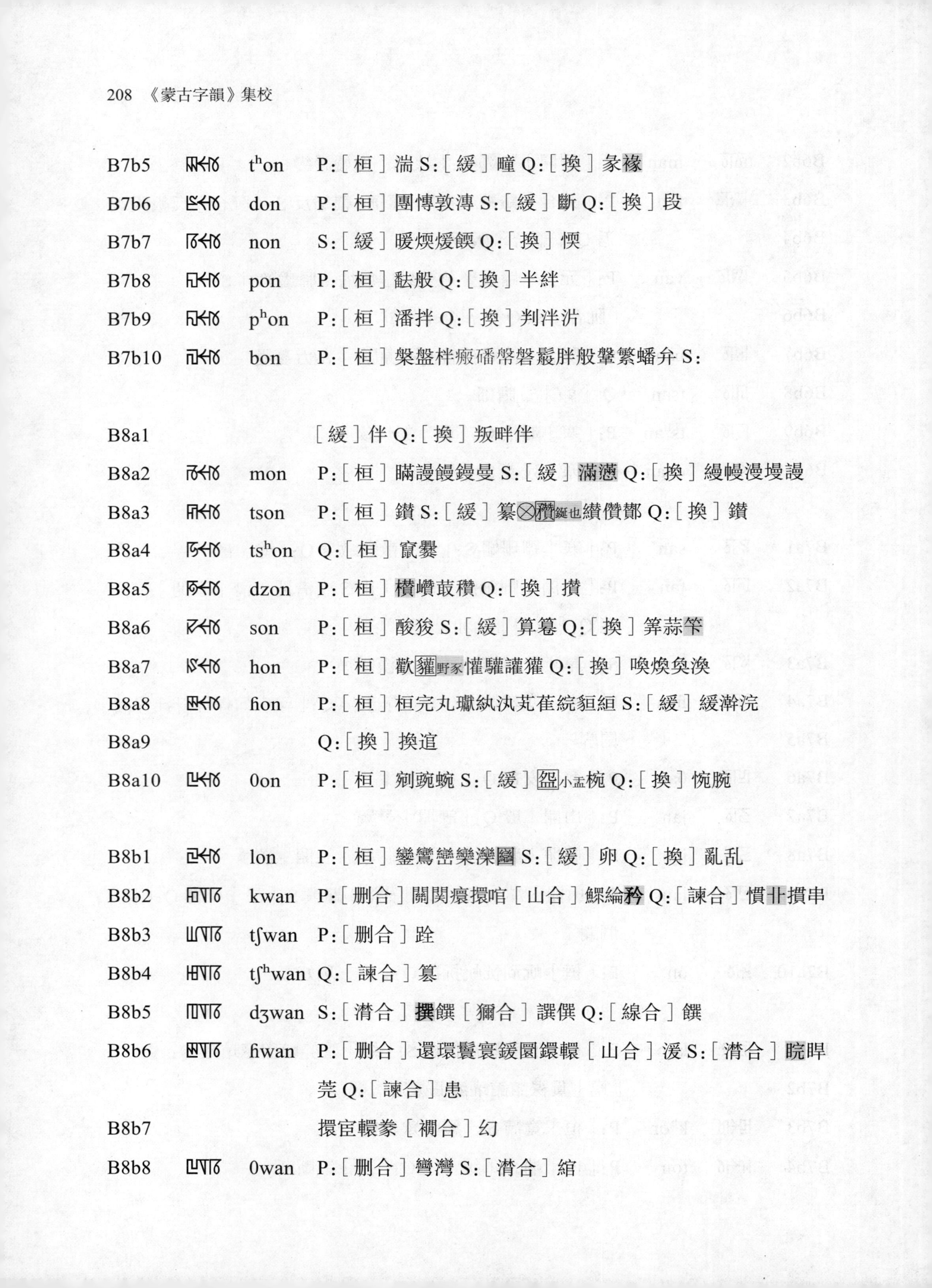

B7b5 t^{h}on P:［桓］湍 S:［緩］疃 Q:［換］彖褖

B7b6 don P:［桓］團慱敦溥 S:［緩］斷 Q:［換］段

B7b7 non S:［緩］暖煖煗餪 Q:［換］愞

B7b8 pon P:［桓］黏般 Q:［換］半絆

B7b9 p^{h}on P:［桓］潘拌 Q:［換］判泮沜

B7b10 bon P:［桓］槃盤柈瘢磻幋磐鬆胖般鞶縏蟠弁 S:

B8a1 ［緩］伴 Q:［換］叛畔伴

B8a2 mon P:［桓］瞞謾饅鏝曼 S:［緩］滿懣 Q:［換］縵幔漫墁謾

B8a3 tson P:［桓］鑽 S:［緩］纂⊗欑鋋也纘儹酇 Q:［換］鑚

B8a4 ts^{h}on Q:［桓］竄爨

B8a5 dzon P:［桓］欑巑菆穳 Q:［換］攢

B8a6 son P:［桓］酸狻 S:［緩］算篹 Q:［換］筭蒜笇

B8a7 hon P:［桓］歡貛野豕懽驩讙獾 Q:［換］喚煥奐渙

B8a8 ɦon P:［桓］桓完丸瓛紈汍芄萑綄貆絙 S:［緩］緩澣浣

B8a9 Q:［換］換逭

B8a10 0on P:［桓］剜豌蜿 S:［緩］盌小盂椀 Q:［換］惋腕

B8b1 lon P:［桓］鑾鸞巒欒灤圝 S:［緩］卵 Q:［換］亂乱

B8b2 kwan P:［删合］關関瘝擐䩪［山合］鰥綸矜 Q:［諫合］慣丱摜串

B8b3 tʃwan P:［删合］跧

B8b4 tʃ^{h}wan Q:［諫合］篡

B8b5 dʒwan S:［潸合］撰饌［獮合］譔僎 Q:［線合］饌

B8b6 ɦwan P:［删合］還環鬟寰鍰圜鐶轘［山合］湲 S:［潸合］睆睅

莞 Q:［諫合］患

B8b7 擐宦轘豢［襉合］幻

B8b8 0wan P:［删合］彎灣 S:［潸合］綰

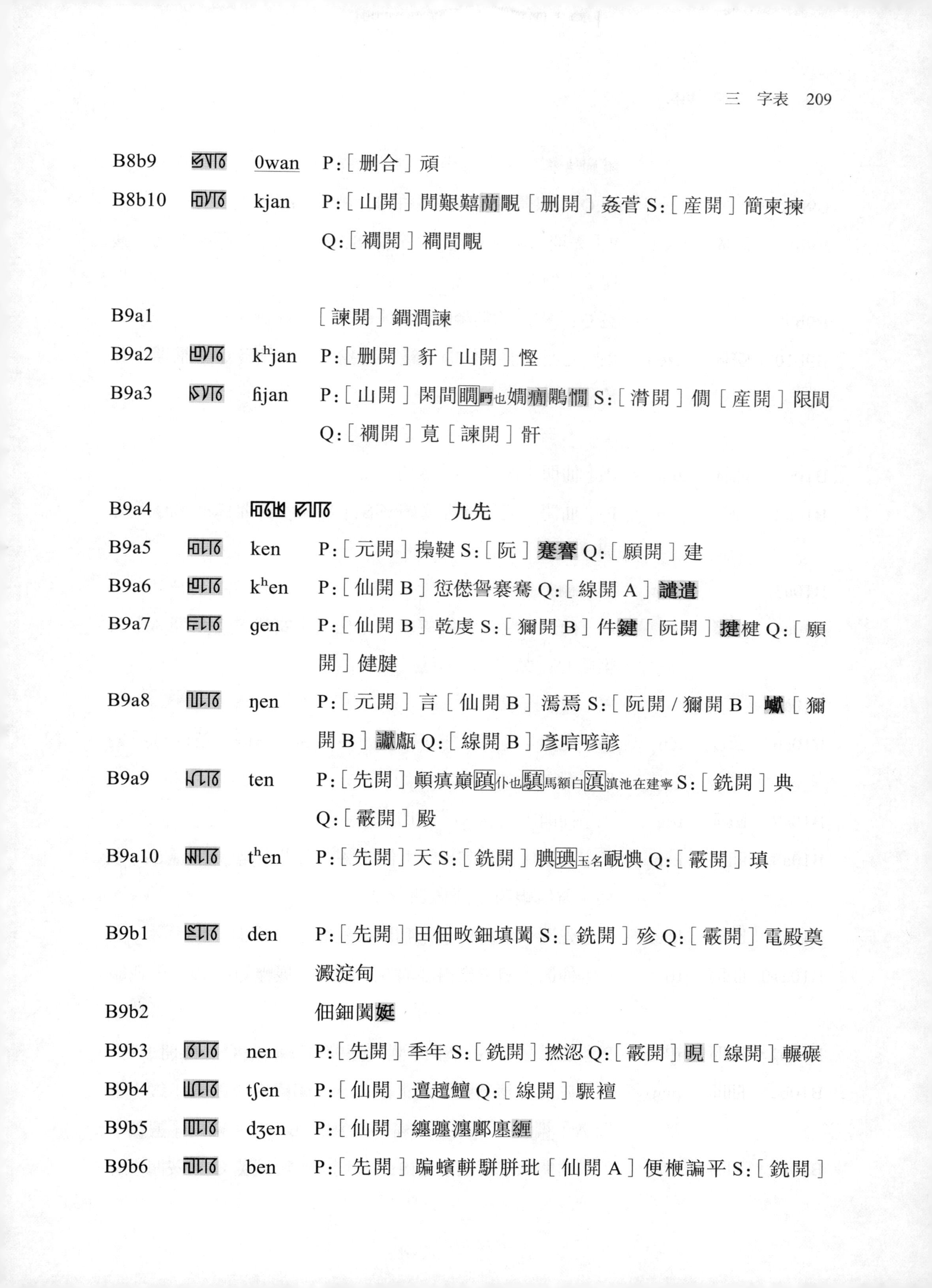

B8b9	0wan	P:［刪合］頑
B8b10	kjan	P:［山開］閒艱鬜蕑覵［刪開］姦菅 S:［産開］簡柬揀 Q:［襇開］襇間覵
B9a1		［諫開］鐗澗諫
B9a2	k^hjan	P:［刪開］豻［山開］慳
B9a3	ɦjan	P:［山開］閑閒瞯眄也嫺癇鷴憪 S:［潸開］僩［産開］限閬 Q:［襇開］莧［諫開］骭
B9a4		九先
B9a5	ken	P:［元開］攑鞬 S:［阮］寋謇 Q:［願開］建
B9a6	k^hen	P:［仙開 B］愆儊諐褰騫 Q:［線開 A］譴遣
B9a7	gen	P:［仙開 B］乾虔 S:［獮開 B］件鍵［阮開］揵楗 Q:［願開］健腱
B9a8	ŋen	P:［元開］言［仙開 B］漹焉 S:［阮開 / 獮開 B］巘［獮開 B］讞甗 Q:［線開 B］彥喭唁諺
B9a9	ten	P:［先開］顛瘨巔蹎仆也驞馬額白滇滇池在建寧 S:［銑開］典 Q:［霰開］殿
B9a10	t^hen	P:［先開］天 S:［銑開］腆琠玉名靦倎 Q:［霰開］瑱
B9b1	den	P:［先開］田佃畋鈿填闐 S:［銑開］殄 Q:［霰開］電殿奠澱淀甸
B9b2		佃鈿闐娗
B9b3	nen	P:［先開］秊年 S:［銑開］撚涊 Q:［霰開］晛［線開］輾碾
B9b4	tʃen	P:［仙開］邅驙鱣 Q:［線開］驏襢
B9b5	dʒen	P:［仙開］纏躔瀍廛鄽纒
B9b6	ben	P:［先開］蹁蠙軿駢胼玭［仙開 A］便楩諞平 S:［銑開］

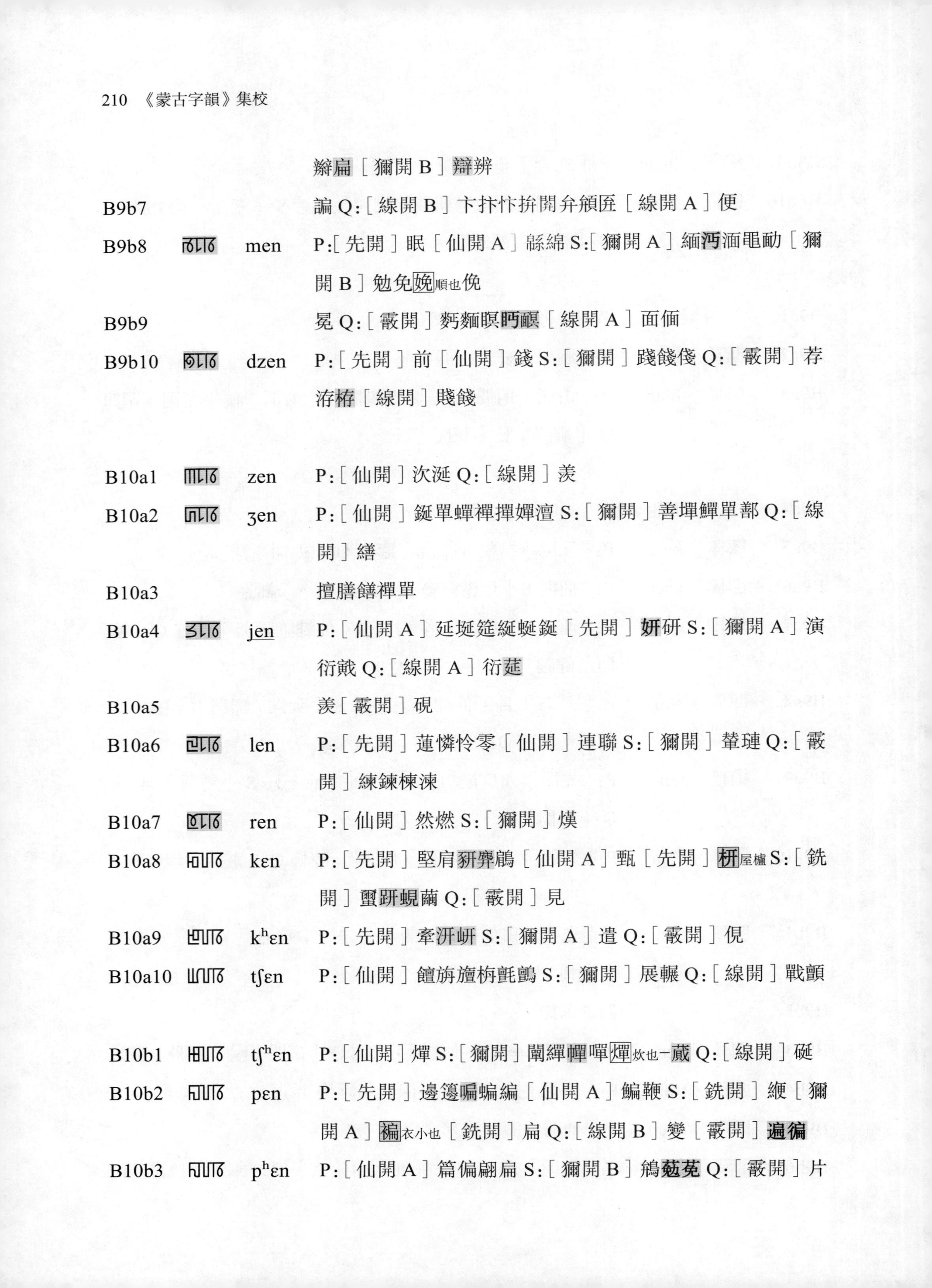

		辮扁［獮開B］辯辨
B9b7		諞Q:［線開B］卞抃忭拚閞弁緶匥［線開A］便
B9b8	men	P:［先開］眠［仙開A］緜綿S:［獮開A］緬沔湎黽勔［獮開B］勉免娩順也俛
B9b9		冕Q:［霰開］麪麵瞑眄䤄［線開A］面偭
B9b10	dzen	P:［先開］前［仙開］錢S:［獮開］踐餞俴Q:［霰開］荐洊栫［線開］賤餞
B10a1	zen	P:［仙開］㳄涎Q:［線開］羨
B10a2	ʒen	P:［仙開］鋋單蟬禪撣嬋澶S:［獮開］善墠鱓單鄯Q:［線開］繕
B10a3		擅膳饍禪單
B10a4	jen	P:［仙開A］延埏筵綖蜒鋋［先開］妍研S:［獮開A］演衍戭Q:［線開A］衍莚
B10a5		羨［霰開］硯
B10a6	len	P:［先開］蓮憐怜零［仙開］連聯S:［獮開］輦璉Q:［霰開］練鍊楝湅
B10a7	ren	P:［仙開］然燃S:［獮開］熯
B10a8	kɛn	P:［先開］堅肩豜豣鵳［仙開A］甄［先開］枅屋櫨S:［銑開］蠒趼蜆繭Q:［霰開］見
B10a9	kʰɛn	P:［先開］牽汧岍S:［獮開A］遣Q:［霰開］俔
B10a10	tʃɛn	P:［仙開］饘旃旜栴氈鸇S:［獮開］展輾Q:［線開］戰顫
B10b1	tʃʰɛn	P:［仙開］燀S:［獮開］闡繟幝嘽燀炊也-蕆Q:［線開］硟
B10b2	pɛn	P:［先開］邊籩萹蝙編［仙開A］鯿鞭S:［銑開］緶［獮開A］褊衣小也［銑開］扁Q:［線開B］變［霰開］遍徧
B10b3	pʰɛn	P:［仙開A］篇偏翩扁S:［獮開B］鶣萹苑Q:［霰開］片

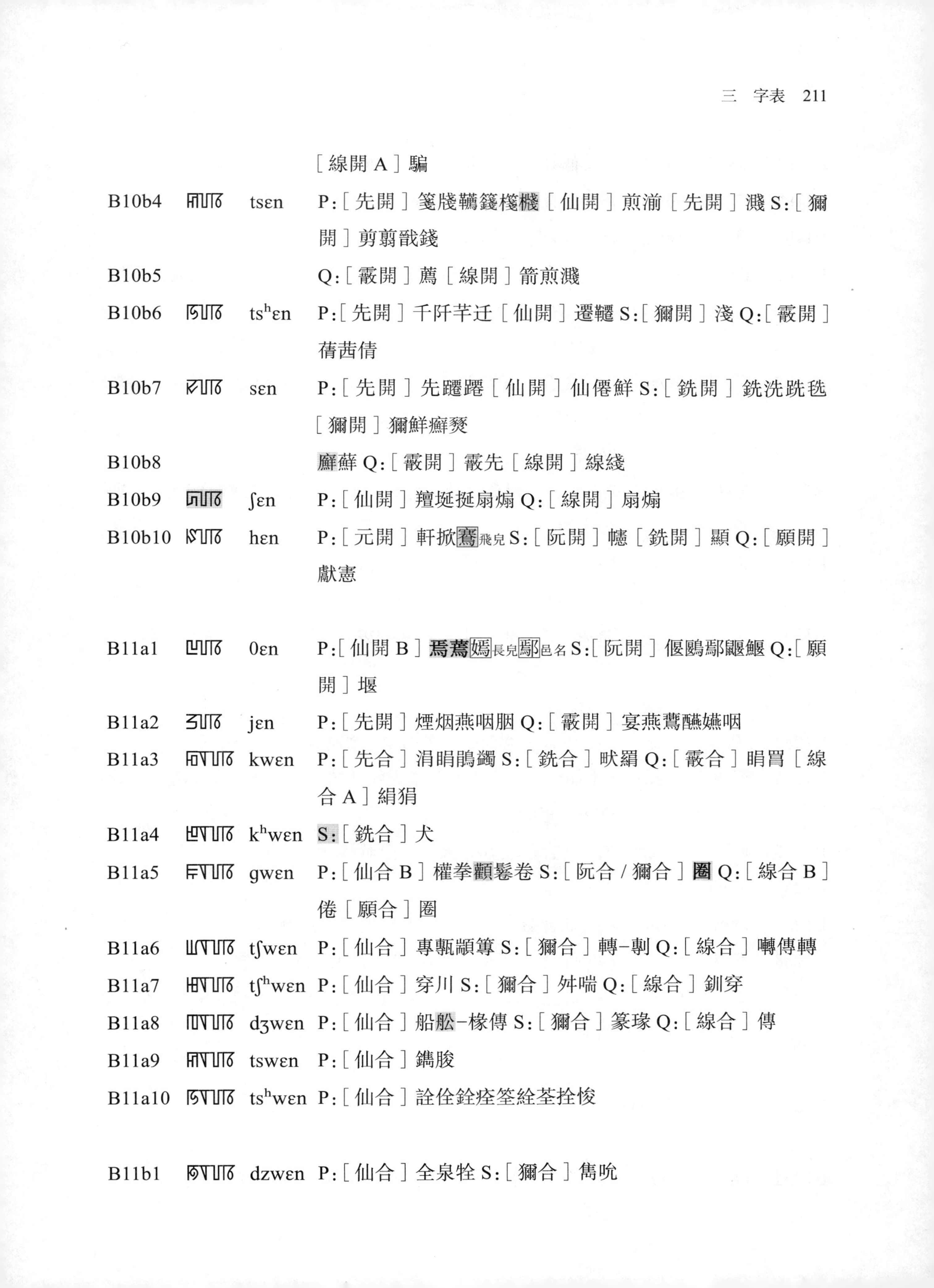

［線開 A］騗

B10b4　tsɛn　P:［先開］箋牋韉籛椾樭［仙開］煎湔［先開］濺 S:［獮開］剪翦戩錢

B10b5　Q:［霰開］薦［線開］箭煎濺

B10b6　ts^{h}ɛn　P:［先開］千阡芊迁［仙開］遷韆 S:［獮開］淺 Q:［霰開］蒨茜倩

B10b7　sɛn　P:［先開］先躚蹮［仙開］仙僊鮮 S:［銑開］銑洗跣毨［獮開］獮鮮癬燹

B10b8　廯蘚 Q:［霰開］霰先［線開］線綫

B10b9　ʃɛn　P:［仙開］羶埏挻扇煽 Q:［線開］扇煽

B10b10　hɛn　P:［元開］軒掀騫飛皃 S:［阮開］幰［銑開］顯 Q:［願開］獻憲

B11a1　0ɛn　P:［仙開 B］**焉蔫**嫣長皃鄢邑名 S:［阮開］偃鶠鄢鼴鰋 Q:［願開］堰

B11a2　jɛn　P:［先開］煙烟燕咽胭 Q:［霰開］宴燕鷰醼嬿咽

B11a3　kwɛn　P:［先合］涓睊鵑蠲 S:［銑合］畎絹 Q:［霰合］睊罥［線合 A］絹狷

B11a4　k^{h}wɛn　S:［銑合］犬

B11a5　gwɛn　P:［仙合 B］權拳顴鬈卷 S:［阮合 / 獮合］**圈** Q:［線合 B］倦［願合］圈

B11a6　tʃwɛn　P:［仙合］專甎顓篿 S:［獮合］轉–剸 Q:［線合］囀傳轉

B11a7　tʃ^{h}wɛn　P:［仙合］穿川 S:［獮合］舛喘 Q:［線合］釧穿

B11a8　dʒwɛn　P:［仙合］船舩–椽傳 S:［獮合］篆瑑 Q:［線合］傳

B11a9　tswɛn　P:［仙合］鐫朘

B11a10　ts^{h}wɛn　P:［仙合］詮佺銓痊筌絟荃拴悛

B11b1　dzwɛn　P:［仙合］全泉牷 S:［獮合］雋吮

B11b2 swɛn P:[仙合] 宣瑄脧 S:[獮合] 選 Q:[線合] 選

B11b3 zwɛn P:[仙合] 旋璿璿淀琁還 Q:[線合] 淀旋

B11b4 ʒwɛn P:[仙合] 遄篅圖

B11b5 hwɛn P:[仙合 A] 翾儇蠉譞嬛 [先合] 駽 [元合] 暄喧萱諼塤

壎諠 S:[獮合 A] 蠉

B11b6 [阮合] 烜咺 Q:[霰合] 絢駽 [願合] 楥楦

B11b7 ɦwɛn P:[先合] 玄縣懸 S:[銑合] 泫鉉䡝琄鞙 Q:[霰合] 縣袨

眩炫衒

B11b8 眩玹

B11b9 0wɛn P:[元合] 鴛冤鵷蜿宛怨 S:[阮合] 婉菀苑蜿畹琬宛 Q:[願

合] 怨

B11b10 0wɛn P:[元合] 元原邍源嫄騵謜沅蚖黿-袁爰垣園援

B12a1 轅媛猨猿 [仙合 B] 員圜圓湲 S:[阮合] 阮-遠 Q:[願合]

願愿-遠-謜

B12a2 [線合 B] 瑗援媛院

B12a3 jwɛn P:[先合] 淵蒬蜎 [仙合 A] 娟悁 Q:[霰合] 餶

B12a4 jwɛn P:[仙合 A] 沿沿鈆鉛捐鳶蝝緣 S:[獮合 A] 兖渷抁 Q:[線

合 A] 掾緣

B12a5 rwɛn P:[仙合] 堧 S:[獮合] 輭軟蝡愞

B12a6 køn S:[仙合 B] 卷捲菤 Q:[願合] 攣 [線合 B] 眷睠卷

B12a7 kʰøn P:[仙合 B] 弮棬 S:[阮合] 綣 Q:[願合] 券勸

B12a8 løn P:[仙合] 攣 S:[獮合] 臠孌 Q:[線合] 戀

B12a9 ɦjen P:[先開] 賢弦絃蚿舷 S:[銑開] 峴俔譬喻也晛日氣 Q:[霰開]

見現

B12a10 十蕭

B12b1 kaw P:[豪] 高膏皐羔餻櫜咎鼛篙槔 S:[晧] 暠杲槀縞

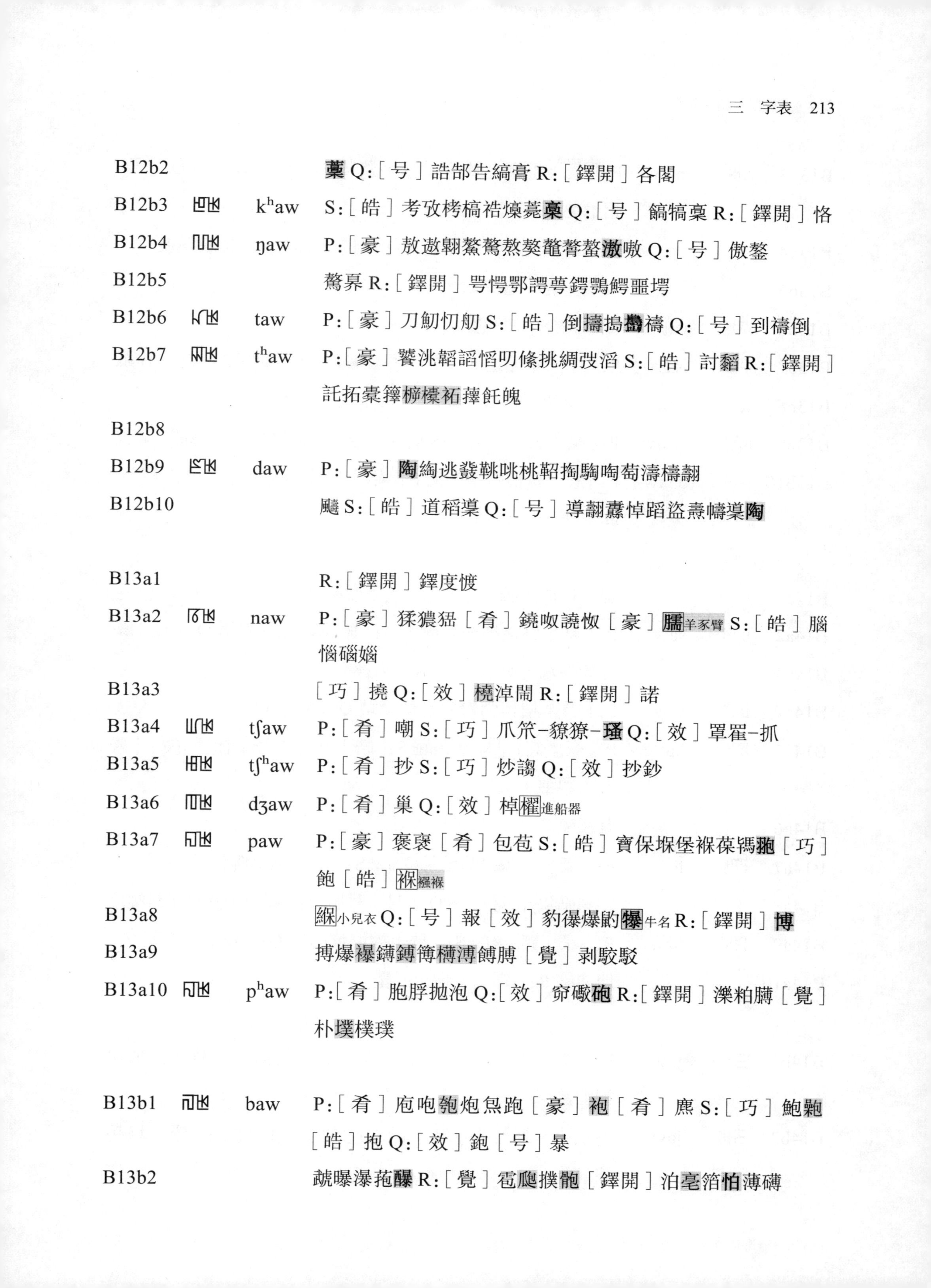

B12b2 藁Q:[号]誥部告縞膏R:[鐸開]各閣

B12b3 k^{h}aw S:[皓]考攷栲槁祰熇薧稾Q:[号]鎬犒稾R:[鐸開]恪

B12b4 ŋaw P:[豪]敖遨翱鰲鷔熬獒鼇聱螯滶嗷Q:[号]傲鏊

B12b5 鷔奡R:[鐸開]咢愕鄂諤萼鍔鶚鰐噩堮

B12b6 taw P:[豪]刀魛忉舠S:[皓]倒擣搗擣禱Q:[号]到禱倒

B12b7 t^{h}aw P:[豪]饕洮韜謟慆叨絛挑綢弢滔S:[皓]討韜R:[鐸開]

託拓橐籜榜檯祏蘀飥魄

B12b8

B12b9 daw P:[豪]陶綯逃鼗鞉咷桃鞀掏騊啕萄濤檮翿

B12b10 飀S:[皓]道稻檾Q:[号]導翿纛悼蹈盜焘幬檾陶

B13a1 R:[鐸開]鐸度慱

B13a2 naw P:[豪]猱獿峱[肴]鐃呶譊怓[豪]臑羊豕臂S:[皓]腦

惱碯嫋

B13a3 [巧]撓Q:[效]橈淖鬧R:[鐸開]諾

B13a4 tʃaw P:[肴]嘲S:[巧]爪笊-獠獠-瑵Q:[效]罩罩-抓

B13a5 tʃ^{h}aw P:[肴]抄S:[巧]炒謅Q:[效]抄鈔

B13a6 dʒaw P:[肴]巢Q:[效]棹櫂進船器

B13a7 paw P:[豪]褒褒[肴]包苞S:[皓]寶保堢堡褓葆鴇䨏[巧]

飽[皓]褓襁褓

B13a8 緥小兒衣Q:[号]報[效]豹儤爆齙犦牛名R:[鐸開]博

B13a9 搏爆襮鑮鎛簙欂溥餺膊[覺]剥駮駁

B13a10 p^{h}aw P:[肴]胞脬抛泡Q:[效]窌礮砲R:[鐸開]濼粕髆[覺]

朴墣樸璞

B13b1 baw P:[肴]庖咆匏炮炰跑[豪]袍[肴]麃S:[巧]鮑鞄

[皓]抱Q:[效]鉋[号]暴

B13b2 虣曝瀑萢髍R:[覺]雹爮撲骲[鐸開]泊亳箔怕薄礴

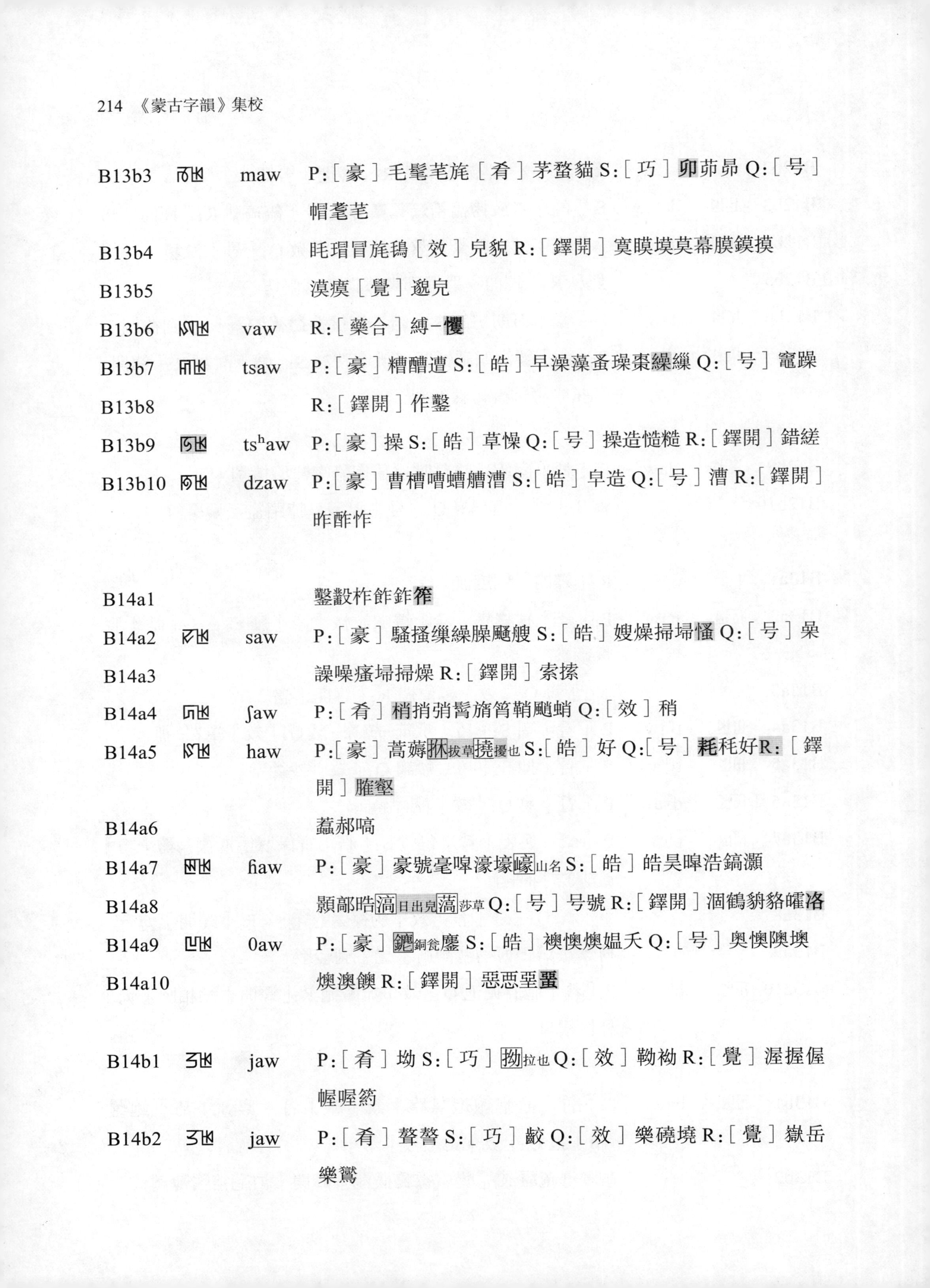

B13b3 maw P:［豪］毛髦芼旄［肴］茅蝥貓 S:［巧］卯茆昴 Q:［号］
帽耄芼

B13b4 旄瑁冒旄鴾［效］皃貌 R:［鐸開］寞瞙漠莫幕膜鏌摸

B13b5 漠瘼［覺］邈皃

B13b6 vaw R:［藥合］縛-𢅏

B13b7 tsaw P:［豪］糟醩遭 S:［皓］早澡藻蚤璪棗繰繅 Q:［号］竈躁

B13b8 R:［鐸開］作鑿

B13b9 ts^haw P:［豪］操 S:［皓］草慅 Q:［号］操造慥糙 R:［鐸開］錯縒

B13b10 dzaw P:［豪］曹槽嘈螬艚漕 S:［皓］皁造 Q:［号］漕 R:［鐸開］
昨酢怍

B14a1 鑿鷇柞飵鈼筰

B14a2 saw P:［豪］騷搔缫繰臊颾艘 S:［皓］嫂燥掃埽慅 Q:［号］喿

B14a3 譟噪瘙埽掃燥 R:［鐸開］索摖

B14a4 ʃaw P:［肴］梢捎弰髾旓筲鞘颵蛸 Q:［效］稍

B14a5 haw P:［豪］蒿薅휥拔草撓擾也 S:［皓］好 Q:［号］耗秏好R:［鐸
開］膗壑

B14a6 藃郝嗃

B14a7 ɦaw P:［豪］豪號毫嘷濠壕嶭山名 S:［皓］皓昊皞浩鎬灝

B14a8 顥鄗晧滈日出皃薃莎草 Q:［号］号號 R:［鐸開］涸鶴貈貉皬洛

B14a9 0aw P:［豪］鏖銅瓮麐 S:［皓］襖懊燠媼芺 Q:［号］奥懊隩墺

B14a10 燠澳鐭 R:［鐸開］惡悪堊蘁

B14b1 jaw P:［肴］坳 S:［巧］拗拉也 Q:［效］靿袎 R:［覺］渥握偓
幄喔箹

B14b2 jaw P:［肴］聱嗸 S:［巧］齩 Q:［效］樂磽墝 R:［覺］嶽岳
樂鸑

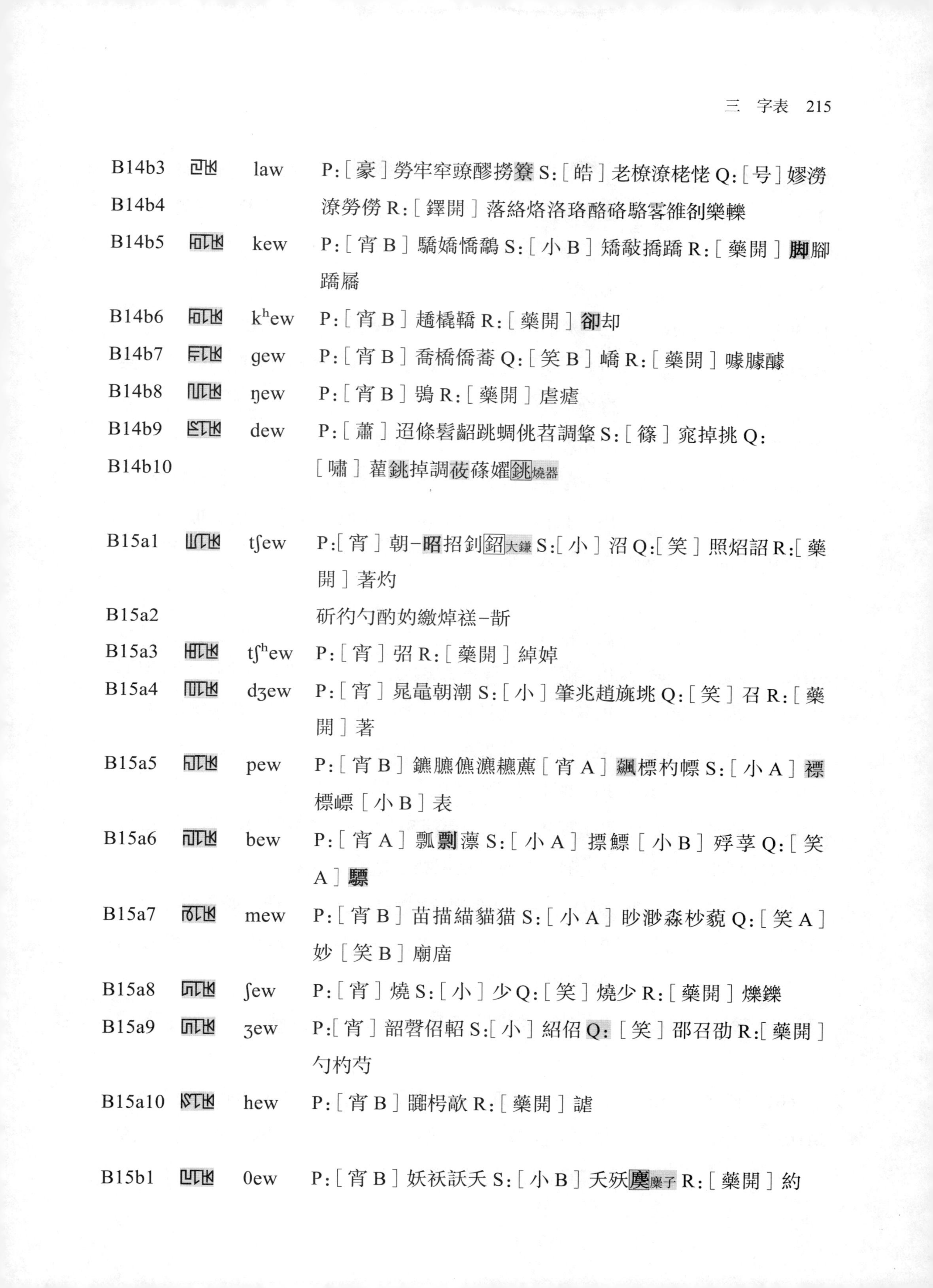

B14b3 law P:［豪］勞牢窂轑膠撈簝 S:［晧］老橑潦栳恅 Q:［号］嫪澇
B14b4 潦勞僗 R:［鐸開］落絡烙洛珞酪硌駱雹雒剳樂轢

B14b5 kew P:［宵 B］驕嬌憍鷮 S:［小 B］矯敽撟蹻 R:［藥開］脚腳
蹻屩

B14b6 kʰew P:［宵 B］趫橇鞽 R:［藥開］卻却

B14b7 gew P:［宵 B］喬橋僑蕎 Q:［笑 B］嶠 R:［藥開］噱臄醵

B14b8 ŋew P:［宵 B］鴞 R:［藥開］虐瘧

B14b9 dew P:［蕭］迢條髫齠跳蜩佻苕調鋚 S:［篠］窕掉挑 Q:
B14b10 ［嘯］藋銚掉調莜篠嬥銚燒器

B15a1 tʃew P:［宵］朝－昭招釗鉊大鎌 S:［小］沼 Q:［笑］照炤詔 R:［藥
開］著灼
B15a2 斫彴勺酌妁繳焯禚－斮

B15a3 tʃʰew P:［宵］弨 R:［藥開］綽婥

B15a4 dʒew P:［宵］晁鼂朝潮 S:［小］肇兆趙旐垗 Q:［笑］召 R:［藥
開］著

B15a5 pew P:［宵 B］鑣臕儦瀌穮藨［宵 A］飆標杓幖 S:［小 A］褾
標縹［小 B］表

B15a6 bew P:［宵 A］瓢剽薸 S:［小 A］摽鰾［小 B］殍莩 Q:［笑
A］驃

B15a7 mew P:［宵 B］苗描緢貓猫 S:［小 A］眇渺淼杪藐 Q:［笑 A］
妙［笑 B］廟庿

B15a8 ʃew P:［宵］燒 S:［小］少 Q:［笑］燒少 R:［藥開］爍鑠

B15a9 ʒew P:［宵］韶磬佋軺 S:［小］紹佋 Q:［笑］邵召劭 R:［藥開］
勺杓芍

B15a10 hew P:［宵 B］踻枵歊 R:［藥開］謔

B15b1 0ew P:［宵 B］妖祅訞夭 S:［小 B］夭殀麇麇子 R:［藥開］約

B15b2 jew P:［蕭］堯嶢［宵 A］遙傜繇飖窯銚姚搖謠愮軺陶蘨
B15b3 瑤褕 S:［小 A］鷕溔 Q:［嘯］窔［笑 A］耀鷂燿曜 R:［藥
開］藥躍礿禴
B15b4 籥瀹龠籥
B15b5 lew P:［蕭］聊膋遼憀飂料寥撩獠廖僚寮鐐鷯敹
B15b6 嘹 S:［篠］了蓼瞭繚蟟［小］燎憭僚 Q:［嘯］料鐐罭［笑］
寮燎
B15b7 撩爍療 R:［藥開］略掠畧䂪
B15b8 rew P:［宵］饒橈蕘 S:［小］擾繞遶 R:［藥開］若弱蒻嬈
B15b9 kɛw P:［蕭］驍梟澆憿徼 S:［篠］皎皦璬 Q:［嘯］叫徼皦
B15b10 kʰɛw P:［宵 A］蹻 Q:［嘯］竅

B16a1 gɛw P:［宵 A］翹荍劭勸勉也
B16a2 tɛw P:［蕭］貂刁琱凋鵰雕彫弴 S:［篠］鳥蔦 Q:［嘯］吊弔釣蔦
B16a3 tʰɛw P:［蕭］祧佻挑恌 S:［篠］朓窱 Q:［嘯］糶粜眺覜趒
B16a4 nɛw S:［篠］嫋嬝裹嬈
B16a5 tʃʰɛw P:［宵］超怊悵恨也 R:［藥開］婼逴㲋似兔青色
B16a6 pʰɛw P:［宵 A］漂僄飄慓翲 S:［小 A］縹醥膘 Q:［笑 A］剽漂勡
B16a7 tsɛw P:［宵］焦蕉膲鷦椒噍啾鐎鐎斗温器灱灼龜不兆 S:［小］勦
B16a8 劋 Q:［笑］醮僬穛釂嚼爝火炬也 R:［藥開］爵雀爝
B16a9 tsʰɛw P:［宵］鍫 S:［小］悄愀 Q:［笑］陗俏哨峭 R:［藥開］鵲
猎碏皵猎
B16a10 dzɛw P:［宵］樵憔顦譙燋灼龜木 Q:［笑］誚噍 R:［藥開］嚼

B16b1 sɛw P:［蕭］簫蟏瀟飍蕭箾翛［宵］霄消宵逍綃硝哨銷
B16b2 蛸痟 S:［篠］篠謏［小］小 Q:［笑］笑［嘯］嘯歗［笑］
肖鞘韒 R:［藥開］削

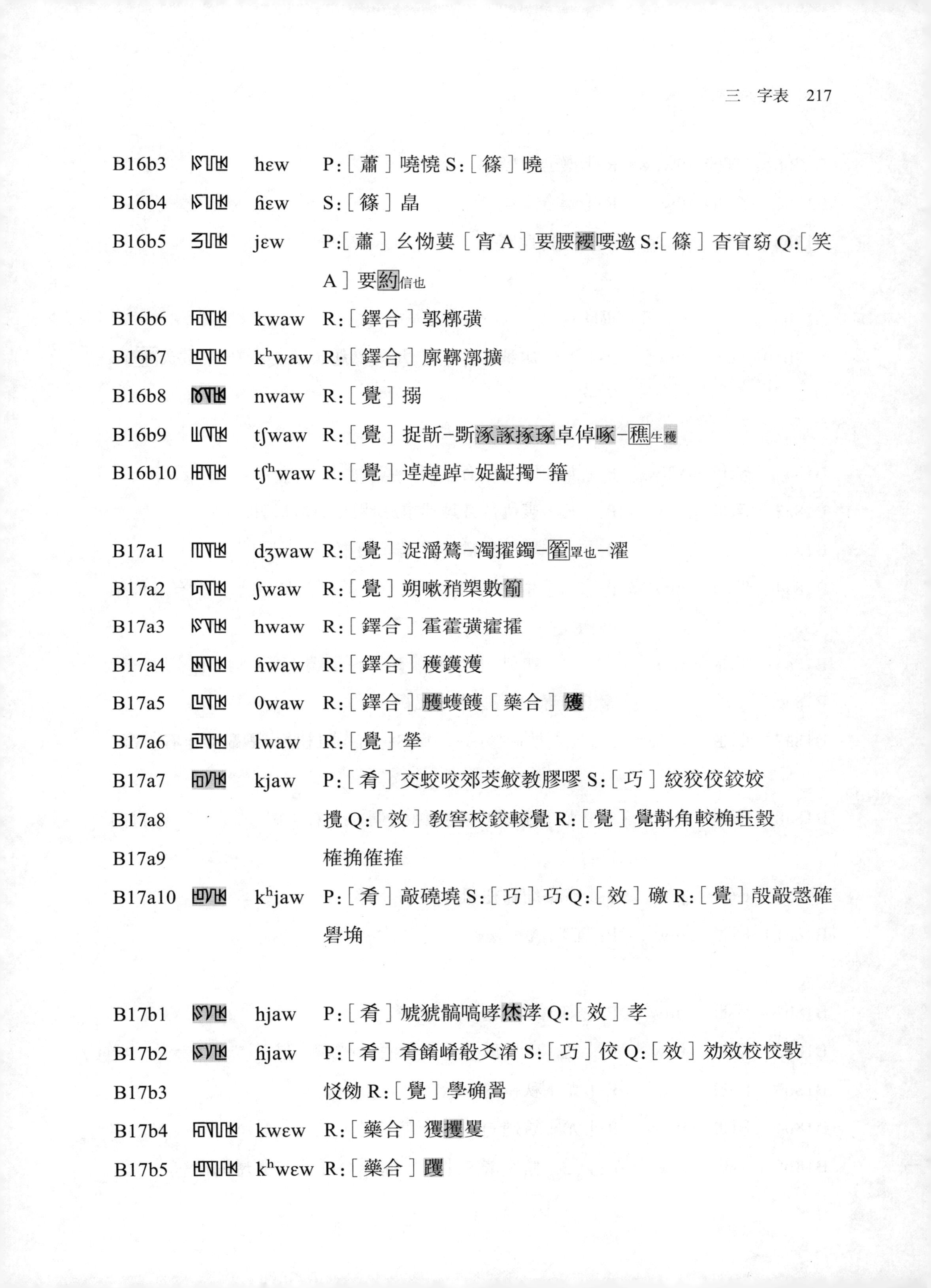

B16b3 hɛw P:［蕭］嘵憢 S:［篠］曉
B16b4 ɦɛw S:［篠］皛
B16b5 jɛw P:［蕭］幺怮葽［宵A］要腰褄喓邀 S:［篠］杳窅窈 Q:［笑
A］要約信也
B16b6 kwaw R:［鐸合］郭槨彍
B16b7 k^{h}waw R:［鐸合］廓鞹漷擴
B16b8 nwaw R:［覺］搦
B16b9 tʃwaw R:［覺］捉斮–斵涿諑椓琢卓倬啄–穛生穛
B16b10 $tʃ^{h}$waw R:［覺］逴趠踔–娖齪擉–篧

B17a1 dʒwaw R:［覺］浞濁鷟–濁擢鐲–篧罩也–濯
B17a2 ʃwaw R:［覺］朔嗽矟槊數蒴
B17a3 hwaw R:［鐸合］霍藿彍癨攉
B17a4 ɦwaw R:［鐸合］穫鑊濩
B17a5 0waw R:［鐸合］臒蠖镬［藥合］䨼
B17a6 lwaw R:［覺］犖
B17a7 kjaw P:［肴］交蛟咬郊茭鮫教膠嘐 S:［巧］絞狡佼鉸姣
B17a8 攪 Q:［效］教窖校鉸較覺 R:［覺］覺斠角較桷珏穀
B17a9 榷捔傕搉
B17a10 k^{h}jaw P:［肴］敲磽墝 S:［巧］巧 Q:［效］礉 R:［覺］殼㱿愨確
嚳埆

B17b1 hjaw P:［肴］虓猇髇嗃哮烋涍 Q:［效］孝
B17b2 ɦjaw P:［肴］肴餚崤殽爻淆 S:［巧］佼 Q:［效］効效校恔斆
B17b3 恔傚 R:［覺］學确嶨
B17b4 kwɛw R:［藥合］玃攫矍
B17b5 k^{h}wɛw R:［藥合］躩

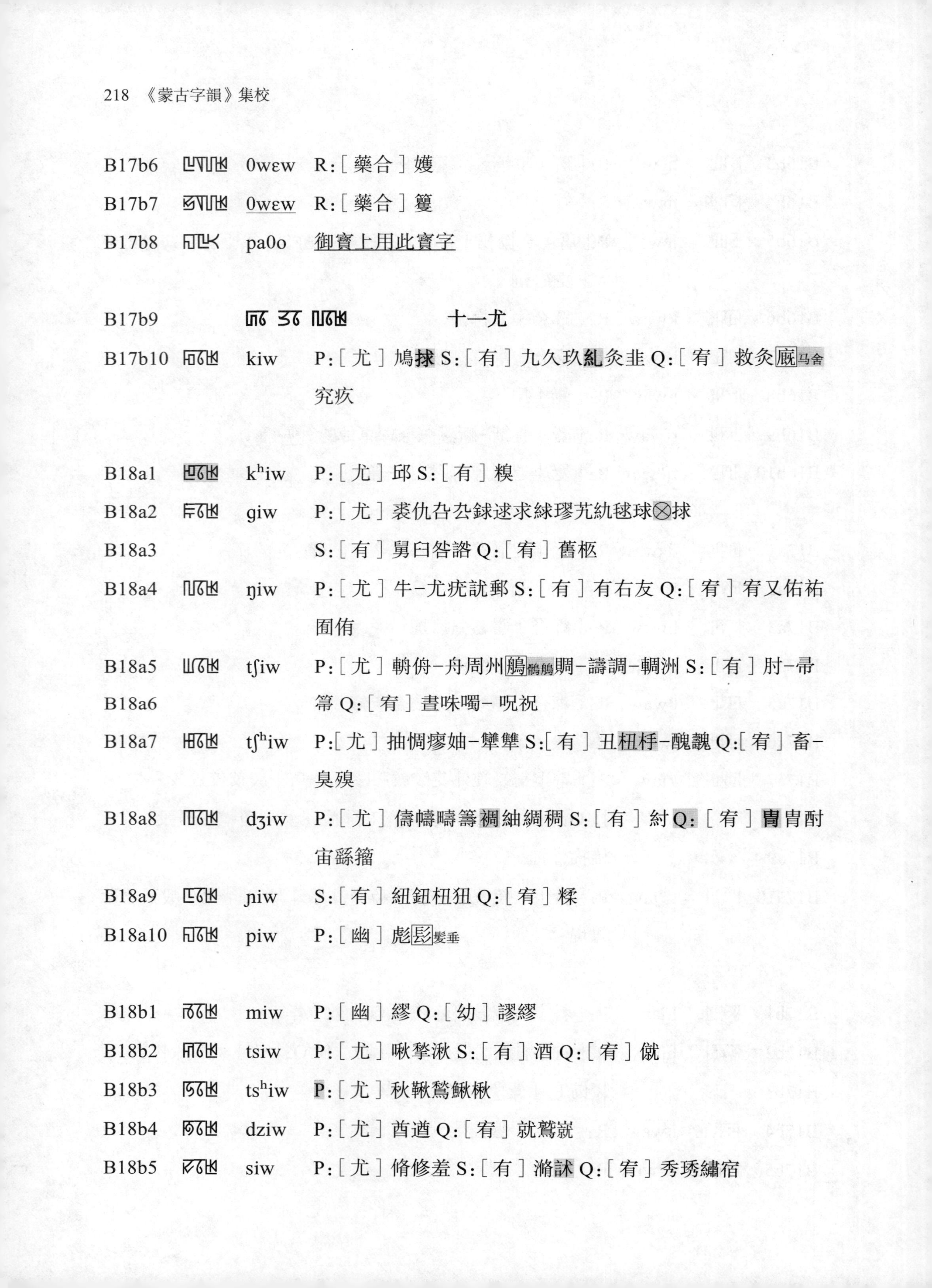

B17b6 0wɛw R:［藥合］嫚

B17b7 0wɛw R:［藥合］籰

B17b8 pa0o 御寶上用此寶字

B17b9 十一尤

B17b10 kiw P:［尤］鳩捄 S:［有］九久玖糺灸韭 Q:［宥］救灸廐马舍究疚

B18a1 k^hiw P:［尤］邱 S:［有］糗

B18a2 giw P:［尤］裘仇叴厹銶逑求絿璆艽紈毬球⊗捄

B18a3 S:［有］舅臼咎諮 Q:［宥］舊柩

B18a4 ŋiw P:［尤］牛-尤疣訧郵 S:［有］有右友 Q:［宥］宥又佑祐囿侑

B18a5 tʃiw P:［尤］輈侜-舟周州鵃鸖鵃賙-譸調-輖洲 S:［有］肘-帚

B18a6 箒 Q:［宥］晝味噣- 呪祝

B18a7 $tʃ^h$iw P:［尤］抽惆瘳妯-犨犫 S:［有］丑杻杽-醜䰩 Q:［宥］畜-臭殠

B18a8 dʒiw P:［尤］儔幬疇籌裯紬綢稠 S:［有］紂 Q:［宥］冑胄酎宙繇籀

B18a9 ɲiw S:［有］紐鈕杻狃 Q:［宥］糅

B18a10 piw P:［幽］彪髟髮垂

B18b1 miw P:［幽］繆 Q:［幼］謬繆

B18b2 tsiw P:［尤］啾揫湫 S:［有］酒 Q:［宥］僦

B18b3 ts^hiw P:［尤］秋鞦鶖鰍楸

B18b4 dziw P:［尤］酋遒 Q:［宥］就鷲㩆

B18b5 siw P:［尤］脩修羞 S:［有］滫詸 Q:［宥］秀琇繡宿

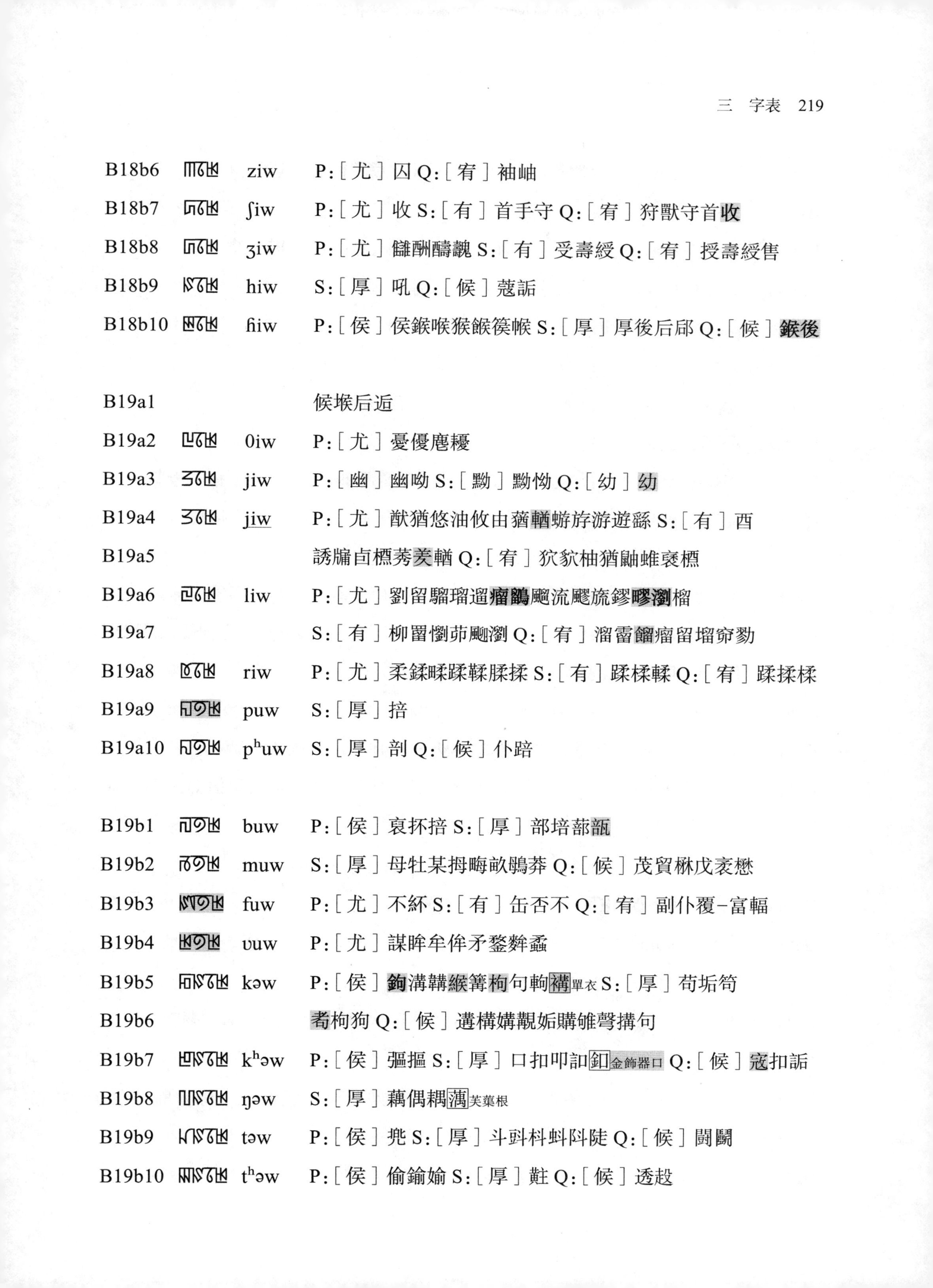

B18b6　ziw　P:［尤］囚 Q:［宥］袖岫

B18b7　ʃiw　P:［尤］收 S:［有］首手守 Q:［宥］狩獸守首收

B18b8　ʒiw　P:［尤］讎酬醻魗 S:［有］受壽綬 Q:［宥］授壽綬售

B18b9　hiw　S:［厚］吼 Q:［候］蔻詬

B18b10　ɦiw　P:［侯］侯鍭喉猴餱篌帿 S:［厚］厚後后郈 Q:［候］鍭後

B19a1　候堠后逅

B19a2　0iw　P:［尤］憂優麀瀀

B19a3　jiw　P:［幽］幽呦 S:［黝］黝怮 Q:［幼］幼

B19a4　jiw　P:［尤］猷猶悠油攸由蕕輶蝣斿游遊繇 S:［有］酉

B19a5　誘牖卣槱莠羑輶 Q:［宥］狖貁柚猶鼬蜼褎槱

B19a6　liw　P:［尤］劉留騮瑠遛瘤鶹飀流飂旒鏐嚠瀏榴

B19a7　S:［有］柳罶懰茆飀瀏 Q:［宥］溜霤餾瘤留塯窌勠

B19a8　riw　P:［尤］柔鍒腬蹂鞣腬揉 S:［有］蹂楺輮 Q:［宥］蹂揉楺

B19a9　puw　S:［厚］掊

B19a10　pʰuw　S:［厚］剖 Q:［候］仆踣

B19b1　buw　P:［侯］裒抔掊 S:［厚］部培蔀瓿

B19b2　muw　S:［厚］母牡某拇晦畝鴟莽 Q:［候］茂貿楙戊袤懋

B19b3　fuw　P:［尤］不紑 S:［有］缶否不 Q:［宥］副仆覆−富輻

B19b4　ʋuw　P:［尤］謀眸牟侔矛蝥蟊蝥

B19b5　kəw　P:［侯］鉤溝韝緱篝枸句軥褠單衣 S:［厚］苟垢笱

B19b6　耇枸狗 Q:［候］遘構媾覯姤購雊彀搆句

B19b7　kʰəw　P:［侯］彄摳 S:［厚］口扣叩訽釦金飾器口 Q:［候］寇扣詬

B19b8　ŋəw　S:［厚］藕偶耦藕芙蕖根

B19b9　təw　P:［侯］兜 S:［厚］斗鬥枓蚪阧陡 Q:［候］鬭鬪

B19b10　tʰəw　P:［侯］偷鍮媮 S:［厚］黈 Q:［候］透敨

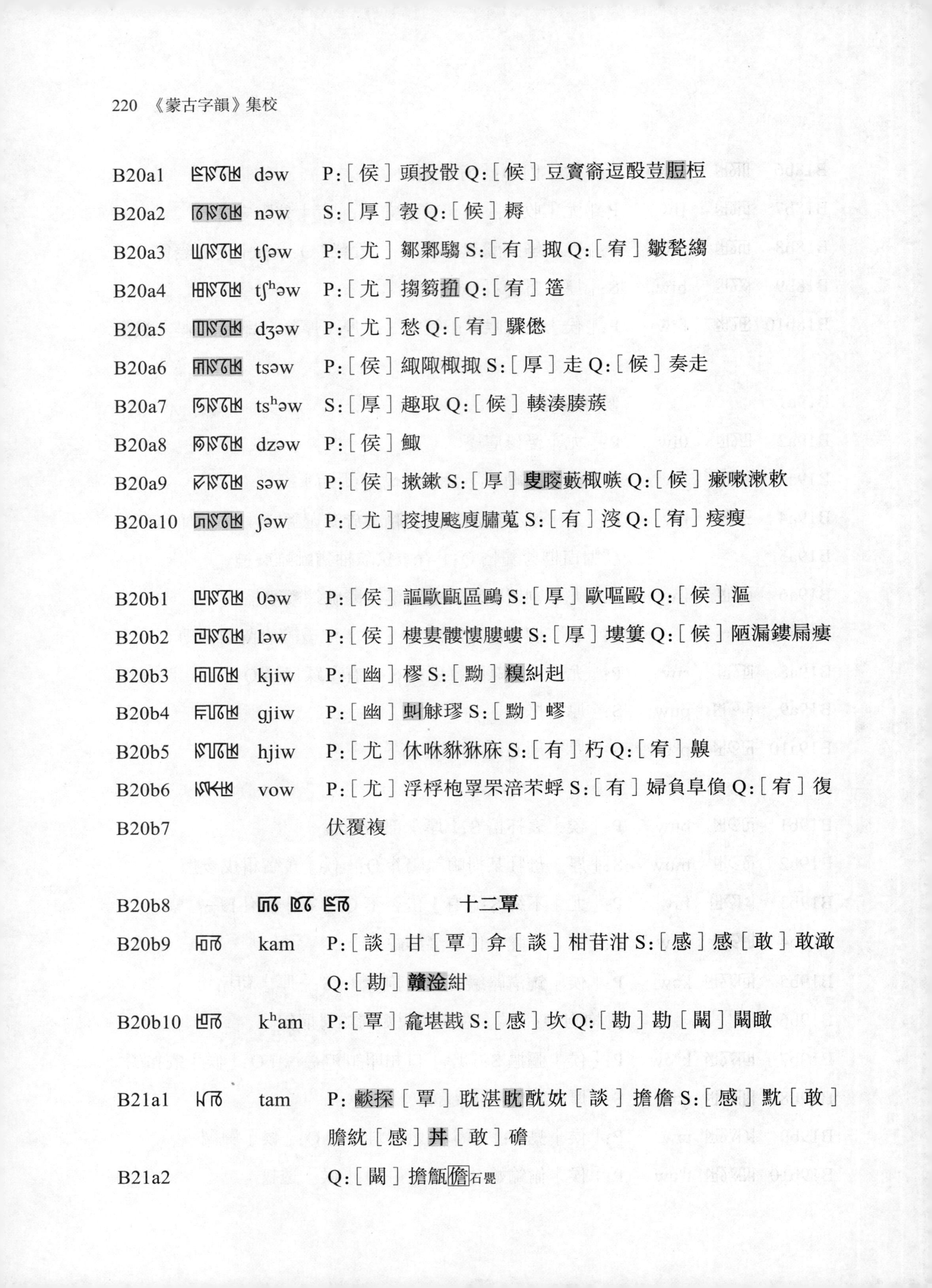

B20a1 dəw P:［侯］頭投骰 Q:［候］豆竇窬逗酘荳脰梪

B20a2 nəw S:［厚］㝅 Q:［候］槈

B20a3 tʃəw P:［尤］鄒鄹騶 S:［有］掫 Q:［宥］皺甃縐

B20a4 tʃʰəw P:［尤］搊篘扭 Q:［宥］簉

B20a5 dʒəw P:［尤］愁 Q:［宥］驟僽

B20a6 tsəw P:［侯］緅陬棷掫 S:［厚］走 Q:［候］奏走

B20a7 tsʰəw S:［厚］趣取 Q:［候］輳湊腠蔟

B20a8 dzəw P:［侯］鯫

B20a9 səw P:［侯］擻鏉 S:［厚］叟瞍藪棷嗾 Q:［候］瘶嗽漱欶

B20a10 ʃəw P:［尤］捜搜颼廋鄋蒐 S:［有］溲 Q:［宥］瘦瘦

B20b1 0əw P:［侯］謳歐甌區鷗 S:［厚］歐嘔毆 Q:［候］漚

B20b2 ləw P:［侯］樓婁髏慺膢螻 S:［厚］塿簍 Q:［候］陋漏鏤屚瘻

B20b3 kjiw P:［幽］樛 S:［黝］糺糾赳

B20b4 gjiw P:［幽］虯觩璆 S:［黝］蟉

B20b5 hjiw P:［尤］休咻貅烋庥 S:［有］朽 Q:［宥］齅

B20b6 vow P:［尤］浮桴枹罦罘涪芣蜉 S:［有］婦負阜偩 Q:［宥］復

B20b7 伏覆複

B20b8 十二覃

B20b9 kam P:［談］甘［覃］弇［談］柑苷泔 S:［感］感［敢］敢澉 Q:［勘］贑淦紺

B20b10 kʰam P:［覃］龕堪戡 S:［感］坎 Q:［勘］勘［闞］闞瞰

B21a1 tam P:䫲探［覃］耽湛眈酖妉［談］擔儋 S:［感］黕［敢］膽紞［感］丼［敢］礵

B21a2 Q:［闞］擔甔儋石甖

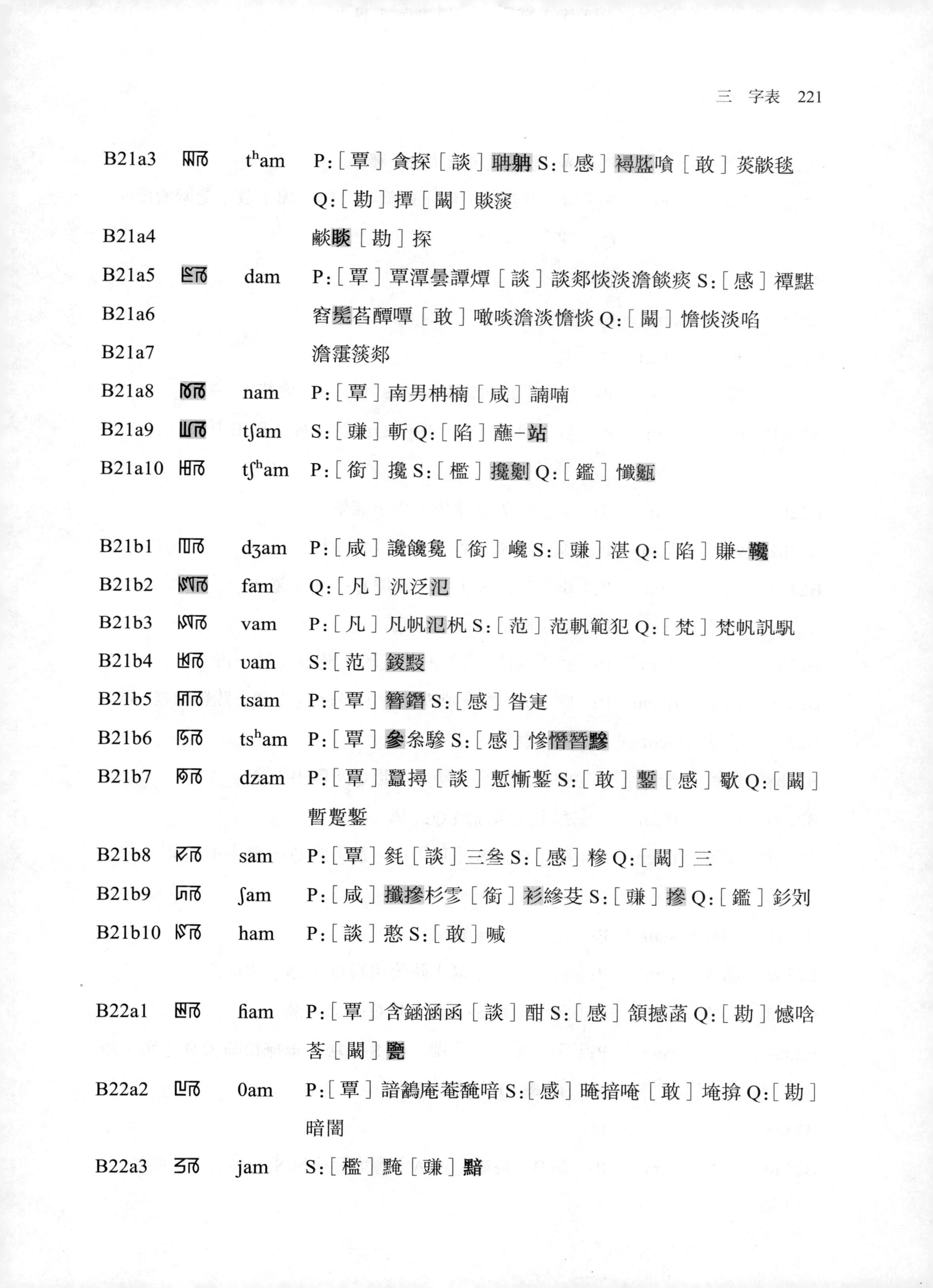

B21a3　t^{h}am　P:［覃］貪探［談］聃舑 S:［感］襑醓噡［敢］菼緂毯
Q:［勘］撢［闞］賧窞

B21a4　緂賧［勘］探

B21a5　dam　P:［覃］覃潭曇譚燂［談］談郯惔淡澹餤痰 S:［感］禫黮

B21a6　窞髧萏醰嘾［敢］噉啖澹淡憺惔 Q:［闞］憺惔淡啗

B21a7　澹霮篸郯

B21a8　nam　P:［覃］南男柟楠［咸］諵喃

B21a9　tʃam　S:［豏］斬 Q:［陷］蘸-站

B21a10　tʃ^{h}am　P:［銜］攙 S:［檻］攙劖 Q:［鑑］懺甑

B21b1　dʒam　P:［咸］讒饞毚［銜］巉 S:［豏］湛 Q:［陷］賺-韂

B21b2　fam　Q:［凡］汎泛氾

B21b3　vam　P:［凡］凡帆氾杋 S:［范］范軓範犯 Q:［梵］梵帆訉颿

B21b4　ʋam　S:［范］鋄颬

B21b5　tsam　P:［覃］簪鐕 S:［感］昝寁

B21b6　ts^{h}am　P:［覃］參糝驂 S:［感］慘憯噆黲

B21b7　dzam　P:［覃］蠶撏［談］慙慚蹔 S:［敢］蹔［感］歜 Q:［闞］
暫慙蹔

B21b8　sam　P:［覃］毿［談］三叁 S:［感］糝 Q:［闞］三

B21b9　ʃam　P:［咸］攕摻杉雺［銜］衫縿芟 S:［豏］摻 Q:［鑑］釤钐

B21b10　ham　P:［談］憨 S:［敢］喊

B22a1　ɦam　P:［覃］含鋡涵函［談］酣 S:［感］頷撼菡 Q:［勘］憾唅
萫［闞］豃

B22a2　0am　P:［覃］諳鵪庵菴醃喑 S:［感］晻揞唵［敢］埯揜 Q:［勘］
暗闇

B22a3　jam　S:［檻］黤［豏］黯

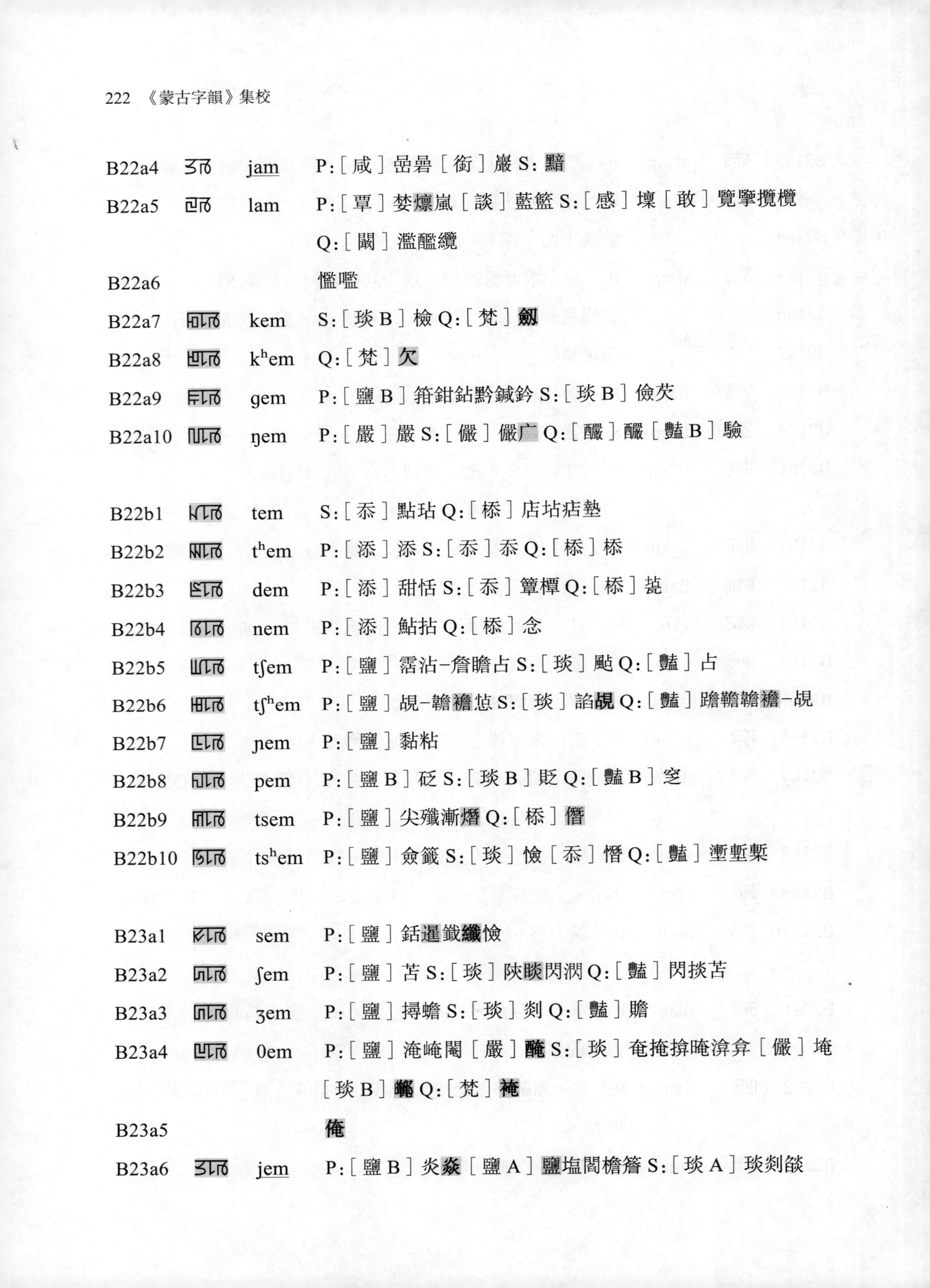

B22a4 jam P:［咸］喦碞［銜］巖 S:黯

B22a5 lam P:［覃］婪懔嵐［談］藍籃 S:［感］壈［敢］覽擥攬欖 Q:［闞］濫醂纜

B22a6 爁嚂

B22a7 kem S:［琰 B］檢 Q:［梵］劒

B22a8 kʰem Q:［梵］欠

B22a9 gem P:［鹽 B］箝鉗鈷黔鍼鈐 S:［琰 B］儉芡

B22a10 ŋem P:［嚴］嚴 S:［儼］儼广 Q:［釅］釅［豔 B］驗

B22b1 tem S:［忝］點玷 Q:［㮇］店坫痁墊

B22b2 tʰem P:［添］添 S:［忝］忝 Q:［㮇］㮇

B22b3 dem P:［添］甜恬 S:［忝］簟橝 Q:［㮇］甚

B22b4 nem P:［添］鮎拈 Q:［㮇］念

B22b5 tʃem P:［鹽］霑沾-詹瞻占 S:［琰］颭 Q:［豔］占

B22b6 tʃʰem P:［鹽］覘-幨襜惉 S:［琰］諂覘 Q:［豔］蹭韂韂襜-覘

B22b7 ɲem P:［鹽］黏粘

B22b8 pem P:［鹽 B］砭 S:［琰 B］貶 Q:［豔 B］窆

B22b9 tsem P:［鹽］尖殲漸熸 Q:［㮇］僭

B22b10 tsʰem P:［鹽］僉籤 S:［琰］憸［忝］憯 Q:［豔］壍塹槧

B23a1 sem P:［鹽］銛暹鐵纖憸

B23a2 ʃem P:［鹽］苫 S:［琰］陝睒閃潣 Q:［豔］閃掞苫

B23a3 ʒem P:［鹽］撏蟾 S:［琰］剡 Q:［豔］贍

B23a4 0em P:［鹽］淹崦閹［嚴］醃 S:［琰］奄掩揜晻渰弇［儼］埯［琰 B］黶 Q:［梵］裺

B23a5 俺

B23a6 jem P:［鹽 B］炎焱［鹽 A］鹽塩閻檐簷 S:［琰 A］琰剡錟

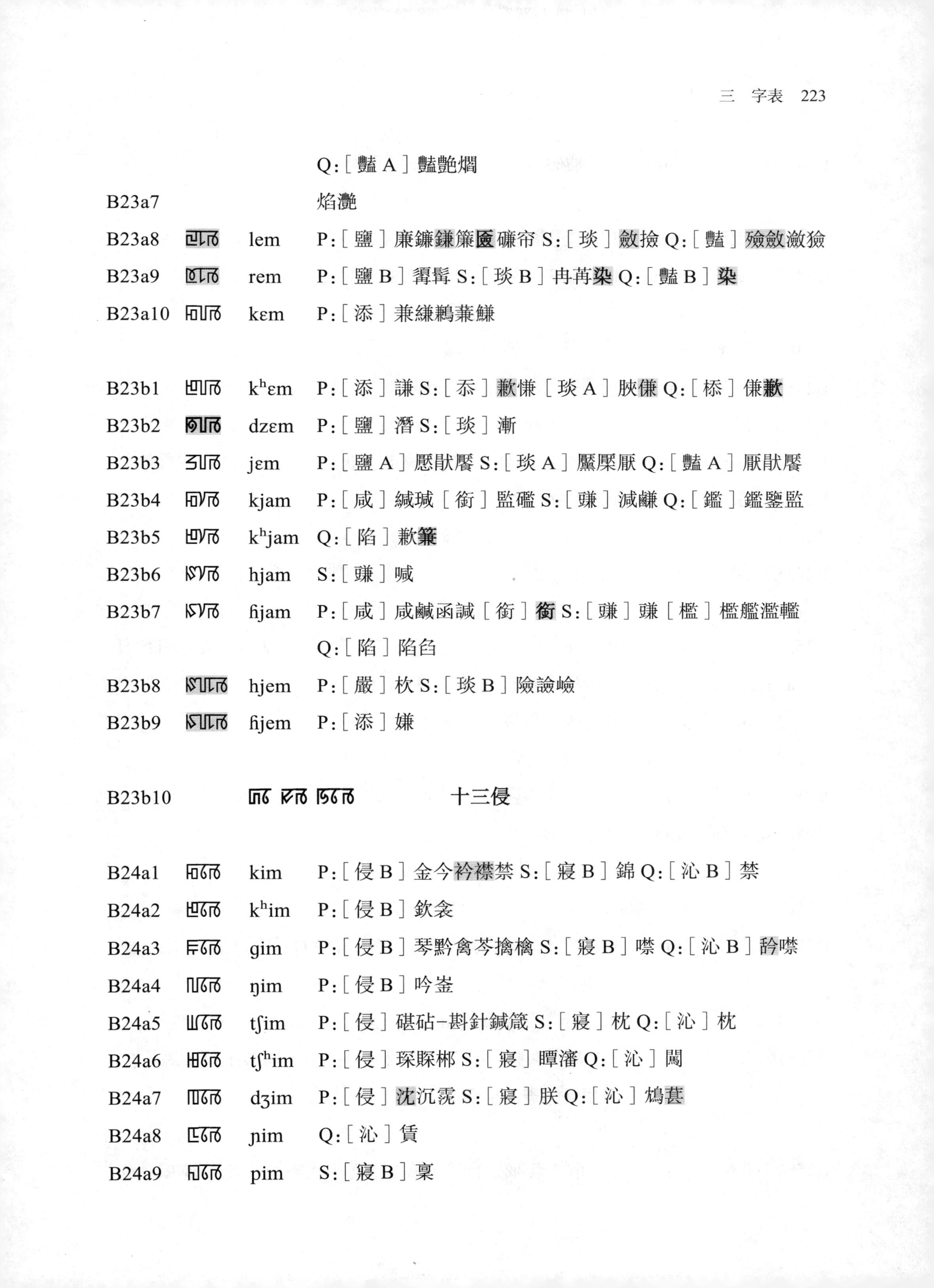

		Q:［豔 A］豔艶爓
B23a7		焰灩
B23a8	lem	P:［鹽］廉鐮鎌簾匲礷帘 S:［琰］斂撿 Q:［豔］殮斂瀲獫
B23a9	rem	P:［鹽 B］霵髯 S:［琰 B］冉苒染 Q:［豔 B］染
B23a10	kεm	P:［添］兼縑鶼蒹鰜
B23b1	k^hεm	P:［添］謙 S:［忝］歉慊［琰 A］脥傔 Q:［㮇］傔歉
B23b2	dzεm	P:［鹽］潛 S:［琰］漸
B23b3	jεm	P:［鹽 A］懕猒饜 S:［琰 A］黶檿厭 Q:［豔 A］厭猒饜
B23b4	kjam	P:［咸］緘瑊［銜］監礛 S:［豏］減鰜 Q:［鑑］鑑鑒監
B23b5	k^hjam	Q:［陷］歉篏
B23b6	hjam	S:［豏］喊
B23b7	ɦjam	P:［咸］咸鹹函諴［銜］銜 S:［豏］豏［檻］檻艦濫轞
		Q:［陷］陷臽
B23b8	hjem	P:［嚴］杴 S:［琰 B］險譣嶮
B23b9	ɦjem	P:［添］嫌

B23b10　　十三侵

B24a1	kim	P:［侵 B］金今衿襟禁 S:［寑 B］錦 Q:［沁 B］禁
B24a2	k^him	P:［侵 B］欽衾
B24a3	gim	P:［侵 B］琴黔禽芩擒檎 S:［寑 B］噤 Q:［沁 B］紟噤
B24a4	ŋim	P:［侵 B］吟崟
B24a5	tʃim	P:［侵］碪砧-斟針鍼箴 S:［寑］枕 Q:［沁］枕
B24a6	$tʃ^h$im	P:［侵］琛棸郴 S:［寑］瞫瀋 Q:［沁］闖
B24a7	dʒim	P:［侵］沈沉霃 S:［寑］朕 Q:［沁］鴆甚
B24a8	ɲim	Q:［沁］賃
B24a9	pim	S:［寑 B］稟

B24a10 pʰim S:［寑B］品

B24b1 tsim P:［侵］祲 Q:［沁］浸寖濅 R:祲

B24b2 tsʰim P:［侵］侵綅駸 S:［寑］寑寝鋟 Q:［沁］沁

B24b3 sim P:［侵］心 S:［寑］伈

B24b4 zim P:［侵］尋鐔潯鬵灊

B24b5 ʃim P:［侵］深 S:［寑］沈審瞫諗淰嬸枕

B24b6 ʒim P:［侵］諶忱煁 S:［寑］甚 Q:［沁］甚

B24b7 0im P:［侵B］音陰瘖 S:［寑B］飲 Q:［沁B］蔭窨瘖癊飲

B24b8 jim P:［侵A］愔

B24b9 <u>jim</u> P:［侵A］淫霪婬蟫

B24b10 lim P:［侵］林琳淋霖臨 S:［寑］廩懍凜

B25a1 rim P:［侵］任壬紝 S:［寑］荏餁飪餘恁佂稔 Q:［沁］妊絍任

B25a2 tʃəm P:［侵］簪 Q:［沁］譖

B25a3 tʃʰəm P:［侵］篸梫 Q:［沁］讖

B25a4 dʒəm P:［侵］岑涔

B25a5 ʃəm P:［侵］森參蔘 Q:［沁］滲幓

B25a6 hjim P:［侵B］歆

B25a7 十四歌

B25a8 ko P:［歌］歌謌柯牁哥 S:［哿］哿舸 Q:［箇］箇个 R:［曷］
葛割轕

B25a9 濭［合］閤鴿合蛤韐［盍］蓋

B25a10 kʰo P:［歌］珂軻 S:［哿］可軻坷 Q:［箇］坷 R:［曷］渴［合］
溘庢峇［盍］榼磕

B25b1 ŋo P:［歌］我哦娥莪鵝俄蛾 S:［哿］我硪 Q:［箇］餓 R:［曷］

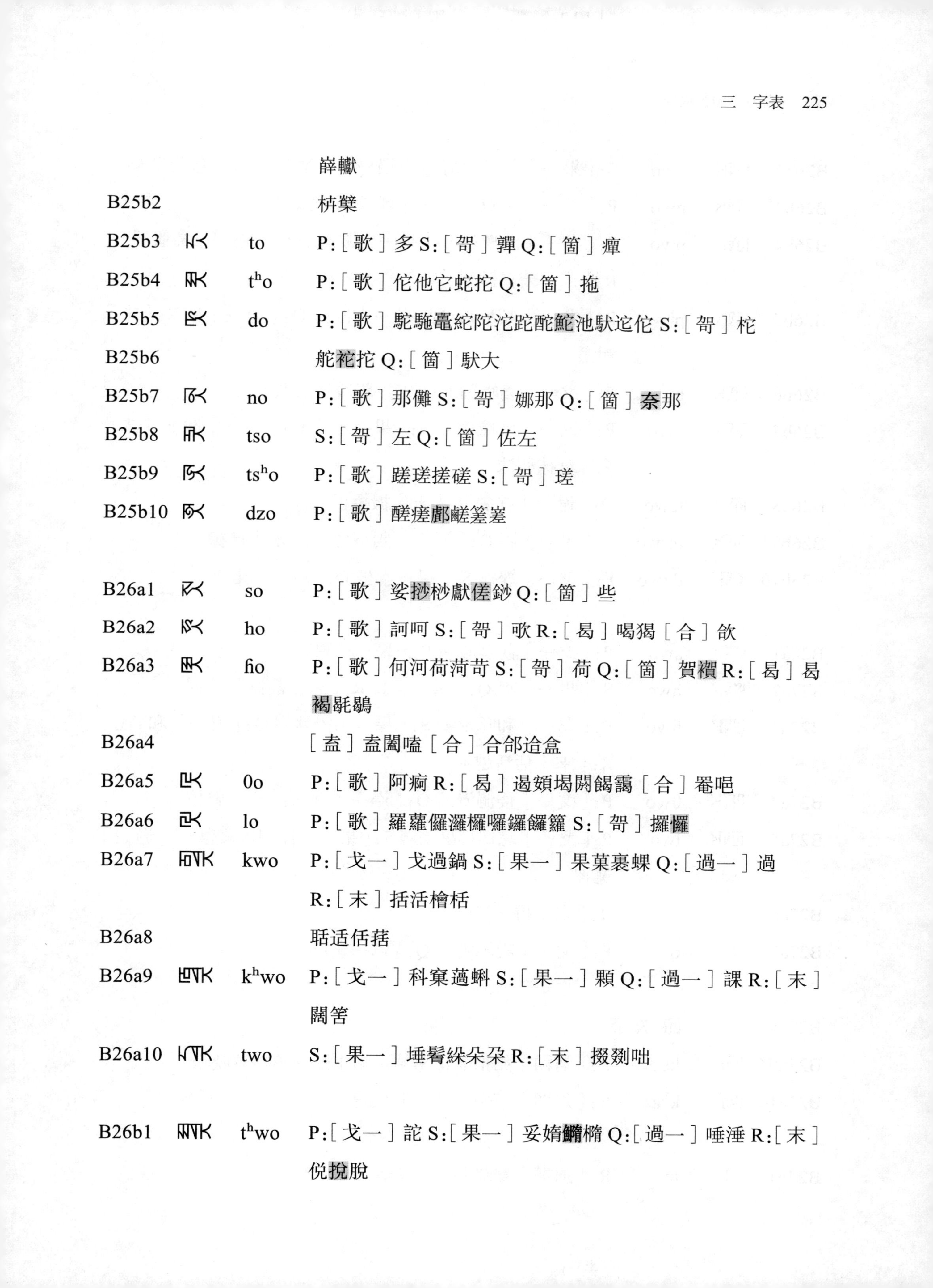

			䏲䡾
B25b2			柁檠
B25b3		to	P:［歌］多 S:［哿］䏲 Q:［箇］瘅
B25b4		$t^{h}o$	P:［歌］佗他它蛇拕 Q:［箇］拖
B25b5		do	P:［歌］駝駞鼉紽陀沱跎酡鮀池馱迱佗 S:［哿］柁
B25b6			舵袉拕 Q:［箇］馱大
B25b7		no	P:［歌］那儺 S:［哿］娜那 Q:［箇］奈那
B25b8		tso	S:［哿］左 Q:［箇］佐左
B25b9		$ts^{h}o$	P:［歌］蹉瑳搓磋 S:［哿］瑳
B25b10		dzo	P:［歌］醝痤鄌鹾篷嵯
B26a1		so	P:［歌］娑抄杪獻傞鈔 Q:［箇］些
B26a2		ho	P:［歌］訶呵 S:［哿］歌 R:［曷］喝猲［合］欱
B26a3		ɦo	P:［歌］何河荷菏苛 S:［哿］荷 Q:［箇］賀禍 R:［曷］曷
			褐毼鶡
B26a4			［盍］盍闔嗑［合］合郃迨盒
B26a5		0o	P:［歌］阿痾 R:［曷］遏頞堨閼餲靄［合］罨晧
B26a6		lo	P:［歌］羅蘿儸灑欏囉鑼饠籮 S:［哿］攞欏
B26a7		kwo	P:［戈一］戈過鍋 S:［果一］果菓裹蜾 Q:［過一］過
			R:［末］括活檜栝
B26a8			聒适佸萿
B26a9		$k^{h}wo$	P:［戈一］科窠薖蝌 S:［果一］顆 Q:［過一］課 R:［末］
			闊筈
B26a10		two	S:［果一］埵鬌綵朵朶 R:［末］掇剟咄
B26b1		$t^{h}wo$	P:［戈一］詑 S:［果一］妥嫷鰖橢 Q:［過一］唾涶 R:［末］
			侻捝脫

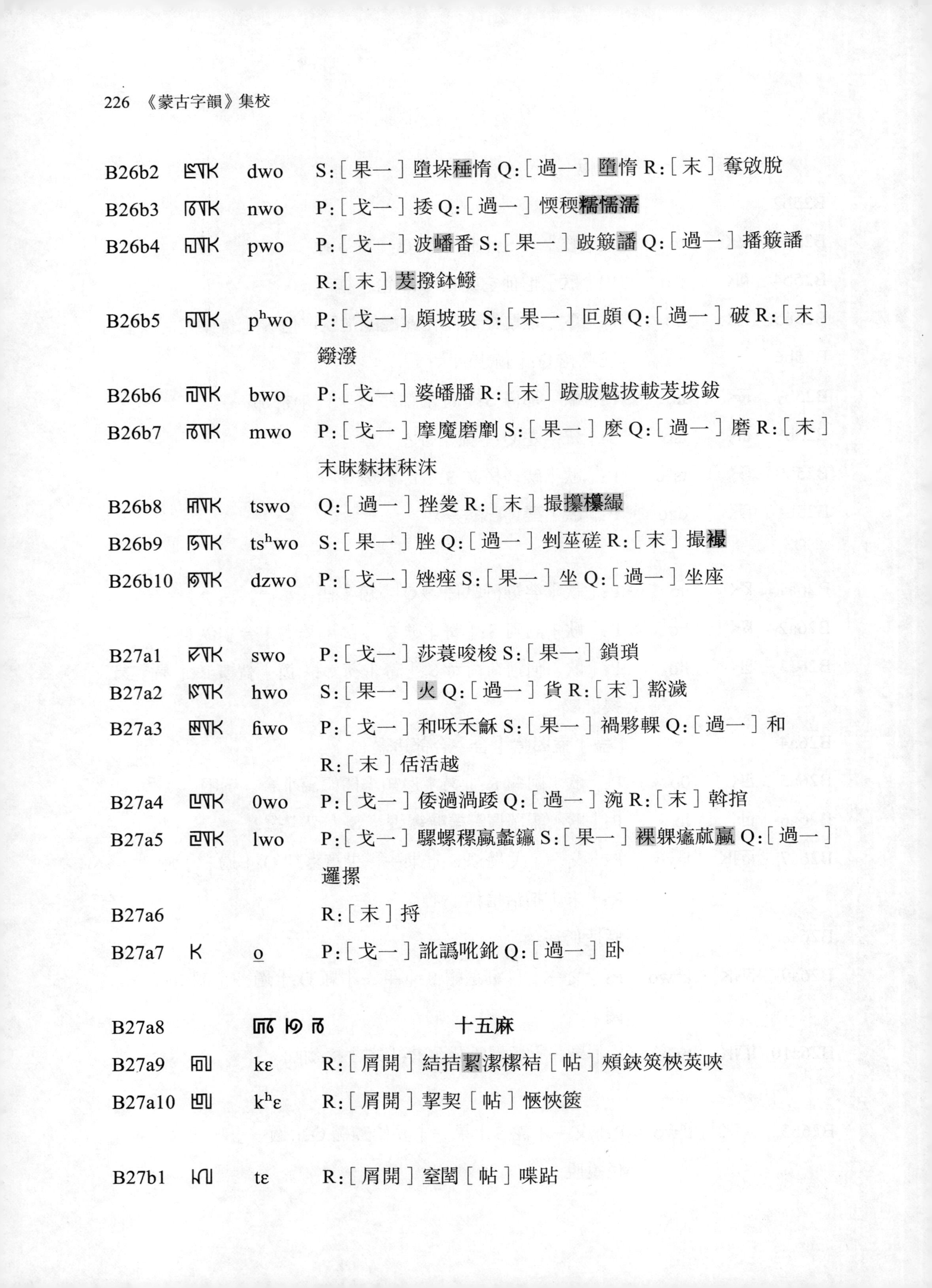

B26b2 dwo S:［果一］隨垜綞惰 Q:［過一］隨惰 R:［末］奪敚脫

B26b3 nwo P:［戈一］捼 Q:［過一］愞稬糯懦濡

B26b4 pwo P:［戈一］波嶓番 S:［果一］跛簸譒 Q:［過一］播簸譒
R:［末］茇撥鉢鱍

B26b5 p^{h}wo P:［戈一］頗坡玻 S:［果一］叵頗 Q:［過一］破 R:［末］
鏺潑

B26b6 bwo P:［戈一］婆嶓皤 R:［末］跋胈魃拔軷茇坺鈸

B26b7 mwo P:［戈一］摩魔磨劘 S:［果一］麼 Q:［過一］磨 R:［末］
末眛妺抹秣沫

B26b8 tswo Q:［過一］挫夎 R:［末］撮攥欑繓

B26b9 ts^{h}wo S:［果一］脞 Q:［過一］剉莝磋 R:［末］撮襊

B26b10 dzwo P:［戈一］矬痤 S:［果一］坐 Q:［過一］坐座

B27a1 swo P:［戈一］莎蓑唆梭 S:［果一］鎖瑣

B27a2 hwo S:［果一］火 Q:［過一］貨 R:［末］豁濊

B27a3 ɦwo P:［戈一］和咊禾龢 S:［果一］禍夥輠 Q:［過一］和
R:［末］佸活越

B27a4 0wo P:［戈一］倭濄渦踒 Q:［過一］涴 R:［末］斡捾

B27a5 lwo P:［戈一］騾螺稞羸蠡鏍 S:［果一］裸躶瘰蓏羸 Q:［過一］
邏摞

B27a6 R:［末］捋

B27a7 o P:［戈一］訛譌吪訛 Q:［過一］臥

B27a8 十五麻

B27a9 kɛ R:［屑開］結拮絜潔楔袺［帖］頰鋏筴梜莢唊

B27a10 k^{h}ɛ R:［屑開］挈契［帖］愜悏篋

B27b1 tɛ R:［屑開］窒闉［帖］喋跕

B27b2		t^{h}ɛ	R:［屑開］鐵餮驖［帖］怗帖鉆黏貼
B27b3		nɛ	R:［屑開］涅篞硂苶［葉B］聶躡鑷［帖］捻敜攝
B27b4		tʃɛ	P:［麻開三］遮 S:［馬開三］者赭 Q:［禡開三］柘樜鷓炙蔗 R:［薛開］哲蜇-轍徹
B27b5			撤澈-晢晣浙折［葉］讋慴熠慹-輒-摺
B27b6		$tʃ^{h}$ɛ	P:［麻開三］車硨 S:［馬開三］奲䰫哆撦 R:［薛開］撤徹聅-掣
B27b7		pɛ	R:［屑開］彃閉［薛開A］鷩鼈［薛開B］別
B27b8		p^{h}ɛ	R:［屑開］瞥撆
B27b9		mɛ	S:［馬開三］乜 R:［屑開］蔑蠛篾衊［薛開A］滅搣
B27b10		tsɛ	P:［麻開三］嗟罝 S:［馬開三］姐担飷 Q:［禡開三］借 R:［屑開］節楶［葉A］接椄睫楫
B28a1			櫼婕萋［帖］浹
B28a2		ts^{h}ɛ	P:［馬開三］且 R:［屑開］切竊齸［葉B］妾緁
B28a3		sɛ	P:［麻開三］些 S:［馬開三］寫瀉 Q:［禡開三］卸瀉 R:［屑開］屑楔躠［薛開］薛［屑開］偰［薛開］紲泄
B28a4			褻渫媟离［帖］燮屧躞
B28a5		ʃɛ	P:［麻開三］奢賒 S:［馬開三］捨舍 Q:［禡開三］舍赦厙 R:［葉B］攝葉歙牒韘［薛開］設
B28a6		hɛ	R:［業］脅愶翖嚕熁
B28a7		ɦɛ	R:［屑開］纈擷頡奊［帖］協叶勰挾俠綊
B28a8		0ɛ	R:［月開］謁暍［業］腌裛浥
B28a9		jɛ	R:［屑開］噎咽［葉A］厭
B28a10		j̱ɛ	R:［屑開］齧臬㞕鶂隉闑槷嵲
B28b1		lɛ	R:［薛開］列迾烈洌冽裂茢颲栵［葉］獵鬣躐

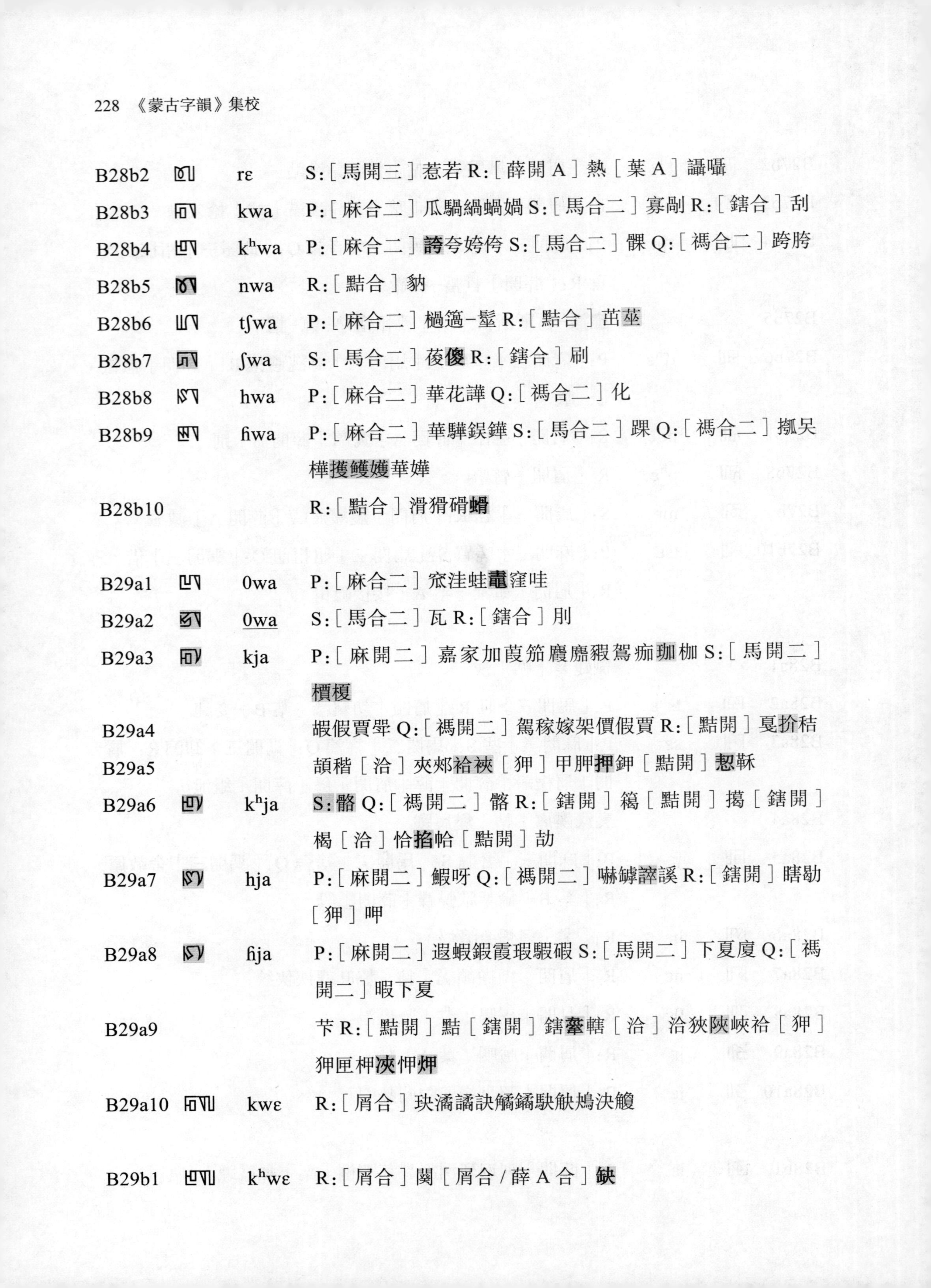

B28b2		rɛ	S:［馬開三］惹若 R:［薛開 A］熱［葉 A］讘囁
B28b3		kwa	P:［麻合二］瓜騧緺蝸媧 S:［馬合二］寡剮 R:［鎋合］刮
B28b4		k^hwa	P:［麻合二］誇夸姱侉 S:［馬合二］髁 Q:［禡合二］跨胯
B28b5		nwa	R:［黠合］豽
B28b6		tʃwa	P:［麻合二］檛簻-髽 R:［黠合］茁莝
B28b7		ʃwa	S:［馬合二］葰傻 R:［鎋合］刷
B28b8		hwa	P:［麻合二］華花譁 Q:［禡合二］化
B28b9		ɦwa	P:［麻合二］華驊鋘鏵 S:［馬合二］踝 Q:［禡合二］摦吴樺擭鳠嫿華嬅
B28b10			R:［黠合］滑猾磆螖
B29a1		0wa	P:［麻合二］窊洼蛙鼃窪哇
B29a2		0wa	S:［馬合二］瓦 R:［鎋合］刖
B29a3		kja	P:［麻開二］嘉家加葭笳麚麍豭豭痂珈枷 S:［馬開二］檟榎
B29a4			叚假賈斝 Q:［禡開二］駕稼嫁架價假賈 R:［黠開］戛扴秸
B29a5			頡稭［洽］夾郟袷裌［狎］甲胛押鉀［黠開］恝鞂
B29a6		k^hja	S:髂 Q:［禡開二］髂 R:［鎋開］稿［黠開］擖［鎋開］楬［洽］恰掐帢［黠開］劼
B29a7		hja	P:［麻開二］鰕呀 Q:［禡開二］嚇罅謼謑 R:［鎋開］瞎勖［狎］呷
B29a8		ɦja	P:［麻開二］遐蝦鍜霞瑕騢碬 S:［馬開二］下夏廈 Q:［禡開二］暇下夏
B29a9			苄 R:［黠開］黠［鎋開］鎋搴轄［洽］洽狹陜峽祫［狎］狎匣柙浹柙煠
B29a10		kwɛ	R:［屑合］玦潏譎訣觼鐍駃觖鴂決觼
B29b1		$k^hwɛ$	R:［屑合］闋［屑合 / 薛 A 合］缺

B29b2 tʃwɛ R:［薛合］輟惙–拙棁

B29b3 tʃʰwɛ R:［薛合］歠

B29b4 tswɛ R:［薛合］蕝

B29b5 dzwɛ R:［薛合］絕

B29b6 swɛ R:［薛合］雪

B29b7 zwɛ R:［薛合］蜥

B29b8 ʃwɛ R:［薛合］說

B29b9 ʒwɛ R:［薛合］啜

B29b10 hwɛ R:［屑合］血

B30a1 ɦwɛ R:［屑合］穴

B30a2 0wɛ R:［屑合］抉

B30a3 0wɛ R:［月合］月刖軏–越粤鉞絨樾蚏曰

B30a4 jwɛ R:［薛合B］悅說閱

B30a5 lwɛ R:［薛合］劣埒鋝

B30a6 rwɛ R:［薛合］爇蜹焫吶

B30a7 kwe R:［月合］厥蹶瘚蕨

B30a8 kʰwe R:［月合］闕

B30a9 gwe P:［戈合三］瘸 R:［月合］鷢（以下韵字《蒙古字韵》原缺。按宁氏补阙内容增入）橜掘

B30a10 hwe P:［戈合三］鞾靴 R:［月合］颰狘［薛合B］烕

B30b1 ke P:［戈開三］迦 R:［月開］訐羯揭［薛開B］孑［業］劫

B30b2 kʰe P:［戈開三］呿 R:［薛開B］朅揭［業］怯胠

B30b3 ge P:［戈開三］伽茄 R:［月開］竭碣楬［薛開B］傑桀榤渴［葉B］衱笈［業］跲

B30b4 ŋe R:［月］钀［薛開B］孽櫱讞蠥孽櫱［葉B］曄曅饁燁

			［業］業鄴業㦎
B30b5	ꡊꡦ	de	R:［屑開］姪昳垤耊迭跌絰瓞咥［帖］牒喋蹀諜堞氎
B30b6			褺疊疉籙㑙蝶
B30b7	ꡆꡦ	dʒe	P:［麻開三］蛇虵 Q:［禡開三］射麝貰 R:［薛開］舌揲［葉］牒
B30b8	ꡎꡦ	be	R:［屑開］蹩［薛開 B］别㭭
B30b9	ꡒꡦ	dze	Q:［禡開三］藉 R:［屑開］截䕙［葉］捷倢踕
B30b10	ꡕꡦ	ze	P:［麻開三］衺斜邪 S:［馬開三］灺 Q:［禡開三］謝榭澍
B31a1	ꡔꡦ	ʒe	P:［麻開三］闍 S:［馬開三］社 R:［薛開］折［葉］涉
B31a2	ꡜꡦ	he	R:［月開］歇蠍
B31a3	ꡗꡦ	je	P:［麻開三］邪耶琊釾鋣斜 S:［馬開三］野壄也冶 Q:［禡開三］夜射 R:
B31a4			［薛開 A］抴［葉 A］葉揲
B31a5	ꡈ	ta	R:［曷］怛靼［合］答荅褡
B31a6	ꡉ	tʰa	R:［曷］闥撻獺羍達［合］錔噠踏漯［盍］榻榻䑽鰈鞳塔搭
B31a7	ꡊ	da	R:［曷］達䢕［合］沓誻遝涾䠓［盍］蹋闒䳴䈳
B31a8	ꡋ	na	P:［麻開二］拏挐 R:［曷］捺［合］納軜衲㨥
B31a9	ꡄ	tʃa	P:［麻開二］樝柤 S:［馬開二］鲊 Q:［禡開二］詐溠咋-吒咤奼 R:［黠開］札蚻紮
B31a10			扎［洽］劄［鎋開］哳
B31b1	ꡅ	tʃʰa	P:［麻開二］叉杈差靫鎈 S:［馬開二］奼 Q:［禡開二］詫 R:［黠開］察［鎋開］刹［洽］插鍤扱
B31b2	ꡆ	dʒa	P:［麻開二］𣘻茶-楂查槎苴 Q:［禡開二］乍褚蜡詐 R:［洽］煠牐［狎］喋
B31b3	ꡌ	pa	P:［麻開二］巴笆豝芭 S:［馬開二］把 Q:［禡開二］霸覇

			弝欛靶灞 R:［黠開］八
B31b4			朳捌
B31b5		pʰa	P:［麻開二］葩 Q:［禡開二］帊怕
B31b6		ba	P:［麻開二］爬杷琶 R:［黠開］拔
B31b7		ma	P:［麻開二］麻蟆 S:［馬開二］馬 Q:［禡開二］禡罵
B31b8		fa	R:［月合］髮發［乏］法灋姂
B31b9		va	R:［月合］伐筏栰罰閥垡橃䩭瞂［乏］乏泛疺
B31b10		ʋa	R:［月合］韈韤襪
B32a1		tsa	R:［合］帀迊咂噆趿
B32a2		tsʰa	R:［曷］攃礤
B32a3		dza	R:［曷］巀囋［合］雜
B32a4		sa	R:［曷］躠撒櫱［合］趿颯靸馺霅鈒
B32a5		ʃa	P:［麻開二］鯊魦沙砂紗髿 S:［馬開二］灑 Q:［禡開二］嗄厦 R:［黠開］殺煞鎩
B32a6			［洽］霎歃萐［狎］翣［洽］箑
B32a7		ja	P:［麻開二］鴉鵶 S:［馬開二］啞瘂 Q:［禡開二］亞啞婭 迓 R:［黠開］軋圠揠［狎］鴨
B32a8			壓押壓
B32a9		j̲a	P:［麻開二］牙衙芽枒涯 S:［馬開二］雅 Q:［禡開二］迓 訝砑
B32a10		la	R:［曷］剌辢糲［合］拉擸摺［盍］臘臈鑞蠟攦

四　韻表

	果開一：歌			
	平	上	去	入
	歌	哿	箇	
幫 滂 並 明				
端 透 定	多 to 佗他它蛇拕 t^{h}o 駝驝鼉紽陀沱 do	嚲 to 柁舵袉拕 do	癉 to 拖 t^{h}o 馱大 do	
泥 來	那儺 no 羅蘿儸邏欏囉 lo	娜那 no 攞儸 lo	奈那 no	
精 清 從 心 邪	 蹉瑳搓磋 ts^{h}o 醝瘥酇鹺篕嵯 dzo 娑抄桫獻傞鈔 so	左 tso 瑳 ts^{h}o	佐左 tso 些 so	
知 徹 澄 娘				
莊 初 崇 生				
章 昌 船 書 禪				
日				
見 溪 群 疑	歌謌柯舸哥 ko 珂軻 k^{h}o 莪哦娥峩鵝俄 ŋo	哿舸 ko 可軻坷 k^{h}o 我硪 ŋo	箇个 ko 坷 k^{h}o 餓 ŋo	
曉 匣	訶呵 ho 何河荷菏苛 ɦo	歌 ho 荷 ɦo	 賀襩 ɦo	
影 云 以	阿痾 0o			

定：跎酡鮀池馱迱佗　來：鑼饠籮　疑：蛾

	果合一：戈			
	平	上	去	入
	戈	果	過	
幫 滂 並 明	波皤番 pwo 頗坡玻 p^{h}wo 婆皤膰 bwo 摩魔磨劘 mwo	跛簸 pwo 叵頗 p^{h}wo 麽 mwo	播簸譒 pwo 破 p^{h}wo 磨 mwo	
端 透 定	 詑 t^{h}wo	埵鬌綶朵朶 two 妥媠鰖橢 t^{h}wo 隳垜陏惰 dwo	 唾涶 t^{h}wo 惰 dwo	
泥 來	挼 nwo 騾螺稞羸蠡鑹 lwo	 裸倮瘰蓏羸 lwo	愞稬糯懦濡 nwo 邏摞 lwo	
精 清 從 心 邪	 矬痤 dzwo 莎蓑唆梭 swo	 脞 ts^{h}wo 坐 dzwo 鎖瑣 swo	挫夎 tswo 剉莝磋 ts^{h}wo 坐座 dzwo	
知 徹 澄 娘				
莊 初 崇 生				
章 昌 船 書 禪				
日				
見 溪 群 疑	戈過鍋 kwo 科窠薖蝌 k^{h}wo 訛譌吪鈋 <u>o</u>	果菓裹蜾 kwo 顆 k^{h}wo	過 kwo 課 k^{h}wo 卧 <u>o</u>	
曉 匣	 和咊禾龢 ɦwo	火 hwo 禍夥輠 ɦwo	貨 hwo 和 ɦwo	
影 云 以	倭過渦踒 0wo		涴 0wo	

	果開三：戈			
	平	上	去	入
	戈	果	過	
幫滂並明				
端透定				
泥來				
精清從心邪				
知徹澄娘				
莊初崇生				
章昌船書禪				
日				
見溪群疑	迦 ke 呿 k^he 伽茄 ge			
曉匣				
影云以				

	果合三：戈			
	平	上	去	入
	戈	果	過	
幫滂並明				
端透定				
泥來				
精清從心邪				
知徹澄娘				
莊初崇生				
章昌船書禪				
日				
見溪群疑	瘑 gwe			
曉匣	鞾靴 hwe			
影云以				

	假開二：麻			
	平	上	去	入
	麻	馬	禡	
幫 滂 並 明	巴笆豝芭 pa 葩 p^{h}a 爬杷琶 ba 麻蟆 ma	把 pa 馬 ma	霸覇弝欛靶灞 pa 帊怕 p^{h}a 禡罵 ma	
端 透 定				
泥 來				
精 清 從 心 邪				
知 徹 澄 娘	 樣茶 dʒa 拏挐 na		吒咤奼 tʃa	
莊 初 崇 生	樝柤 tʃa 叉杈差靫艖 tʃ^{h}a 楂査槎苴 dʒa 鯊魦沙砂紗髿 ʃa	鮓 tʃa 奼 tʃ^{h}a 灑 ʃa	詐溠咋 tʃa 詫 tʃ^{h}a 乍褃蜡詐 dʒa 嗄厦 ʃa	
章 昌 船 書 禪				
日				
見 溪 群 疑	嘉家加葭笳麚 kja 牙衙芽枒涯 ja	檟榎斝假賈斝 kja 雅 ja	駕稼嫁架價假 kja 髂 k^{h}ja 迓訝砑 ja	
曉 匣	鰕呀 hja 遐蝦鍜霞瑕騢 ɦja	 下夏廈 ɦja	嚇罅謼謑 hja 暇下夏芐 ɦja	
影 云 以	鴉鵶 ja	啞瘂 ja	亞啞婭迓 ja	

見：麚猳駕痂珈枷 // 賈 匣：碬

	假合二：麻			
	平	上	去	入
	麻	馬	禡	
幫滂並明				
端透定				
泥來				
精清從心邪				
知徹澄娘	檛簻 tʃwa			
莊初崇生	髽 tʃwa	葰傻 ʃwa		
章昌船書禪				
日				
見溪群疑	瓜騧緺蝸媧 kwa 誇夸姱侉 k^hwa	寡剮 kwa 髁 k^hwa 瓦 0wa	 跨胯 k^hwa	
曉匣	華花譁 hwa 華驊鋘鏵 ɦwa	 踝 ɦwa	化 hwa 摦吴檴擭鱯華 ɦwa	
影云以	窊洼蛙鼃窪哇 0wa			

匣：// 嬅

	假開三: 麻			
	平	上	去	入
	麻	馬	禡	
幫				
滂				
並				
明		乜 mɛ		
端				
透				
定				
泥				
來				
精	嗟罝 tsɛ	姐担飷 tsɛ	借 tsɛ	
清		且 $ts^{h}ɛ$		
從			藉 dze	
心	些 sɛ	寫瀉 sɛ	卸瀉 sɛ	
邪	衺斜邪 ze	灺 ze	謝榭澥 ze	
知				
徹				
澄				
娘				
莊				
初				
崇				
生				
章	遮 tʃɛ	者赭 tʃɛ	柘樜鷓炙蔗 tʃɛ	
昌	車硨 $tʃ^{h}ɛ$	奲䰩哆撦 $tʃ^{h}ɛ$		
船	蛇虵 dʒe		射麝貰 dʒe	
書	奢賒 ʃɛ	捨舍 ʃɛ	舍赦厙 ʃɛ	
禪	闍 ʒe	社 ʒe		
日		惹若 rɛ		
見				
溪				
群				
疑				
曉				
匣				
影				
云				
以	邪耶琊釾鄒斜 je	野壄也冶 je	夜射 je	

	遇合一：模			
	平	上	去	入
	模	姥	暮	
幫	逋餔晡誧 pu	補譜圃 pu	布圃佈 pu	
滂	鋪痡 $p^{h}u$	普溥浦 $p^{h}u$	怖鋪 $p^{h}u$	
並	酺匍菩蒲蒱 bu	簿部 bu	捕哺步駁荹 bu	
明	模橅謨摸 mu	姥莽蟒姆 mu	暮慕募墓慔 mu	
端	都闍 tu	覩睹賭堵 tu	妬蠧斁 tu	
透		土吐稌 $t^{h}u$	菟兔吐鵵 $t^{h}u$	
定	徒屠瘏塗途酴 du	杜肚土 du	渡斁鍍度 du	
泥	奴㚢駑砮帑孥 nu	怒弩努 nu	怒 nu	
來	盧鑪壚蘆顱艫 lu	魯櫓滷虜艣鹵 lu	路露潞輅鷺璐 lu	
精	租葙 tsu	祖珇組 tsu	作 tsu	
清	麤麁犓 $ts^{h}u$		措醋錯 $ts^{h}u$	
從	徂殂 dzu	粗 dzu	祚胙阼酢 dzu	
心	蘇穌蘇酥 su		訴愬泝遡素傃 su	
邪				
知				
徹				
澄				
娘				
莊				
初				
崇				
生				
章				
昌				
船				
書				
禪				
日				
見	孤苽菰姑辜酤 ku	古鼓皷瞽股罟 ku	顧頋雇故酤痼 ku	
溪	枯刳侉 $k^{h}u$	苦筈 $k^{h}u$	袴庫胯 $k^{h}u$	
群				
疑	吾齬吳珸鋘梧 u	五伍午仵 u	誤悞寤忤迕晤 u	
曉	呼戲嘑膴滹幠 hu	虎琥滸 hu	謼 hu	
匣	胡壺狐鶘瑚湖 ɦu	戶楛扈怙鄠祜 ɦu	護瓠頀互濩沍 ɦu	
影	烏嗚洿污杇於 0u	隖塢鄔 0u	惡諲汙 0u	
云				
以				

定：駼荼圖菟 來：櫨轤獹瀘纑㯭爐 // 賂簬簵 心：// 嗉塑埽 見：鴣蛄呱觚沽柧罛 / 蠱估盬牯鈷羖賈詁 // 固錮鯝涸 疑：// 悟捂晤 匣：鶘醐糊弧乎瓠虖 / 昈岵雇鳸酤 // 頀嫮 影：惡

	遇合三：魚			
	平	上	去	入
	魚	語	御	
幫 滂 並 明				
端 透 定				
泥 來	 臚閭廬驢蘆櫚 ly	 吕旅膂簾祣穭 ly	 慮 ly	
精 清 從 心 邪	且蛆苴 tsy 疽岨砠趄苴沮 ts^{h}y 胥 sy 徐 zy	 咀沮跙 dzy 諝胥醑湑 sy 敘緒鱮序嶼鱮 zy	怚沮 tsy 覷 ts^{h}y 絮 sy 	
知 徹 澄 娘	豬猪潴 tʃy 攄樗摴 tʃ^{h}y 除躇儲篨滁 dʒy 袽帤挐 ɲy	貯褚 tʃy 楮褚 ts^{h}y 佇竚紵杼羜宁 dʒy 女 ɲy	著 tʃy 箸筯除 dʒy 女 ɲy	
莊 初 崇 生	葅 tʃu 初 tʃ^{h}u 鉏鋤 dʒu 疏梳蔬踈釃 ʃu	阻俎 tʃu 楚礎憷 tʃ^{h}u 齟 dʒu 所所 ʃu	詛阻 tʃu 助 dʒu 疏 ʃu	
章 昌 船 書 禪	諸 tʃy 書舒紓絵 ʃy 蜍 ʒy	煮陼渚 tʃy 杵處 tʃ^{h}y 紓抒 dʒy 暑鼠黍癙 ʃy 墅 ʒy	翥 tʃy 處虜 tʃ^{h}y 恕庶 ʃy 署曙 ʒy	
日	如茹 ry	女汝籹茹 ry	洳茹 ry	
見 溪 群 疑	居裾据琚鶋車 ky 墟袪椐胠嘘 k^{h}y 渠磲蕖璩蘧籧 gy 魚漁敾 0y	舉莒筥弆柜 ky 去 k^{h}y 巨鉅拒秬距炬 gy 語籞圄敔圉齬 0y	據鋸倨踞鐻 ky 去 k^{h}y 遽勮詎 gy 御馭語 0y	
曉 匣	虛歔嘘 hy	許 hy		
影 云 以	於扵淤 0y 余餘畬輿璵旟 jy	 與予 jy	飫淤 0y 豫預譽輿蕷與 jy	

來：/ 侶 清：狙雎 群：醵鐻腒 / 詎虡 疑：/ 禦 以：歟與譽舁妤伃予 // 蕷澦

	遇合三：虞			
	平	上	去	入
	虞	麌	遇	
幫	跗趺膚鈇玞夫 fu	甫脯斧頫俯府 fu	付賦傅 fu	
滂	敷麩尃孚郛鄜 fu	撫弣拊 fu	赴訃仆 fu	
並	扶芙符凫夫泭 vu	父輔腐滏駁䩉 vu	附袝賻駙胕鮒 vu	
明	無毋蕪誣巫无 ʋu	武舞儛嫵侮憮 ʋu	務婺霧鶩 ʋu	
端				
透				
定				
泥				
來	蔞膢 ly	縷僂褸 ly	屢 ly	
精	諏娵 tsy		足 tsy	
清	趨趍 tsʰy	取 tsʰy	娶趣 tsʰy	
從		聚 dzy	聚 dzy	
心	須鬚繻䙱需 ky			
邪				
知	誅株邾蛛 tʃy	黈 tʃy	註鉒駐軴 tʃy	
徹	貙 tʃʰy			
澄	厨蹰幮趎 dʒy	柱 dʒy	住 dʒy	
娘				
莊				
初	芻 tʃʰu			
崇	雛鶵 dʒu			
生	毹毺 ʃu	數 ʃu	捒數 ʃu	
章	朱珠絑 tʃy	主麈炷 tʃy	注鑄霔炷澍 tʃy	
昌	樞姝 tʃʰy			
船				
書	輸 ʃy		戍 ʃy	
禪	殊銖洙茱殳 ʒy	豎竪樹裋 ʒy	樹澍 ʒy	
日	儒濡襦懦嚅醹 ry	乳 ry	孺 ry	
見	拘駒㪺捄俱 ky	矩 ky	屨句絇瞿 ky	
溪	區驅敺軀嶇 kʰy	齲踽 kʰy	驅 kʰy	
群	衢瞿癯氍鸜劬 gy	窶 gy	懼具 gy	
疑	虞愚娛堣喁隅 0y	麌俁 0y	遇寓 0y	
曉	訏吁歑 hy	詡喣栩珝煦 hy	昫酗呴煦 hy	
匣				
影	紆迂 0y	傴 0y	嫗饇 0y	
云	于迂盂雩竽 0y	羽禹雨宇寓瑀 0y	芋雨羽 0y	
以	逾踰窬臾楰腴 jy	庾悞窳愈瘉斞 jy	裕諭喻籲 jy	

幫：扶 / 腑篚黼莆俌父 滂：俘罦稃莩桴痡 並：/ 釜 明：羆 / 珷碔廡甒鵡膴罦 群：軥鴝絇 以：覦俞榆廞褕瑜悞揄萸渝諛

	蟹開一：咍			
	平	上	去	入
	咍	海	代	
幫 滂 並 明		倍 baj		
端 透 定	胎台邰 t^{h}aj 臺薹籉擡儓苔 daj	觶歹 taj 殆怠迨紿詒隸 daj	戴 taj 貸態 t^{h}aj 代岱黛袋逮埭 daj	
泥 來	能 naj 來萊騋秾 laj	乃迺鼐鯌 naj	耐鼐 naj 賚倈 laj	
精 清 從 心 邪	烖灾災栽哉菑 tsaj 猜偲 ts^{h}aj 裁纔財才材 dzaj 鰓顋 saj	宰睟縡載 tsaj 采採綵寀彩 ts^{h}aj 在 dzaj	載再縡 tsaj 菜埰 ts^{h}aj 載在截栽 dzaj 賽簺塞 saj	
知 徹 澄 娘				
莊 初 崇 生				
章 昌 船 書 禪		茝 tʃ^{h}aj		
日				
見 溪 群 疑	該垓荄陔峐晐 kaj 開 k^{h}aj 皚敳 ŋaj	改 kaj 愷凱塏鎧闓 k^{h}aj	溉槩摡 kaj 慨愾欬鎧嘅 k^{h}aj 礙 ŋaj	
曉 匣	咍 haj 孩頦 ɦaj	海醢 haj 亥 ɦaj	瀣劾 ɦaj	
影 云 以	哀埃欸 0aj		愛僾靉曖 0aj	

定：落駘 / 待 // 靆靆瑇 精：戠 見：祴

	蟹合一：灰			
	平	上	去	入
	灰	賄	隊	
幫	桮杯盃 puj		背輩 puj	
滂	醅肧坯 $p^{h}uj$		配妃 $p^{h}uj$	
並	裴徘培陪 buj	琲 buj	佩珮邶俻誖悖 buj	
明	酶枚梅媒玫煤 muj	浼每 muj	妹昧沬每痗瑁 muj	
端	磓頧堆鎚敦 tuj		對碓 tuj	
透	蓷推 $t^{h}uj$	腿 $t^{h}uj$	退 $t^{h}uj$	
定	頹穨隤魋尵僓 duj		隊憝鐓錞譈 duj	
泥	捼 nuj	餧餒 nuj	内 nuj	
來	櫑罍雷 luj	磊蕾儡櫑 luj	纇耒擂酹 luj	
精			晬綷 tsuj	
清	崔催縗隆 $ts^{h}uj$	皠漼璀 $ts^{h}uj$	倅淬 $ts^{h}uj$	
從	摧崔 dzuj	辠罪 dzuj		
心	挼纗毸 suj		碎誶 suj	
邪				
知				
徹				
澄				
娘				
莊				
初				
崇				
生				
章				
昌				
船				
書				
禪				
日				
見	傀瑰瓌 kuj		憒 kuj	
溪	恢詼魁悝盔 $k^{h}uj$		塊 $k^{h}uj$	
群				
疑	桅嵬嵔 Ouj	隗嵬頠 Ouj	磑 Ouj	
曉	灰 huj	賄賄悔 huj	誨悔晦 huj	
匣	迴回洄槐徊瑰 ɦuj	瘣廆滙 ɦuj	潰繢闠廻 ɦuj	
影	隈煨椳偎揋 0uj	猥 0uj		
云				
以				

並：// 背菲狒 明：脢禖䍙莓鋂䤈 匣：茴

	蟹開一：泰			
	平	上	去	入
			泰	
幫滂並明			貝沛狽茷 paj 霈沛 p^haj 旆 baj 昧沫 maj	
端透定			帶癘 taj 泰忕太 t^haj 大汏 daj	
泥來			柰奈 naj 賴籟癩瀨 laj	
精清從心邪			蔡 ts^haj	
知徹澄娘				
莊初崇生				
章昌船書禪				
日				
見溪群疑			蓋匃 kaj 磕愒 k^haj 艾 ŋaj	
曉匣			害 ɦaj	
影云以			藹壒餲靄噧 0aj	

	蟹合一：泰			
	平	上	去	入
			泰	
幫 滂 並 明				
端 透 定			祋 tuj 娧駾 t^{h}uj 兑䬈 duj	
泥 來				
精 清 從 心 邪			最 tsuj 蕞 dzuj	
知 徹 澄 娘				
莊 初 崇 生				
章 昌 船 書 禪				
日				
見 溪 群 疑			儈膾鱠檜澮鄶 kuj 外 <u>0uj</u>	
曉 匣			譮噦翽 huj 會檜 ɦuj	
影 云 以			薈 0uj	

見：// 廥劊會獪檜旝

	蟹開二：皆			
	平	上	去	入
	皆	駭	怪	
幫 滂 並 明	 排俳 baj 埋薶霾 maj		拜扒 paj 湃 pʰaj 㦬𤺌憊韛𩌏 baj 韎 maj	
端 透 定				
泥 來				
精 清 從 心 邪				
知 徹 澄 娘	 搋 tʃʰaj			
莊 初 崇 生	齋 tʃaj 豺儕 dʒaj		瘵祭 tʃaj 殺 ʃaj	
章 昌 船 書 禪				
日				
見 溪 群 疑	皆偕堦稭喈階 kjaj 揩 kʰjaj	 楷鍇 kʰjaj 騃 jaj	誡戒界介疥玠 kjaj 劾揩 kʰjaj	
曉 匣	 諧骸 ɦjaj	 駭 ɦjaj	譮忦 hjaj 械齘薤瀣 ɦjaj	
影 云 以			呃噫 jaj	

見：湝黠荄颽楷 // 穷魪价芥届悈恝犗

	蟹合二：皆			
	平	上	去	入
	皆	駭	怪	
幫滂並明				
端透定				
泥來				
精清從心邪				
知徹澄娘				
莊初崇生				
章昌船書禪				
日				
見溪群疑	乖 kwaj		怪恠磘壞 kwaj 蒯蕢喟 k^hwaj 聵 0waj	
曉匣	懷櫰槐淮褱瀤 ɦwaj		壞 ɦwaj	
影云以				

	蟹開二：佳			
	平	上	去	入
	佳	蟹	卦	
幫		擺捭 paj		
滂			派 pʰaj	
並	牌 baj	罷 baj	粺稗 baj	
明		買 maj	賣 maj	
端				
透				
定				
泥				
來				
精				
清				
從				
心				
邪				
知				
徹				
澄		廌豸 dʒaj		
娘		嬭妳 ɲaj		
莊			債 tʃaj	
初	釵叉差 tʃʰaj		差瘥 tʃʰaj	
崇	柴祡 dʒaj		眦 dʒaj	
生		灑躧 ʃaj	曬洒 ʃaj	
章				
昌				
船				
書				
禪				
日				
見	佳街 kjaj	解 kjaj	懈解繲廨 kjaj	
溪				
群				
疑	崖涯厓 jaj			
曉				
匣	膎鞵鞋 ɦjaj	蟹解獬澥嶰 ɦjaj	邂解 ɦjaj	
影	娃洼哇 jaj	矮 jaj	隘阸 jaj	
云				
以				

	蟹合二：佳			
	平	上	去	入
	佳	蟹	卦	
幫滂並明				
端透定				
泥來				
精清從心邪				
知徹澄娘				
莊初崇生				
章昌船書禪				
日				
見溪群疑	媧緺蝸騧 kwaj		卦挂掛詿罣 kwaj	
曉匣			畫 ɦwaj	
影云以	蛙鼃 0waj			

	蟹開二：夬			
	平	上	去	入
			夬	
幫 滂 並 明			敗 paj 敗 baj 邁勱 maj	
端 透 定				
泥 來				
精 清 從 心 邪				
知 徹 澄 娘			蠆 tʃʰaj	
莊 初 崇 生			寨 dʒaj	
章 昌 船 書 禪				
日				
見 溪 群 疑				
曉 匣				
影 云 以			餲喝嗄 jaj	

	蟹合二: 夬			
	平	上	去	入
			夬	
幫 滂 並 明				
端 透 定				
泥 來				
精 清 從 心 邪				
知 徹 澄 娘				
莊 初 崇 生			嘬 tʃ^{h}waj	
章 昌 船 書 禪				
日				
見 溪 群 疑			夬獪 kwaj 快噲駃 k^{h}waj	
曉 匣			話 ɦwaj	
影 云 以				

	蟹開三：祭 B			
	平	上	去	入
			祭	
幫滂並明				
端透定				
泥來				
精清從心邪				
知徹澄娘				
莊初崇生				
章昌船書禪				
日				
見溪群疑			猘罽 ki 憩愒揭甈 k^hi 偈 gi	
曉匣				
影云以			瘞 0i	

	蟹合三：祭 B			
	平	上	去	入
			祭	
幫滂並明				
端透定				
泥來				
精清從心邪				
知徹澄娘			綴畷 tʃuj	
莊初崇生			毳毳 tʃʰuj	
章昌船書禪				
日				
見溪群疑			劌蹶 kuj	
曉匣				
影云以			衛彗 <u>0uj</u>	

	蟹開三：祭 A			
	平	上	去	入
			祭	
幫滂並明			蔽 pi 潎 pʰi 獘斃幣敝 bi 袂 mi	
端透定				
泥來			栵例厲礪勵癘 li	
精清從心邪			祭際穄 tsi	
知徹澄娘			搋 tʃi 滯彘 tʃʰi	
莊初崇生				
章昌船書禪			制製哲 tʃi 掣懘 tʃʰi 世勢貰 ʃi 逝噬誓筮澨 ʒi	
日				
見溪群疑			藝蓺 0i	
曉匣				
影云以			曳裔勩泄洩栧 ji	

以：// 跇詍滯

	蟹合三：祭 A			
	平	上	去	入
			祭	
幫 滂 並 明				
端 透 定				
泥 來				
精 清 從 心 邪			毳脃帨 tsʰuj 歲繐繐 suj 篲彗 zuj	
知 徹 澄 娘				
莊 初 崇 生				
章 昌 船 書 禪			贅 tʃuj 稅說蛻帨 ʃuj	
日			芮汭蜹枘 ruj	
見 溪 群 疑				
曉 匣				
影 云 以			銳叡睿 jwi	

	蟹開三：廢			
	平	上	去	入
			廢	
幫滂並明				
端透定				
泥來				
精清從心邪				
知徹澄娘				
莊初崇生				
章昌船書禪				
日				
見溪群疑			刈乂艾 ŋi	
曉匣				
影云以				

	蟹合三：廢			
	平	上	去	入
			廢	
幫滂並明			廢癈 fi 肺 fi 吠 vi	
端透定				
泥來				
精清從心邪				
知徹澄娘				
莊初崇生				
章昌船書禪				
日				
見溪群疑				
曉匣			喙 hyj	
影云以			穢濊獩 0uj	

	蟹開四：齊			
	平	上	去	入
	齊	薺	霽	
幫	豍𢃠陛狴鎞篦 pi		閉嬖箅 pi	
滂	磇陛刺批鈚 $p^{h}i$		媲渒 $p^{h}i$	
並	椑鼙 bi	陛梐髀 bi		
明	迷麛 mi	米眯洣 mi	謎 mi	
端	低氐磾羝眂隄 ti	邸底詆坻柢抵 ti	帝諦嚏柢蔕螮 ti	
透	梯睇 $t^{h}i$	體軆涕 $t^{h}i$	替剃涕屜 $t^{h}i$	
定	嗁啼遆蹄折提 di	弟娣悌遞 di	弟第遰提髢締 di	
泥	泥埿臡 ni	禰泥瀰 ni	泥埿迡 ni	
來	黎黧藜瓈稓蠡 li	禮礼蠡澧醴鱧 li	麗戾隸儷盭唳 li	
精	齎賫虀擠躋隮 tsi	濟 tsi	霽濟 tsi	
清	妻萋淒凄悽霋 $ts^{h}i$	泚玼 $ts^{h}i$	砌切妻 $ts^{h}i$	
從	齊臍蠐 dzi	薺 dzi	穧嚌劑眥齊懠 dzi	
心	西棲栖犀嘶撕 si	洗洒 si	細壻婿 si	
邪				
知徹澄娘				
莊初崇生				
章昌船書禪	栘 ʒi			
日				
見	鷄雞稽枅笄 kji		計係繫薊髻繼 kji	
溪	谿嵠溪磎鸂 $k^{h}ji$	启棨綮稽 $k^{h}ji$	契 $k^{h}ji$	
群				
疑	倪霓齯輗猊麑 ji		詣羿睨甈 ji	
曉	醯 hji			
匣	奚傒嫨蹊嵇兮 ɦji	徯謑 ɦji	系褉繫 ɦji	
影云以	鷖嫛緊黳黟 ji		縊翳曀医瞖繄 ji	

端：堤 / 牴觝軧弤氐 定：題媞綈稊醍禔鵜荑緹騠 // 睇悌娣禘棣杕踶題遞逮遰 來：// 沴悷荔

疑：鯢猊兒 匣：鼷貕 影：// 墑殪

	蟹合四：齊			
	平	上	去	入
	齊	薺	霽	
幫滂並明				
端透定				
泥來				
精清從心邪				
知徹澄娘				
莊初崇生				
章昌船書禪				
日				
見溪群疑	圭珪邽閨袿窐 kyj 睽奎刲刲 k^hyj		桂 kyj	
曉匣	攜携蠵鑴觿畦 ɦyj		嘒嘒 hyj 憓慧惠蕙譓 ɦyj	
影云以				

匣：鮭

	止開三：支 B			
	平	上	去	入
	支	紙	寘	
幫 滂 並 明	陂詖碑羆 puj 披鈹 p^{h}uj 皮疲罷 buj 縻糜靡醾 muj	彼䌷罷 puj 破披 p^{h}uj 被 buj 靡骳 muj	賁佊詖陂 puj 帔 p^{h}uj 髲被鞁 buj	
端 透 定				
泥 來				
精 清 從 心 邪				
知 徹 澄 娘	知蜘 tʃi 摛魑彲 tʃ^{h}i 馳池篪踟 dʒi	豸褫陊杝廌 dʒi 旎 ɲi	智知 tʃi	
莊 初 崇 生	差嵯 tʃ^{h}ɨ 釃簁 ʃɨ	屣 ʃɨ	屣 ʃɨ	
章 昌 船 書 禪				
日				
見 溪 群 疑	羈羇畸奇 ki 攲鼓崎 k^{h}i 奇琦騎錡 gi 宜儀鸃涯 ŋi	掎 ki 綺 k^{h}i 技妓錡 gi 螘蟻蛾錡艤轙 ŋi	寄 ki 芰騎 gi 議誼義 ŋi	
曉 匣	犧羲戲巇曦 hi		戲 hi	
影 云 以	漪猗椅禕 0i	倚 0i		

	止合三：支 B			
	平	上	去	入
	支	紙	寘	
幫 滂 並 明				
端 透 定				
泥 來				
精 清 從 心 邪				
知 徹 澄 娘	鬌鎚 dʒuj		鎚膇縋 dʒuj 諉 ɲuj	
莊 初 崇 生	衰 tʃ^{h}waj	揣 tʃ^{h}waj		
章 昌 船 書 禪				
日				
見 溪 群 疑	嬀 kuj 虧 k^{h}uj 危峗 0uj	詭垝庋 kuj 跪 k^{h}uj 跪 guj 硊頠 0uj	僞 0uj	
曉 匣	麾撝 hyj	毀燬譭烜 hyj		
影 云 以	逶萎委 0uj 爲為 0uj	委骫 0uj 蔿噅闟薳 0uj	爲 0uj	

	止開三：支 A			
	平	上	去	入
	支	紙	寘	
幫 滂 並 明	卑椑箄裨 pi 陴脾埤裨棹 bi 弥彌瀰罙 mi	俾俾 pi 諀庀仳 p^{h}i 婢庳 bi 渳弭瀰芈敉 mi	臂 pi 譬 p^{h}i 避辟 bi 	
端 透 定				
泥 來	 離籬醨璃离羅 li	 邐峛 li	 詈離荔 li	
精 清 從 心 邪	貲頿訾鄑觜 tsɨ 雌 ts^{h}ɨ 疵玼茈 dzɨ 斯廝虒凘䝱鷉 sɨ	紫訿呰呰 tsɨ 此佌玼泚 ts^{h}ɨ 徙璽璽 sɨ	積 tsɨ 刺刾 ts^{h}ɨ 漬骴 dzɨ 賜 sɨ	
知 徹 澄 娘				
莊 初 崇 生				
章 昌 船 書 禪	支巵梔枝肢禔 tʃi 眵 tʃ^{h}i 絁施 ʃi 提匙禔 ʒi	紙帋只坻軹咫 tʃi 侈 tʃ^{h}i 舓舐䑛 dʒi 弛豕 ʃi 是氏諟 ʒi	寘忮觶 tʃi 翅施啻 ʃi 豉 ʒi	
日	兒 ri	爾尒迩邇 ri		
見 溪 群 疑	 祇示岐歧疧軝 gji	 企跂 k^{h}ji	 企跂蚑 k^{h}ji	
曉 匣				
影 云 以	 移箷椸詑酏匜 ji	 酏迆匜扡 ji	 易傷 ji	

來：漓灕縭蘺褵罹麗鸝蠡劙 心：褫 章：氏鳷楮／枳抵砥 以：庨蛇

	止合三：支A			
	平	上	去	入
	支	紙	寘	
幫				
滂				
並				
明				
端				
透				
定				
泥				
來	羸 luj	絫累樏纍 luj	累 luj	
精	劑 tsuj	觜 tsuj		
清				
從				
心	眭 suj	髓瀡 suj		
邪	隨隋 zuj			
知				
徹				
澄				
娘				
莊				
初				
崇				
生				
章		捶箠 tʃuj	惴 tʃuj	
昌	吹炊 tʃ^{h}uj		吹 tʃ^{h}uj	
船				
書				
禪	垂陲倕 ʒuj	菙 ʒuj	睡瑞 ʒuj	
日		蘂繠 ruj		
見	規嫢 kuj			
溪	闚窺 k^{h}uj	跬頍 k^{h}uj		
群				
疑				
曉	隳隓 hyj			
匣				
影			恚 0wi	
云				
以				

	止開三：脂 B			
	平	上	去	入
	脂	旨	至	
幫 滂 並 明	悲 puj 丕伾秠駓伓 p^{h}uj 邳 buj 眉嵋湄楣郿麋 muj	鄙 puj 嚭秠 p^{h}uj 否圮 buj 美媺 muj	祕秘毖閟轡泌 puj 濞 p^{h}uj 備俻贔 buj 媚魅 muj	
端 透 定				
泥 來				
精 清 從 心 邪				
知 徹 澄 娘	胝 tʃi 絺䋽郗 tʃ^{h}i 墀䢗坻泜遟遲 dʒi 尼怩ɲi	 雉薙 dʒi 柅ɲi	致懫疐輊躓質 tʃi 緻稚遟稺治 dʒi 膩ɲi	
莊 初 崇 生	 師 ʃɨ			
章 昌 船 書 禪				
日				
見 溪 群 疑	飢肌 ki	几麂 ki 跽 gi	冀兾覬穊驥 ki 器 k^{h}i 臮暨塈洎垍 gi 劓ŋi	
曉 匣				
影 云 以			懿饐 0i	

幫：// 費

	止合三：脂 B			
	平	上	去	入
	脂	旨	至	
幫滂並明				
端透定				
泥來				
精清從心邪				
知徹澄娘	追 tʃuj 鎚椎 dʒuj		墜 dʒuj	
莊初崇生	推 tʃʰuj 衰榱 ʃwaj		帥率 ʃwaj	
章昌船書禪				
日				
見溪群疑	龜 kuj 逵夔戣騤頄 guj	軌簋晷宄匭 kuj	媿愧 kuj 喟 kʰuj 匱蕢饋餽櫃簣 guj	
曉匣				
影云以	帷 0uj	洧鮪痏 0uj	位 0uj	

群：// 歸

	止開三：脂 A			
	平	上	去	入
	脂	旨	至	
幫		匕妣秕比 pi	痹畀庇 pi	
滂	紕誰 p^{h}i			
並	魮梍毗比琵芘 bi		鼻比庳枇 bi	
明			寐 mi	
端				
透				
定			地 di	
泥				
來	棃梨蔾犂 li	履 li	利莅涖 li	
精	咨資粢齋諮姿 tsɨ	姊秭 tsɨ	恣 tsɨ	
清			次佽 ts^{h}ɨ	
從	茨餈瓷 dzɨ		自 dzɨ	
心	私 sɨ	死 sɨ	四肆泗駟 sɨ	
邪		兕 zɨ		
知				
徹				
澄				
娘				
莊				
初				
崇				
生				
章	祗砥泜脂 tʃi	旨指厎 tʃi	鷙至摯贄 tʃi	
昌	鴟 tʃ^{h}i			
船			示謚 dʒi	
書	尸鳲屍蓍 ʃi	矢 ʃi		
禪		視眡眎 ʒi	嗜視醋 ʒi	
日			二貳 ri	
見				
溪			棄弃 k^{h}ji	
群	鬐耆祁 gji			
疑				
曉	屎 hji			
匣				
影	伊咿 0i			
云				
以	姨彝夷峓恞痍 ji		肄隶 ji	

並：貔膍肶蚍枇 精：齍 以：桋陎荑洟

	止合三：脂 A			
	平	上	去	入
	脂	旨	至	
幫 滂 並 明				
端 透 定				
泥 來	纍蘽欙纝縲瓃 luj	壘藟誄 luj	類淚纍禷 luj	
精 清 從 心 邪	綏雖睢 suj		醉 tsuj 翠 ts^{h}uj 萃顇悴瘁 dzuj 邃誶粹祟睟 suj 遂彗隧禭璲檖 zuj	
知 徹 澄 娘				
莊 初 崇 生				
章 昌 船 書 禪	錐隹騅鵻 tʃuj 誰 ʒuj	水 ʃuj	出 tʃ^{h}uj	
日	蕤甤緌 ruj			
見 溪 群 疑	葵 gyj	癸 kyj 揆 gyj	季 kyj 悸 gyj	
曉 匣				
影 云 以	惟維遺濰唯 jwi	唯踓 jwi	遺 jwi	

邪：// 燧禭鐩穗

	止開三：之			
	平	上	去	入
	之	止	志	
幫				
滂				
並				
明				
端				
透				
定				
泥				
來	釐貍氂嫠狸𥝶 li	里裏鯉悝李理 li	吏 li	
精	兹孳孜滋䔢仔 tsɨ	子耔梓杍 tsɨ		
清				
從	慈磁鶿茲 dzɨ		字牸孳 dzɨ	
心	思司罳絲緦覗 sɨ	枲葸 sɨ	笥伺思 sɨ	
邪	詞祠辭辤辞 zɨ	似祀禩姒巳耜 zɨ	寺嗣飼食 zɨ	
知		徵 tʃi	置 tʃi	
徹	癡笞 $tʃ^hi$	恥祉 $tʃ^hi$	眙 $tʃ^hi$	
澄	治持 dʒi	峙跱峙痔徛庤 dʒi	值植 dʒi	
娘		你 ni		
莊	菑甾淄輜錙 tʃɨ	滓胏 tʃɨ	胾 tʃɨ	
初			廁 $tʃ^hɨ$	
崇		士仕䣊柹戺䒨 dʒɨ	事 dʒɨ	
生		史使 ʃɨ	駛使 ʃɨ	
章	之芝 tʃi	止畤沚趾址芷 tʃi	志誌 tʃi	
昌	蚩嗤媸 $tʃ^hi$	齒茝 $tʃ^hi$	熾饎糦幟 $tʃ^hi$	
船				
書	詩 ʃi	始 ʃi	試僿弑 ʃi	
禪	時塒 ʒi（漦 dʒɨ）	市恃 ʒi（俟竢涘 dʒɨ）	侍蒔 ʒi	
日	而栭陑胹鴯洏 ri	耳駬 ri	餌珥咡刵 ri	
見	姬基朞其箕 ki	紀己 ki	記 ki	
溪	魌欺僛 k^hi	起杞屺玘芑峐 k^hi	亟 k^hi	
群	其期旗綦萁琪 gi		忌惎鵋誋 gi	
疑	疑嶷 ŋi	擬儗薿 ŋi		
曉	僖熙嬉禧熹 hi	喜蟢 hi	憙 hi	
匣				
影	醫毉噫 0i		意 0i	
云		矣 ŋi		
以	飴怡圯貽頤詒 ji	以目巳苡苢 ji	異异食 ji	

來：/ 娌俚 心：偲 邪：/ 汜 澄：/ 畤 章：/ 阯 溪：/ 杞梩 群：麒騏淇棊碁璂祺䓅 以：台瓵

	止開三：微			
	平	上	去	入
	微	尾	未	
幫滂並明				
端透定				
泥來				
精清從心邪				
知徹澄娘				
莊初崇生				
章昌船書禪				
日				
見溪群疑	幾譏磯饑饑禨 ki 祈頎旂畿璣崎 gi 沂溰 ŋi	幾蟣 ki 豈 k^hi 顗 ŋi	既曁 ki 氣 k^hi 毅 ŋi	
曉匣	希晞稀豨俙 hi	豨霼唏 hi	欷餼霼愾 hi	
影云以	依衣 0i	扆偯 0i	衣 0i	

見：璣機 群：圻幾

	止合三：微			
	平	上	去	入
	微	尾	未	
幫滂並明	飛扉緋非馡騑 fi 菲霏妃 fi 肥腓淝 vi 微溦薇 ʋi	匪篚棐榧蜰 fi 斐菲朏悱 fi 尾亹 ʋi	沸芾誹 fi 費 fi 狒扉翡踂蜚 vi 未味 ʋi	
端透定				
泥來				
精清從心邪				
知徹澄娘				
莊初崇生				
章昌船書禪				
日				
見溪群疑	歸帰 kuj 巍 0uj	鬼 kuj	貴 kuj 魏 0uj	
曉匣	揮煇輝暉翬徽 hyj	虺虫卉 hyj	諱卉 hyj	
影云以	威葳蝛 0uj 幃韋圍闈違湋 0uj	磈甖 0uj 韙煒暐偉瑋葦 0uj	尉慰畏罻蔚 0uj 胃謂緯彙蝟緭 0uj	

幫：誹騑 曉：禕 云：/ 韡媁 // 渭煟

	效開一: 豪			
	平	上	去	入
	豪	皓	号	
幫	褒襃 paw	寶保堢堡褓葆 paw	報 paw	
滂				
並	袍 baw	抱 baw	暴虣曝瀑菢𥻗 baw	
明	毛髦芼旄 naw		帽耄芼毷瑁冒 maw	
端	刀魛忉舠 taw	倒擣搗島禱 taw	到禱倒 taw	
透	饕洮韜謟慆叨 t^{h}aw	討縚 t^{h}aw		
定	陶綯逃駣鞉咷 daw	道稻纛 daw	導翿纛悼蹈盜 daw	
泥	猱獿峱臑 naw	腦惱碯嫍 naw		
來	勞牢窂蟧醪撈 law	老橑潦栳恅 law	嫪澇潦勞憦 law	
精	糟醩遭 tsaw	早澡藻蚤璪棗 tsaw	竈躁 tsaw	
清	操 ts^{h}aw	草慅 ts^{h}aw	操造慥糙 ts^{h}aw	
從	曹槽嘈螬艚漕 dzaw	皁造 dzaw	漕 dzaw	
心	騷搔缫繅臊颾 saw	嫂燥掃埽 saw	喿譟噪瘙埽掃 saw	
邪				
知				
徹				
澄				
娘				
莊				
初				
崇				
生				
章				
昌				
船				
書				
禪				
日				
見	高膏臯羔餻櫜 kaw	暠杲槀縞藁 kaw	誥郜告縞膏 kaw	
溪		考攷栲槁祰燺 k^{h}aw	鎬犒槀 k^{h}aw	
群				
疑	敖遨翶鰲鷔熬 ŋaw		傲鏊鷔奡 ŋaw	
曉	蒿薅抾撓 haw	好 haw	秏毦好 haw	
匣	豪號毫嗥濠壕 ɦaw	皓昊皞浩鎬灝 ɦaw	号號 ɦaw	
影	鏖麀 0aw	襖懊燠媪芺 0aw	奥懊隩墺燠澳 0aw	
云				
以				

幫: / 㺍𤞉褓緥 明: // 旄𪂹 透: 絛挑綢弢滔 定: 桃鞀掏騊啕萄濤檮翿颾 // 燾幬纛陶 來: 簩 精: /

繰繅 心: 慅艘 // 燥見: 咎鼛篙槔 溪: / 薧槀 疑: 嫯鼇聱螯滶嗷 匣: 嚎 / 顥鄗晧滈薃 影: // 鐭

	效開二：肴			
	平	上	去	入
	肴	巧	效	
幫 滂 並 明	包苞 paw 胞脬拋泡 p^{h}aw 庖咆匏炮炰跑 baw 茅蝥貓 maw	飽 paw 鮑鞄 baw 卯茆昴 maw	豹襮爆趵瀑 paw 窌礮砲 p^{h}aw 鉋 baw 皃貌 maw	
端 透 定				
泥 來				
精 清 從 心 邪				
知 徹 澄 娘	嘲 tʃaw 鐃呶譊怓 naw	獠獠 tʃaw 撓 naw	罩罩 tʃaw 棹擢 dʒaw 橈淖閙 naw	
莊 初 崇 生	 抄 tʃ^{h}aw 巢 dʒaw 梢捎弰髾旓筲 ʃaw	爪笊瑵 tʃaw 炒謅 tʃ^{h}aw	抓 tʃaw 抄鈔 tʃ^{h}aw 稍 ʃaw	
章 昌 船 書 禪				
日				
見 溪 群 疑	交蛟咬郊茭鮫 kjaw 敲磽墝 k^{h}jaw 聱謷 jaw	絞狡佼鉸姣攪 kjaw 巧 k^{h}jaw 齩 jaw	教窖校鉸較覺 kjaw 礉 k^{h}jaw 樂磽墝 jaw	
曉 匣	虓猇髇嗃哮烋 hjaw 肴餚崤殽爻淆 ɦjaw	 佼 ɦjaw	孝 hjaw 効效校恔斆恔 ɦjaw	
影 云 以	坳 jaw	抝 jaw	靿袎 jaw	

並：麃 生：鞘颵蛸 見：教膠嘐 曉：涍 匣：// 傚

	效開三：宵 B			
	平	上	去	入
	宵	小	笑	
幫滂並明	鑣臕儦瀌穮藨 pew 苗描緢貓猫 mew	表 pew 殍莩 bew	廟庿 mew	
端透定				
泥來				
精清從心邪				
知徹澄娘	朝 tʃew 超[怊] tʃʰɛw 晁鼂朝潮 dʒew	肇兆趙旐垗 dʒew	召 dʒew	
莊初崇生				
章昌船書禪				
日				
見溪群疑	驕嬌憍鷮 kew 趫橇鞽 kʰew 喬橋僑蕎 gew	矯敽撟蹻 kew	嶠 gew	
曉匣	蹻枵歊 hew			
影云以	妖祆訞夭 0ew 鴞 ŋew	夭殀㒓 0ew		

	效開三：宵A			
	平	上	去	入
	宵	小	笑	
幫 滂 並 明	飆標杓幖 pew 漂僄飄摽翲 p^hɛw 瓢䴢薸 bew	褾標幖 pew 縹醥膘 p^hɛw 摽鰾 bew 眇渺淼杪藐 mew	 剽漂勡 p^hɛw 驃 bew 妙 mew	
端 透 定				
泥 來		 燎憭僚 lew	 尞燎撩㿉療 lew	
精 清 從 心 邪	焦蕉膲鷦椒噍 tsɛw 鍫 ts^hɛw 樵憔顦譙燋 dzɛw 霄消宵逍綃硝 sɛw	勦劋 tsɛw 悄愀 ts^hɛw 小 sɛw	醮僬穛釂皭爝 tsɛw 陗俏哨峭 ts^hɛw 誚噍 dzɛw 笑肖鞘韒 sɛw	
知 徹 澄 娘				
莊 初 崇 生				
章 昌 船 書 禪	昭招釗鉊 tʃew 弨 $tʃ^h$ew 燒 ʃew 韶磬佋軺 ʒew	沼 tʃew 少 ʃew 紹佋 ʒew	照炤詔 tʃew 少燒 ʃew 邵召劭 ʒew	
日	饒橈蕘 rew	擾繞遶嬈 rew		
見 溪 群 疑	 蹻 k^hɛw 翹荍劭 gɛw			
曉 匣				
影 云 以	要腰褄喓邀 jɛw 遙傜繇颻窯銚 jew	 鷕溔 jew	要約 jɛw 耀鷂燿曜 jew	

精：鐎𪆶　心：哨銷蛸痟　以：姚搖謠軺愮陶蘨瑤褕

	效開四：蕭			
	平	上	去	入
	蕭	篠	嘯	
幫				
滂				
並				
明				
端	貂刁琱凋鵰雕 tεw	鳥蔦 tεw	吊弔釣蔦 tεw	
透	祧佻挑恌 t^{h}εw	朓窱 t^{h}εw	糶粜眺覜趒 t^{h}εw	
定	迢條髫齠跳蜩 dew	窕掉挑 dew	藋銚掉調莜蓧 dew	
泥		嬲儂裹嬈 nεw		
來	聊膋遼憀飂料 lew	了蓼瞭繚簝 lew	料鐐罭 lew	
精				
清				
從				
心	簫蟰瀟飀蕭箾 sεw	篠謏 sεw	嘯歗 sεw	
邪				
知				
徹				
澄				
娘				
莊				
初				
崇				
生				
章				
昌				
船				
書				
禪				
日				
見	驍梟澆憿徼 kεw	皎曒璬繳 kεw	叫徼 kεw	
溪			竅 k^{h}εw	
群				
疑	堯嶢 jew		窔 jew	
曉	嘵憢 hεw	曉 hεw		
匣		皛 ɦεw		
影	幺怮葽 jεw	杳窅窈 jεw		
云				
以				

端：彫弴 定：佻苕調鋚 // 嫐 來：寥撩撩廖僚寮鐐鷯敹嘹 心：翛

	流開一：侯			
	平	上	去	入
	侯	厚	候	
幫滂並明	裒抔掊 buw	掊 puw 剖 p^{h}uw 部培蔀瓿 buw 母牡某拇晦畝 muw	仆踣 p^{h}uw 茂貿楙戊袤懋 muw	
端透定	兜 təw 偷鍮媮 t^{h}əw 頭投骰 dəw	斗枓枓蚪阧陡 təw 黈 t^{h}əw	鬭鬬 təw 透敨 t^{h}əw 豆竇窬逗酘荳 dəw	
泥來	樓婁髏慺膢螻 ləw	穀 nəw 塿簍 ləw	槈 nəw 陋漏鏤屚瘻 ləw	
精清從心邪	緅陬棷掫 tsəw 鯫 dzəw 擞鎪 səw	走 tsəw 趣取 ts^{h}əw 叟瞍藪棷嗾 səw	奏走 tsəw 輳湊腠蔟 ts^{h}əw 瘶嗽漱欶 səw	
知徹澄娘				
莊初崇生				
章昌船書禪				
日				
見溪群疑	鉤溝韝緱篝枸 kəw 彄摳 k^{h}əw	苟垢笱耇枸狗 kəw 口扣叩訌釦 k^{h}əw 藕偶耦漚 ŋəw	遘構媾覯姤購 kəw 寇扣詬 k^{h}əw	
曉匣	侯鍭喉猴餱篌 ɦiw	吼 hiw 厚後后郈 ɦiw	蔻詬 hiw 鍭後候堠后逅 ɦiw	
影云以	謳歐甌區鷗 0əw	歐嘔毆 0əw	漚 0əw	

明：/ 鶝莽 定：// 脰梪 見：句軥褠 // 雊彀搆句 匣：帿

	流開三：尤			
	平	上	去	入
	尤	有	宥	
幫 滂 並 明	不紑 fuw 浮桴枹罦罘涪 vow 謀眸牟侔矛鍪 ʋuw	缶否不 fuw 婦負阜偩 vow	富輻 fuw 副仆覆 fuw 復伏覆複 vow	
端 透 定				
泥 來	 劉留騮瑠遛瘤 liw	 柳罶懰茆飀瀏 liw	 溜霤鎦瘤留塯 liw	
精 清 從 心 邪	啾揫湫 tsiw 秋鞦鶖鰍楸 tsʰiw 酋遒 dziw 脩修羞 siw 囚 ziw	酒 tsiw 滫詸 siw	僦 tsiw 就鷲蹴 dziw 秀琇繡宿 siw 袖岫 ziw	
知 徹 澄 娘	輈侜譸調 tʃiw 抽惆瘳妯 tʃʰiw 儔幬疇籌裯紬 dʒiw	肘 tʃiw 丑杻杽 tʃʰiw 紂 dʒiw 紐鈕杻狃 ɲiw	晝咮噣 tʃiw 畜 tʃʰiw 冑胄酎宙繇籀 dʒiw 糅 ɲiw	
莊 初 崇 生	鄒郰騶 tʃəw 搊篘掐 tʃʰəw 愁 dʒəw 捘搜颼廋艘蒐 ʃəw	掫 tʃəw 溲 ʃəw	皺甃縐 tʃəw 簉 tʃʰəw 驟僽 dʒəw 瘦瘦 ʃəw	
章 昌 船 書 禪	舟周州鵃賙輈 tʃiw 犨犫 tʃʰiw 收 ʃiw 讎酬醻魗 ʒiw	帚箒 tʃiw 醜魗 tʃʰiw 首手守 ʃiw 受壽綬 ʒiw	呪祝 tʃiw 臭殠 tʃʰiw 狩獸守首收 ʃiw 授壽綬售 ʒiw	
日	柔鍒睬蹂輮腬 riw	蹂楺輮 riw	蹂揉糅 riw	
見 溪 群 疑	鳩捄 kiw 邱 kʰiw 裘仇厹叴銶逑 giw 牛 ŋiw	九久玖糺灸韭 kiw 糗 kʰiw 舅臼咎諮 giw	救灸廄究疚 kiw 舊柩 giw	
曉 匣	休咻貅猇庥 hjiw	朽 hjiw	齅 hjiw	
影 云 以	憂優麀櫌 0iw 尤疣訧郵 ŋiw 猷猶悠油攸由 jiw	 有右友 ŋiw 酉誘牖卣槱莠 jiw	 宥又佑祐囿侑 ŋiw 狖貁柚猶鼬蜼 jiw	

並：芣蜉 明：麰蝥 來：鶹飀流飂旒鏐璆瀏榴 // 帘勠 澄：綢稠 章：洲 日：揉 群：求絿璆艽紈毬 球捄 以：蕕輶蝣斿游遊繇 / 羑輶 // 褎槱

	流開三：幽			
	平	上	去	入
	幽	黝	幼	
幫 滂 並 明	彪髟 piw 繆 miw		 謬繆 miw	
端 透 定				
泥 來				
精 清 從 心 邪				
知 徹 澄 娘				
莊 初 崇 生				
章 昌 船 書 禪				
日				
見 溪 群 疑	樛 kjiw 虯觩璆 gjiw	糾赳 kjiw 蟉 gjiw		
曉 匣				
影 云 以	幽呦 jiw	黝怮 jiw	幼 jiw	

	咸開一：覃合			
	平	上	去	入
	覃	感	勘	合
幫滂並明				
端透定	耽湛眈酖妉 tam 貪探 t^{h}am 覃潭曇譚燂 dam	黕抙 tam 禫監噴 t^{h}am 禫黮窞髧萏醰 dam	撢探 t^{h}am	答荅褡 ta 錔嚃踏漯 t^{h}a 沓諳遝涾駱 da
泥來	南男枏楠 nam 婪懍嵐 lam	壈 lam		納軜衲搻 na 拉揩摺 la
精清從心邪	簪鐕 tsam 參叅驂 ts^{h}am 蠶撏 dzam 毿 sam	昝寁 tsam 慘憯朁黲 ts^{h}am 歜 dzam 糝 sam		帀迊哑噆趚 tsa 雜 dza 趿颯鞁馺雪鈒 sa
知徹澄娘				
莊初崇生				
章昌船書禪				
日				
見溪群疑	弇 kam 龕堪戡 k^{h}am	感 kam 坎 k^{h}am	贛淦紺 kam 勘 k^{h}am	閤鴿合蛤鞈 ko 溘庲蓉 k^{h}o
曉匣	含鋡涵函 ɦam	頷撼菡 ɦam	憾唅莟 ɦam	欱 ho 合郃迨盒 ɦo
影云以	諳鵪庵菴醃喑 0am	晻揞唵 0am	暗闇 0am	罯唈 0o

定：/ 嘾

	咸開一：談盍			
	平	上	去	入
	談	敢	闞	盍
幫滂並明				
端透定	擔儋 tam 聃舑 t^ham 談郯惔淡澹餤 dam	膽紞黵 tam 菼緂毯 t^ham 噉啖澹淡憺惔 dam	擔甔儋 tam 賧瞻緂睒 t^ham 憺惔淡啗澹霮 dam	榻毾艙鰈䤻塔 t^ha 蹋闒䳴䈎 da
泥來	藍籃 lam	覽擥攬欖 lam	濫艦纜㺝嚂 lam	臘臈鑞蠟擸 la
精清從心邪	慙慚蹔 dzam 三叁 sam	蹔 dzam	暫蹔蹔 dzam 三 sam	
知徹澄娘				
莊初崇生				
章昌船書禪				
日				
見溪群疑	甘柑苷泔 kam	敢澉 kam	闞瞰 k^ham	葢 ko 榼磕 k^ho
曉匣	憨 ham 酣 ɦam	喊 ham	䲯 ɦam	盍闔嗑 ɦo
影云以		埯揞 0am		

透：/// 搭 定：痰 // 篸郯

	咸開二：咸洽			
	平	上	去	入
	咸	豏	陷	洽
幫滂並明				
端透定				
泥來				
精清從心邪				
知徹澄娘	 諵喃 nam	 湛 dʒam	站 tʃam 賺 dʒam	劄 tʃa
莊初崇生	讒饞毚 dʒam 攕摻杉雭 ʃam	斬 tʃam 摻 ʃam	蘸 tʃam	插鍤扱 tʃ^{h}a 煠牐 dʒa 霎歃萐箑 ʃa
章昌船書禪				
日				
見溪群疑	緘瑊 kjam 喦碞 jam	減鹻 kjam	歉 k^{h}jam	夾郟袷裌 kja 恰掐帢 k^{h}ja
曉匣	咸鹹函諴 ɦjam	喊 hjam 豏 ɦjam	陷臽 ɦjam	洽狹陜峽祫 ɦja
影云以		黯 jam		

	咸開二：銜狎			
	平	上	去	入
	銜	檻	鑑	狎
幫滂並明				
端透定				
泥來				
精清從心邪				
知徹澄娘				喋 dʒa
莊初崇生	攙 tʃʰam 巉 dʒam 衫縿芟 ʃam		懺甑 tʃʰam 韂 dʒam 釤钐 ʃam	翜 ʃa
章昌船書禪				
日				
見溪群疑	監礛 kjam 巖 jam		鑑鑒監 kjam	甲胛押鉀 kja
曉匣	 銜 ɦjam	 檻艦濫轞 ɦjam		呷 hja 狎匣柙浹忓炠 ɦja
影云以		黤 jam		鴨壓押擪 ja

	咸開三：鹽葉 B			
	平	上	去	入
	鹽	琰	豔	葉
幫滂並明	砭 pem	貶 pem	窆 pem	
端透定				
泥來				
精清從心邪				
知徹澄娘	霑沾 tʃem 覘 tʃ^{h}em 黏粘 ɲem	諂 tʃ^{h}em	覘 tʃ^{h}em	輒 tʃɛ 牒 dʒe 聶躡鑷 nɛ
莊初崇生				
章昌船書禪				
日				
見溪群疑	箝鉗鈷黚鍼鈐 gem	檢 kem 儉芡 gem	驗 ŋem	衱笈 ge
曉匣		險譣嶮 hjem		
影云以	淹崦閹 0em 炎燄 jem	奄掩揜晻渰弇 0em		曄皣饁燁 je

影：/ 郇

	咸開三：鹽葉 A			
	平	上	去	入
	鹽	琰	豔	葉
幫滂並明				
端透定				
泥來	廉鐮鎌簾匳磏 lem	斂撿 lem	殮斂瀲獫 lem	獵鬣躐 lɛ
精清從心邪	尖殲漸熸 tsem 僉籤 ts^{h}em 潛 dzɛm 銛暹銛纖憸 sem	憸 ts^{h}em 漸 dzɛm	塹槧槧 ts^{h}em	接椄睫楫檝婕 tsɛ 妾緁 ts^{h}ɛ 捷倢誱 dze
知徹澄娘				
莊初崇生				
章昌船書禪	詹瞻占 tʃem 韂襜怗 tʃ^{h}em 苫 ʃem 撏蟾 ʒem	颭 tʃem 陝睒閃潣 ʃem 剡 ʒem	占 tʃem 蹻韂韂襜 tʃ^{h}em 閃掞苫 ʃem 贍 ʒem	讋慴慴慹摺 tʃɛ 攝葉歙牒韘 ʃɛ 涉 ʒe
日	髯髥 rem	冉苒染 rem	染 rem	讘囁 rɛ
見溪群疑		脥 k^{h}ɛm		
曉匣				
影云以	懕猒黶 jɛm 鹽塩閻檐簷 jem	黶檿厭 jɛm 琰剡棪 jem	厭猒黶 jɛm 豔艶爓焰灩 jem	厭 jɛ 葉堞 je

來：帘 精：/// 萎

	咸開三：嚴業			
	平	上	去	入
	嚴	儼	釅	業
幫滂並明				
端透定				
泥來				
精清從心邪				
知徹澄娘				
莊初崇生				
章昌船書禪				
日				
見				劫 ke
溪				怯胠 kʰe
群				跲 ge
疑	嚴 ŋem	儼广 ŋem	釅 ŋem	業鄴業僷 ŋe
曉	杴 hjem			脅慉跲嗋熁 hɛ
匣				
影	醃 0em	埯 0em		腌裛浥 0ɛ
云				
以				

	咸合三：凡乏			
	平	上	去	入
	凡	范	梵	乏
幫滂並明	凡帆氾杋 vam	范帆範犯 vam 鋄颿 ʋam	汎泛氾 fam 梵帆訉馻 vam	法灋姂 fa 乏泛疺 va
端透定				
泥來				
精清從心邪				
知徹澄娘				
莊初崇生				
章昌船書禪				
日				
見溪群疑			劒 kem 欠 kʰem	
曉匣				
影云以			裺俺 0em	

	咸開四：添帖			
	平	上	去	入
	添	忝	㮇	帖
幫 滂 並 明				
端 透 定	添 t^{h}em 甜恬 dem	點玷 tem 忝 t^{h}em 簟橝 dem	店坫痁墊 tem 㮇 t^{h}em 菧 dem	喋跕 tɛ 怗帖鉆䩞貼 t^{h}ɛ 牒喋蹀諜堞氎 de
泥 來	鮎拈 nem		念 nem	捻敜攝 nɛ
精 清 從 心 邪		憯 ts^{h}em	僭 tsem	浹 tsɛ 燮屧躞 sɛ
知 徹 澄 娘				
莊 初 崇 生				
章 昌 船 書 禪				
日				
見 溪 群 疑	兼縑鶼蒹鰜 kɛm 謙 k^{h}ɛm	歉慊 k^{h}ɛm	傔歉𥳍 k^{h}ɛm	頰鋏筴梜莢唊 kɛ 愜恔篋 k^{h}ɛ
曉 匣	嫌 ɦjem			協叶勰挾俠綊 ɦɛ
影 云 以				

定：/// 褺疊疉籦慄蝶

	深開三：侵緝 B			
	平	上	去	入
	侵	寑	沁	緝
幫滂並明		稟 pim 品 p^{h}im		
端透定				
泥來				
精清從心邪				
知徹澄娘	碪砧 tʃim 琛賝郴 tʃ^{h}im 沈沉霃 dʒim	朕葚 dʒim	闖 tʃ^{h}im 鴆 dʒim 賃 ɲim	縶䎖 tʃi 蟄 dʒi
莊初崇生	簪 tʃəm 參梫 tʃ^{h}əm 岑涔 dʒəm 森參蔘 ʃəm		譖 tʃəm 讖 tʃ^{h}əm 滲 ʃəm	戢濈 tʃɨ 澀澁 ʃɨ
章昌船書禪				
日				
見溪群疑	金今衿襟禁 kim 欽衾 k^{h}im 琴黔禽芩擒檎 gim 吟崟 ŋim	錦 kim 噤 gim	禁 kim 紟噤 gim	急汲給伋級 ki 泣湇 k^{h}i 及笈 gi 岌 ŋi
曉匣	歆 hjim			吸噏歙翕潝闟 hi
影云以	音陰瘖 0im	飲 0im	蔭窨瘖癊飲 0im	邑悒浥鄐 0i

	深開三：侵緝 A			
	平	上	去	入
	侵	寑	沁	緝
幫				
滂				
並				
明				
端				
透				
定				
泥				
來	林琳淋霖臨 lim	廩懍凜 lim		立鴗粒笠苙 li
精	祲 tsim		浸寖濅祲 tsim	嘄潗 tsi
清	侵綅駸 tsʰim	寑寖鋟 tsʰim	沁 tsʰim	緝葺諿咠 tsʰi
從				集輯鏶 dʒi
心	心 sim	伈 sim		
邪	尋鐔浔鬵灊 zim			習襲隰飁霫 ʒi
知				
徹				
澄				
娘				
莊				
初				
崇				
生				
章	斟針鍼箴 tʃim	枕 tʃim	枕 tʃim	執汁慹 tʃi
昌		瞫瀋 tʃʰim		
船		葚 dʒim		
書	深 ʃim	沈審瞫諗淰嬸 ʃim		濕 ʃi
禪	諶忱煁 ʒim	甚 ʒim	甚 ʒim	褶什拾十 ʒi
日	任壬紝 rim	荏餁飪䭃恁任 rim	妊絍任 rim	入 ri
見				
溪				
群				
疑				
曉				
匣				
影	愔 jim			揖挹 ji
云				
以	淫霪婬蟫 jim			熠 ji

書：/ 犹 日：/ 稔

	山開一：寒曷			
	平	上	去	入
	寒	旱	翰	曷
幫 滂 並 明				
端 透 定	單鄲丹殫簞 tan 灘嘽嘆攤 t^{h}an 壇檀撣彈驒驙 dan	亶癉 tan 坦 t^{h}an 但袒誕 dan	旦鴠 tan 炭歎嘆 t^{h}an 彈但僤灘憚 dan	怛笪 ta 闥撻獺羍達 t^{h}a 達蓬 da
泥 來	難 nan 蘭瀾闌欄攔讕 lan	嬾懶 lan	難 nan 爛讕 lan	捺 na 剌辢糲 la
精 清 從 心 邪	餐湌 ts^{h}an 殘戔 dzan 跚珊姍 san	瓚 dzan 散繖傘 san	贊讚酇 tsan 粲燦璨 ts^{h}an 散 san	擦礤 ts^{h}a 巀囋 dza 躠摋鬃 sa
知 徹 澄 娘				
莊 初 崇 生				
章 昌 船 書 禪				
日				
見 溪 群 疑	干乾竿肝奸玕 kan 看刊 k^{h}an 豻犴 ŋan	笴簳皯鼾稈 kan 侃衎 k^{h}an	旰幹榦矸 kan 侃看衎 k^{h}an 岸諺犴喭 ŋan	葛割輵蔼 ko 渴 k^{h}o 嶭钀枿櫱 ŋo
曉 匣	寒韓翰邯汗 ɦan	罕暵熯 han 旱 ɦan	漢暵熯 han 翰捍垾釬汗悍 ɦan	喝猲 ho 曷褐毼鶡 ɦo
影 云 以	安窰 0an		按案 0an	遏頞堨閼餲藹 0o

來：幱 匣：// 瀚閈睅

	山合一：桓末			
	平	上	去	入
	桓	緩	換	末
幫	黇般 pon		半絆 pon	茇撥鉢鱍 pwo
滂	潘拌 p^hon		判泮沜 p^hon	鏺潑 p^hwo
並	槃盤柈瘢磻幋 bon	伴 bon	叛畔伴 bon	跋胈魃拔軷茇 bwo
明	瞞謾饅鏝曼 mon	滿懣 mon	縵幔漫墁謾 mon	末眛䴲抹秣沫 mwo
端	端 ton	短 ton	鍛斷断 ton	掇剟咄 two
透	湍 t^hon	疃 t^hon	彖褖 t^hon	侻捝脫 t^hwo
定	團慱敦漙 don	斷 don	段 don	奪敓脫 dwo
泥		暖煗煖餪 non	愞 non	
來	鑾鸞巒欒灤圝 lon	卵 lon	亂乱 lon	捋 lwo
精	鑽 tson	纂穳纘儹酇 tson	鑽 tson	撮攥欑繓 tswo
清			竄爨 ts^hon	撮襊 ts^hwo
從	欑巑菆穳 dzon		攢 dzon	
心	酸狻 son	算篹 son	筭蒜笇 son	
邪				
知				
徹				
澄				
娘				
莊				
初				
崇				
生				
章				
昌				
船				
書				
禪				
日				
見	官莞觀冠倌棺 kon	管筦輨盥悹琯 kon	貫祼館舘瓘灌 kon	括活檜栝聒适 kwo
溪	寬髖 k^hon	欵款梡 k^hon		闊筈 k^hwo
群				
疑	岏刓忨蚖抏豲 on		玩妧翫 on	
曉	歡貛懽驩讙獾 hon		喚煥奐渙 hon	豁濊 hwo
匣	桓完丸瓛紈汍 ɦon	緩澣浣澏 ɦon	換逭 ɦon	佸活越 ɦwo
影	剜豌蜿 0on	盌椀 0on	惋腕 0on	斡捾 0wo
云				
以				

並：磐鬆胖般鞶繁蟠弁 /// 坺鈸 見：/ 痯 / 鸛爟冠盥觀 / 佸萿 匣：芄萑綄貆組

	山開二：山黠			
	平	上	去	入
	山	產	襇	黠
幫	媥彪 pan			八朳捌 pa
滂			昐盻 p^{h}an	
並			辦瓣辨 ban	拔 ba
明				
端				
透				
定				
泥				
來	斕 lan			
精				
清				
從				
心				
邪				
知				
徹				
澄			綻組 dʒan	
娘				
莊		醆琖盞 tʃan		札紮紥扎 tʃa
初		剗鏟 tʃ^{h}an		察 tʃ^{h}a
崇	潺孱僝 dʒan	棧轏僝 dʒan		
生	山 ʃan	產簅滻 ʃan		殺煞鎩 ʃa
章				
昌				
船				
書				
禪				
日				
見	閒艱囏蕑覵 kjan	簡柬揀 kjan	襇間覵 kjan	戛扴秸頡稭㓞 kja
溪	慳 k^{h}jan			擖劼 k^{h}ja
群				
疑		眼 jan		
曉				
匣	閑間瞯嫺癇鷳 ɦjan	限僩 ɦjan	莧 ɦjan	黠 ɦja
影	殷 jan			軋圠揠 ja
云				
以				

見：/// 鞂 匣：憪

	山合二：山			
	平	上	去	入
	山	產	襉	黠
幫滂並明				
端透定				
泥來				
精清從心邪				
知徹澄娘				貀 nwa
莊初崇生				茁 tʃwa
章昌船書禪				
日				
見溪群疑	鰥綸矜 kwan			
曉匣	湲 ɦwan		幻 ɦwan	滑猾磆螖 ɦwa
影云以				

	山開二：删			
	平	上	去	入
	删	潸	諫	鎋
幫 滂 並 明	班頒鳻肦斑般 pan 攀扳眅 pʰan 蠻鸞 man	版板鈑蝂 pan	 襻 pʰan 慢嫚謾縵 man	
端 透 定				
泥 來				
精 清 從 心 邪				
知 徹 澄 娘		 赧戁 nan		哳 tʃa
莊 初 崇 生	 删訕潸 ʃan	虥 tʃan 潸 ʃan	 鏟 tʃʰan 棧輚 dʒan 訕汕 ʃan	 刹 tʃʰa
章 昌 船 書 禪				
日				
見 溪 群 疑	姦菅 kjan 豻 kʰjan 顏 jan		鐧澗諫 kjan 鴈贗 jan	 鵅楬 kʰja
曉 匣		 僩 ɦjan	 骭 ɦjan	瞎䀏 hja 鎋牽轄 ɦja
影 云 以			晏鷃 jan	

幫：猵扳

	山合二：刪鎋			
	平	上	去	入
	刪	潸	諫	鎋
幫滂並明				
端透定				
泥來				
精清從心邪				
知徹澄娘				
莊初崇生	跧 tʃwan	撰饌 dʒwan	篡 tʃʰwan	刷 ʃwa
章昌船書禪				
日				
見溪群疑	關関癏擐喧 kwan 頑 0wan		慣卝摜串 kwan	刮 kwa 刖 0wa
曉匣	還環鬟寰鍰圜 ɦwan	睆睅莞 ɦwan	患擐宦轘豢 ɦwan	
影云以	彎灣 0wan	綰 0wan		

匣：鐶轘

	山開三：仙薛 B			
	平	上	去	入
	仙	獮	線	薛
幫滂並明		鴘 p^{h}εn 辯辨諞 ben 勉免娩俛冕葂 men	變 pεn 卞抃忭拚閞弁 ben	別 pε 別峢 be
端透定				
泥來			輾碾 nen	
精清從心邪				
知徹澄娘	邅趲鱣 tʃen 纏躔瀍鄽廛緾 dʒen	展輾 tʃεn 蒧 $tʃ^{h}$εn	驏襢 tʃen	哲蜇 tʃε 撤徹联 $tʃ^{h}$ε 轍徹撤澈 dʒe
莊初崇生				
章昌船書禪				
日				
見溪群疑	愆倁諐褰騫 k^{h}en 乾虔 gen	件鍵 gen 巘讞甗 ŋen	彥唁喭諺 ŋen	孑 ke 朅揭 k^{h}e 傑桀竭碣榤渴 ge 孼糵钀蠥孽櫱 ŋe
曉匣				
影云以	焉蔫嫣鄢 0εn 漹焉 ŋen			

並：// 緶匥 明：/ 莬

	山合三：仙薛 B			
	平	上	去	入
	仙	獮	線	薛
幫滂並明				
端透定				
泥來				
精清從心邪				
知徹澄娘	椽傳 dʒwɛn	轉 tʃwɛn 篆瑑 dʒwɛn	囀傳轉 tʃwɛn 傳 dʒwɛn	輟惙 tʃwɛ
莊初崇生		譔僎 dʒwan	饌 dʒwan	
章昌船書禪				
日				
見溪群疑	弮棬 kʰøn 權拳顴鬈卷 gwɛn	卷捲菤 køn 圈 gwɛn	眷睠卷 køn 倦 gwɛn	
曉匣				威 hwɛ
影云以	員圓圓湲 0wɛn		瑗援媛院 0wɛn	

	山開三：仙薛 A			
	平	上	去	入
	仙	獮	線	薛
幫	鯿鞭 pɛn	褊 pɛn		鷩鼈 pɛ
滂	篇偏翩扁 p^{h}ɛn		騙 p^{h}ɛn	
並	便楩諞平 ben		便 ben	
明	緜綿 men	緬沔湎黽勔 men	面偭 men	滅搣 mɛ
端				
透				
定				
泥				
來	連聯 len	輦璉 len		列迾烈洌冽裂 lɛ
精	煎湔 tsɛn	剪翦戩錢 tsɛn	箭煎濺 tsɛn	
清	遷韆 ts^{h}ɛn	淺 ts^{h}ɛn		
從	錢 dzen	踐餞俴 dzen	賤餞 dzen	
心	仙僊鮮 sɛn	獮鮮癬燹 巚蘚 sɛn	線綫 sɛn	薛紲泄褻渫禼 sɛ
邪	次涎 zen		羨 zen	
知				
徹				
澄				
娘				
莊				
初				
崇				
生				
章	饘旃旜栴氈鸇 tʃɛn		戰顫 tʃɛn	哲晣浙折 tʃɛ
昌	燀 tʃ^{h}ɛn	闡繟幝嘽燀 tʃ^{h}ɛn	硟 tʃ^{h}ɛn	掣 tʃ^{h}ɛ
船				舌揲 dʒe
書	羶埏挻扇煽 ʃɛn		扇煽 ʃɛn	設 ʃɛ
禪	鋋單蟬禪撣嬋 ʒen	善墠鱓單鄯 ʒen	繕擅膳饍禪單 ʒen	折 ʒe
日	然燃 ren	熯 ren		熱 rɛ
見	甄 kɛn			
溪		遣 k^{h}ɛn	譴遣 k^{h}ɛn	
群				
疑				
曉				
匣				
影				
云				
以	延埏筵綖蜒鋌 jen	演衍戭 jen	衍莚羨 jen	抴 je

來：/// 茢颲栵 心：/// 媟 禪：澶

	山合三：仙薛 A			
	平	上	去	入
	仙	獮	線	薛
幫				
滂				
並				
明				
端				
透				
定				
泥				
來	攣 løn	臠孌 løn	戀 løn	劣埒鋝 lwɛ
精	鐫朘 tswɛn			蕝 tswɛ
清	詮佺銓痊筌絟 ts^{h}wɛn			
從	全泉牷 dzwɛn	雋吮 dzwɛn		絕 dzwɛ
心	宣瑄朘 swɛn	選 swɛn	選 swɛn	雪 swɛ
邪	旋璿璿淀琁還 zwɛn		淀旋 zwɛn	蟛 zwɛ
知				
徹				
澄				
娘				
莊				
初				
崇				
生				
章	專甎顓篿 tʃwɛn	剸 tʃwɛn		拙棁 tʃwɛ
昌	穿川 tʃ^{h}wɛn	舛喘 tʃ^{h}wɛn	釧穿 tʃ^{h}wɛn	歠 tʃ^{h}wɛ
船	船舩 dʒwɛn			
書				說 ʃwɛ
禪	遄篅圌 ʒwɛn			啜 ʒwɛ
日	堧 rwɛn	輭軟蝡愞 rwɛn		爇蚋焫吶 rwɛ
見			絹狷 kwɛn	
溪				缺 k^{h}wɛ
群				
疑				
曉	翾儇蠉譞嬛 hwɛn	蠉 hwɛn		
匣				
影	娟悁 0wɛn			
云				
以	沿沿鈆鉛捐鳶 jwɛn	兖渷捔 jwɛn	掾緣 jwɛn	悅說閱 jwɛ

清：荃拴悛 以：蝝緣

	山開三：元月			
	平	上	去	入
	元	阮	願	月
幫滂並明				
端透定				
泥來				
精清從心邪				
知徹澄娘				
莊初崇生				
章昌船書禪				
日				
見溪群疑	攑鞬 ken 言 ŋen	寋謇 ken 楗 gen 巘 ŋen	建 ken 健腱 gen	訐羯揭 ke 竭碣楬 ge 钀 ŋe
曉匣	軒掀騫 hɛn	幰 hɛn	獻憲 hɛn	歇蠍 he
影云以		偃鶠鄢鼴鰋 0ɛn	堰 0ɛn	謁暍 0ɛ

	山合三：元			
	平	上	去	入
	元	阮	願	月
幫 滂 並 明	蕃藩 fan 飜翻旛番幡轓 fan 蹯繁蘩蕃樊礬 van	反皈阪坂返 fan 飯 van 晚娩挽輓 ʋan	販畈 fan 飯飰 van 萬万蔓曼 ʋan	髮發 fa 伐筏栰罰閥垡 va 韈韤襪 ʋa
端 透 定				
泥 來				
精 清 從 心 邪				
知 徹 澄 娘				
莊 初 崇 生				
章 昌 船 書 禪				
日				
見 溪 群 疑	 元原邍源嫄騵 0wɛn	 綣 k^høn 圈 gwɛn 阮 0wɛn	韏 køn 券勸 k^høn 圈 gwɛn 願愿謜 0wɛn	厥蹶瘚蕨 kwe 闕 k^hwe 鷢橜掘 gwe 月刖軏 0wɛ
曉 匣	暄喧萱諼塤壎 hwɛn	烜咺 hwɛn	楥楦 hwɛn	颰狘 hwe
影 云 以	鴛冤鵷蜿宛怨 0wɛn 袁爰垣園援轅 0wɛn	婉菀苑蜿畹琬 0wɛn 遠 0wɛn	怨 0wɛn 遠 0wɛn	 越粵鉞絨樾蚏 0wɛ

滂：繙反 並：蟠煩燔蕃膰璠笲袢 /// 橃帥馛 疑：謜沅蚖黿 曉：諠 影：/ 宛 云：媛猨猿 /// 曰

	山開四：先屑			
	平	上	去	入
	先	銑	霰	屑
幫 滂 並 明	邊籩蝙編 pɛn 蹁蠙軿駢胼玭 ben 眠 men	緶扁 pɛn 辮扁 ben	遍徧 pɛn 片 p^{h}ɛn 麪麵瞑眄䁀 men	彆閉 pɛ 撆瞥 p^{h}ɛ 蹩 be 蔑蠛篾䁾 mɛ
端 透 定	顛瘨巔蹎驞滇 ten 天 t^{h}en 田佃畋鈿填闐 den	典 ten 腆琠覥倎 t^{h}en 殄 den	殿 ten 瑱 t^{h}en 電殿奠澱淀甸 den	窒闋 tɛ 鐵飻驖 t^{h}ɛ 姪昳垤耋迭跌 de
泥 來	秊年 nen 蓮憐怜零 len	撚涊 nen	晛 nen 練鍊楝湅 len	涅篞硉苶 nɛ
精 清 從 心 邪	箋牋韉籛㨜檅 tsɛn 千阡芊迁 ts^{h}ɛn 前 dzen 先躚躚 sɛn	 銑洗跣毨 sɛn	薦 tsɛn 蒨茜倩 ts^{h}ɛn 荐洊栫 dzen 霰先 sɛn	節楶 tsɛ 切竊㔍 ts^{h}ɛ 截蠽 dze 屑楔躃僁 sɛ
知 徹 澄 娘				
莊 初 崇 生				
章 昌 船 書 禪				
日				
見 溪 群 疑	堅肩豣羿鳱枅 kɛn 牽汧岍 k^{h}ɛn 妍研 jen	蠒趼繭 kɛn	見 kɛn 俔 k^{h}ɛn 硯 jen	結拮絜潔楔袺 kɛ 挈契 k^{h}ɛ 齧臬嶭甈隉闑 jɛ
曉 匣	 賢弦絃蚿舷 ɦjen	顯 hɛn 峴俔晛 ɦjen	 見現 ɦjen	 纈擷頡奊 ɦɛ
影 云 以	煙烟燕咽胭 jɛn		宴燕鷰醼嬿咽 jɛn	噎咽 jɛ

定：// 佃鈿闐娗 / 絰瓞咥　精：濺　疑：/// 槷嵲

	山合四：先屑			
	平	上	去	入
	先	銑	霰	屑
幫滂並明				
端透定				
泥來				
精清從心邪				
知徹澄娘				
莊初崇生				
章昌船書禪				
日				
見溪群疑	涓睊鵑蠲 kwɛn	畎羂 kwɛn 犬 kʰwɛn	睊罥 kwɛn	玦潏譎訣觼鐍 kwɛ 闋缺 kʰwɛ
曉匣	駽 hwɛn 玄縣懸 ɦwɛn	泫鉉鞙琄鞙 ɦwɛn	絢駽 hwɛn 縣袨眩炫衒賅 ɦwɛn	血 hwɛ 穴 ɦwɛ
影云以	淵鼘蜎 jwɛn		餶 jwɛn	抉 0wɛ

見：/// 駃觖鴂決觼 匣：// 玹

	臻開一：痕			
	平	上	去	入
	痕	很	恨	沒
幫滂並明				
端透定	吞 t^hən		褪 t^hən	
泥來				
精清從心邪				
知徹澄娘				
莊初崇生				
章昌船書禪				
日				
見溪群疑	根跟 kən	懇墾 k^hən	艮 kən	
曉匣	痕 ɦin	狠 ɦin	恨 ɦin	麧齕紇淈 ɦu
影云以	恩 0ən			

	臻合一：魂没			
	平	上	去	入
	魂	混	慁	沒
幫	奔賁犇 pun	本畚 pun		［不］pu
滂	濆噴 p^{h}un		噴 p^{h}un	昢䬳 p^{h}u
並	盆 bun		坌 bun	渤勃䬳悖桲孛 bu
明	門捫樠璊亹 mun	悗懣 mun	悶懣 mun	沒歿 mu
端	敦惇弴墩 tun		頓 tun	咄 tu
透	暾燉噋 t^{h}un	畽疃 t^{h}un	褪 t^{h}un	突 t^{h}u
定	屯豚臀燉 dun	囤敦盾沌遁遯 dun	鈍遁遯 dun	突揬腯堗鈯 du
泥			嫩腝 nun	訥 nu
來	論崘掄 lun		論 lun	
精	尊鐏樽鷷 tsun	撙噂 tsun	捘 tsun	卒 tsu
清	村 ts^{h}un	忖 ts^{h}un	寸 ts^{h}un	猝卒碎 ts^{h}u
從	存蹲 dzun		鐏鱒 dzun	捽 dzu
心	孫蓀猻飧 sun	損 sun	巽潠遜愻 sun	窣 su
邪				
知				
徹				
澄				
娘				
莊				
初				
崇				
生				
章				
昌				
船				
書				
禪				
日				
見	昆褌崐琨鵾鯤 kun	骸衮袞錕緄輥 kun		骨滑汩愲 ku
溪	坤髡 k^{h}un	閫梱悃捆壼 k^{h}un	困 k^{h}un	顝窟矻 k^{h}u
群				
疑				兀杌扤屼矹軏 u
曉	昏惛婚閽 hun			忽笏惚 hu
匣	魂渾 ɦun	混渾緷焜 ɦun	慁溷 ɦun	鶻 ɦu
影	溫 0un	穩 0un		
云				
以				

並：/// 浡垺 見：錕 疑：/// 刖

	臻開三：眞質 B			
	平	上	去	入
	眞	軫	震	質
幫 滂 並 明	彬斌豳邠璸 pin 貧 bin 旻珉岷緡閩 min	愍憫憫閔敏暋 min		筆 puj 弼 buj 密宓 muj
端 透 定				
泥 來				
精 清 從 心 邪				
知 徹 澄 娘	珍 tʃin 陳塵 dʒin 紉 nin	辴 tʃ^{h}in 紖眣 dʒin	鎮填瑱 tʃin 疢趁 tʃ^{h}in 陳陣 dʒin	窒銍秷 tʃi 抶咥 tʃ^{h}i 秩紩豑帙姪 dʒi 暱昵樴 ɲi
莊 初 崇 生				
章 昌 船 書 禪				
日				
見 溪 群 疑	巾 kin 銀誾嚚垠 ŋin		僅覲殣墐饉墐 gin 憖 ŋin	姞佶趌 gi
曉 匣	礥 ɦjin		衅釁 hjin	肸 hi
影 云 以				乙鳦 0i

	臻合三：眞質 B			
	平	上	去	入
	眞	軫	震	質
幫滂並明				
端透定				
泥來				
精清從心邪				
知徹澄娘				
莊初崇生				率帥蟀 ʃu
章昌船書禪				
日				
見溪群疑	麕麇麕 kyn 囷箘 k^hyn	窘僒箘菌 gyn		
曉匣				
影云以	贇 0win 筠 <u>0win</u>	殞隕愪霣 <u>0win</u>		颶汩 <u>0y</u>

	臻開三：眞質 A			
	平	上	去	入
	眞	診	震	質
幫 滂 並 明	賓濱鑌儐 pin 繽闠 p^{h}in 頻蘋薲嬪玭蠙 bin 民 min	 牝臏 bin 泯僶 min	儐殯鬢擯 pin	必畢篳韠趩蹕 pi 匹 p^{h}i 邲比苾佖駜飶 bi 蜜謐醠 mi
端 透 定				
泥 來	 鄰轔隣嶙粼磷 lin	 嶙 lin	 遴吝悋藺蟒磷 lin	 栗慄颲鸈溧篥 li
精 清 從 心 邪	津璡 tsin 親 ts^{h}in 秦螓 dzin 辛新薪 sin	盡 tsin 盡 dzin	晉搢縉進璡 tsin 親 ts^{h}in 信訊迅汛 sin 賮燼藎贐 zin	堲喞 tsi 七漆榛 ts^{h}i 疾嫉蒺 dzi 悉膝蟋藤 si
知 徹 澄 娘				
莊 初 崇 生				
章 昌 船 書 禪	眞甄振昣 tʃin 瞋嗔謓 tʃ^{h}in 神 dʒin 申伸紳呻娠身 ʃin 辰晨宸鷐臣 ʒin	軫畛眕紾診袗 tʃin 矧哂 ʃin 腎蜃祳賑 ʒin	震振賑 tʃin 愼眘蜃 ʒin	質咥郅桎蛭騭 tʃi 叱 tʃ^{h}i 實 dʒi 失室 ʃi
日	人仁 rin	忍 rin	刃認仞軔牣訒 rin	日馹 ri
見 溪 群 疑		緊 kjin		吉 kji 詰 k^{h}ji
曉 匣				欯 hji
影 云 以	因茵禋闉駰湮 jin 寅夤臏 jin	 引蚓螾 jin	印 jin 胤酳靷 jin	壹一 ji 逸佚佾溢軼鎰 ji

幫：/// 潷滭縪饆觱珌 並：䴙嚬 來：潾瞵麟鱗璘驎 // 瞵躪 /// 摽 章：/ 鬒袗稹 /// 劕鑕礩 影：氤陻姻絪堙歅媚 以：/// 泆

	臻開三：臻櫛			
	平	上	去	入
	臻		櫬	櫛
幫滂並明				
端透定				
泥來				
精清從心邪				
知徹澄娘				
莊	臻蓁溱榛 tʃən			櫛楖 tʃɨ
初			櫬襯儭齔䞋 tʃʰən	
崇				
生	莘甡駪籸甡兟 ʃən			瑟飋蝨璱 ʃɨ
章昌船書禪日				
見溪群疑				
曉匣				
影云以				

生：詵侁鮮

	臻合三：諄術			
	平	上	去	入
	諄	準	稕	術
幫 滂 並 明				
端 透 定				
泥 來	淪輪倫綸掄 lyn			律繂膟嵂率 ly
精 清 從 心 邪	遵僎 tsyn 逡皴夋 ts^{h}yn 荀郇詢峋珣恂 syn 旬巡馴紃循洵 zyn	笋筍隼簨 syn	儁俊餕晙晙駿 tsyn 峻濬浚 syn 徇殉侚 zyn	卒猝 tsy 崒踤 dzy 卹恤戌訹珬䘏 sy
知 徹 澄 娘	屯窀迍 tʃyn 椿輴杶櫄 tʃ^{h}yn			窋絀怞 / 茁 tʃy 黜怵 tʃ^{h}y 术 dʒy
莊 初 崇 生				
章 昌 船 書 禪	諄 tʃyn 春 tʃ^{h}yn 脣漘 dʒyn 醇純蓴鶉錞淳 ʒyn	準准埻純 tʃyn 蠢踳賰 tʃ^{h}yn 盾揗楯 dʒyn	稕 tʃyn 順揗 dʒyn 舜蕣瞬 ʃyn	出 tʃ^{h}y 術述秫沭潏 dʒy
日	犉 ryn	蝡 ryn	閏潤 ryn	
見 溪 群 疑	均鈞袀 kyn			橘繘 kyj
曉 匣				
影 云 以	匀昀 jyn	尹允狁 jyn		聿鴥遹鷸矞 jwi

精：// 皴 邪：楯揗

	臻開三：殷迄			
	平	上	去	入
	殷	隱	焮	迄
幫滂並明				
端透定				
泥來				
精清從心邪				
知徹澄娘				
莊初崇生				
章昌船書禪				
日				
見溪群疑	斤筋釿 kin 勤芹懃慬瘽 gin 圻齗齦 ŋin	謹槿堇慬巹墐 kin 近 gin 听 ŋin	斤靳撞劤 kin 近 gin 垽 ŋin	訖吃 ki 乞吃 k^hi 疙屹仡 ŋi
曉匣	欣忻昕訢炘 hjin		焮炘 hjin	迄釳忔汔 hi
影云以	殷慇 0in	隱磤縔嶾轞 0in	億檼隱 0in	

	臻合三：文物			
	平	上	去	入
	文	吻	問	物
幫 滂 並 明	分饋饙 fun 芬紛帉竕雰翁 fun 汾氛棼頒枌蚡 vun 文聞紋雯蚊 ʋun	粉 fun 忿 fun 憤墳扮坋鼢賁 vun 吻刎抆忞 ʋun	糞瀵僨奮 fun 湓忿 fun 分坋 vun 問汶璺絻紊聞 ʋun	弗紱黻綍紼芾 fu 拂茀祓艴刜髴 fu 怫佛咈 vu 物勿芴岉 ʋu
端 透 定				
泥 來				
精 清 從 心 邪				
知 徹 澄 娘				
莊 初 崇 生				
章 昌 船 書 禪				
日				
見 溪 群 疑	君軍皸 kyn 群裠帬 gyn	麇 k^hyn	攈捃皸 kyn 郡 gyn	厥屈 ky 屈詘 k^hy 倔崛裾掘 gy 崛 0y
曉 匣	薰曛勳勛熏燻 hyn		訓爋 hyn	颮欻 hy
影 云 以	煴氳馧 0win 雲芸蕓秐紜云 0win	惲蘊薀韞醞 0win 隕顚 0win	醞愠緼蘊煴榅 0win 韻員輝運暈餫 0win	鬱欝爩菀尉熨 0y 颶 0y

幫：/// 皸不翇汥 滂：氛 /// 鬃跡 並：棻弅蕡濆蕡賁焚墳豮 明：// 抆 曉：纁醺葷焄臐 影：// 麴 ///
蔚 云：員沄 // 鄆

	宕開一：唐鐸			
	平	上	去	入
	唐	蕩	宕	鐸
幫 滂 並 明	幫縍鞤謗 paŋ 滂鎊霶雱雱 p^{h}aŋ 傍彷蹄房旁 baŋ 茫忙邙蘉 maŋ	榜牓 paŋ 莽 maŋ	搒謗 paŋ 傍徬 baŋ	博搏爆襮鑮鎛 paw 濼粕膊 p^{h}aw 泊亳箔怕薄礴 baw 寞瞙塻莫幕膜 maw
端 透 定	當鐺簹艡禱璫 taŋ 湯鏜 t^{h}aŋ 唐煻糖瑭螗螳 daŋ	黨党讜 taŋ 曭儻帑 t^{h}aŋ 蕩盪簜 daŋ	讜當擋 taŋ 儻湯盪 t^{h}aŋ 宕踼碭逿 daŋ	 託拓橐籜檫欜 t^{h}aw 鐸度慱 daw
泥 來	囊 naŋ 筤郎莨瑯稂桹 laŋ	曩 naŋ 朗 laŋ	儾灢 naŋ 閬浪埌蒗 laŋ	諾 naw 落絡烙洛珞酪 law
精 清 從 心 邪	臧贓牂戕 tsaŋ 倉蒼鶬滄 ts^{h}aŋ 藏 dzaŋ 桑桒喪 saŋ	駔髒 tsaŋ 蒼 ts^{h}aŋ 奘 dzaŋ 嗓搡磉顙 saŋ	葬 tsaŋ 藏臟 dzaŋ 喪 saŋ	作鑿 tsaw 錯縒 ts^{h}aw 昨酢怍鑿皵柞 dzaw 索摖 saw
知 徹 澄 娘				
莊 初 崇 生				
章 昌 船 書 禪				
日				
見 溪 群 疑	岡崗堽剛鋼綱 kaŋ 康穅糠甂 k^{h}aŋ 昂卬䩕棉 ŋaŋ	 慷忼 k^{h}aŋ	鋼 kaŋ 抗閌炕伉亢 k^{h}aŋ 䩕 ŋaŋ	各閣 kaw 恪 k^{h}aw 咢愕鄂諤萼鍔 ŋaw
曉 匣	 航行頏杭 ɦaŋ	 沆骯 ɦaŋ	 吭行笐 ɦaŋ	膗壑蒦郝嗃 haw 涸鶴貈貉皬洛 ɦaw
影 云 以		坱泱 0aŋ	盎 0aŋ	惡悪堊蚻 0aw

幫：/// 簙欂溥餺膊 明：/// 鏌摸漠瘼 透：/// 袥撵飥魄 定：塘溏糖堂棠 來：廊榔鋃浪蜋琅狼 /// 硌駱零雒剳樂轢 從：/// 飵鈼筰見：犅堈亢 疑：/// 鶚鰐噩堮

	宕合一：唐鐸			
	平	上	去	入
	唐	蕩	宕	鐸
幫滂並明				
端透定				
泥來				
精清從心邪				
知徹澄娘				
莊初崇生				
章昌船書禪				
日				
見溪群疑	光炛洸胱輄 kwaŋ	廣 kwaŋ	曠矌壙纊 k^hwaŋ	郭槨彉 kwaw 廓鞹漷擴 k^hwaw
曉匣	荒肓 hwaŋ 湟瑝騜黃皇遑 ɦoŋ	慌脘爌 hwaŋ 晃榥滉皝 ɦoŋ	攩擴晄 ɦoŋ	霍藿彍癨攉 hwaw 穫鑊濩 ɦwaw
影云以	汪尪 0waŋ		汪 0waŋ	臒蠖頀 0waw

匣：惶煌艎隍蝗偟媓徨篁凰璜潢簧

	宕開三：陽藥			
	平	上	去	入
	陽	養	漾	藥
幫				
滂				
並				
明				
端				
透				
定				
泥				
來	良梁粱颸粮蜋 lɛŋ	兩魎 lɛŋ	亮諒緉兩悢量 lɛŋ	略掠䂮䂮 lew
精	將漿蔣螿 tsɛŋ	獎奬槳槳蔣 tsɛŋ	醬將 tsɛŋ	爵雀爝 tsɛw
清	蹡槍鏘瑲蹌斨 ts^{h}ɛŋ			鵲猎碏皵猎 ts^{h}ɛw
從	牆廧墻嬙檣薔 dzɛŋ		匠 dzɛŋ	嚼 dzɛw
心	纕襄廂湘相緗 sɛŋ	想 sɛŋ	相 sɛŋ	削 sɛw
邪	詳祥翔庠 zɛŋ	橡象像襐 zɛŋ		
知	張粻 tʃaŋ	長 tʃaŋ	脹漲張帳 tʃaŋ	著 tʃew
徹	倀 tʃ^{h}aŋ	昶 tʃ^{h}aŋ	悵鬯韔瑒暢 tʃ^{h}aŋ	婼逴㚁 ts^{h}ɛw
澄	長萇腸場 dʒaŋ	丈杖仗 dʒaŋ	仗長杖 dʒaŋ	著 dʒew
娘	娘孃 ɲaŋ		釀 ɲaŋ	
莊	莊庄裝粧 tʃɑŋ		壯 tʃɑŋ	斮 tʃew
初	創瘡 tʃ^{h}ɑŋ	剩搶 tʃ^{h}ɑŋ	刱創愴滄 tʃ^{h}ɑŋ	
崇	牀床 dʒɑŋ		狀 dʒɑŋ	
生	霜鸘鷞孀 ʃɑŋ	爽鷞塽 ʃɑŋ		
章	章漳樟璋彰障 tʃaŋ	掌仉 tʃaŋ	墇嶂瘴障 tʃaŋ	灼斫礿勺酌妁 tʃew
昌	猖昌倡閶菖 tʃ^{h}aŋ	氅敞驚廠 tʃ^{h}aŋ	唱倡 tʃ^{h}aŋ	綽婥 tʃ^{h}ew
船				
書	商賫傷殤觴湯 ʃaŋ	賞鴫 ʃaŋ	餉向 ʃaŋ	爍鑠 ʃew
禪	常尚裳甞嘗償 ʒaŋ	上 ʒaŋ	尚上 ʒaŋ	勺杓芍 ʒew
日	穰攘禳瀼瓤 raŋ	壤穰攘 raŋ	讓 raŋ	若弱蒻 rew
見	薑繮畺疆壃繮 kɛŋ	繈襁鏹 kɛŋ	彊 kɛŋ	脚腳蹻屩 kew
溪	羌蜣 k^{h}ɛŋ			卻却 k^{h}ew
群	強彊 gɛŋ	彊 gɛŋ		噱臄醵 gew
疑		仰 ŋɛŋ	仰 ŋɛŋ	虐瘧 ŋew
曉	香薌鄉 hɛŋ	響饗蠁嚮享 hɛŋ	向嚮 hɛŋ	謔 hew
匣				
影	央鴦殃鉠秧霙 0ɛŋ	鞅鞅詇怏 0ɛŋ	怏鞅 0ɛŋ	約 0ew
云				
以	陽暘楊揚颺煬 jaŋ	養痒癢瀁 jaŋ	漾恙羕颺煬樣 jaŋ	藥躍礿禴鑰瀹 jew

來：糧量涼涼輬 // 掠涼 清：搶 從：戕薔 心：箱驤 章：獐麞 /// 繳焯祥 書：塲暘 禪：鱨 見：韁殭礓橿蠁僵姜 影：泱 以：鍚瘍敭鴹羊佯徉洋痒 // 養瀁 /// 龠籥

	宕合三：陽藥			
	平	上	去	入
	陽	養	漾	藥
幫滂並明	𥜥方坊蚄肪枋 faŋ 妨芳 faŋ 房防坊魴 vaŋ 亡芒莣忘鋩望 ʋaŋ	昉倣放 faŋ 仿彷紡髣 faŋ 網罔輞魍誷惘 ʋaŋ	放舫 faŋ 訪 faŋ 防 vaŋ 妄忘望朢 ʋaŋ	 縛 vaw
端透定				
泥來				
精清從心邪				
知徹澄娘				
莊初崇生				
章昌船書禪				
日				
見溪群疑	 匡筐恇眶 $k^hwaŋ$ 狂軖 gwaŋ		誑迋 kwaŋ	玃攫矍 kwɛw 躩 $k^hwɛw$
曉匣		怳 hwɛŋ	况貺況 hwɛŋ	**戄 hwɛw**
影云以	王 jwaŋ	枉 ʋaŋ/0waŋ 徃皇 jwaŋ	迋旺王 jwaŋ	嬳篗 0wɛw 籰 0wɛw

	江開二：江覺			
	平	上	去	入
	江	講	絳	覺
幫 滂 並 明	邦 paŋ 胮 p^{h}aŋ 龐逄 baŋ 厖哤狵 maŋ	棒蚌玤 baŋ		剝駮駁 paw 朴璞樸璞 p^{h}aw 雹瓟撲髕 baw 邈皃 maw
端 透 定				
泥 來	瀧 lwaŋ			犖 lwaw
精 清 從 心 邪				
知 徹 澄 娘	椿 tʃwaŋ 幢撞 dʒwaŋ		戇 tʃwaŋ 撞 dʒwaŋ	斲涿諑拯琢卓 tʃwaw 逴趠踔箬 tʃ^{h}waw 濁擢鐲濯 dʒwaw 搦 nwaw
莊 初 崇 生	窻牕窓摐 tʃ^{h}waŋ 淙 dʒwaŋ 雙㩳 ʃwaŋ			捉斮穛 tʃwaw 娖齪擉 tʃ^{h}waw 浞灂鷟籗 dʒwaw 朔嗽矟槊數箾 ʃwaw
章 昌 船 書 禪				
日				
見 溪 群 疑	扛杠釭矼江 kɛŋ 腔悾跫 k^{h}ɛŋ	講耩港 kɛŋ 控 k^{h}ɛŋ	絳虹降洚 kɛŋ	覺斠角較桷珏 kjaw 殼骰愨確嶨埆 k^{h}jaw 嶽岳樂鷟 jaw
曉 匣	肛 hɛŋ 降洚缸瓨 ɦɛŋ	僋 hɛŋ 項缿 ɦɛŋ	巷閧 ɦɛŋ	學确嚳 ɦjaw
影 云 以				渥握偓幄喔箹 jaw

知：倬啄 見：/// 穀榷捔傕搉

	曾開一：登德			
	平	上	去	入
	登	等	嶝	德
幫 滂 並 明	崩 pəŋ 朋堋鵬 bəŋ 			北 puj 菔蔔匐踣僰 buj 默纆墨 muj
端 透 定	登燈簦甑毿 təŋ 騰滕縢螣幐滕 dəŋ	等 təŋ 	嶝鐙隥磴 təŋ 鄧蹬 dəŋ	德得 təj 忒慝貣 t^{h}əj 特螣 dəj
泥 來	能 nəŋ 楞棱稜 ləŋ			 勒扐肋仂泐 ləj
精 清 從 心 邪	增憎曾矰罾橧 tsəŋ 層曽 dzəŋ 僧鬙 səŋ 		 贈 dzəŋ 	則 tsəj 賊鱡 dzəj 塞 səj
知 徹 澄 娘				
莊 初 崇 生				
章 昌 船 書 禪				
日				
見 溪 群 疑	搄緪縆 kəŋ 	 肯 k^{h}əŋ 	亘恒 kəŋ 	 刻克剋 k^{h}əj
曉 匣	 恒 ɦiŋ			黑 həj 劾 ɦəj
影 云 以				

定：藤籐

	曾合一：登德			
	平	上	去	入
	登	等	嶝	德
幫滂並明				
端透定				
泥來				
精清從心邪				
知徹澄娘				
莊初崇生				
章昌船書禪				
日				
見溪群疑	肱 kuŋ			國 kuj
曉匣	薨 huŋ 弘鞃 ɦuŋ			或惑蜮 ɦuj
影云以				

	曾開三：蒸職			
	平	上	去	入
	蒸	拯	證	職
幫 滂 並 明	冰掤 piŋ 砯 p^{h}iŋ 凭馮憑 biŋ		 凭 biŋ	逼偪幅 puj 堛愊稫副 p^{h}uj 愎𣨙 buj
端 透 定				
泥 來	 陵凌淩蔆菱綾 liŋ			 力艻泐 li
精 清 從 心 邪	 繒鄫嶒 dziŋ		甑 tsiŋ	即稷 tsi 堲 dzi 息熄 si
知 徹 澄 娘	徵 tʃiŋ 僜 tʃ^{h}iŋ 瀓澄憕懲 dʒiŋ		 瞪 dʒiŋ	陟稙 tʃi 敕勅飭鷘 tʃ^{h}i 直 dʒi 憴匿 ɲi
莊 初 崇 生				昃仄側 tsəj 測惻畟 ts^{h}əj 崱 dzəj 色嗇穡 səj
章 昌 船 書 禪	蒸烝脀脭 tʃiŋ 稱偁 tʃ^{h}iŋ 繩乘澠 dʒiŋ 升昇陞勝 ʃiŋ 承丞 ʒiŋ	拯撜 tʃiŋ	證 tʃiŋ 稱秤 tʃ^{h}iŋ 乘剩賸媵甸塍 dʒiŋ 勝縢 ʃiŋ	職織樴 tʃi 食蝕 dʒi 識式拭軾飾 ʃi 寔湜殖植埴 ʒi
日	仍陾 riŋ			
見 溪 群 疑	兢矜 kiŋ 凝 ŋiŋ		 凝 ŋiŋ	殛極亟諈棘棘 ki 極 gi 嶷 ŋi
曉 匣	興 hjiŋ		興 hjiŋ	赩衋奭 hi
影 云 以	膺應鷹䗨譍 0iŋ 蠅 jiŋ		應 0iŋ 孕 jiŋ	憶億臆醷薏抑 0i 弋翊杙釴默翌 ji

影：/// 翼

	曾合三：蒸職			
	平	上	去	入
	蒸	拯	證	職
幫滂並明				
端透定				
泥來				
精清從心邪				
知徹澄娘				
莊初崇生				
章昌船書禪				
日				
見溪群疑				
曉匣				洫侐閾 hyj
影云以				域罭棫緎淢 0uj

	梗開二：庚陌			
	平	上	去	入
	庚	梗	映	陌
幫 滂 並 明	閍祊 pəŋ 烹亨 p^{h}əŋ 彭棚 bəŋ 盲甿鄳 muŋ	猛艋 muŋ	孟盟 muŋ	伯百柏䄸皕迫 paj 拍珀魄 p^{h}aj 白帛舶鮊 baj 陌貊蓦貊 maj
端 透 定				
泥 來		冷 ləŋ		
精 清 從 心 邪				
知 徹 澄 娘	瞠橕 tʃ^{h}əŋ 棖 dʒəŋ 獰 nəŋ		偵幀 tʃəŋ 鋥瞪 dʒəŋ	磔 tʃaj 坼 tʃ^{h}aj 宅擇澤翟 dʒaj 搦 naj
莊 初 崇 生	鎗鐺槍 tʃ^{h}əŋ 生笙牲鉎甥猩 ʃəŋ	省眚 ʃəŋ		迮窄舴諎笮 tʃaj 柵齰 tʃ^{h}aj 齚 dʒaj 索 ʃaj
章 昌 船 書 禪				
日				
見 溪 群 疑	庚鶊更秔粳賡 kjiŋ 阬坑 k^{h}jiŋ	梗挭綆鯁 kjiŋ	更 kjiŋ	格茖骼茖 kjaj 客揢 k^{h}jaj 額頟詻 jaj
曉 匣	脝亨 hjiŋ 行衡珩蘅 ɦjiŋ	杏莕荇 ɦjiŋ	行 ɦjiŋ	赫爀嚇 hjaj 輅輅 ɦjaj
影 云 以				啞餲 jaj

見：羹

	梗合二：庚陌			
	平	上	去	入
	庚	梗	映	陌
幫滂並明				
端透定				
泥來				
精清從心邪				
知徹澄娘				
莊初崇生				
章昌船書禪				
日				
見溪群疑	觵觥 kuŋ	礦鑛 kuŋ		虢敋 kwaj
曉 匣	諻 huŋ 横黌鐄喤 ɦuŋ	 卝 ɦuŋ	 横 ɦuŋ	砉湱 hwaj
影云以				擭 0waj

	梗開三：庚陌			
	平	上	去	入
	庚	梗	映	陌
幫	兵 piŋ	丙眪邴炳怲秉 piŋ	柄怲 piŋ	碧 puj
滂				
並	平評苹枰 biŋ		病平評 biŋ	
明	明盟鳴鳴 miŋ	皿 miŋ	命 miŋ	
端透定				
泥來				
精清從心邪				
知徹澄娘				
莊初崇生				
章昌船書禪				
日				
見	驚京荆 kiŋ	警儆景境憼 kiŋ	敬竟鏡 kiŋ	戟撠 ki
溪	卿 $k^hiŋ$		慶 $k^hiŋ$	隙郤綌 k^hi
群	擎勍黥䲔鯨檠 giŋ		競竸倞 giŋ	劇屐 gi
疑	迎 ŋiŋ		迎 ŋiŋ	逆 ŋi
曉匣				虩 hi
影云以	霙韺英瑛 0iŋ	影 0iŋ	映 0iŋ	

	梗合三：庚陌			
	平	上	去	入
	庚	梗	映	陌
幫滂並明				
端透定				
泥來				
精清從心邪				
知徹澄娘				
莊初崇生				
章昌船書禪				
日				
見溪群疑		冋璟 kyŋ		
曉匣	兄 hyŋ			
影云以	榮 0yŋ	永 jyŋ	詠咏泳縈醟 jyŋ	

	梗開二：耕麥			
	平	上	去	入
	耕	耿	諍	麥
幫 滂 並 明	繃絣伻 pəŋ 抨 pʰəŋ 弸 bəŋ 甍萌氓甿 muŋ	倗 bəŋ	迸 pəŋ 倗 bəŋ	檗擘 paj 麥衇脉霢脈 maj
端 透 定				
泥 來				
精 清 從 心 邪				
知 徹 澄 娘	丁朾 tʃəŋ 橙 dʒəŋ 儜 nəŋ			摘讁謫 tʃaj
莊 初 崇 生	爭箏 tʃəŋ 琤錚 tʃʰəŋ		諍 tʃəŋ	責嘖幘簀咋 tʃaj 冊策筴 tʃʰaj 賾 dʒaj 棟溹摵愬 ʃaj
章 昌 船 書 禪				
日				
見 溪 群 疑	耕 kjiŋ 鏗牼硜誙 kʰjiŋ	耿 kjiŋ	鞕硬 jiŋ	隔鬲膈革 kjaj
曉 匣	莖誙 ɦjiŋ	幸倖 ɦjiŋ		覈翮核絃 ɦjaj
影 云 以	甖罌鶯嚶櫻鸚 jiŋ			戹厄搤捉軶阸 jaj

影：鸎

	梗合二：耕麥			
	平	上	去	入
	耕	耿	諍	麥
幫滂並明				
端透定				
泥來				
精清從心邪				
知徹澄娘				
莊初崇生				摵 ʃwaj
章昌船書禪				
日				
見溪群疑				蟈馘幗摑 kwaj
曉匣	轟訇 huŋ 宏紘嶸翃鋐閎 ɦuŋ			獲畫劃嚍 ɦwaj
影云以	泓 0wuŋ			

	梗開三：清昔			
	平	上	去	入
	清	靜	勁	昔
幫滂並明	并 piŋ 名洺 miŋ	餅鉼屏缾 piŋ	摒併并 piŋ 聘娉 p^{h}iŋ	辟躄壁 pi 僻辟癖 p^{h}i 擗闢辟 bi
端透定				
泥來	令 liŋ	領嶺袊 liŋ	令 liŋ	
精清從心邪	蜻精菁鶄晶睛 tsiŋ 清 ts^{h}iŋ 情晴睛 dziŋ 騂垶 siŋ 餳 ziŋ	井 tsiŋ 請 ts^{h}iŋ 靜靖穽阱 dziŋ 省惺 siŋ	倩清 ts^{h}iŋ 淨穽靚請 dziŋ 姓性 siŋ	積脊踖借迹跡 tsi 磧刺 ts^{h}i 籍藉耤塉瘠 dzi 昔腊潟磶舄惜 si 席夕穸蓆 zi
知徹澄娘	貞楨禎 tʃiŋ 檉赬 tʃ^{h}iŋ 呈程酲裎 dʒiŋ	逞騁 tʃ^{h}iŋ	遉偵 tʃ^{h}iŋ 鄭 dʒiŋ	擲擿躑 dʒi
莊初崇生				
章昌船書禪	征鯖鉦正 tʃiŋ 聲 ʃiŋ 成城誠筬盛郕 ʒiŋ	整整 tʃiŋ	政正証 tʃiŋ 聖 ʃiŋ 盛晟娍 ʒiŋ	隻炙摭蹠跖 tʃi 尺赤蚇斥 tʃ^{h}i 射 dʒi 釋適奭螫襫 ʃi 石碩祏鉐鼫 ʒi
日				
見溪群疑	輕 k^{h}jiŋ	頸 kjiŋ	勁 kjiŋ	
曉匣				
影云以	攖瓔嬰纓 jiŋ 嬴攍盈贏籯瀛 jiŋ	癭 jiŋ 郢梬浧 jiŋ		嗌郂隘膉益 ji 繹亦弈奕帟譯 ji

精：旌跨 /// 踖鯽蹟 以：贏楹 /// 懌斁驛醳嶧腋掖被液易蜴埸圛射墿襗

	梗合三：清昔			
	平	上	去	入
	清	靜	勁	昔
幫滂並明				
端透定				
泥來				
精清從心邪				
知徹澄娘				
莊初崇生				
章昌船書禪				
日				
見溪群疑	傾頃 kʰyŋ 瓊煢睘惸 gyŋ	頃檾傾 kʰyŋ		
曉匣			敻 hyŋ	
影云以	縈 jrŋ 營塋熒瑩 jyŋ	潁穎 jyŋ		役疫 jwi

	梗開四: 青錫			
	平	上	去	入
	青	迥	徑	錫
幫 滂 並 明	 俜 p^{h}iŋ 瓶缾屏萍蓱 biŋ 顯冥銘溟螟蓂 miŋ	鞞 piŋ 竝並 biŋ 茗酩 miŋ	 暝 miŋ	鼊檗壁 pi 霹劈澼 p^{h}i 甓 bi 覓幎幦鼏羃汨 mi
端 透 定	丁釘玎仃 tiŋ 汀聽廳鞓 t^{h}iŋ 庭停莛筳亭霆 diŋ	打頂鼎酊 tiŋ 珽侹頲 t^{h}iŋ 挺艇鋌訂 diŋ	矴釘定飣訂 tiŋ 聽 t^{h}iŋ 定廷錠 diŋ	的適嫡甋靮鏑 ti 逖逷倜趯剔惕 t^{h}i 狄荻敵籊翟覿 di
泥 來	寧 niŋ 令靈齡囹鴒蛉 liŋ	顠濘 niŋ 冷 liŋ	甯佞濘 niŋ 	惄溺愵 ni 靂酈瀝轢歷曆 li
精 清 從 心 邪	 鯖青 ts^{h}iŋ 星腥醒惺鮏 siŋ 	 醒 siŋ 	 艶掅 ts^{h}iŋ 醒 siŋ 	勣績 tsi 戚慼鼜鏚慽 ts^{h}i 寂 dzi 錫析裼晳淅 si
知 徹 澄 娘				
莊 初 崇 生				
章 昌 船 書 禪				
日				
見 溪 群 疑	經涇 kjiŋ 	剄 kjiŋ 謦綮 k^{h}jiŋ 	徑經逕侄 kjiŋ 罄磬謦 k^{h}jiŋ 	激擊墼 kji 喫 k^{h}ji 艗鷊鷁鶂 ji
曉 匣	馨 hjiŋ 陘形刑邢鉶侀 ɦjiŋ	 婞脛 ɦjiŋ	 脛 ɦjiŋ	赥鬩矜 hji 檄覡 ɦji
影 云 以			鎣瑩濴 jiŋ	

明: 暝 /// 塓幎 端: /// 馰滴弔菂芍蹢樀 透: /// 踢籊 定: 渟綎娗蜓廷 /// 笛亲糴滌踧頔迪 來: 鈴醽櫺蠕苓伶泠笭玲聆零翎瓴 /// 瀝鬲鬁躒礫皪瓅櫟櫪 匣: 硎型

	梗合四：青昔			
	平	上	去	入
	青	迥	徑	錫
幫 滂 並 明				
端 透 定				
泥 來				
精 清 從 心 邪				
知 徹 澄 娘				
莊 初 崇 生				
章 昌 船 書 禪				
日				
見 溪 群 疑	扃駉坰 kyŋ	熲 kyŋ 褧 k^hyŋ		鶪 kyj 闃 k^hyj
曉 匣	滎熒螢 ɦyŋ	詗 hyŋ 迥炯泂 ɦyŋ		
影 云 以				

	通合一：東屋			
	平	上	去	入
	東	董	送	屋
幫 滂 並 明	 蓬逢篷鬔芃韸 buŋ 蒙冡濛朦矇罞 muŋ	琫菶 puŋ 唪 buŋ 蠓懵幪 muŋ	 霿懵 muŋ	卜濮樸 pu 扑醭撲 p^{h}u 暴曝瀑僕 bu 木沐毣鶩霂椺 mu
端 透 定	東涷蝀 tuŋ 通恫侗 t^{h}uŋ 同仝童僮銅桐 duŋ	董蝀懂蘳 tuŋ 捅桶 t^{h}uŋ 動挏 duŋ	涷棟 tuŋ 痛 t^{h}uŋ 洞恫慟 duŋ	 秃鵚 t^{h}u 獨讀黷讟髑殰 du
泥 來	 籠朧聾礱嚨瓏 luŋ	 籠攏 luŋ	 弄 luŋ	 禄鹿漉轆琭簏 lu
精 清 從 心 邪	豵嵏猣艐騣鬉 tsuŋ 怱璁轗悤葱聰 ts^{h}uŋ 叢藂菐潨 dzuŋ	總摠憁傯揔惣 tsuŋ	糉粽傯 tsuŋ 謥憁 ts^{h}uŋ 送 suŋ	鏃 tsu 簇蔟 ts^{h}u 族 dzu 速蔌觫餗樕遬 su
知 徹 澄 娘				
莊 初 崇 生				
章 昌 船 書 禪				
日				
見 溪 群 疑	公功工玒玒 kuŋ 空箜崆悾倥 k^{h}uŋ	 孔倥悾 k^{h}uŋ	貢贛玒灨虹項 kuŋ 控倥空鞚 k^{h}uŋ	穀轂轂谷榖縠 ku 哭 k^{h}u
曉 匣	 洪訌紅虹鴻葒 ɦuŋ	 澒 ɦuŋ	 哄烘閧 ɦuŋ	 縠槲斛 ɦu
影 云 以	翁 0uŋ	蓊滃 0uŋ	瓮甕罋 0uŋ	屋剭 0u

明：幪雺 定：筩曈瞳犝潼氃罿穜峒箽侗酮 /// 櫝牘鞫瓄瀆犢匵 來：曨櫳 /// 麗麓盝碌騼箓 精：椶 / 捴 清：驄 心：/// 涑 見 // 鷄 匣：烘洚

	通合三：東屋			
	平	上	去	入
	東	董	送	屋
幫滂並明	風楓 fuŋ 豐酆灃 fuŋ 馮渢 vuŋ 瞢夢懜 ʋuŋ		諷風 fuŋ 賵 fuŋ 鳳 vuŋ 寢夢瞢 ʋuŋ	福腹複葍輻幅 fu 蝮副覆 fu 伏復服茯馥輹 vu 目睦穆牧繆 ʋu
端透定				
泥來	隆癃窿霳 lyŋ			六陸戮稑蓼蛙 ly
精清從心邪	嵩崧鵔娀菘 syŋ			蹙顣踧蹴緎蜮 tsy 肅宿蓿夙翻鱐 sy
知徹澄娘	中衷忠 tʃuŋ 忡 tʃ^{h}uŋ 蟲沖盅种 dʒyŋ		中衷 tʃuŋ 仲 dʒyŋ	竹竺筑築 tʃy 蓫 tʃ^{h}y 舳逐軸柚 dʒy 肭恧忸衄 ɲy
莊初崇生	崇密 dʒuŋ			蠱閦 tʃu 縮莤謖蹜 Su
章昌船書禪	終螽 tʃuŋ 充琉恍茺 tʃ^{h}uŋ		衆 tʃuŋ	粥祝琡 tʃy 俶柷 tʃ^{h}y 叔倏尗菽 ʃy 熟孰淑塾璹婌 ʒy
日	戎茙駥絨 ryŋ			肉 ry
見溪群疑	弓躳躬匑宮 kyŋ 穹芎 k^{h}yŋ 窮藭竆 gyŋ		誇䠻㑋 k^{h}yŋ	菊鞠掬鵴鞫匊 ky 麴 k^{h}y 鞠 gy
曉匣	雄熊 ɦyŋ			蓄畜慉 hy
影云以	融融肜彤瀜 jyŋ			郁彧燠薁墺澳 0y 囿 0y 育毓鬻賣煜昱 jy

幫：/// 蝠楅 並：/// 鵬箙匐栿宓虙 影：/// 隩稶 以：/// 蛸

	通合一：冬沃			
	平	上	去	入
	冬		宋	沃
幫				襮 pu
滂				
並				
明			雺 muŋ	
端	冬[illegible] tuŋ			篤督 tu
透			統 t^huŋ	
定	彤浵鼕爞佟 duŋ			毒[illegible]纛 du
泥	農齈儂膿 nuŋ			
來				濼 lu
精	宗 tsuŋ		綜[illegible] tsuŋ	
清				
從	琮悰淙賨 dzuŋ			
心	鬆 suŋ		宋 suŋ	
邪				
知				
徹				
澄				
娘				
莊				
初				
崇				
生				
章				
昌				
船				
書				
禪				
日				
見	攻 kuŋ			梏牿告 ku
溪				酷嚳 k^hu
群				
疑				
曉				熇 hu
匣				鵠鶴 ɦu
影				沃鋈 0u
云				
以				

	通合三：鍾燭			
	平	上	去	入
	鍾	腫	用	燭
幫	封葑 fuŋ	覂 fuŋ	葑 fuŋ	
滂	峯鋒丰蘴蜂漨 fuŋ	捧 fuŋ		
並	逢縫夆 vuŋ	奉 vuŋ	俸䗦縫 vuŋ	幞 vu
明				
端				
透				
定				
泥				
來	龍 lyŋ	隴壠 lyŋ		録淥緑醁籙碌 ly
精	縱蹤 tsyŋ		縱從 tsyŋ	足 tsy
清	樅 ts^{h}yŋ			促 ts^{h}y
從	從 dzyŋ		從 dzyŋ	
心		悚竦聳 syŋ		粟剽涑 sy
邪	松 zyŋ		頌誦訟 zyŋ	續俗藚 zy
知		冢塚 tʃuŋ		瘃斸 tʃy
徹	傭 tʃ^{h}uŋ	寵 tʃ^{h}uŋ		
澄	重 dʒyŋ	重 dʒyŋ	重 dʒyŋ	躅 dʒy
娘	醲濃襛穠 ɲuŋ			
莊				
初				
崇				
生				
章	鍾鐘蚣 tʃuŋ	腫種踵 tʃuŋ	種穜 tʃuŋ	燭屬属囑矚 tʃy
昌	衝衝罿憧 tʃ^{h}uŋ			觸 tʃ^{h}y
船				贖 dʒy
書	舂惷摏 ʃuŋ			束 ʃy
禪	慵 ʒuŋ	尰 ʒuŋ		蜀韣屬属獨 ʒy
日	茸 ryŋ	冗氄 ryŋ		辱蓐褥鄏縟溽 ry
見	恭龔供共 kyŋ	拱䂬鞏珙栱 kyŋ	供 kyŋ	輂挶 ky
溪	銎 k^{h}yŋ	恐 k^{h}yŋ	恐 k^{h}yŋ	曲苖 k^{h}y
群	蛩邛笻蛬 gyŋ		共 gyŋ	局跼 gy
疑	顒喁 0yŋ			玉獄 0y
曉	胷凶兇訩洶恟 hyŋ			旭頊勗 hy
匣				
影	雍廱癰邕噰雝 0yŋ	擁壅 0yŋ	雍灉韅禮壅 0yŋ	
云				
以	容溶庸墉鎔鏞 jyŋ	甬涌勇踊悀俑 jyŋ	用 jyŋ	欲浴鵒慾谷峪 jy

滂：烽 來：/// 騄逯娽 影：饔灉 以：鄘傭蓉瑢

五　勘誤

勘誤中所用簡稱

寧　寧忌浮 1997。《古今韻會舉要及其相關韻書》。北京：中華書局。

照楊　照那斯圖 楊耐思 1978。《〈蒙古字韻〉校本》。北京：民族出版社。

花登　花登正宏 1989 。《〈蒙古字韻校本 校勘記〉補校》。《東北大學文學部研究年報》第 39 號：216–208（逆序）。

羅　羅常培 1955。〈蒙古字韻校勘記〉，羅常培 蔡美彪 2004。《八思巴字與元代官話》（增訂本）。159–164。北京：中國社會科學出版社。

前人出註而未勘正者，用"*"表示。

上卷

一東

1.	A8a3P4	攻	《新刊韻略》古冬切，冬韻。按照《新刊韻略》，列入冬韻，見母。	
2.	A8a4X7	鶇	字誤，改正。	
3.	A8a5P5	颛	註文。字誤，改正。	（寧 1，花登）
4.	A8a6S4	蕫	字誤，改正。	（寧 2）
5.	A8a7P3	大	註文。字誤，改正。	（寧 3）
6.	A8a8P8	瞳	字誤，改正。	（寧 4）
7.	A8a8P9	瞳	A8a8P8 和 A8a8P9 兩字都是“瞳”字。《新刊韻略》“瞳”字排在“瞳”字前。根據《新刊韻略》A8a8P8 不改，仍為“瞳”，A8a8P9 改為“瞳”。	
8.	A8a9Q	去	“恫慟”上補聲調調目“去”。	（寧 5，照楊）
9.	A8a9Q1	洞	“恫慟”上補韻字“洞”。	（寧 5）
10.	A8b2X5	穜	《廣韻》徒紅切，直容切。《新刊韻略》不收。“種”字異體。	
11.	A8b5P3	襛	字誤，改正。	（寧 6，照楊）
12.	A8b7P2	逢	《新刊韻略》不收。《廣韻》符容切，鍾韻。音不合。《集韻》蒲蒙切，音同“蓬”。按照《集韻》，列入東一韻。	
13.	A8b7P3	篷	字誤，改正。	（寧 7，照楊）
14.	A8b7Q1	唪	衍文，刪除。	（寧 8）
15.	A8b8P9	盲	字誤，改正。	（寧 9）
16.	A8b9Q1	霿	字誤，改正。	（寧 10）
17.	A8b9Q5	懵	《新刊韻略》、《廣韻》、《禮部韻略》、《集韻》去聲皆不收。誤入，當刪。	
18.	A8b10P3	豐	字誤，改正。	（寧 11）
19.	A8b10P4	酆	字誤，改正。	（寧 11）
20.	A8b10P5	灃	字誤，改正。	（寧 11）

21. A9a1X1 　耍　字誤，改正。（寧 12，花登）

22. A9a1Q3 　賵　字誤，改正。

23. A9a5Q5 　豵　字誤，改正。

24. A9a6P3 　囚　註文，補“囚”字。（寧 13，花登）

25. A9a7P3 　叢　字誤，改正。《新刊韻略》亦誤。（寧 14）

26. A9a7P4 　潨　《廣韻》帶從母的反切有徂紅切，東韻；藏宗切，冬韻。《新刊韻略》同“叢”，徂紅切。按照《新刊韻略》，列入東韻。

27. A9a9P3 　揞　字誤，改正。（寧 15，羅，照楊）

28. A9b2P14 　紘　字誤，改正。（寧 16）

29. A9b3X3 　弘　避諱字，改正。有“弘”字符之字，皆改正。

30. A9b3S2 　卝　《廣韻》和《新刊韻略》，乎訇切。匣母，上聲。字形作“卝”。《正字通・丨部》：“丱，同卝。”

31. A9b3Q3 　閧　《新刊韻略》與《廣韻》註釋同，字形同，都作“閧”。不需改。（寧 17，花登）

32. A9b4Q3 　甕　字誤，改正。有“缶”字符的字，皆改正。

33. A9b8Q3 　佡　字誤，改正。（寧 18，花登）

34. A10a1Q2 　從　《新刊韻略》和《廣韻》只收去聲，疾用切，從母。音不合。《集韻》足用切。按照《集韻》，列入用韻，精母。

35. A10a4P6–7 　騂垶　《新刊韻略》息盈切，清韵，開口。《廣韻》息營切，清韻，合口。《蒙古字韻》和“嵩崧娀娀菘”等東韻三等字同列，标音 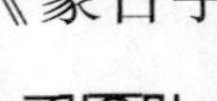 syŋ。现按照《新刊韵略》列清韻，開口，改音為 siŋ。

36. A10a6P4 　詗　字誤，改正。

37. A10a8X3 　禮　《新刊韻略》原誤，改正。

38. A10a8X4 　壅　字誤，改正。（寧 19）

39. A10a9S1 　永　字誤，改正。有“永”字符之字，皆改正。

40.	A10a9Q4	禜	字誤，改正。	（寧 20，照楊）
41.	A10a9Q5	⊗	衍文，刪除。	（寧 21，照楊）
42.	A10b1P1	融	字誤，改正。	（寧 22）
43.	A10b1P2	融	《新刊韻略》也收俗體字，列有正俗二字。	
44.	A10b1P3	[illegible]	《新刊韻略》原誤，改正。	
45.	A10b1P5	瀜	《新刊韻略》原誤，改正。	
46.	A10b1X3	[illegible]	《新刊韻略》不收。《廣韻》戶經切，開口四等青韻，與“刑、形”字等同音。音不合。《禮部韻略》維瓊切，音同“營”。按照《禮部韻略》，列入清韻合口。（《廣韻》和《禮部韻略》“瓜”字符皆缺“丶”。）	
47.	A10b1X4	[illegible]	《新刊韻略》不收。《廣韻》永兵切，合口三等平聲庚韻，又烏定切，去聲。永兵切與“榮”字同音。音不合。《禮部韻略》維瓊切，音同“營”。按照《禮部韻略》，列入清韻合口。	
48.	A10b2S6	頴	字誤，改正。	（寧 23）

二庚

1.	A10b8P4	鱷	字誤，改正。	
2.	A10b6S5	檄	字誤，改正。	（寧 1，照楊）
3.	A10b10S1	打	字誤，改正。	（寧 2，花登）
4.	A10b10S3	鼎	字誤，改正。	（寧 3，照楊）
5.	A11a1P2	聽	字誤，改正。有“悳”字符的字，皆改正。	
6.	A11a5S2	整	字誤，改正。	
7.	A11a6X1	證	衍文，刪除。	（寧 4，花登）
8.	A11a7P2	赬	字誤，改正。	（寧 5）
9.	A11a8P4	裎	字誤，改正。	（寧 6，照楊）
10.	A11a8P6	澄	《廣韻》直庚切，庚二韻；又直陵切，蒸韻。《新刊韻略》	

直陵切。按照《新刊韻略》，列入蒸韻。

11. A11a9X3 塍 字誤，改正。（寧 7）

12. A11a9X5 嵊 《新刊韻略》不收。《廣韻》實證切，按照《廣韻》，列入證韻，船母。

13. A11b1X1 鞞 字誤，改正。《新刊韻略》亦誤。有“卑”字符的字，皆改正。

14. A11b1Q4 併 字誤，改正。（寧 8）

15. A11b5P1 頸 字誤，改正。（寧 9）

16. A11b8Q2 清 字誤，改正。（寧 10）

17. A11b9Q1 淨 字誤，改正。（寧 11，照楊）

18. A12a2P1 餳 字誤，改正。

19. A12a3Q3 縢 字誤，改正。（寧 12）

20. A12a9P1 嬴 字誤，改正。（寧 13，照楊）

21. A12a9P2 攍 字誤，改正。（寧 13，照楊）

22. A12a9P4 羸 字誤，改正。（寧 13，照楊）

23. A12a9P5 籯 字誤，改正。（寧 13，照楊）

24. A12a9P6 瀛 字誤，改正。（寧 13，照楊）

25. A12a9P7 贏 字誤，改正。（寧 13，照楊）

26. A12a9 上 聲調調目“去”改為“上”。（寧 14，照楊）

27. A12b1P1 令 《廣韻》呂貞切，清韻；又郎丁切，青韻。《新刊韻略》清韻和青韻俱收。按照《新刊韻略》，分別列入清韻和青韻。

28. A12b5P1 揯 字誤，改正。（寧 15，照楊）

29. A12b7Q3 隥 字誤，改正。（寧 16）

30. A12b10P2 爭 字誤，改正。有“爭”字符的字，皆改正。

31. A12b10S1 朾 《新刊韻略》不收。《廣韻》中莖切，又宅耕切，皆平聲。此字之前聲調調目“上”誤加。《禮部韻略》不收。《集韻》

中莖切，又除耕切。按中莖切，列入耕韻，知母。

32.	A12b10Q3	幀	《新刊韻略》和《廣韻》不收。《集韻》豬孟切，按照《集韻》，列入映韻，知母。	
33.	A13a1P3	鐺	字誤，改正。	（寧 17，照楊）
34.	A13a1P5	琤	《廣韻》楚庚切，庚二韻；又楚耕切，耕韻。《新刊韻略》楚耕切。按照《新刊韻略》，列入耕韻。	
35.	A13a1P7	鐺	衍文，刪除。	（寧 18）
36.	A13a1P8	橕	《新刊韻略》不收。《廣韻》丑庚切，按照《廣韻》，列入庚二開韻，徹母。	
37.	A13a3P1	崩	《新刊韻略》不收。《廣韻》北滕切，按照《廣韻》，列入登韻，幫母。	
38.	A13a3P4	祊	字誤，改正。	（寧 19，羅 *，照楊）
39.	A13a3P6	伻	《新刊韻略》和《廣韻》皆作普耕切，滂母。《集韻》悲萌切,《禮部韻略》補耕切，皆幫母。按照《集韻》和《禮部韻略》，列為幫母。	
40.	A13a4P1	烹	字誤，改正。	
41.	A13a4P2	亨	字誤，改正。	
42.	A13a5P2	棚	《廣韻》薄庚切，庚二韻；薄萌切，耕韻；步崩切，登韻。《新刊韻略》只收庚二韻，薄庚切（誤作薄庭切，“庭”青韻。），與“彭”字同音。按照《新刊韻略》，列入庚二韻。	
43.	A13a5P6	弸	《新刊韻略》普耕切，滂母。《廣韻》普耕切，滂母；又薄耕切，並母。按照《廣韻》，列為並母。	
44.	A13b1P2	駉	字誤，改正。	（寧 20）
45.	A13b1P3	坰	字誤，改正。	（寧 20）
46.	A13b2S5	綮	《新刊韻略》“去挺切”，當列青韻，開口。《蒙古字韻》誤作合口。	
47.	A13b2S6	⊗	衍文，刪除。	（寧 21）

48. A13b8 謦 補韻字“謦”。（寧 22）

49. A13b8 去 在“謦”字下，補聲調調目“去”。（寧 22，照楊）

50. A13b8Q1 罄 字誤，改正。

51. A13b8Q3 謦 聲調調目“上”下列有三個字“罄磬謦”。《新刊韻略》第一、第二字“罄磬”是去聲字，第三字“謦”是上聲字，也是去聲字。調目“上”後加“謦”字，下加調目“去”。

52. A13b9P1 脝 字誤，改正。（寧 23，羅，照楊）

53. A13b9P2 亨 字誤，改正。（寧 23，羅，照楊）

54. A13b10P1 兄 《蒙古字韻》拼寫 ɦjiŋ，“兄”。《新刊韻略》和《廣韻》許榮切，庚三韻合口，曉母。音不合。同樣拼寫 ɦjiŋ 又见 A14a2。應當改作 hyŋ。庚三韻合口字皆的韻母都是 yŋ。此韻不當獨立。應和 A13b4 hyŋ 合為一韻。

55. A14a3Q2 脛 字誤，改正。（寧 24，照楊）

三陽

1. A14a5P7 犅 字誤，改正。（寧 1，花登 *）

2. A14a7Q1 駠 《新刊韻略》不收。《廣韻》五浪切，按照《廣韻》，列入宕韻，疑母。

3. A14a8S2 党 《新刊韻略》不收。《集韻》底朗切，按照《集韻》，列入蕩韻，端母。

4. A14a8Q1 讜 字誤，改正。

5. A14a9S1 曭 字誤，改正。（寧 2）

6. A14b3S3 仉 《新刊韻略》不收。《廣韻》諸兩切，按照《廣韻》，列入養韻，章母。

7. A14b9P3 犎 字誤，改正。（寧 3，照楊）

8. A14b9P5 邦 字誤，改正。

9.	A14b9Q1	去	“榜膀”下補聲調調目“去”。	（寧 4）
10.	A14b9Q1	搒	聲調調目“去”下補韻字“搒”。	（寧 4）
11.	A15a1P7	逄	字誤，改正。	（寧 5，羅）
12.	A15a2S1	莽	字誤，改正。	（羅）
13.	A15a3		八思巴字拼寫錯誤，改正。	
14.	A15a6S7	枉	《蒙古字韻》有  ʋaŋ 和  0waŋ 二讀。《廣韻》和《新刊韻略》都是紆往切，影母。《禮部韻略》、《集韻》嫗往切，影母。似誤作微母字。	
15.	A15a8P3	牂	字誤，改正。	（寧 6，照楊）
16.	A15a8P3	牂	《新刊韻略》和《廣韻》註釋相同（“牡羊”），字形都作“牂”。不必改。	
17.	A15a10Q2	臓	《新刊韻略》不收。《集韻》才浪切，按照《集韻》，列入宕韻，從母。	
18.	A15b1P3	喪	字誤，改正。	
19.	A15b1Q1	喪	字誤，改正。	
20.	A15b2P2	資	字誤，改正。	（寧 7，羅）
21.	A15b3P4	嘗	字誤，改正。	（寧 8）
22.	A15b6P15	痒	《廣韻》似羊切，平聲，邪母；餘兩切，上聲，以母。音皆不合。《新刊韻略》與章切，以母，平聲。按照《新刊韻略》，列入陽韻，以母。	
23.	A16a2Q	虹	“虹”字下有二空位，刪除。	（寧 9）
24.	A16a6S	上	聲調調目“去”改為“上”。	（寧 10）
25.	A16a7S3	槳	字誤，改正。	（寧 11）
26.	A16a8P2	行克	註文。誤成韻字，改正。	（花登）
27.	A16a8P5	⊗	衍文，刪除。	（寧 12）
28.	A16a8P9	搶	字誤，改正。	（寧 13，花登）
29.	A16b1S4	橡	字誤，改正。	（照楊）

30. A16b2P2 薌 改正為“薌”。有“鄉”字符之字，皆改正。

31. A16b2S6 僙 字誤，改正。（寧 14，羅）

32. A16b5P8 量 字誤，改正。

33. A16b5Q6 量 字誤，改正。

34. A16b5S1 兩 改正為“兩”。有“两”字符之字，皆改正。

35. A16b8Q2 曠 字誤，改正。（寧 15，照楊）

36. A16b10P1 椿 字誤，改正。（寧 16，羅）

37. A17a4S3 寬 註文，字誤，改正。（寧 17）

38. A17a6S2 皇 《新刊韻略》與“往”字同音，于兩切。按照《新刊韻略》，列入養韻。

39. A17a6Q1 迋 字誤，改正。

40. A17a8P2 庄 《新刊韻略》作“疰”。

A17a8P4 粧 《新刊韻略》作“粃”。

41. A17a10Q1 狀 字誤，改正。

42. A17b2P3 黄 註文。補入“黃”字。（寧 18）

43. A17b4 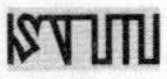 八思巴字拼寫錯誤，改正。

四支

1. A17b7S1 掎几 误作一字。（寧 1）

2. A17b7Q4 旣 字誤，改正。有“既”字符之字，皆改正。

3. A17b8X1 暨 《新刊韻略》不收。《廣韻》居豙切，按照《廣韻》，列入未韻，見母。

4. A17b10P1 醜也 “魌”字註文。原缺，補入。（寧 2，照楊*）

5. A17b10P2 餀 字誤，改正。

6. A17b10P3 攲 字誤，改正。

7. A18a2X3 吃 《新刊韻略》重添字，“吃吃笑皃”，音同“乞”，去訖切。按照《新刊韻略》列入迄韻，溪母。

8. A18a3P12 箕　衍文，删除。　（寧 3）

9. A18a4X6 旂　字誤，改正。　（寧 4）

10. A18a5Q1 芰　字誤，改正。　（寧 5，照楊）

11. A18a7P1 宜　改正為“宜”。有“宜”字符之字，皆改正。

12. A18b3R2 逷　改正為“逷”。有“易”字符之字，皆改正。

13. A18b5P3 遾　《新刊韻略》不收。《集韻》田黎切，按照《集韻》，列入齊韻，定母。

14. A18b6Q7 睇　字誤，改正。　（寧 6）

15. A18b7X9 递　《新刊韻略》不收。《廣韻》特計切，按照《廣韻》，列入霽韻，定母。

16. A18b8X7 迪　字誤，改正。《新刊韻略》新添字。

17. A18b9P4 醓　“醬”字註文。誤成韻字。改正。　（寧 7，羅，照楊）

18. A18b9S2 泥　字誤，改正。　（寧 8，照楊）

19. A19a2S1 徵　字誤，改正。

20. A19a2S2 紙　字誤，改正。

21. A19a2S11 旨　改正為“旨”。有“旨”字符之字，皆改正。

22. A19a3X1 底　字誤，改正。

23. A19a4X15 陟　改正為“陟”。有“步”字符之字，皆改正。

24. A19a5X5 銍　字誤，改正。　（寧 9）

25. A19a7P3 郗　字誤，改正。《新刊韻略》、《廣韻》、《禮部韻略》、《集韻》皆不收“郗”字。《廣韻》和《集韻》有“郗”字，音同“絺瓻”。

26. A19a8X2 蚩　字誤，改正。有“蚩”字符之字，皆改正。

27. A19a8S5 茝　《新刊韻略》不收。《廣韻》諸市切，又昌紿切，音皆不合。《禮部韻略》昌裏切，止韻，同“齒”。按照《禮部韻略》，列入止韻。

28. A19a8Q1 眙　字誤，改正。　（寧 10）

29.	A19a9X3	澀	字誤，改正。	（寧 11）
30.	A19a9R3	敕	字誤，改正。	（寧 12，羅）
31.	A19a9R5	飭	字誤，改正。	（羅）
32.	A19b2X15	舐	字誤，改正。	
33.	A19b3X3	遲	字誤，改正。	
34.	A19b3X5	治	《廣韻》直利切，至 B 韻；又直吏切，志韻，皆去聲。《新刊韻略》只收直利切。按照《新刊韻略》，列入至 B 韻。	
35.	A19b5R3	襬	《新刊韻略》質 B 韻，職韻俱收。按照《新刊韻略》，分別列入質 B 韻和職韻。	
36.	A19b6P6	幒	字符“皀”誤。有“皀”字符之字，皆改正。	
37.	A19b6P8	狴	字誤，改正。	（寧 13）
38.	A19b6S1	匕	補“匕”字。	（寧 14）
39.	A19b7Q2	痺	字誤，改正。	（寧 15）
40.	A19b7Q7	箅	字誤，改正。	（寧 16）
41.	A19b9Q2	媲	字誤，改正。	
42.	A19b9Q3	渒	《新刊韻略》亦誤。《新刊韻略》匹詣切，霽韻，又匹世切，祭 A 韻。按照《新刊韻略》，分別列入霽韻和祭 A 韻。	
43.	A20a2X4	椑	字誤，改正。	（寧 17）
44.	A20a2X4	椑	《新刊韻略》不收。《廣韻》符羈切，支 B 韻；又符支切，支 A 韻；皆並母。按照语音 ꡌꡞ bi，列入支 A 韻，並母。	
45.	A20a2S2	庳	字誤，改正。	（寧 18，照楊）
46.	A20a2Q3	庳	字誤，改正。	（寧 19）
47.	A20a3X1	辟	《新刊韻略》新添字，毗義切。音同“避”。	
48.	A20a4S4	芈	字誤，改正。	
49.	A20a5R5	幎	字誤，改正。	（寧 20，照楊）
50.	A20a5R11	幎	《新刊韻略》不收。《廣韻》亡井切。《集韻》莫狄切，音同“覓”。按照《集韻》，列入錫韻。	

51. A20a6P11 騛 《新刊韻略》不收。《廣韻》甫微切，微韻，幫母。按照《廣韻》，列入微韻，幫母。

52. A20a8Q2 扉 字誤，改正。（寧 21）

53. A20b1X4 脊 字符“脊”誤。有“脊”字符之字，皆改正。

54. A20b1X6 借 字誤，改正。（寧 22）

55. A20b4X4 刺 字誤，改正。（寧 23）

56. A20b4X7 鼙 字誤，改正。（寧 24）

57. A20b7P6 撕 字誤，改正。（寧 25）

58. A20b7Q3 婿 《新刊韻略》不收。《集韻》思計切，按照《集韻》，列入霽韻，心母。

59. A20b8X11 裼 字誤，改正。（寧 26）

60. A21a1X4 弑 《新刊韻略》不收。《廣韻》式吏切，按照《廣韻》，列入志韻，書母。

61. A21a1X6 勢 字誤，改正。（寧 27，花登 [*]）

62. A21a1R5 頰 字誤，改正。（寧 28）

63. A21a2X4 嫡 字誤，改正。（寧 29，羅 [*]）

64. A21a2X6 [illegible] 字誤，改正。（寧 30）

65. A21a3P6 栘 《廣韻》成鬐切，平聲，齊韻，禪母。齊韻僅有三等字，寄列齊韻四等。

66. A21a3S8 眎 字誤，改正。（寧 31）

67. A21a7Q2 憙 字誤，改正。（寧 32）

68. A21a8X1 虢 字誤，改正。

69. A21a8X13 [illegible] 字誤，改正。（寧 33）

70. A21b2P7 黟 《廣韻》烏奚切，齊韻；又於脂切，脂韻。《新刊韻略》烏奚切。按照《新刊韻略》，列入齊韻。

71. A21b2Q1 縊 《新刊韻略》不收。《廣韻》於計切，按照《廣韻》，列入霽韻。

72. A21b8X4 甀 字誤，改正。

73. A21b10X11 熠 《廣韻》爲立切，緝B韻；又羊入切，緝A韻。《新刊韻略》羊入切。按照《新刊韻略》，列入緝A韻。

74. A22a3X16 勢 字誤，改正。

75. A22a5Q5 涖 字誤，改正。（寧34）

76. A22a6X4 沴 字誤，改正。（寧35，羅*）

77. A22a6X6 荔 《廣韻》力智切，寘A韻；又郎計切，霽韻。《新刊韻略》力知（智）切，寘A韻；郎計切，霽韻，皆收。按照《新刊韻略》，分別列入寘A韻和霽韻。

78. A22a7X1 溧 字誤，改正。（寧36）

79. A22a7X6 泑 寧氏改为“泐”，不必改。（寧37）

80. A22a7X6 泑 《新刊韻略》與《廣韻》字形同，都是“泑”。寧氏誤改。

81. A22a7X14 癧 字誤，改正。（寧38）

82. A22a8R1 曆 字誤，改正。（避讳字）（寧39）

83. A22b3P1 豯 平聲“豯”，上聲“傒謑溪”皆傒母字。寄列韻表中禪母位置。

84. A22b3S3 蘄 字誤，改正。（寧40）

85. A22b3S5 巵 字誤，改正。（寧41）

86. A22b4P2 頣 字誤，改正。（寧42，照楊）

87. A22b5X2 齋 字誤，改正。（寧43，羅，照楊）

88. A22b8P9 玭 字誤，改正。（寧44，花登）

89. A22b10P6 私 字誤，改正。

90. A22b10P10 澌 字誤，改正。（寧45）

91. A23a6P4 枅 字誤，改正。（寧46，羅，照楊）

92. A23a10P1 祇 字誤，改正。“祇”和“祗”不同字，不同音。有誤為“氏”字符之字，皆改正為“氏”。

93. A23a10P10 蔪 字誤，改正。（羅）

94. A23a10P10 蘄 《新刊韻略》不收。《廣韻》、《禮部韻略》、《集韻》渠之切，音同"其"等字。《廣韻》又居依切，聲母不合。《蒙古字韻》字誤，改正。音誤，作 gji 平。改作 gi 平，列入之韻，群母。羅氏註"與祈同音"，誤。"祈"，渠希切，微韻字。

95. A23b2P9 屎 《新刊韻略》和《廣韻》皆喜夷切，曉母。《蒙古字韻》誤作匣母 ɦji。按照"喜夷切"，改為曉母 hji。

96. A23b3R3 欯 《新刊韻略》和《廣韻》皆許吉切，曉母。《蒙古字韻》誤作匣母 ɦji。按照"許吉切"，改為曉母 hji。

97. A23b4P7 瓌 字誤，改正。（寧 47，羅，照楊）

98. A23b5X2 鬼 字符不正，改正。有"鬼"字符之字，皆改正。

99. A23b6X1–2 襘旝 《新刊韻略》不收。《廣韻》古外切，泰韻，見母。按照《廣韻》，列入泰韻，合口，見母。

100. A23b6X2 旝 字誤，改正。（寧 48）

101. A23b8Q4 餽 字誤，改正。（寧 49，羅*）

102. A23b8Q7 歸 《新刊韻略》和《廣韻》舉韋切，平聲。不作去聲。《禮部韻略》和《集韻》有求位切，去聲，至韻，羣母。通"饋"。按照《禮部韻略》和《集韻》，列入至韻。

103. A24a1P5 櫃 字誤，改正。《新刊韻略》原誤。

104. A24a1P6 僓 《新刊韻略》不收。《廣韻》吐猥切，上聲，又胡對切，去聲。音不合。《禮部韻略》灰韻不收。《集韻》徒回切，平聲，灰韻，定母。按照《集韻》，列入灰韻。

105. A24a1Q7 譈 《新刊韻略》不收。《廣韻》徒對切，按照《廣韻》，列入隊韻，定母。

106. A24a8R1 碧 《新刊韻略》和《廣韻》皆為彼役切，昔韻。但與"辟躄壁"等字，必益切，對立。唇音字不應當有開合對立。按照項跋本王仁煦《刊謬補缺切韻》，列入陌韻

（格韻）。

107. A24a9X3 北 字誤，改正。（寧 50，花登）

108. A24a10P3 邳 衍文，删除。（寧 51）

109. A24a10P3 邳 《新刊韻略》“邳”字誤入以下“丕伾伾秠駓”小韻。當删。ꡎꡟꡗ buj 小韻有此字。

110. A24a10P6 秠 字誤，改正。（寧 52）

111. A24b3X13 蜚 字誤，改正。（寧 53）

112. A24b3X14 犻 字誤，改正。（寧 54）

113. A24b3X14 犻 《新刊韻略》和《廣韻》不收。《集韻》蒲昧切，音“佩”。按照《集韻》，列入隊韻，並母。《新刊韻略》有“旆”字，蒲蓋切，泰韻，並母。在佳韻 A32aQ3 ꡎꡗ baj。

114. A24b4X1 愎 字誤，改正。（寧 55）

115. A24b4X7 奭 字誤，改正。（寧 56，羅）

116. A24b7X5 沬 《廣韻》無沸切，未韻，又莫貝切，泰韻。音皆不合。《新刊韻略》與“眛”同音，莫貝（誤作具）切，泰韻，音也不合。《新刊韻略》“眛”又莫佩切，與“妹昧每痗瑁”等字同音。《蒙古字韻》因“沬”與泰韻莫貝切的“眛”同音（參考 A32b1Q5-6），誤入此小韻。當删。

117. A24b7R2 宓 《新刊韻略》不收。《廣韻》彌畢切，質 A 韻；又美畢切，質 B 韻；皆明母。按照语音 ꡏꡟꡗ muj，列入質 B 韻，明母。

118. A25a2X6 誶 重出，删除。（寧 57）

119. A25a2X6 誶 此字《新刊韻略》至韻和隊韻皆收。A25a1Q2 是至韻字，A25a2X6 是隊韻字。可以不删。

120. A25a6P1 灰 字誤，改正。有“灰”字符之字，皆改正。

121. A25a9S2 骩 字誤，改正。

122. A25a10X1 裛 字誤，改正。（寧 58）

123. A25a10X2 猥 字誤，改正。（寧 59）

124. A25a10Q8 獩　《新刊韻略》不收。《廣韻》於廢切，按照《廣韻》，列入廢韻，影母。

125. A25a10R1 域　"域罭棫緎淢"《新刊韻略》和《廣韻》雨逼切，職韻，三等，合口，云母字。錯列為影母 ꡖꡟꡦ 0uj。當移至 ꡝꡟꡦ 0uj 韻，"外磑"之後。《通考》職韻"域，影國"，同樣錯為影母字。

126. A25b4X5 頠　重出，刪除。（寧 60）

127. A25b4X5 頠　《新刊韻略》只收魚毀切。《廣韻》魚毀切，紙韻。又五罪切，賄韻，與"隗嵬"同一小韻。可以不刪。

128. A25b6P3 欙　字誤，改正。（寧 61）

129. A25b6P4 纍　字誤，改正。

130. A25b6P6 瓃　《新刊韻略》不收。《廣韻》力追切，按照《廣韻》，列入脂韻，合口，來母。

131. A25b6-8 ꡖꡟꡦ　此字組中，聲調次序不對，韻字歸類出錯。照楊改正如下：

P：[脂合] 虆蘽欙纍縲瓃 [灰] 櫑壘雷 [支合] 羸

S：[支合] 絫累樏篡 [脂合] 壘蘲誄 [灰] 磊蕾儡櫑

Q：[脂合] 類淚虆 [支合] 累 [灰] 纇 [脂合] 禷 [灰] 耒擂酹

132. A26a1X1 鶍　字誤，改正。（寧 63）

133. A26a2S2 珪　衍文，刪除。（寧 64）

134. A26a3Q1 悸　字誤，改正。（寧 65，羅 *，照楊）

135. A26a4R1–3 赦閲矜　《新刊韻略》許激切，當列錫韻，開口。《蒙古字韻》誤作合口。改音為 hji。

136. A26a5P1 隳　"隳墮"二字《新刊韻略》和《廣韻》許規切，曉母。《新刊韻略》此小韻有"隳墮觿"三字，"觿"字又戶圭切，匣母，齊韻。《蒙古字韻》依戶圭切，誤列匣母，作 ꡜꡟꡦ ɦyj。按照《新刊韻略》和《廣韻》許規切，當改為曉母

hyj，加聲調調目“平”，移至 A26a4 聲調調目和韻字“去嘒嘒”之上。

137. A26a5P2 隓 見上。

138. A26a6R1 獝 《新刊韻略》和《廣韻》況必切，曉母。《蒙古字韻》誤列匣母，作 ɦyj。按照《新刊韻略》和《廣韻》況必切，當改為曉母 hyj，移至 A26a4 入聲字“欻閴矞”之上。

139. A26a10Q3 叡 字誤，改正。（寧 66）

五魚

1. A26b5X8 涸 字誤，改正。（寧 1）

2. A26b7P1 恗 《廣韻》荒烏切，曉母。《新刊韻略》不收。《禮部韻略》空胡切，溪母。按照《禮部韻略》，列為溪母。

3. A27a3X5 突 改正字形。有“突”字符的字，皆改正。

4. A27a4P2 籠 註文。補入“籠”字。（寧 2，照楊*）

5. A27a6S3 憷 字誤，改正。（寧 3）

6. A27a7P4 鶵 《新刊韻略》不收。《廣韻》仕于切，按照《廣韻》，列入虞韻，崇母。

7. A27a9X3 不 《新刊韻略》不收此音。《蒙古字韻》收 fu 和 pu 二音。諸韻只收分勿切，三等，物韻。pu 當為當時口語中尚未唇齒音化的實際讀音。列入臻攝合口一等没韻。

8. A27b1P3 菩 《新刊韻略》不收。《廣韻》薄胡切，按照《廣韻》，列入模韻，並母。

9. A27b3P2 橅 字誤，改正。（寧 4，照楊*）

10. A27b3S4 姆 《廣韻》莫候切，候韻。《禮部韻略》莫補切，姥韻。按照《禮部韻略》，列入姥韻。

11. A27b6S7 腑 字誤，改正。（寧 5，羅，照楊）

12. A27b7X4 拊 字誤，改正。（寧 6，羅）
13. A27b9X3 綍 字誤，改正。（寧 7，羅）
14. A27b9X9 泼 字誤，改正。（寧 8）
15. A28a1X5 胕 字誤，改正。（寧 9，羅，照楊）
16. A28a1R10 鮒 去聲字。當移至本行第 4 字“駙”字下。（寧 10）
17. A28a2X1 栿 字誤，改正。（寧 11）
18. A28a2X6 宓 《新刊韻略》不收。《廣韻》、《禮部韻略》、《集韻》，屋韻，奉母（房六切）也不收此字。《篇海》房六切，通“伏”，“伏羲”亦作“宓羲”。
19. A28a2X7 虙 字誤，改正。（寧 12，花登）
20. A28a2X7 虙 《新刊韻略》不收。《廣韻》房六切，按照《廣韻》，列入屋韻，並母。
21. A28a4X5 膴 字誤，改正。此字似“膴”或“瞴”。《新刊韻略》收“膴”，不收“瞴”。
22. A28a10X2 蔌 字誤，改正。（寧 13）
23. A28a10X5 樕 字誤，改正。（寧 14）
24. A28a10X6 藗 字誤，改正。（寧 15）
25. A28b1P7 (?)腧 字誤，改正。（寧 16，照楊 *）
26. A28b3R1 熇 《廣韻》呼木切，屋韻；又火酷切，沃韻。《新刊韻略》收在沃韻。按照《新刊韻略》，列入《沃韻》。
27. A28b5X1 梏 字誤，改正。（寧 17，照楊）
28. A28b6X1 冱 字誤，改正。（寧 18）
29. A28b6R6 麧 “麧齕紇淈”《新刊韻略》和《廣韻》皆作下沒切，合口，匣母，沒韻。但是此四字“麧齕紇淈”是開口。應當單獨立為麧韻，與平聲開口一等痕韻平行的入聲韻。“麧齕紇淈”音值也應作相應改動。但是在《蒙古字韻》系統中並無合適的八思巴字拼寫可用。

30.	A28b7S3	鄔	《新刊韻略》不收。《廣韻》安古切，按照《廣韻》，列入姥韻，影母。
31.	A28b10X3	艣	字誤，改正。（寧19，羅，照楊）
32.	A28b10Q8	簬	字誤，改正。（寧20，羅）
33.	A28b10R1	爐	字誤，改正。（寧21）
34.	A29a1X7	麗	字誤，改正。（寧22）
35.	A29a1X11	驢	字誤，改正。《新刊韻略》原誤。
36.	A29a1X12	籙	字誤，改正。（寧23）
37.	A29a1X13	濼	《廣韻》盧谷切，屋韻；又盧毒切，沃韻。《新刊韻略》收在沃韻。按照《新刊韻略》，列入《沃韻》。
38.	A29a2P9	斞	字誤，改正。
39.	A29a3X3	柜	字誤，改正。（寧24）
40.	A29a3Q1	據	字誤，改正。有“豦”字符的字，皆改正。
41.	A29a5P2	祛	字誤，改正。
42.	A29a6X	環屬	“璩”字註文。移至A29a7P4“璩”字下。（寧2，照楊*）
43.	A29a6X1	去	韻字，誤作聲調調目字。（寧原作A29a6X2，“去”是第一个韻字。當作A29a6X1）（寧26，照楊）
44.	A29a6R3	曲	《新刊韻略》不收。《廣韻》丘玉切，按照《廣韻》，列入燭韻，溪母。
45.	A29a7P2	磲	字誤，改正。
46.	A29a7P11	鐻	《新刊韻略》不收。《廣韻》強魚切，按照《廣韻》，列入魚韻，羣母。（“鐻”又有去聲ꡂꡦ ky一音，《新刊韻略》收。）
47.	A29a7P12	臞	字誤，改正。（寧27，羅，照楊）
48.	A29a7X6	腒	《新刊韻略》不收。《廣韻》強魚切，按照《廣韻》，列入魚韻，羣母。
49.	A29a8S8	虡	字誤，改正。（寧28，羅，照楊）

50.	A29a9R6	福	字誤，改正。	（寧 29，羅 *）
51.	A29a10P1	豬	字誤，改正。	（寧 30，羅，花登）
52.	A29a10S2	褚	字誤，改正。	（寧 31）
53.	A29b1Q9	羃	字誤，改正。	（寧 32，照楊）
54.	A29b3X1	茁	《新刊韻略》和《廣韻》徵筆切，列在質韻。但是眞韻合口無知組聲母字。現列入術韻。但和“窋絀怡”等字，竹律切，重出。	
55.	A29b4P2	榑	字誤，改正。	（寧 33，羅，花登）
56.	A29b4P6	姝	字誤，改正。	（寧 34，羅，花登）
57.	A29b4S2	褚	字誤，改正。	（花登）
58.	A29b4S3	遂	入聲字。移至 A29b5R3“觸”字上。（寧 35）	
59.	A29b4Q2	慮	字誤，改正。	（寧 36）
60.	A29b5R2	柷	字誤，改正。	（寧 37）
61.	A29b5R5	怵	字誤，改正。	（寧 38）
62.	A29b6P4	⊗	衍文，刪除。	（寧 39，羅）
63.	A29b6P9	噈	字誤，改正。	（寧 40，照楊）
64.	A29b9P1	袽	字誤，改正。	（花登）
65.	A29b9R1	肭	字誤，改正。	（寧 41，羅）
66.	A29b9R4	衄	字誤，改正。	（寧 42，羅）
67.	A30a2P7	狙	字誤，改正。	（寧 43）
68.	A30a2P8	雎	字誤，改正。	（羅）
69.	A30a2Q1	覰	字誤，改正。	（羅）
70.	A30a7S3	鱮	字誤，改正。	（寧 44，羅 *）
71.	A30a8P4	紓	《新刊韻略》新添字，“音書”，列入魚韻。《廣韻》不收。	
72.	A30a10S4	樹	字誤，改正。有相同字符的字，皆改正。	
73.	A30b2P1	虛	字誤，改正。	
74.	A30b2S3	哻	字誤，改正。	（寧 45）

75. A30b2Q1 昫 字誤，改正。（寧 46，照楊）

76. A30b6P10 于 字誤，改正。（寧 47）

77. A30b10X9 褕 字誤，改正。（照楊）

78. A31a2R4 賣 字誤，改正。（寧 48）

79. A31a2R7 堉 字誤，改正。（寧 49）

80. A31a3X3 峪 《新刊韻略》不收。《集韻》俞玉切，按照《集韻》，列入燭韻，以母。

81. A31a5X4 褸 字誤，改正。（照楊）

82. A31a6X11 逯 《新刊韻略》不收。《廣韻》力玉切，按照《廣韻》，列入燭韻，來母。

83. A31a6X12 娽 《新刊韻略》不收。《廣韻》力玉切，按照《廣韻》，列入燭韻，來母。

84. A31a7S1 女 《新刊韻略》和《廣韻》尼吕切，娘母，聲母不合。《禮部韻略》忍與切，日母。音同“汝”。按照《禮部韻略》，列為日母。

85. A31a7S2 尔也 “女”字註文。移至 A29a7S1“女”字下。（寧 50）

86. A31a7S3 籹 《廣韻》尼吕切，娘母，聲母不合。《新刊韻略》不收。《禮部韻略》，忍與切，日母。音同“汝”。按照《禮部韻略》，列為日母。

87. A31a9Q2 慏 字誤，改正。（寧 51）

88. A31a10X5 捂 字誤，改正。（寧 52，羅）

89. A31a10X6 聐 字誤，改正。（寧 53）

六佳

1. A31b2Q2 㓜 字誤，改正。（寧 1，照楊）

2. A31b5S1 觧 《新刊韻略》不收。《廣韻》、《禮部韻略》、《集韻》也不收。按照語音，列入海韻，端母。

3. A31b5S2 歹 《新刊韻略》不收。《廣韻》、《禮部韻略》、《集韻》也不收。按照語音，列入海韻，端母。

4. A31b7S6 隸 字誤，改正。（寧2，羅*，照楊*）

5. A31b9S4 [illegible] 《廣韻》奴代切，去聲，不合。《新刊韻略》奴亥切（重添），音同“乃”等字，上聲。按照《新刊韻略》，列入海韻。

6. A32a1X4 磔 字誤，改正。（寧3）

7. A32a2S1 茝 《廣韻》昌紿切，上聲，海韻，昌母，三等字。海韻僅此一字三等，寄列一等海韻表內。

8. A32a2R2 柵 《廣韻》測戟切，陌韻二等；楚革切，麥韻二等。《新刊韻略》測戟切。陌韻二等開口。按照《新刊韻略》，列入陌二韻。

9. A32a2R3 策 字誤，改正。有“朿”字符的字，皆改正。

10. A32a3X2 埩 字誤，改正。

11. A32a6Q7 茷 字誤，改正。（寧4，羅，照楊）

12. A32a9Q3 旆 字誤，改正。（寧5，羅，照楊）

13. A32b1Q5 眛 字誤，改正。（寧6，羅，花登）

14. A32b2X1 載 “載”去聲字，當移至A32b3去聲字“再”字之上。（寧7，羅，花登）

15. A32b3S2 [illegible] 字誤，改正。（寧8，花登）

16. A32b5P2 纔 字誤，改正。（寧9）

17. A32b6P1 鰓 字誤，改正。

18. A32b7R2 棟 字誤，改正。“梀”和“棟”字形不同。“梀”字《廣韻》桑谷切，千木切，醜玉切，語音皆不合。

19. A32b10Q5 矒 字誤，改正。（寧10，照楊）

20. A33a1  八思巴字聲母誤，改正。

21. A33a3  八思巴字聲母誤，改正。

22. A33a4Q6 徠 字誤，改正。（寧 11）

23. A33a6X3 犗 《新刊韻略》新添字，古拜切。反切同“誡戒界介”等字，皆韻，開口。“犗”又見 A33b6X3，皆韻，開口字。此處誤列為合口字，當刪。

24. A33a6R2 敍 字誤，改正。（寧 12）

25. A33a8P1 衰 字誤，改正。（寧 13，羅，花登）

26. A33a9P2 榱 字誤，改正。（寧 14，花登）

27. A33b3Q1 聵 字誤，改正。（寧 15，羅）

28. A33b6X2 犌 字誤，改正。《新刊韻略》與“誡戒界介”等字同小韻，古拜切。《廣韻》不收。

29. A33b6R2 徭 字誤，改正。（寧 16，照楊）

30. A33b7R2 搖 字誤，改正。（寧 17）

31. A33b9P1 腝 字誤，改正。（寧 18，照楊）

32. A33b10X2 齷 字誤，改正。（寧 19，照楊）

下卷

33. B1b4R1 劾 字誤，改正。（寧 20，羅，照楊）

七眞

1. B1b8Q2 垽 《新刊韻略》不收。《廣韻》魚覲切，按照《廣韻》，列入震 B 韻，疑母。

2. B1b10S6 袗 字誤，改正。（花登）

3. B1b10S8 裖 字誤，改正。（寧 1，花登）

4. B2a3S2 眹 字誤，改正。（寧 2）

5. B2b2 去 聲調調目“平”改為“去”（寧 3，照楊）

6. B2b4S3 裖 字誤，改正。（寧 4）

7.	B2b9P3	隣	《新刊韻略》不收。《廣韻》力珍切，按照《廣韻》，列入真A韻，來母。	
8.	B2b9P5	鄰	字誤，改正。	（寧5，花登）
9.	B3a2P2	禪	字誤，改正。	（寧6，羅，花登）
10.	B3a5S1	睡	字誤，改正。	（寧7）
11.	B3a5S2	腆	字誤，改正。	（寧8，照楊）
12.	B3a5S3	腿	寧氏删除。羅氏改為“褪”，去聲。	（寧9，羅，花登）
13.	B3a5S3	去	“褪”字上加聲調調目“去”。	（花登）
14.	B3a5S3	褪	字誤，改正。《廣韻》不收“褪”字。《新刊韻略》暾（誤作“曔”）頓反，恨韻，開口，去聲。《韻會》吐困切。今列慁韻。	
15.	B3b1P3	樠	字誤，改正。	（寧10，照楊）
16.	B3b3X4	僨	字誤，改正。	（寧11，花登）
17.	B3b6S4	忞	《新刊韻略》重添字，音“吻”。《集韻》武粉切，上聲，吻韻。按照《新刊韻略》，列入吻韻。	
18.	B3b8P4	鷷	《廣韻》將倫切，又昨旬切，皆諄韻，三等。《新刊韻略》同“尊鐏樽”祖昆切，魂韻，一等。	
19.	B3b8S1	撙	字誤，改正。	（寧12，羅，照楊）
20.	B3b10	去	聲調調目“上”改為“去”。	（寧13）
21.	B4a1P4	飧	字誤，改正。	
22.	B4a5P3	掄	字誤，改正。	（寧14，羅，照楊）
23.	B4a6P6	袀	字誤，改正。	（寧15，花登）
24.	B4a6P9	麏	字誤，改正。	（寧16，照楊）
25.	B4b2Q5	晙	字誤，改正。	（寧17，照楊）
26.	B4b10P5	掄	字誤，改正。	（寧18）
27.	B5a4Q1	褪	《廣韻》不收。《新刊韻略》暾（誤作“曔”）頓反，開口，恨韻。《韻會》吐困切。但是開合不對，反切下字“頓”、	

“困”合口，慁韻字。B3a5S3 有合口一讀。

28. B5a6 ［櫬］ “櫬”小韻《新刊韻略》和《廣韻》寄收在震韻，分别作初僅切，初覲切。按照反切，列入櫬韻。

29. B5a6Q2 襯 字誤，改正。 （花登）

30. B5a6Q5 𧢈 《新刊韻略》不收。《廣韻》初覲切，按照《廣韻》，列入櫬韻，初母。

31. B5a7P9 鱓 字誤，改正。 （寧19，照楊*，花登）

32. B5b2P4 韫 字誤，改正。 （寧20）

33. B5b2Q4 藴 字誤，改正。《新刊韻略》與《廣韻》詞藻同，字形同。

34. B5b4P4 耘 字誤，改正。

35. B5b4P6 耘 衍文，當删。

36. B5b4S4 雨也 “賈”字註文，雨也。（本书圖版清晰可見）（寧21）

37. B5b5X3 麇 《廣韻》秋粉切，溪母。《新刊韻略》誤脱反切，列在云粉切小韻“顛顛”之下，似成同韻字。《蒙古字韻》承其錯誤，將“顛顛麇”列作同音字。“麇”字當移至B4a7平聲“困箘”之下，加聲調調目作“上麇”。（寧22）

八寒

1. B5b8X1 榦 字誤，改正。

2. B6a1S3 漶 移至B8a8S3“浣”字下。 （寧1，花登*）

3. B6a3S2 袒 字誤，改正。 （花登）

4. B6a4X2 燀 衍文，删除。 （寧2）

5. B6a5 ꡋꡋ 字母ꡋ不是形誤，不用改正。八思巴字聲母字母ꡋ是ꡋ的變體，在《蒙古字韻》字母表中不列，在碑刻，璽印中也不見。但是這個變體出現的語音條件明確，字形完全一致，不能當作形誤（照楊1984）。出現這個變體字母的六個拼寫依照次序是：B6a5 ꡋꡋ nan，B7a10-B8b1 ꡂꡋ

on，B12a6-B12a9 ꡦꡡꡋ øn，B16b8 ꡋꡧꡓ nwaw，B21a8 ꡋꡏ nam，B28b5 ꡋꡧ nwa。語音條件是：

一、在元音字母ꡡ後作韻尾，ꡡꡋ、ꡦꡡꡋ；

二、介音字母ꡧ前作聲母，ꡋꡧꡓ、ꡋꡧ；

三、中古一等帶 -m 和 -n 韻尾的音節中作聲母，ꡋꡏ、ꡋꡏ。

均不用改正。具體討論可以參考 Shen (2008：134-137)。

6.	B6a9P7	煸	字誤，改正。	（寧 3，照楊）
7.	B6a9P7	煸	《新刊韻略》刪韻，山韻俱收。按照《新刊韻略》，分別列入刪韻和山韻。	
8.	B6a9P8	彪	字誤，改正。	（寧 4）
9.	B6a10P3	眅	字誤，改正。	（寧 5，照楊）
10.	B6a10Q1	襻	字誤，改正。	（寧 6）
11.	B6a10Q3	盼	《新刊韻略》不收。《廣韻》匹莧切，按照《廣韻》，列入襉韻，滂母。	
12.	B6b2P2	鸞	字誤，改正。	（羅 *，改成左“鳥”右“䜌”）
13.	B6b4Q1	販	字誤，改正。	（寧 7，花登）
14.	B7a1S2	⊗	衍文，刪除。	（寧 8）
15.	B7a9P7	讕	《新刊韻略》不收。《廣韻》落干切，按照《廣韻》，列入寒韻，來母。	
16.	B7a10	ꡡꡋ	字母ꡋ不是形誤，B7a10-B8b1 韻母不用改正。參見 B6a5 註。	
17.	B7b5Q2	椽	字誤，改正。	（花登）
18.	B8a2S1	滿	字誤，改正。	（寧 9，照楊）
19.	B8a2S2	懣	字誤，改正。	（寧 9，照楊）
20.	B8a3S2	⊗	改正為“穳”。（當刪）	（寧 10）

21. B8a3S2 ⊗ 字誤，當刪。保留以下朱宗文增添“穳”字。

22. B8a3S3 穳鋋也 重出，刪除。（當保留） （寧 11）

23. B8a5P1 欑 字誤，改正。 （寧 12，照楊）

24. B8a6Q3 笇 字誤，改正。 （寧 13）

25. B8a7P3 野家 “欏”字註文，誤成韻字，改正。 （寧 14，羅，花登）

26. B8b1P6 圝 字誤，改正。 （寧 15，羅，花登）

27. B8b2P8 矜 《新刊韻略》山韻新添字，音“鰥”。按照《新刊韻略》，列入山韻，合口。

28. B8b2Q2 丱 改用正字。

29. B8b5S1 撰 《新刊韻略》潸韻，獮 B 韻俱收。按照字序，列入潸韻。

30. B8b6S1 睆 字誤，改正。 （寧 16，花登*）

31. B8b10P4 蕑 字誤，改正。 （寧 17，羅，照楊）

32. B9a3P3 眄 “瞯”字註文，字誤，改正。

33. B9a3P5 癇 字誤，改正。 （照楊）

34. B9a3P7 憪 字誤，改正。 （照楊）

九先

1. B9a5S1-2 蹇謇 《廣韻》、《新刊韻略》居偃切，阮韻；又九輦切，獮韻。列入阮韻。

2. B9a6Q1 譴 “譴遣”《廣韻》，《新刊韻略》去戰切，線 A 韻字。ꡁꡠꡋ k^hen 是重紐 B 類韻，元音不合。當移至 ꡁꡦꡋ $k^hɛn$ 去聲“俔”字下。拼寫當和上聲遣字相同，作 ꡁꡦꡋ $k^hɛn$。《通考》霰韻也誤作“譴，溪建”。

3. B9a7S2 鍵 《新刊韻略》獮韻，阮韻皆收。按照字序，列入獮 B 韻。

4. B9a7S3 揵 《新刊韻略》阮韻收“楗鍵”二字，其偃切。不收“揵”字。《廣韻》渠焉切，平聲；又居偃切，見母。音皆不合。當刪。

5.	B9a8S1	巘	《新刊韻略》和《廣韻》語偃切，阮韻，又魚蹇切，獮 B 韻。分別列入阮韻和獮 B 韻。	
6.	B9a8S2	讞	字誤，改正。	（寧 1）
7.	B9b2X4	涏	字誤，改正。	（寧 2，照楊）
8.	B9b2X4	娗	《蒙古字韻》和《新刊韻略》均作“娗”，不用“涏”，改回“娗”。	
9.	B9b3Q1	晛	字誤，改正。	（寧 3，羅，花登）
10.	B9b5P6	緶	字誤，改正。	（寧 4）
11.	B9b6S2	扁	字殘，復原。	（寧 5，照楊）
12.	B9b6S3	辯	字殘，復原。	（寧 5，照楊）
13.	B9b7Q4	拚	字誤，改正。	（寧 6）
14.	B9b7Q5	閞	字誤，改正。	（寧 6）
15.	B9b8S2	沔	字誤，改正。《新刊韻略》亦誤。	
16.	B9b9Q4	眄	字誤，改正。《新刊韻略》不誤。	
17.	B9b9Q5	醍	字誤，改正。	（寧 7）
18.	B9b10Q3	栫	字誤，改正。	（寧 8，照楊）
19.	B10a4P7	妍	“幵”旁，皆作“开”。	
20.	B10a4Q2	莚	字誤，改正。	（寧 9，照楊）
21.	B10a8P3	豜	字誤，改正。	（羅）
22.	B10a8P4	甈	字誤，改正。	（寧 10，花登）
23.	B10a8P7	枅	字誤，改正。	（羅）
24.	B10a8P7	枅	《新刊韻略》不收。《廣韻》古奚切，音不合。此字《蒙古字韻》註“屋櫨”,《禮部韻略》註“屋櫨也”，經天切，先韻。按照《禮部韻略》，列入先韻。	
25.	B10a8S2	趼	字誤，改正。	（羅）
26.	B10a8S3	蜆	衍文，刪除。	（寧 11）
27.	B10a9P2	汧	字誤，改正。	（羅）

28. B10a9P3 岍 字誤，改正。（羅）

29. B10b1S3 幝 字誤，改正。（寧 12，照楊）

30. B10b1S6 蒧 字誤，改正。（寧 13，羅，花登）

31. B10b2P3 㛹 衍文，刪除。（寧 14，羅）

32. B10b2S2 褊 字誤，改正。（寧 15）

33. B10b2Q2-3 遍徧 《新刊韻略》誤列線韻。《廣韻》方見切，霰韻。按照《廣韻》，列入霰韻。

34. B10b3S2- 葂 "葂莬"二字移至 B9b9 "冕"字下。（寧 16）

35. B10b3S2- 葂 "葂莬"《新刊韻略》重添字。在披免切小韻"鴘"字下。《蒙古字韻》誤將"葂莬"當作"鴘"同韻字。"莬"亡辨切，獮開 B 韻。當列"勉免娩俛冕"之下。

36. B10b4P6 檵 字誤，改正。（寧 17）

37. B10b8X1 廯 字誤，改正。（寧 18，照楊）

38. B10b10P3 鶱 字誤，改正。（寧 19，照楊）

39. B11a1P1 焉 "焉蔫"《廣韻》謁言切，元韻，又於乾切，仙韻。《新刊韻略》於乾切，仙韻。按照《新刊韻略》，列入仙韻。

40. B11a4S1 上 聲調調目"平"改為"上"。（寧 20，照楊）

41. B11a5P3 顴 字誤，改正。（寧 21，羅，照楊）

42. B11a5S1 圈 《廣韻》，《新刊韻略》求晚切，阮韻，又渠篆切，獮韻。分別列入阮韻和獮韻。

43. B11a8P2 舩 字誤，改正。（寧 22，花登）

44. B11b3P3 璿 字誤，改正。（寧 23）

45. B11b5P13 諠 字殘，復原。（寧 24，羅，照楊*）

46. B11b5S1 蠉 字誤，改正。（寧 25）

47. B11b7P1 玄 "玄"字避諱缺點。有"玄"字符之字，皆改正。

48. B11b7Q2 袨 字誤，改正。（照楊）

49. B12a1X1 轅 字誤，改正。（寧 26）

50.　B12a4S3　捥　字誤，改正。
51.　B12a6S3　菤　字誤，改正。　（寧 27，羅）
52.　B12a6　　字母不是形誤，B12a6-B12a9 韻母不用改正。參見 B6a5 註。
53.　B12a6Q1　孿　字誤，改正。　（寧 28，羅，照楊）

十蕭

1.　B12b1P8　薵　字誤，改正。　（寧 1，花登）
2.　B12b2X1　藁　字誤，改正。
3.　B12b3S8　槀　《新刊韻略》不收。《禮部韻略》苦浩切。按照《禮部韻略》，列入晧韻。
4.　B12b3Q3　稾　字誤，改正。　（羅）
5.　B12b4P11　滶　《新刊韻略》不收。《廣韻》五勞切，按照《廣韻》，列入豪韻，疑母。
6.　B12b6S2　擣　字誤，改正。　（寧 2，羅，照楊*，花登）
7.　B12b7S2　稻　字誤，改正。　（寧 3，照楊）
8.　B12b8R5　榜　字誤，改正。　（寧 4）
9.　B12b8R6　櫜　字誤，改正。　（寧 4）
10.　B12b8R7　祏　字誤，改正。　（寧 5，羅，花登）
11.　B12b9P1　陶　字旁“匋”多誤，有“匋”字符的字，皆改正。
12.　B12b10Q10　陶　《廣韻》徒刀切，平聲，無去聲讀音。《新刊韻略》新添字有“陶”，徒到切。《集韻》大到切。《禮部韻略》徒報切。皆為定母，去聲。
13.　B13a2P8　臑　“臑”下三小字“羊豕|臂”為“臑”字註。書寫形式容易誤讀為韻字。《禮部韻略》奴刀切，平聲。按照《禮部韻略》，列為平聲。

14. B13a2P9- 羊豕臂 註文。“羊臂”誤成韻字。改正。 （照楊）

15. B13a3Q1 橈 字誤，改正。 （寧 6）

16. B13a4S5 瑵 字誤，改正。

17. B13a7S8 犥 《新刊韻略》不收。《廣韻》博抱切，按照《廣韻》，列入晧韻，幫母。

18. B13a7S10 襁褓 “褓”字註文。《新刊韻略》和《廣韻》註文同，皆為“襁褓”。原作“皃”。

19. B13a8Q6 爆 《廣韻》博沃切，又蒲角切，皆入聲。音不合。《禮部韻略》布校切，去聲。按照《禮部韻略》，列入效韻。

20. B13a8R1 博 字誤，改正。《蒙古字韻》誤作“忄”旁。“尃”字符誤。有“尃”字符之字，皆改正。

21. B13a9X3 襮 字誤，改正。 （花登）

22. B13a9X5 鎛 字誤，改正。 （寧 7，羅*）

23. B13a9X7 欂 字誤，改正。 （寧 8，花登）

24. B13a9X8 溥 字誤，改正。 （寧 9）

25. B13a10Q3 砲 《新刊韻略》不收。《集韻》披教切，按照《集韻》，列入效韻，滂母。

26. B13a10R5 墣 字誤，改正。 （寧 10，羅*）

27. B13b1P3 匏 字誤，改正。 （羅）

28. B13b1P7 袍 字誤，改正。 （羅，花登）

29. B13b1S2 麅 字誤，改正。 （寧 11）

30. B13b2Q5 醁 《新刊韻略》和《廣韻》不收。《禮部韻略》薄報切，並母，去聲。按照《禮部韻略》，列入号韻。

31. B13b2R2 爮 字誤，改正。 （寧 12）

32. B13b2R4 骲 字誤，改正。 （寧 13）

33. B13b2R6 亳 字誤，改正。 （寧 14）

34. B13b2R8 怕 《新刊韻略》不收。《集韻》和《禮部韻略》註“憺怕，静也”。列“泊”小韻，白各切。按照《禮部韻略》，列入鐸韻，並母。

35. B13b3S1 卯 字誤，改正。有“卯”字符之字，皆改正。

36. B13b6R2 㩗 誤入。當自成一个小韻，“[illegible] 入㩗”添在 B17b7 之後。（寧 15）

37. B13b6R2 㩗 “㩗”《廣韻》許縛切，《新刊韻略》也是“許縛切”。但是此字和上一個小韻“縛”之間缺了隔韻的“○”，誤為同一小韻。寧氏有註。“㩗”當自成一个小韻，“[illegible] 入㩗”添在 B17b7“[illegible] 入籰”之後。按照《蒙古字韻》字母次序，應當是在 B17b5“[illegible] 入躩”和 B17b6“[illegible] 入嬳”之間。

38. B13b7S7 繰 字誤，改正。（寧 16）

39. B14a1X6 筰 《新刊韻略》不收。《廣韻》在各切，按照《廣韻》，列入鐸開韻，從母。

40. B14a2S5 慅 平聲字，移至本行平聲“颾”字下。（寧 17）

41. B14a4P1 梢 字誤，改正。（寧 18）

42. B14a5P3 㧺拔草 “㧺”字誤成註文“休寸”，改正。（寧 19）

43. B14a5P4 擾 註文。字誤，改正。（寧 20）

44. B14a5 入膗壑 字損。補聲調調目“入”、韻字“膗壑”。（寧 21，照楊*，花登*）

45. B14a5Q1 秏 《新刊韻略》和《廣韻》不收。“秏”字異體。

46. B14a8X4 日出皃 誤作“滈”字註文。移至上字“晧”之下。（寧 22）

47. B14a8R6 洛 字誤，改正。（寧 23，花登）

48. B14a8R6 洛 《新刊韻略》不收。《廣韻》下各切，按照《廣韻》，列入鐸開韻，匣母。

49. B14a9P1 鑣 字誤，改正。（寧 24，照楊）

50. B14a10R4 蠚 《新刊韻略》不收。《廣韻》烏各切，按照《廣韻》，列入鐸開韻，影母。

51. B14b3P7 簝 字誤，改正。（寧 25）

52. B14b5R1 脚 字誤，改正。有“卩”字符之字，皆改正。

53. B14b6R1 卻 此字右邊字符原書似有修改，初作“阝”，改為“卩”。

54. B14b10X2 銚 字誤，改正。（寧 26）

55. B14b10X5 莜 字誤，改正。（寧 27，照楊）

56. B14b10X10 銚燒器 衍文，刪除。（寧 28，照楊*）

57. B15a1P2 昭 《新刊韻略》和《廣韻》都作“召”。有“召”字符之字，皆改正。

58. B15a1P6 大鎌 “鉊”字註文。誤成韻字，改正。（寧 29，花登*）

59. B15a5P7 飆 字誤，改正。（寧 30）

60. B15a5S1 褾 字誤，改正。（花登）

61. B15a6P2 飄 字誤，改正。（寧 31）

62. B15a6P2 剽 不宜按《新刊韻略》改成“飄”字。“飄”字《廣韻》符霄切，並母，又撫招切，滂母音。當時讀音可能是，“剽”讀並母，“飄”讀滂母，和現代相同。《蒙古字韻》是按當時讀音換“飄”字為“剽”字。

63. B15a6Q1 驃 《新刊韻略》不收。《廣韻》毗召切，按照《廣韻》，列入笑 A 韻，並母。

64. B15a9 上 聲調調目“去”改為“上”。（寧 32，照楊）

65. B15a9 去 “佋”字下補聲調調目“去”。（寧 33）

66. B15b1S3 ⿸广奥 《廣韻》烏晧切，一等。音不合。《禮部韻略》烏晧切，又於兆切。按照《禮部韻略》於兆切，列入小 B 韻。

67. B15b1S4 ⿸广奥子 “⿸广奥”字註文。誤成韻字，改正。（寧 34，羅*）

68. B15b3X2 褕 字誤，改正。（花登）

69. B15b3Q1 窔 烏叫切。《新刊韻略》五弔切，疑母。按《新刊韻略》，列為疑母。

70. B15b3R3 � 字誤，改正。（寧 35，照楊）

71. B15b3R4 褕 字誤，改正。（寧 36）

72. B15b5P9 撩 字誤，改正。（寧 37）

73. B15b5P15 敹 字誤，改正。（寧 38，羅*）

74. B15b5P15 敹 寧氏所改之字字形誤。重改。

75. B15b6S7 憭 《新刊韻略》不收。《廣韻》力小切，按照《廣韻》，列入小 A 韻，來母。“憭”又盧鳥切，篠韻。按照字序，列入小 A 韻。

76. B15b6Q3- 罼 字損。按照《新刊韻略》韻字次序，當為嘯韻“罼”字。

77. B15b6Q3- 窔 字損。按照《新刊韻略》韻字次序，當為笑韻“窔”字。

78. B15b8R4 嬈 上聲字，移至本行上聲“遶”字下。（寧 39）

79. B15b9Q1 叫 字誤，改正。

80. B15b9Q3 繳 上聲字，移至本行上聲“璬”字下。（寧 40）

81. B16a1P2 莜 字誤，改正。（寧 41）

82. B16a1P3 劭 《新刊韻略》和《廣韻》不收群母一音。《禮部韻略》祁遥且，群母，平聲。按照《禮部韻略》，列入宵 A 韻。

83. B16a2Q1 吊 《新刊韻略》不收。諸韻也不收。“弔”字異體。按照“弔”字，列入嘯韻。

84. B16a4S4 嬈 字誤，改正。（寧 42，羅，照楊）

85. B16a5R3 臮 字誤，改正。（羅）

86. B16a7P7 啾 《新刊韻略》、《禮部韻略》、《集韻》宵韻不收。《廣韻》子六切，又前歷切，皆入聲。音不合。衍文，當刪。

87. B16a7P8 鐎 “鐎”字註文。字誤，改正。（寧 43）

88. B16a8R3 嫶 字誤，改正。（寧 44）

89. B16a9R5 猎 《新刊韻略》不收。《廣韻》秦昔切，昔韻，從母。《集韻》思積切，昔韻，心母。音皆不合。《禮部韻略》七約切，藥韻，清母。按照《禮部韻略》，列入藥韻。

90. B16a10P5 燋 《廣韻》即消切，又即略切。《禮部韻略》慈消切，平聲。按照《禮部韻略》，列未從母。（花登）

91. B16b5P6 褄 字誤，改正。

92. B16b5Q2 約 誤成註文，改正為韻字。“信也”為其註文。（寧 45，誤為 B16b5Q1）

93. B16b8  字母  不是形誤，不用改正。參見 B6a5 註。

94. B16b9R4- 涿 字誤，改正。同字符之字（B16b9R4-7，10），皆改正。（羅）

95. B16b9R11 穫 “穛”字註文。字誤，改正。（寧 46）

96. B17a2R6 箾 字誤，改正。（寧 47，羅*，照楊*）

97. B17a5R1 臒 字誤，改正。（寧 48，照楊）

98. B17a5R4 韄 《新刊韻略》新添字，与“嬳”字反切同，憂縛切。《蒙古字韻》音同鐸韻合口字“臒蠖韄”，误，列入藥韻，合口，影母。

99. B17b1P6 烋 《新刊韻略》不收。《禮部韻略》無此小韻。《廣韻》香幽切。音不合。《集韻》虛交切，平聲，爻韻，曉母。按照《集韻》，列入肴韻。

100. B17b2 上 “爻”字下“上”字，衍文，删除。（寧 49，羅，花登）

101. B17b4R2 攫 字誤，改正。（寧 50，照楊）

102. B17b5R1 躩 字誤，改正。（寧 51，羅*，照楊）

十一尤

1. B17b10P2 抹 《新刊韻略》不收。《集韻》居尤切，按照《集韻》，列入尤韻，見母。

2. B17b10S4 糺 《新刊韻略》不收。諸韻不收。按照，列入有韻，見母。

3. B17b10Q4 馬舍 “厩”字註文。誤成韻字，改正。（寧 1，羅*）

4. B18a2P14 ⊗ 衍文，删除。（寧 2，羅）

5.	B18a5P7	鶹鳩	“鳩”字註文。字誤，並誤成韻字，改正。（寧3，羅*，花登*）	
6.	B18a7S2	杻	字誤，改正。	（寧4，羅，花登）
7.	B18a7S3	杼	字誤，改正。	（寧5，羅，花登）
8.	B18a8P5	裯	字誤，改正。	（花登）
9.	B18a8	去	“紂”字下補聲調調目“去”。	（寧6，照楊）
10.	B18a8Q2	胄	字誤，改正。《新刊韻略》收“冑、胄”二字。	
11.	B18b3	平	聲調調目“上”改為“平”。	（寧7，羅，照楊）
12.	B18b5S2	訹	字誤，改正。	（寧8，花登*）
13.	B18b7Q5	收	字誤，改正。	
14.	B18b10Q1	鍭	《新刊韻略》不收。《廣韻》胡遘切，按照《廣韻》，列入候韻，匣母。	
15.	B18b10Q2	後	《新刊韻略》不收。《廣韻》胡遘切，按照《廣韻》，列入候韻，匣母。	
16.	B19a3Q1	幼	字誤，改正。有“幼”字符之字，皆改正。	
17.	B19a4P8	䡂	字誤，改正。	（寧9）
18.	B19a5X6	羑	字誤，改正。	（寧10，羅，花登）
19.	B19a6P6	瘤	《新刊韻略》不收。《廣韻》力求切，按照《廣韻》，列入尤韻，來母。	
20.	B19a6P7	鷚	《新刊韻略》不收。《廣韻》力求切，按照《廣韻》，列入尤韻，來母。	
21.	B19a6P13	瞜	《新刊韻略》不收。《廣韻》力求切，按照《廣韻》，列入尤韻，來母。	
22.	B19a6P14	瀏	《新刊韻略》不收。《廣韻》力求切，按照《廣韻》，列入尤韻，來母。	
23.	B19a7Q3	餾	字誤，改正。	（寧11）
24.	B19b1S4	瓻	字誤，改正。	（寧12，照楊）

25.	B19b5P1	鉤	《蒙古字韻》中字符不一致。有“勾”字符之字，皆改作“句”。	
26.	B19b5P4	緱	字誤，改正。	（寧 13）
27.	B19b5P6	枸	字誤，改正。	（寧 14）
28.	B19b5P9	褠	字誤，改正。	（花登）
29.	B19b5	上	聲調調目“去”改為“上”。	（照楊，寧氏原缺 15，或即此。）
30.	B19b6X1	者	字誤，改正。	（寧 16，照楊）
31.	B19b7S5	飾器口	“釦”字註文。字誤，改正。	（寧 17）
32.	B19b7Q1	寇	字誤，改正。	（羅）
33.	B20a1Q7	脰	字誤，改正。	（寧 18，照楊）
34.	B20a4P3	掫	字誤，改正。	（寧 19，羅*，花登）
35.	B20a9S1	叟	字誤，改正。有“叟”字符之字，皆改正。	
36.	B20a9S2	瞍	字誤，改正。	（寧 20，照楊）
37.	B20b3S1	糗	衍文，刪除。	（寧 21）
38.	B20b4P1	蚼	字誤，改正。	（寧 22，照楊*）

十二覃

1.	B20b9S3	澉	《新刊韻略》不收。《廣韻》古覽切，按照《廣韻》，列入敢韻，見母。	
2.	B20b9Q1	贛	字誤，改正。	（寧 1，羅，照楊）
3.	B20b9Q1	灨	《新刊韻略》不收。《廣韻》古暗切，按照《廣韻》，列入勘韻，見母。	
4.	B20b9Q2	淦	《新刊韻略》不收。《廣韻》古暗切，按照《廣韻》，列入勘韻，見母。	
5.	B21a1P1	鹹	衍文，刪除。	（寧 2）
6.	B21a1P2	探	衍文，刪除。	（寧 2）

7. B21a1P3 **耽** 字誤，改正。有“冘”字符之字，皆改正。

8. B21a1P5 眈 字誤，改正。（寧 3）

9. B21a1S4 丼 字誤，改正。（寧 4）

10. B21a1S4 **丼** 《新刊韻略》不收。《廣韻》都感切，按照《廣韻》，列入感韻，端母。

11. B21a3P3 聃 字誤，改正。（寧 5，花登）

12. B21a3P4 **舑** 《新刊韻略》不收。《廣韻》他酣切，按照《廣韻》，列入談韻，透母。

13. B21a3S1 襑 字誤，改正。（寧 6，照楊）

14. B21a3S2 [illegible] 字誤，改正。（寧 7，照楊）

15. B21a4X2 **睒** 《新刊韻略》不收。《廣韻》吐濫切，按照《廣韻》，列入闞韻，透母。

16. B21a6X2 髯 字誤，改正。（寧 8，照楊）

17. B21a8 [illegible] 字母 [illegible] 不是形誤，不用改正。參見 B6a5 註。

18. B21a9 [illegible] 聲母字母形誤，改正。

19. B21a9Q2 **站** 《新刊韻略》不收。《廣韻》陟陷切，按照《廣韻》，列入陷韻，知母。

20. B21a10S1 攙 衍文，刪除。（寧 9）

21. B21a10S2 劖 衍文，刪除。（寧 9）

22. B21a10Q2 [illegible] 字誤，改正。（寧 10）

23. B21b1Q2 [illegible] 字誤，改正。（寧 11，羅，照楊）

24. B21b1Q2 **[illegible]** 《廣韻》仕陷切，陷韻；又士懺切，鑑韻。《新刊韻略》士懺切。按《新刊韻略》，列入鑑韻。

25. B21b2Q3 氾 字誤，改正。（寧 12，花登）

26. B21b3P3 氾 字誤，改正。（寧 13，羅*）

27. B21b4S1 鋑 字誤，改正。（寧 14，羅，花登）

28. B21b4S2 黢 字誤，改正。（羅）

29. B21b5P1 簪 字誤，改正。 （羅）

30. B21b5P2 鐕 字誤，改正。 （羅）

31. B21b6P1 参 字誤，改正。有“参”字符之字，皆改正。

32. B21b6S2 憯 字誤，改正。 （羅）

33. B21b6S3 朁 字誤，改正。 （寧 15）

34. B21b6S4 黲 《廣韻》七感切，感韻；又倉敢切，敢韻。《新刊韻略》七感切。按《新刊韻略》，列入感韻。

35. B21b7S1 鏨 字誤，改正。 （寧 16，羅*，照楊）

36. B21b9P1 攕 字誤，改正。 （寧 17，照楊）

37. B21b9P2 摻 字誤，改正。 （寧 18，羅*，照楊）

38. B21b9P5 衫 字誤，改正。 （寧 19）

39. B21b9S1 摻 字誤，改正。 （寧 20，照楊）

40. B22a1Q4 ⿱監瓦 《新刊韻略》梵韻有新添字“⿱監瓦”，胡懺切，又有古銜切，胡暫二切。胡懺切，二等。按照字音 ꡜꡏ ɦam，列入一等闞韻。

41. B22a4S1 黯 衍文，删除。 （寧 21）

42. B22a5P2 熛 字誤，改正。 （寧 22，照楊）

43. B22a7Q1 歛 《新刊韻略》不收。《廣韻》居欠切，按照《廣韻》，列入釅韻，見母。

44. B22a8Q1 欠 《新刊韻略》“欠”字在梵韻，似誤。《廣韻》在釅韻。

45. B22a10S2 广 字誤，改正。 （寧 23，花登）

46. B22a10S2 广 《廣韻》魚檢切，琰韻；又魚埯切，儼韻。《新刊韻略》魚晻切，與“儼”字同小韻。按照《新刊韻略》，列入儼韻。

47. B22b6P3 襘 字誤，改正。 （羅，花登）

48. B22b6S2 覘 《新刊韻略》和《廣韻》不收上聲。只收丑廉切，平聲；丑豔切，去聲。上聲衍文，當刪。

49. B22b6Q4 襘 字誤，改正。 （羅，花登）

50. B22b9P4 熸 字誤，改正。（羅）

51. B22b9Q1 僭 字誤，改正。（羅）

52. B23a1P2 暹 字誤，改正。（寧 24，照楊）

53. B23a1P4 纖 字誤，改正。（寧 25）

54. B23a1P4 纖 寧所改之字字形誤。重改。

55. B23a2S2 睒 字誤，改正。（寧 26，花登）

56. B23a4P4 醃 《廣韻》央炎切，鹽 B 韻；又於嚴切，嚴韻。《新刊韻略》於嚴切。按照《新刊韻略》，列入嚴韻。

57. B23a4S8 郁 《新刊韻略》重添字，無反切。《廣韻》衣儉切，按照《廣韻》，列入琰 B 韻，影母。

58. B23a4Q1 裺 《新刊韻略》不收。《廣韻》於劒切，按照《廣韻》，列入釅韻，影母。

59. B23a5X1 俺 《新刊韻略》不收。《廣韻》於劒切，按照《廣韻》，列入釅韻，影母。

60. B23a6P2 燄 《新刊韻略》不收。《廣韻》以贍切，去聲。《禮部韻略》不收。《集韻》有以冉切，上聲。聲調不 對。暫收，待查。

61. B23a6P3 鹽 字誤，改正。（寧 27，照楊）

62. B23a8P3 鎌 字誤，改正。（寧 28，照楊）

63. B23a8P5 匳 字誤，改正。

64. B23a8S1 斂 字誤，改正。（寧 29）

65. B23a8Q1 殮 字誤，改正。（寧 30，花登）

66. B23a8Q2 斂 字誤，改正。（寧 31）

67. B23a9S3 染 字誤，改正。

68. B23a9Q1 染 字誤，改正。

69. B23b1S1 歉 字誤，改正。（寧 32，羅，花登）

70. B23b1S4 傔 衍文，删除。（寧 33）

71. B23b1Q2 歉 《新刊韻略》釅韻列有“歉”，反切是“苦念切”，應當是四等㮇韻（三等釅韻當是“欠”字）。

72. B23b2 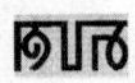 照楊有註，對韻母拼寫有疑。其實不誤，不用改正。

73. B23b5Q2 簾 誤作二等字。《新刊韻略》釅韻列有“歉”字，反切是“苦念切”，下有重添的“簾”字，應當是四等㮇韻（三等釅韻是“欠”字）。《蒙古字韻》誤用此“歉”字的又切“口陷切”，將“簾”二字當作二等字拼成 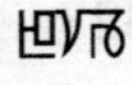 k^hjam 列出。按照“苦念切”，“簾”是四等。《新刊韻略》誤列釅韻，應當列入㮇韻。“簾”當移至 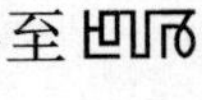 $k^h\varepsilon m$ 去聲“歉”字下。

74. B23b7P5 銜 字誤，改正。

十三侵

1. B24a1P3 衿 字誤，改正。（花登）
2. B24a1P4 襟 字誤，改正。（花登）
3. B24a3Q1 訡 字誤，改正。（寧 1，羅）
4. B24a7P1 沈 字誤，改正。（寧 2，照楊）
5. B24a7Q2 葚 《新刊韻略》食荏切，船母，寑韻。當移至上聲“朕”字下。（寧 3）
6. B24b1P1 祲 字誤，改正。（寧 4）
7. B24b1 入 “祲”字上聲調調目“入”，衍文，删除。（寧 5，照楊）
8. B24b3 上 聲調調目“去”改為“上”。（寧 6）
9. B24b3S1 伈 字誤，改正。（寧 7）
10. B24b4P4 鬵 字誤，改正。
11. B24b4P5 灊 字誤，改正。《新刊韻略》不收。《廣韻》徐林切，按照《廣韻》，列入侵 A 韻，邪母。
12. B24b6Q1 甚 字誤，改正。（寧 8）
13. B24b7P3 瘖 字誤，改正。（寧 9，照楊）

14. B24b7Q3　㾯　字誤，改正。

15. B24b7Q4　𤺋　字誤，改正。

16. B25a1P3　絍　字誤，改正。

17. B25a1S6　袵　字誤，改正。（寧 10，羅*）

18. B25a3P2　梫　字誤，改正。（寧 11，照楊）

19. B25a5P2　參　字誤，改正。有“參”字符之字，皆改正。

20. B25a5Q2　慘　衍文，刪除。（寧 12，羅）

十四歌

1. B25a8P4　泂　字誤，改正。（寧 1，花登）

2. B25a9X7　葢　《新刊韻略》不收。《廣韻》古盍切，按照《廣韻》，列入盍韻，見母。

3. B25a10R4　容　字誤，改正。（寧 2，花登）

4. B25a10R6　磕　郑光《蒙古字韻研究》图版中缺此字，按照那斯图和杨耐思《蒙古字韻校本》補。

5. B25b5P9　鮀　字誤，改正。（寧 3）

6. B25b6X2　袉　字誤，改正。（寧 4）

7. B25b7Q1　奈　字誤，改正。

8. B25b10P3　鄌　字誤，改正。（寧誤作 B25b10X3）（寧 5，羅，花登）

9. B26a1P2　抄　字誤，改正。（寧 6，羅*，照楊）

10. B26a1P5　傞　字誤，改正。（寧 7，羅）

11. B26a3Q2　襀　字誤，改正。（寧 8，羅，花登）

12. B26a3R2　褐　字誤，改正。（花登）

13. B26a6S2　儸　字誤，改正。（寧 9，羅*）

14. B26b1S3　鰖　字誤，改正。（寧 10）

15. B26b1S3　鰖　《新刊韻略》不收。《廣韻》他果切，按照《廣韻》，列入戈韻，透母。

16. B26b1R2 捝 字誤，改正。（寧 11）

17. B26b2S3 棰 字誤，改正。（寧 12）

18. B26b2Q1 隓 衍文，刪除。（寧 13）

19. B26b3Q4- 糯 《新刊韻略》和《廣韻》不收“糯懦濡”，只收“愞稬”二字。《禮部韻略》不收。《集韻》收。奴臥切，去聲，過韻，泥母。按照《集韻》，列入過韻。

20. B26b4P2 嶓 字誤，改正。（寧 14）

21. B26b4S3 譒 衍文，刪除。（寧 15）

22. B26b4R1 茇 字誤，改正。（寧 16，花登）

23. B26b8R2 攥 字誤，改正。（寧 17）

24. B26b8R3 檏 字誤，改正。（寧 18）

25. B26b8R3 檏 《新刊韻略》不收。《集韻》宗括切，按照《集韻》，列入末韻，精母。

26. B26b8R4 緵 字誤，改正。（寧 19）

27. B26b9R2 褟 字誤，改正。《新刊韻略》亦誤。

28. B27a2S1 火 字誤，改正。（羅）

29. B27a5S1 祼 字誤，改正。（寧 20，花登）

30. B27a5S5 蠃 字誤，改正。（寧 21）

十五麻

1. B27a9R3 絮 字誤，改正。（寧 1）

2. B27b2R3 驖 字誤，改正。（寧 2）

3. B27b3R4 茶 字誤，改正。（寧 3，花登）

4. B27b4R3 轍 字誤，改正。（寧 4）

5. B27b4R3- 轍 “轍徹撤澈”此四字誤列ꡆꡦ tʃɛ 入聲。《新刊韻略》和《廣韻》直列切，澄母。應當改為ꡇꡠ dʒe，並增添ꡇꡠ韻“撤徹”二字。《新刊韻略》和《廣韻》又丑列切，徹母。列

入 [illegible] tʃʰɛ 入聲（B27b6R1-2）。

6. B27b5X9 慴 字誤，改正。（寧 5）

7. B27b5X11 輒 字誤，改正。（寧 6）

8. B27b5X12 摺 字誤，改正。（寧 7）

9. B27b6P2 硨 《新刊韻略》不收。《廣韻》尺遮切，按照《廣韻》，列入麻韻，昌母。

10. B27b6S3 哆 字誤，改正。（寧 8，羅）

11. B27b6S4 撦 字誤，改正。（寧 9，羅）

12. B27b6R3 联 字誤，改正。（寧 10）

13. B27b7R1 弽 字誤，改正。（寧 11，羅，花登）

14. B27b9S1 乜 《新刊韻略》不收。《廣韻》彌也切，按照《廣韻》，列入馬韻，明母。

15. B27b9R1 蔑 改正字形。有“蔑”字符的字，皆改正。

16. B27b9R4 巎 字誤，改正。（寧 12）

17. B27b9R5 滅 字誤，改正。（寧 13）

18. B28a4X2 渫 空位，補入韻字“渫”。（寧 14）

19. B28a4X3 媟 衍文，删除。（寧 15）

20. B28a4X4 离 字誤，改正。（寧 16，羅，花登）

21. B28a4X5 燮 字誤，改正。

22. B28a4X7 躞 字誤，改正。

23. B28a5S2 舍 字誤，改正。有“舍”字符之字，皆改正。

24. B28a5Q3 厙 字誤，改正。（寧 17，花登）

25. B28a5Q3 厙 《新刊韻略》不收。《廣韻》始夜切，按照《廣韻》，列入禡韻，書母。

26. B28a5R6 設 字誤，改正。（寧 18，羅，照楊）

27. B28a7R4 奊 字誤，改正。（寧 19，花登）

28. B28a7R5 協 字誤，改正。

29.	B28a8R4	裛	字誤，改正。	（寧 20）
30.	B28b4P1	誇	改正字形。有“夸”字符的字，皆改正。	
31.	B28b5	ꡁ	字母ꡁ不是形誤，不用改正。參見 B6a5 註。	
32.	B28b6R2	華	衍文，刪除。	（寧 21）
33.	B28b7S2	傻	字誤，改正。	
34.	B28b9Q4	擭	字誤，改正。	（寧 22）
35.	B28b9Q5	鳠	字誤，改正。	（寧 23）
36.	B28b9Q6	嫭	衍文，刪除。	（寧 24，羅）
37.	B28b10R4	蜎	字誤，改正。	（寧 25，羅*）
38.	B28b10R4	蜎	《新刊韻略》不收。《廣韻》戸八切，按照《廣韻》，列入黠韻，匣母。	
39.	B29a1P4	竈	字誤，改正。《新刊韻略》烏瓜切，與“窊窪蛙”等字同音。	
40.	B29a3P11	珈	字誤，改正。	（寧 26，照楊）
41.	B29a3S1-2	櫝榎	字誤，改正。	（寧 27，羅，照楊）
42.	B29a4R2	扴	字誤，改正。	（寧 28，羅）
43.	B29a5X5	袷	字誤，改正。	（花登）
44.	B29a5X6	裌	字誤，改正。	（花登）
45.	B29a5X9	押	《新刊韻略》不收。《廣韻》古狎切，按照《廣韻》，列入狎韻，見母。	
46.	B29a5X11	犌	《廣韻》不收。《新刊韻略》黠韻新添字，古黠切。按照《新刊韻略》，列入黠韻，見母。	
47.	B29a6	上	聲調調目“上”。衍文，刪除。	（寧 29）
48.	B29a6S1	骼	衍文，刪除。	（寧 29）
49.	B29a6R5	掐	字誤，改正。	
50.	B29a7Q3	譁	字誤，改正。	（寧 30，羅）
51.	B29a9R3	犖	字誤，改正。	

52. B29a9R7 陜 字誤，改正。（寧 31）

53. B29a9R13 浹 字誤，改正。《新刊韻略》不收。按照《廣韻》改正。

54. B29a9R15 熚 字誤，改正。《新刊韻略》不收。按照《廣韻》改正。

55. B29b1R2 缺 《新刊韻略》苦穴切，屑韻；又傾雪切，薛 A 韻。列屑韻和薛 A 韻。

56. B29b9R1 啜 《廣韻》陟衛切，嘗芮切，昌悅切，陟劣切，姝雪切。《新刊韻略》“殊雪切”，與《廣韻》五個反切均不同。列入薛 A 韻，禪母。

57. B30a3R9 蚏 字誤，改正。

58. B30a6R2 蜹 《新刊韻略》不收。《集韻》如劣切，按照《集韻》，列入薛 A 合韻，日母。

59. B30a6R4 吶 《新刊韻略》不收。《集韻》如劣切，按照《集韻》，列入薛 A 合韻，日母。

60. B30a10 [illegible] 八思巴字聲母誤，改正。

61. B30b3R2- 竭 “竭碣”二字《新刊韻略》其謁切，月韻；又渠列切，薛韻。分別列入月韻和薛韻。

62. B30b4R1 钀 《廣韻》語訐切，月韻；又魚列切，薛 B 韻。《新刊韻略》語訐切。按照《新刊韻略》，列入月韻。

63. B30b4R8- 曅 “曅曄饁熚”等四字寧氏擬作 ŋe，誤。此四字是葉 B 韻，入聲，云母字。平行的鹽 B 韻，平聲，云母字“炎焱”是 ꡗꡦꡏ jem，與鹽 A 韻，平聲，以母字“鹽塩閻檐簷”ꡗꡦꡏ jem 同。因此“曅曄饁熚”四字的拼寫應該是 ꡗꡦ je，與葉 A 韻，入聲，以母字“葉揲”同音。《通考》“鹽、葉”為喻母，但是“炎、曄”為疑母，與《蒙古字韻》不同。

64. B31b2P1 榢 寧所補字誤，改正。

65. B31b3Q2 蒴 寧所補字誤，改正。

六　附文

《通攷》和《蒙古字韻》的關係

1 前言

與清刊本《通攷》相比，時期較早的元明刊本《通攷》似乎“脫落”了為數不少的小韻。本文試圖說明早期《通攷》應是《通攷》的原始狀態。通過分析，本文認為《通攷》的早期刊本實際上透露了一個重要信息:《通攷》根據的是《蒙古字韻》，或者和《蒙古字韻》密切關連的韻書。元代有多種音系內容緊密相關的音韻著作，如《蒙古字韻》、《古今韻會舉要》、《禮部韻略七音三十六字母通攷》，以及亡佚的《蒙古韻略》和《七音韻》。本文的分析為理清這些著作之間的關係，探討早期北方官話標準音系統的形成提供了新的線索。

《通攷》全稱《禮部韻略七音三十六字母通攷》，是附在元代韻書《古今韻會舉要》正文之前的一個韻圖形式的音韻著作。既然是通攷《禮部韻略》，兩者應當在小韻內容上相當一致。但實際並非如此，令人不解。《通攷》的標題之後有一行令人注目的陰梓說明文字:“蒙古字韻音同”。這不僅是元代音韻著作中有關《蒙古字韻》僅有的記載，還提到與其“音同”。本文用這一線索，通過和《蒙古字韻》對勘來探討《通攷》的內容，並進一步解釋《通攷》與《禮部韻略》不同的原因。為了討論的需要，以下先將《通攷》、《蒙古字韻》以及載有《通攷》的《古今韻會舉要》作個簡單的介紹。

《古今韻會舉要》(以下簡稱為《韻會》)是元代熊忠根據黃公紹的《古今韻會》“舉要”編成的韻書，刊行於元大德元年（1297）。《韻會》以北宋為科舉編制的簡略韻書《禮部韻略》為基礎，根據毛氏《增修禮部韻略》和金代流行的劉氏

《壬子新刊禮部韻略》(或稱《平水韻》，也即王文郁的《新刊韻略》)增添韻字。再按照《平水韻》合並成107韻，參攷已佚的《七音韻》重新編排小韻次序，增加註釋，改動反切而成。如其書名，《韻會》確實是個前無先例的諸韻會集。

現存多種《韻會》版本中都附有《通攷》這一內容。在編排次序上《通攷》列在“凡例”之後，正文之前。韻類韻目也是以《禮部韻略》為基礎，韻類的安排也是依照劉氏《平水韻》(也即《新刊韻略》)。《通攷》的內容類似韻圖，一個漢字代表一類小韻，但是不以韻圖的方式排列。《通攷》附在《韻會》正文之前，似有目錄的功能。《通攷》用三十六字母代表聲母，如同反切的上字；用字母韻代表韻母，如同反切的下字。同樣的聲母和韻母都用同樣的漢字代表，因此，是當時的一種相當先進的反切系統。

《蒙古字韻》是元代新創的蒙古國字(現稱“八思巴字”)和漢字的一個對照表。全書按照十五個韻部排列，各韻部中再按照八思巴字的規律列出帶有八思巴字拼寫的漢字同音字組。同音字組內再用漢字“平、上、去、入”區別聲調。全書只列韻字，不收傳統韻書中的反切、註釋以及韻藻等任何內容。這一編排是音韻著作中的創新。

從性質上來說，《蒙古字韻》是個帶八思巴字拼寫的漢語同音字表，《通攷》是個《禮部韻略》和《七音韻》兩個音系的音節對照表，而《韻會》是個增補的《韻略》。《韻會》和《通攷》都採用“某字母韻”音系，兩者非常近似。這一音系也和《蒙古字韻》的音系非常近似。因此，學界現行的一種假設是：這三種音韻著作都是來自當時的音韻著作《七音韻》(寧1997)。但是由於《七音韻》現已不存，現在無法得知其具體內容，也就無法得知《七音韻》和這些相關的音韻著作之間的具體異同和關係。

《通攷》的全稱是《禮部韻略七音三十六字母通攷》，是用“七音三十六母”通攷《禮部韻略》。因此《通攷》的小韻和《禮部韻略》應當相當一致。但是早期形式的《通攷》與《禮部韻略》的小韻有不少差異。現存的《通攷》有多種版本，常用的有清代光緒九年淮南書局重刊本和《四庫全書》本《韻會》所附《通攷》，明刊《韻會》所附的《通攷》，以及北京圖書館藏的明補元刊本《韻會》所附的

《通攷》。本文參攷這四種版本。以下分別稱之為淮南書局本，四庫全書本，明刊本和元刊本。與淮南書局本、《四庫全書》本相比，明刊本以及元刊本《韻會》所附《通攷》非常接近。因此明刊《韻會》所附的《通攷》是一種非常接近原始形態的《通攷》。淮南書局本和四庫全書本是按照《禮部韻略》對《通攷》進行校訂後的修訂版。修訂後的小韻內容更為接近《禮部韻略》，同時也更加遠離了《通攷》的原始形態。然而要了解《通攷》性質，版本越早越有價值。

問題是，為何早期的《通攷》和晚期的《通攷》以及《禮部韻略》在小韻的收錄上有明顯的差別。本文認為：早期的《通攷》和《蒙古字韻》有密切關係，而晚期的《通攷》則是根據《禮部韻略》和《韻會》對早期的形式做了增補修正的結果。

寧忌浮（1997）曾用光緒九年淮南書局重刊本和《四庫全書》本《韻會》所附《通攷》校訂明刊《韻會》所附的《通攷》的“字母韻”。這種“校訂”其實是一種誤解，也可能因而產生誤導。因為兩者的不同，是由於晚期刊本對早期版本的增訂造成的，並不是早期刊本原來存在的所謂“脫落”。不過寧氏列出的兩者差別卻為本文的探討提供了方便。寧氏在他的校訂中列出三項內容：一、“訛誤當改”79條，二、“衍文當删”9條，三、“脫落當補”110條。第一、第二兩項大多是抄寫時的錯誤，但是有些錯誤的原因卻非常值得重視。第三項是早期《通攷》不收，而晚期《通攷》收的小韻。第三項數量最眾，除了一些钞寫時出現的錯誤，其中至少有半數以上脫落小韻的原因可以從《蒙古字韻》中得到直接解釋。對這一項，我們主要分析“無字致漏”和“同音致漏”兩種現象。

2 無字致漏

先用寧氏“脫落當補”第1條舉例說明。

1（1） “平聲上二冬，‘清弓·樅’之下補：‘心弓·淞’”

《通攷》的平聲上的二冬韻中有“樅”字，其聲母和韻母的代表字分別是“清”和

“弓”。“樅”字之下“脫落”“淞”字，其聲母和韻母的代表字分別是“心”和“弓”。查《蒙古字韻》相關的韻組，韻字如下（改為橫排，“A10a4”表示上卷，第十頁，正面，第四行）：

A10a4　　ꡛꡠꡟꡃ　　平嵩崧駥娀菘騂垶上悚竦聳

標出國際音標轉寫和韻字的韻目之後，表示如下：

A10a4　　ꡛꡠꡟꡃ　　syŋ　　P：［東三］嵩崧駥娀菘［清合］騂垶 S：［鍾］悚竦聳

《蒙古字韻》不收鍾韻心母字，《蒙古字韻》所根據的《新刊韻略》鍾韻也不收。《韻會》平聲二［舊冬與鍾通］中的思恭切下有“蜙、淞、凇、鬆”四字。《韻會》的韻字以《禮部韻略》為基礎。再查《禮部韻略》，鍾韻收心母“淞、凇、鬆”三字，作思容切，“淞”是小韻中的首字。寧氏查出脫落“心弓·淞”，得到以上“脫落當補”的第一條校註。需要注意的是，《韻會》首字是“蜙”（與《集韻》同），《禮部韻略》首字是“淞”。寧氏根據的淮南書局本和四庫全書本根據的顯然是《禮部韻略》，而不是《韻會》。對這一類，本文稱之為“無字致漏”。當然，所謂的“脫落當補”，是從《韻會》或《禮部韻略》角度觀察得出的。

無字致漏的有以下諸條。先列出代表早期《通攷》不收的小韻代表韻字，以及前一或後一小韻的韻字在《蒙古字韻》中的位置。《通攷》的韻字標出其聲母和韻母的代表字，如：“清弓·樅”，再列出這些有關韻字在《禮部韻略》所屬的韻類，並說明《蒙古字韻》不收。序號中括號中的是寧（1997）中的序號（下同）。

1（1）　　平聲上二冬　　‘清弓·樅’之下無：‘心弓·淞’
“樅”鍾韻，《蒙韻》A10a2P1，“淞”鍾韻。《蒙韻》不收。

2（3）　　平聲上四支　　‘日嫣·蕤’之下無：‘日嫣·痿’
“蕤”脂韻，《蒙韻》A25b9P1，“痿”支韻。《蒙韻》不收。

3（6）　　平聲上十灰　　‘清嫣·崔’之下無：‘心嫣·毸’
“崔”灰韻，《蒙韻》A25b9P1，“毸”灰韻。《蒙韻》不收。

4（8）　平聲上十三元　‘見鞬・鞬’之下無：‘溪鞬・攑’
“鞬”元韻，《蒙韻》B9a5P2，“攑”元韻。《蒙韻》不收。

5（13）　平聲下五歌　‘滂戈・頗’之下無：‘並戈・嫛’
“頗”戈韻，《蒙韻》B26b5P1，“嫛”戈韻，《蒙韻》不收。《禮部韻略》收“嫛”，不收“婆”。

6（26）　平聲下十四鹽　‘疑箝・炎’之下無：‘疑箝・噞’
“炎”鹽B韻，《蒙韻》B23a6P1，“噞”《禮部韻略》牛廉切，鹽A韻。《蒙韻》不收。（《韻會》脱落反切。字收在“嚴籢巖”下，“炎”上。）

7（29）　上聲二腫　‘影供・擁’之下無：‘曉拱・兇’
“擁”腫韻，《蒙韻》A10a7S1，“兇”腫韻，上聲。《蒙韻》不收。

8（40）　上聲十六銑　‘知繭・展’之下無：‘知繭・橏’
“展”獮韻，《蒙韻》B10a10S1，“橏”獮韻。《蒙韻》不收。

9（44）　上聲十六銑　‘明蹇・免’之下無：‘明蹇・丏’
“免”獮B韻，《蒙韻》B9b8S6，“丏”銑韻。《蒙韻》不收。

10（47）　上聲二十一馬　‘審雅・灑’之下無：‘澄雅・槎’
“灑”和“槎”在《蒙韻》殘缺部分，《新刊韻略》收“灑”，不收“槎”。

11（51）　上聲二十二耿　‘見到・耿’之下無：‘澄到・瑒’
“耿”耿韻，《蒙韻》A13b7X1，“瑒”梗韻。《蒙韻》不收。

12（52）　上聲二十六有　‘幺九・黝’之下無：‘幺九・懮’
“黝”黝韻，《蒙韻》B19a3S1，“懮”有韻。《蒙韻》不收。

13（53）　上聲二十六有　‘泥耇・穀’之上無：‘定耇・鋀’
“穀”厚韻，《蒙韻》B20a2S1，“鋀”厚韻。《蒙韻》不收。

14（55）　上聲二十九琰　‘疑檢・儼’之下無：‘疑檢・隒’
“儼”忝韻，《蒙韻》B22a10S1，“隒”琰韻。《蒙韻》不收。

15（56）　上聲三十豏　‘澄感・湛’之下無：‘澄感・嶄’
“湛”豏韻，《蒙韻》B21b1S1，“嶄”豏韻。《蒙韻》不收。

16（57）　上聲三十豏　‘幺感・黯’之下無：‘幺感・黤’
“黯”豏韻，《蒙韻》B22a3S2，“黤”檻韻。《蒙韻》不收。

17（58）　上聲三十豏　‘澄感・湛’之上無：‘澄感・巉’
“湛”豏韻，《蒙韻》B21b1S1，“巉”檻韻。《蒙韻》不收。

18（63）　去聲四寘　‘影寄・意’之下無：‘影寄・輢’
“意”誌韻，《蒙韻》A21a10X2，“輢”寘B韻。《蒙韻》不收。

19（64）　去聲四寘　‘溪媿・喟’之下無：‘溪媿・觖’
“喟”至合B韻，《蒙韻》A23b7Q1，“觖”寘A韻。《蒙韻》不收。

20（68） 去聲八霽 ‘影寄·瘞’之下無:‘幺寄·醫’（非‘醫’字）

“瘞”祭開B韻,《蒙韻》A21a10X1,“醫”霽韻。《蒙韻》不收。

21（69） 去聲八霽 ‘滂寄·媲’之下無:‘滂寄·潎’

“媲”霽韻,《蒙韻》A19b9Q2,“潎”祭A開韻。《蒙韻》不收。

22（70） 去聲八霽 ‘並寄·敝’之下無:‘並寄·薜’

“敝”祭A開韻,《蒙韻》A20a3X5,“薜”霽韻。《蒙韻》不收。

23（73） 去聲十卦 ‘見懈·戒’之下無:‘溪懈·鞜’

“戒”怪開韻,《蒙韻》A33b5Q6,“ 鞜”怪開韻。《蒙韻》不收。

24（80） 去聲十九效 ‘徹誥·鈔’之下無:‘徹誥·趠’

“鈔”效韻,《蒙韻》B13a5Q2,“趠”效韻。《蒙韻》不收。

25（85） 去聲二十七沁 ‘知禁·枕’之下無:‘知禁·揕’

“枕”沁韻,《蒙韻》B24a5Q1,“揕”沁韻。《蒙韻》不收。

26（90） 去聲二十九豔 ‘溪劍·欠’之下無:‘溪劍·欿’

“欠”釅韻,《禮部韻略》誤作誌劍切,《新刊韻略》去劍切，誤收在梵韻,《蒙韻》B22a8Q1,“欿”釅韻。《蒙韻》不收。

27（101） 入聲九屑 ‘曉玦·血’之下無:‘曉玦·烕’

“血”屑合韻,《蒙韻》B29b10R1,“烕”薛合B韻。《蒙韻》不收。

28（107） 入聲十四緝 ‘清訖·緝’之下無:‘心訖·霫’

“緝”緝韻,《蒙韻》A20b9R9,ꡛꡞ zi,“霫”緝韻。《廣韻》有邪母，似入切；心母，先立切。《蒙韻》只收邪母一讀，不收心母一讀。

29（109） 入聲十六葉 ‘禪許·涉’之下無:‘曉許·偞’

“涉”葉韻,“偞”帖韻（闆協切，曉母）。“涉”和“偞”《蒙古字韻》殘缺。“偞”《新刊韻略》有與涉切，以母，無曉母字。）

以下諸條在《蒙古字韻》中，前後兩個韻字皆不收。

1（4） 平聲上四支 ‘曉規·倠’之下無:‘喻規·蠵（蠵）’

“倠”脂A韻,《蒙韻》不收；“蠵”支A韻,《蒙韻》不收。

2（12） 平聲下一先 ‘曉鞬·嗎’之上無:‘曉鞬·祆’

“嗎”仙A韻,《蒙韻》不收；“祆”先韻,《蒙韻》不收。

3（21） 平聲下十一尤 ‘滂鳩·秠’之下無，‘並鳩·滮’

“秠”尤韻,《蒙韻》不收；“滮”尤韻,《蒙韻》不收。

4（37） 上聲十二吻 ‘溪袞·麇’之上無:‘見袞·攟’

“麇”吻韻,《蒙韻》不收;“攟”吻韻,《蒙韻》不收。

5（38）　上聲十二吻　‘魚隕・抎’之上無:‘曉謹・蠔’

“抎”吻韻,《蒙韻》不收;“蠔”隱韻,《蒙韻》不收。

以下兩條原疑母字在《蒙古字韻》中作喻母，和喻母字同列。《通攷》不察，因此脫落。

1（67）　去聲八霽　‘來寄・麗’之上無:‘喻寄・藝’（原疑母，非首字）

“麗”霽韻,《蒙韻》A21a5Q7。“藝”祭開韻。《蒙韻》收“藝”字，A21b7X3。原為疑母,《通攷》不明聲母變化，漏。

2（71）　去聲九泰　‘溪媿・膾’之下無:‘魚媿・外’（有字，喻母）

“膾”泰合韻,《蒙韻》A23b7Q2,“外”泰合韻。《蒙韻》收“外”字，A25b5X5。原為疑母,《通攷》不明聲母變化，漏。

從邏輯上說，“無字致缺”和《新刊韻略》、《蒙古字韻》可能都有關係，因為《蒙古字韻》韻字來自《新刊韻略》。但是以下“同音致缺”的分析說明這是《蒙古字韻》特殊編排造成的。這樣，“無字致缺”也只和《蒙古字韻》有關。

3　同音致漏

先用寧氏“脫落當補”第7條說明如下：

1（7）　“（平聲上）十一真，‘幫巾・賓’之下補:‘幫巾・彬’”

查《蒙古字韻》相關的韻組，韻字如下：

B2a4　ꡌꡞꡋ　pin　平賓濱鑌彬斌豳邠瑞儐恭也去儐殯鬢擯

將此韻組標上國際音標轉寫和韻字的韻目，略去無關部分之後，如下：

B2a4　ꡌꡞꡋ　pin　P:［眞開A］賓濱鑌［眞開B］彬斌豳邠瑞（下略）

在《廣韻》一係韻書中,“賓”等字和“彬”等字分屬不同小韻，作“必鄰切”和“府巾切”，分屬真韻唇音字重紐的 A 類和 B 類。《韻會》合併這兩個小韻，但是仍然標出這兩個小韻的反切:“卑民切”和“悲巾切”。《韻會》的反切也顯示重紐對立。在《蒙古字韻》中真韻的唇音重紐字失去對立，合併成為同音字（Shen 2008）。在《蒙古字韻》中，同音字組的韻字連續列出，原始小韻不再有區別，也就無法看出傳統韻書中原始小韻的區別。《通攷》是“通考”《禮部韻略》韻目，所以從《通攷》編寫目的來說，應該對這兩組字做出區別。但是《通攷》作者在對照《蒙古字韻》(或和《蒙古字韻》相同的韻書）時，忽略了這兩組字連寫的韻字之間的區別。於是,“賓”等字和“彬”等字被認為同屬一韻。《蒙古字韻》中“賓”等字在前,“彬”等字在後，排列上在後的“彬”字所代表的小韻就漏收了。對這一類，本文稱之為“同音致漏”。

“同音致漏”有兩種情況，上述的是“異韻同音”，還有一種是“同韻異聲同音”，即小韻相同，但是聲母不同，如以下陽韻的知母“張”下沒有章母“章”。同音致漏的有以下諸條。先列出根據早期《通攷》中不出現的小韻的代表韻字，然後用《蒙古字韻》說明“脫落”的原因，即此小韻是因為和前一小韻相連所造成。有關的韻字用加粗字體標出。

1（7） 平聲上十一真 ‘幫巾·賓’之下無:‘幫巾·彬’
B2a4 [illegible] pin P:［眞開 A］**賓**濱鑌［眞開 B］**彬**斌豳邠瑞（下略）

2（9） 平聲上十五删 ‘見關·關’之下無:‘見關·鰥’
B8b2 [illegible] kwan P:［删合］**關**関瘝擐唁［山合］**鰥**綸矜（下略）

3（15） 平聲下七陽 ‘知岡·張’之下無:‘知岡·章’
A14b3 [illegible] tʃaŋ P:［陽開］**張**粻–**章**漳樟璋彰障獐麞（下略）

4（16） 平聲下八庚 ‘明京·明’之下無:‘明京·名’
A11b5 [illegible] miŋ P:（上略）［庚開三］**明**盟鵬鳴［清開］**名**洺（下略）

5（19） 平聲下八庚 ‘溪京·輕’之上無:‘溪京·鏗’
A13b8 [illegible] $k^hjiŋ$ P:（上略）［耕開］**鏗**牼硜誙［清開］**輕**（下略）

6（20） 平聲下八庚 ‘並揯·彭’之下無:‘並揯·弸’
A13a5 [illegible] bəŋ P:［庚開二］**彭**棚［登開］朋堋鵬［耕開］**弸**（下略）

7（25） 平聲下十三覃 ‘從甘·蠶’之下無:‘從甘·慙’

B21b7　[illegible]　dzam　P:［覃］**蠶**撏［談］**慙**慚鏨（下略）

8（28）　平聲下十五咸　‘澄甘・讒’之下無:‘澄甘・巉’

B21b1　[illegible]　dʒam　P:［咸］**讒**饞毚［銜］**巉**（下略）

9（30）　上聲四紙　‘見己・掎’之下無:‘見己・几’

A17b7　（[illegible]　ʃi）　（上略）S:［支開 B］**掎**［脂開 B］几麂（下略）

10（31）　上聲四紙　‘審己・矢’之下無:‘審己・始’

A20b10　[illegible]　ʃi　（上略）S:［支開］弛［脂開］**矢**［支開］豕［之］**始**（下略）

11（34）　上聲四紙　‘澄紫・士’之下無:‘澄紫・俟’

A22b3　[illegible]　dʒɨ　（上略）S:［之］**士**仕蒒柹戺竢–**俟**竢涘（下略）

12（35）　上聲六語　‘澄舉・宁’之下無:‘澄舉・紵’

A29b6　[illegible]　dʒy　（上略）S:［魚］佇竚紵杼

A29b7　[illegible]　dʒy　羜**宁**–**紵**抒［虞］柱（下略）

（《蒙古字韻》和《新刊韻略》字序同，“宁”非首字）

13（36）　上聲九蟹　‘匣解・蟹’之下無:‘匣解・駭’

A33b9　[illegible]　ɦjaj　（上略）S:［佳開］**蟹**解獬澥嶰［皆開］**駭**（下略）

14（42）　上聲十六銑　‘知畎・轉’之下無:‘知畎・剸’

B11a6　[illegible]　tʃwɛn　（上略）S:［仙合］**轉**–**剸**（下略）

15（45）　上聲十七篠　‘幫矯・褾’之下無:‘幫矯・表’

B15a5　[illegible]　pew　（上略）S:［宵 A］**褾**標嘌［宵 B］**表**

16（46）　上聲十七篠　‘並矯・摽’之下無:‘幫矯・殍’

B15a6　[illegible]　bew　（上略）S:［宵 A］**摽**鰾［宵 B］**殍**莩（下略）

17（50）　上聲二十三耿　‘匣杏・杏’之下無:‘匣杏・幸’

A14a3　（[illegible]　ɦjiŋ）　［庚開二］**杏**莕荇［耕開］**幸**倖（下略）

18（54）　上聲二十八感　‘從感・槧’之下無:‘從感・歜’

B21b7　[illegible]　dzam　（上略）S:［敢］**鏨**［感］**歜**（下略）

（《蒙韻》原字误作“鏨”加“刂”，敢韻《新刊韻略》收“鏨”字，《禮部韻略》收“槧”字。《廣韻》兩字同音，才敢切。）

19（60）　去聲四寘　‘知寄・至’之下無:‘知寄・志’

A19a4　（[illegible]　tʃi）　（上略）［脂開］鷙**至**［之］**志**誌（下略）

20（62）　去聲四寘　‘日寄・二’之下無:‘日寄・餌’

A22a10（ ri） ［脂開］**二貳**［之］**餌**珥咡刵（下略）

21（66） 去聲八霽 ‘喻寄・曳’之下無：‘喻寄・詣’

A21b7 （ ji） （上略）［祭開］**曳**裔勩泄洩栧跇詍滯［齊開］**詣**

22（75） 去聲十卦 ‘並蓋・憊’之下無：‘並寄・敗’

A32a9 baj Q：（上略）［皆開］惰痡**憊**韛緋

A32a10（ baj） ［夬開］**敗**（下略）

（此字上部《韻會》、《通攷》作“忄”，《蒙古字韻》、《新刊韻略》作“亻”。《禮部韻略》不收此字。《新刊韻略》字序為“惰憊痡韛緋”。“憊”也不是首字）

23（76） 去聲十七霰 ‘精見・薦’之下無：‘精見・箭’

B10b5 （ tsɛn） Q：［先開］**薦**［仙開］**箭**煎濺

24（87） 去聲二十八勘 ‘溪紺・勘’之下無：‘溪紺・闞’

B20b10 kʰam （上略）Q：［覃］**勘**［談］**闞**瞰

25（89） 去聲二十九豔 ‘徹劒・襜’之下無：‘徹劒・覘’

B22b6 tʃʰem （上略）Q：［鹽］蹅韂韂**襜**－**覘**

26（93） 入聲三覺 ‘澄郭・浞’之下無：‘澄郭・濁’

B17a1 dʒwaw R：［覺］**浞**濁鷟－**濁**擢鐲（下略）

27（94） 入聲六月 ‘魚玦・月’之下無：‘魚玦・越’

B30a3 0wɛ R：［元合］**月**刖軏－**越**粵鉞絨樾蚏曰

28（97） 入聲九屑 ‘徹結・徹’之下無：‘徹結・掣’

B27b6 tʃʰɛ （上略）R：［仙開］撤**徹**联－**掣**

29（98） 入聲九屑 ‘並訐・蹩’之下無：‘並訐・別’

B30b8 be R：［先開］**蹩**［仙開B］**別**蝍

30（99） 入聲九屑 ‘明結・蔑’之下無：‘明結・滅’

B27b9 mɛ （上略）R：［先開］**蔑**蠛篾巇［仙開A］**滅**搣

31（102） 入聲十藥 ‘知脚・著’之下無：‘知脚・斮’

B15a1 tʃew （上略）R：［陽開］**著**

B15a2 （ tʃew） 斫彴勺酌妁繳焯穛－**斮**

32（103） 入聲十一陌 ‘明額・陌’之下無：‘明額・麥’

A32b1 maj （上略）R：［庚開二］**陌**貉

A32b2 （ maj） ［咍］載［庚開二］驀貊［耕開］**麥**衇脉霢脈

（“載”字误入）

33（106） 入聲十一陌 ‘幫額・百’之下無：‘幫額・檗’

A32a6 paj （上略）R：［庚開二］伯**百**柏栢

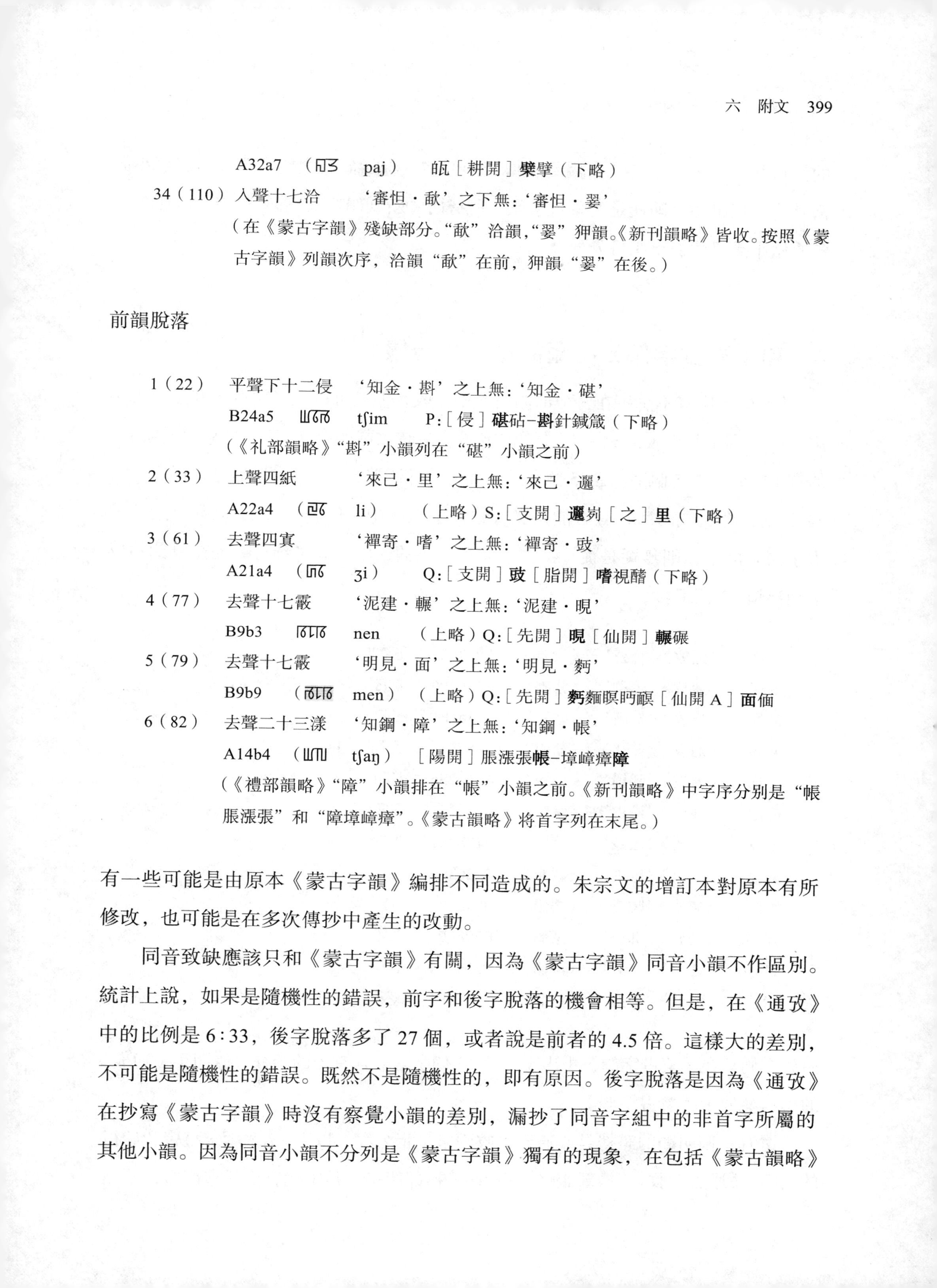

A32a7　（　paj）　瓸［耕開］**檗**擘（下略）

34（110）入聲十七洽　　‘審怛・歃’之下無：‘審怛・翜’

（在《蒙古字韻》殘缺部分。“歃”洽韻，“翜”狎韻。《新刊韻略》皆收。按照《蒙古字韻》列韻次序，洽韻“歃”在前，狎韻“翜”在後。）

前韻脫落

1（22）　平聲下十二侵　　‘知金・斟’之上無：‘知金・碪’

B24a5　　tʃim　　P：［侵］**碪**砧-**斟**針鍼箴（下略）

（《礼部韻略》“斟”小韻列在“碪”小韻之前）

2（33）　上聲四紙　　‘來己・里’之上無：‘來己・邐’

A22a4　（　li）　（上略）S：［支開］**邐**峛［之］**里**（下略）

3（61）　去聲四寘　　‘禪寄・嗜’之上無：‘禪寄・豉’

A21a4　（　ʒi）　Q：［支開］**豉**［脂開］**嗜**視醋（下略）

4（77）　去聲十七霰　　‘泥建・輾’之上無：‘泥建・晛’

B9b3　　nen　　（上略）Q：［先開］**晛**［仙開］**輾**碾

5（79）　去聲十七霰　　‘明見・面’之上無：‘明見・麪’

B9b9　（　men）　（上略）Q：［先開］**麪**麵瞑眄麪［仙開 A］**面**偭

6（82）　去聲二十三漾　　‘知鋼・障’之上無：‘知鋼・帳’

A14b4　（　tʃaŋ）　［陽開］脹漲張**帳**-墇嶂瘴**障**

（《禮部韻略》“障”小韻排在“帳”小韻之前。《新刊韻略》中字序分別是“帳脹漲張”和“障墇嶂瘴”。《蒙古韻略》將首字列在末尾。）

有一些可能是由原本《蒙古字韻》編排不同造成的。朱宗文的增訂本對原本有所修改，也可能是在多次傳抄中產生的改動。

同音致缺應該只和《蒙古字韻》有關，因為《蒙古字韻》同音小韻不作區別。統計上說，如果是隨機性的錯誤，前字和後字脫落的機會相等。但是，在《通攷》中的比例是6:33，後字脫落多了27個，或者說是前者的4.5倍。這樣大的差別，不可能是隨機性的錯誤。既然不是隨機性的，即有原因。後字脫落是因為《通攷》在抄寫《蒙古字韻》時沒有察覺小韻的差別，漏抄了同音字組中的非首字所屬的其他小韻。因為同音小韻不分列是《蒙古字韻》獨有的現象，在包括《蒙古韻略》

的韻略類的韻書中不存在，因為在傳統的韻書，包括韻略之類的韻書，各個小韻都是單獨列出的。即使是《蒙古字韻》所據的《新刊韻略》，儘管略為 106 韻，但各原始小韻仍然標出韻目分列。

4　和《蒙古字韻》有關的進一步證據

《通攷》中有不少字在《禮部韻略》中不收。但是可以在《韻會》和《蒙古字韻》中查到。其中《韻會》和《蒙古字韻》同時收載的有 73 字。只見於《蒙韻》的有 12 字，共 85 個字。這 85 個字顯然和《禮部韻略》完全無關。在這 85 個字中，73 個二書都收載的字，有可能是從《蒙古字韻》中來的，但是 12 個只見於《蒙古字韻》的字，則無疑是從《蒙古字韻》中來的，因為和《韻會》完全無關。以下列出這 12 個字。

1. 洚	《通攷》‘合公’	《蒙韻》	A9b2P8	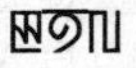	ɦuŋ
2. 屎	《通攷》‘曉雞’	《蒙韻》	A23b2P9	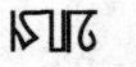	ɦji（誤作濁聲母）
3. 坳	《通攷》‘幺高’	《蒙韻》	B14b1P1	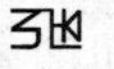	jaw
4. 唪	《通攷》‘並孔’	《蒙韻》	A8b7S1	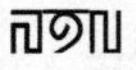	buŋ
5. 倩	《通攷》‘曉講’	《蒙韻》	A16b2S6	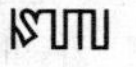	hɛŋ
6. 齟	《通攷》‘澄古’	《蒙韻》	A27a7S1		dʒu
7. 佼	《通攷》‘匣絞’	《蒙韻》	B17b2S1	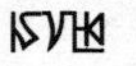	ɦjaw
8. 菧	《通攷》‘定劔’	《蒙韻》	B22b3Q1	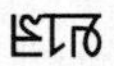	dem
9. 瞎	《通攷》‘曉戛’	《蒙韻》	B29a7R1		hja
10. 蜥	《通攷》‘邪玦’	《蒙韻》	B29b7R1	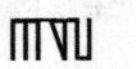	zwɛ
11. 折	《通攷》‘禪訐’	《蒙韻》	B31a1R1		ʒe
12. 眭	《通攷》‘心嬀’	《蒙韻》	A25a1P1	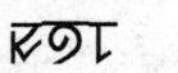	suj

由於它們只在《蒙古字韻》中出現，這 12 個字是非常有力的證據，說明了《通攷》的編寫參攷了《蒙古字韻》。

還有一個明顯的證據是《通攷》收兩宋皇帝名諱。以下 17 個兩宋皇帝和始祖的名諱，《通攷》收，《禮部韻略》不收。《禮部韻略》是宋代官定科舉韻書，不但不收兩宋皇帝名諱字，就是這些字的同音字也不收。可是這些字在《通攷》中卻都出現了。再查《蒙古字韻》，除了“蕃”是個冷僻字，其他的字都有。而且《蒙古字韻》收“蕃”的同音字“遘構媾覯姤購雊譽搆句”。

	趙玄朗，虛構之趙氏始祖				
1. 玄	《通攷》‘匣涓’	《蒙韻》	B11b7P1		ɦwɛn
2. 朗	《通攷》‘來吭’	《蒙韻》	A15b9X1	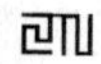	laŋ
	趙匡胤，宋太祖				
3. 匡	《通攷》‘溪光’	《蒙韻》	A16b8P1	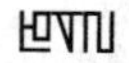	k^{h}aŋ
4. 胤	《通攷》‘喻靳’	《蒙韻》	B2b8Q1	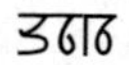	jin
	趙恒，宋真宗				
5. 恒	《通攷》‘合揯’	《蒙韻》	A12a5P1	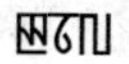	ɦiŋ
	趙禎，宋仁宗				
6. 禎	《通攷》‘知京’	《蒙韻》	A11a5P3	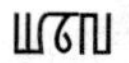	tʃiŋ
	趙曙，宋英宗（“曙”音同“署、樹”）				
7. 署	《通攷》‘禪據’	《蒙韻》	A30a10Q1	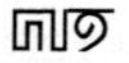	ʒy
8. 樹	《通攷》‘禪據’	《蒙韻》	A30b1X2	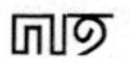	ʒy
	趙頊，宋神宗（“頊”音近“旭”）				
9. 旭	《通攷》‘曉匊’	《蒙韻》	A30b3R4	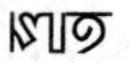	hy
	趙煦，宋哲宗				
10. 煦	《通攷》‘曉據’	《蒙韻》	A30b3X3	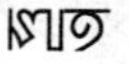	hy
	趙佶（“佶”音同“姞”）				
11. 姞	《通攷》‘群訖’	《蒙韻》	A18a6X3		gi
	趙桓，宋欽宗				
12. 桓	《通攷》‘匣官’	《蒙韻》	B8a8P1	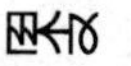	ɦon
	趙構，宋高宗（“構”音同“蕃”）				
13. 蕃	《通攷》‘見蕃’	《蒙韻》	不收此字，只收其同音字。		
	趙昚，宋孝宗（“昚”音同“禎”）				
14. 禎	《通攷》‘知京’	《蒙韻》	A11a5P3	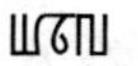	tʃiŋ
	趙惇，宋光宗（“惇”音同“敦”）				
15. 敦	《通攷》‘端昆’	《蒙韻》	B3a4P1	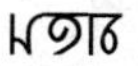	tun
	趙擴，宋宁宗（“擴”音同“廓”）				
16. 廓	《通攷》‘溪郭’	《蒙韻》	B16b7R1	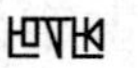	k^{h}waw

趙昀，宋理宗（“昀”音同“匀”）

17. 匀 《通攷》‘喻鈞’ 《蒙韻》 B4b9P1 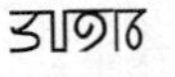 jyn

如果《通攷》根據的是《禮部韻略》，就不應當出現這些名諱字。顯然《通攷》原本所根據的是《蒙古字韻》，或和《蒙古字韻》有關的韻書。

但是從邏輯上嚴格推理，以上“無字致漏”和“同音致漏”以及只見於《蒙古字韻》的韻字等三種情況雖然和《蒙古字韻》關係密切，但是還不能完全證明《通攷》只和《蒙古字韻》有關。因為有可能早期《通攷》和《蒙古字韻》根據的都是同一種材料。這兩者的相同是參照了同一本書的緣故。

因此，推測《通攷》是和《蒙古字韻》有關，能找到和八思巴字直接有關的證據就有更強的說服力。檢查所有的錯誤後，這樣的證據確實存在！儘管不多，但是彌足珍貴。《通攷》平聲二冬有“敷弓・胷”。《新刊韻略》許容切，《禮部韻略》也作許容切。皆曉母。《通攷》列在影母“邕”字之下，喻母“容”之上。查《蒙古字韻》：

A10a6 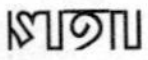 hyŋ P：［鍾］胷凶兇訩洶恟 Q：［清合］敻

明顯是曉母字。然而，八思巴字對應的唇擦音聲母和喉擦音聲母的字母字形相似。喉清擦音曉母誤作唇清擦音敷母。有意思的是沒有錯成非母，因為《蒙古字韻》的字母表中“非、敷”二母對應的八思巴字母不同形。“敷”作 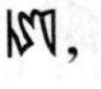，清擦音，“非”卻和濁擦音“奉”同形，作 。

《通攷》入聲十藥有“匣郭・縛”。《新刊韻略》符钁切，《禮部韻略》伏約切。皆奉母。《通攷》列在曉母“霍”字之下，合母“檴”之上。查《蒙古字韻》：

B13b6  vaw R：［陽合］縛−戄

明顯是奉母字。這也是因為八思巴字對應的唇擦音聲母和喉擦音聲母的字母字形相似，唇濁擦音誤作喉濁擦音。雖然僅此兩例，但是彌足珍貴。因為這兩例和其他錯誤不同，這兩例錯誤只和八思巴字字形有關，無法從漢字字形上找到出錯的理由。因此也就是和《蒙古字韻》一書有關的強硬證據。

5　結論

寧氏認為,"其(《通攷》)原始小韻只限於《禮部韻略》,後來用《蒙古字韻》做過增補。再後用《韻會》做過較多增補。"(寧 1997:211)但是這樣的增補次序和事實不符合。如果《通攷》原本的小韻錄自《禮部韻略》,就不應該缺漏《禮部韻略》中有、但是《蒙古字韻》中沒有的小韻。以上"無字致漏"和"同音致漏"的例子都說明了《通攷》原本根據的是《蒙古字韻》。所以《通攷》的成書過程應該是根據《蒙古字韻》在先,用《禮部韻略》增補在後。

《通攷》在被收入《韻會》時,就已經對其做了校訂,增添了原來沒有的小韻,以求和《韻會》的字母韻系統一致。寧氏所據本是吉林省社會科學院圖書館藏明刊本。這項校正工作在《韻會》成書之後,仍然不斷進行着。光緒九年淮南書局本重刊本和《四庫全書》本的《韻會》所附的《通攷》就已經做了不少修正。《通攷》中一些原先沒有的小韻,按照《韻會》系統補出。清代版本《通攷》中的小韻就更加接近《禮部韻略》的系統。但是如此增訂、校訂過後的《通攷》就離它的原始形式越來越遠。這種現象倒是說明了《通攷》的原始形式和《韻會》的字母韻系統是各自單獨編制的,不是用《韻會》中的字母韻系統整理成的。不然的話,兩者會非常相似。光從韻字上來說,由於《蒙古字韻》的韻字來自《新刊韻略》(也即《平水韻》),《韻會》的韻字以《禮部韻略》為其基礎。作為兩個韻書系統的比較,《通攷》中的各種所謂"脫落"是和兩本韻略的異同密切有關。當然《通攷》也有可能不一定直接根據《蒙古字韻》,兩者之間或有一中介。但是根據現有信息,無法再作進一步判斷。然而,不管間接或直接,根源還是和《蒙古字韻》有關。

本文也必須要討論一下《七音韻》。因為《韻會》明確提到用《七音韻》作為其聲母和韻目排列的根據,其各個音節都是用《七音韻》中聲母和韻母代表字標出。這個音系及其代表字的選用,都和《通攷》中的系統相當類似。因此,有可能《通攷》參照的也是《七音韻》。再進一步,《韻會》和《通攷》也和《蒙古字韻》的系統相當一致。這樣,現行的說法是《韻會》、《通攷》和《蒙古字韻》根據的都是《七音韻》(寧 1997：7)。

現行說法

《七音韻》——《韻會》
《七音韻》——《通攷》
《七音韻》——《蒙古字韻》

這個說法的主要問題是沒有辦法解決為何《七音韻》中出現和八思巴字拼寫有關的錯誤。這個現象為現行說法所忽略，然而是一個致命缺陷。由於《七音韻》中出現和八思巴字拼寫有關的錯誤，其出現一定在《蒙古字韻》之後，而不是之前。因此，《七音韻》和《蒙古字韻》的眾多相似之處，也是按照《蒙古字韻》體例編排的結果。不同處只是將八思巴字拼寫換成相應的代表聲母和韻母的漢字字母。

本文修正為

《蒙古字韻》—《七音韻》——《韻會》
《蒙古字韻》—《七音韻》——《通攷》

這樣,《七音韻》和《蒙古字韻》的傳承關係就改變了：是《七音韻》以《蒙古字韻》為根據，而不是《蒙古字韻》以《七音韻》為根據。

(本文參攷文獻見本書“前言”部分)